西欧中世初期農村史の革新
―― 最近のヨーロッパ学界から ――

Towards a New Image of Rural History in the Early Middle Ages: A Quarter of Century of European Historiography

森本芳樹 著

木鐸社刊

凡例

1. 本書は4篇の既刊論文をまとめて作られた書物である。論文の初出箇所や書物とするための方策などについては，序言（3頁）を見られたい。
1. 西欧中世初期農村史の最近の研究動向というまとまったテーマであるので，索引は固有名詞（地名，同時代人名，研究者名，大学・研究機関・学派名，史料名）に限り，事項索引に代わるものとして，本文の段落ごとの内容を見出しとして並べた詳細な目次を作成した。
1. 同時代史料文言からの引用を明確にするために，原綴は《 》で，日本語訳は『 』で括ってある。
1. 本書の対象である最近四半世紀ヨーロッパ学界の研究動向を構成する仕事をまとめて文献目録を作成し，通し番号を付した。ここに収録した文献の引用はこの番号により，必要に応じて番号に続けて該当頁を記した上で，本文のうちへの割注とした。この際，異なった著者によるものの間には；を入れて区別してある。これ以外の文献は，各部ごとにまとめて番号を付した脚注のうちに引用した。
1. 文献目録を含めて書誌情報の記載には，文献がいくつもの言語にわたることを考慮して，ラテン語による略号を工夫して使用している。p.（頁），cap.（章），vol.（巻），ed.（編集／監修など），in（所収），Id.（同著書：男性），Ead.（同著書：女性），Ibid.（同論文），*Ibid.*（同書／同誌）など。
1. 引用文献の初出年次を示す場合は（　）内に記し，その版次を明示する場合には，2006^2のように発行年次の右肩に上付きで記してある。

序言

　本書は，ここ四半世紀ほどの間にヨーロッパ学界で見られた西欧（ここではフランク王国の版図）中世初期農村史の盛況を記録するために書かれた。それは標題に掲げたように「革新」と呼べるだけの内容を持っており，きわめて低い標準での停滞的な社会経済を基礎とするとされていた5世紀から10世紀までの時期が，独特な構造と変動とを示す動態的な環境へと捉え直されたのである。しかもそうした「革新」は西欧中世初期農村史で内在的に生じてきたのではあるが，あらゆる既存の枠組みを見直してそれらから自由に新たな語りを組み立てていこうとしている，歴史学での現在の動向の一環をなしていると考えられる。こうして本書が，一つの地味な専門分野での最近の研究動向の追跡であるばかりではなく，現在歴史学による模索の一齣の描写となっていることを願っている。

　歴史学の醍醐味は史料そのものの研究にあり，西欧中世初期農村史において私も史料分析に基づいた仕事にも力を入れてきた(1)。しかし同時に，西欧中世史の本場であるヨーロッパ学界での研究成果に大きな注意を払い，その動向を追跡するために多大の労力を費やしてきたのであった。当初からそのように考えて仕組んだわけではなかったが，それは私が外国史としての西欧中世史を専門としていく中で選択することになった一つの戦略であり，「史料を読む時間よりも二次文献を読んでいる時間の方が長い」という批判を耳にしながらも，あえて固執し続けた方策であった。本書はその一つの成果であるから，冒頭で私のこうした仕方の由ってきたところを説明させて頂きたい。

　それは一言で言えば，外国史としての西欧中世史を専攻することで本場であるヨーロッパ学界への研究水準でのハンディキャップを背負いながら，

---

(1) 最近発表した史料研究としては，『中世農民の世界。甦るプリュム修道院所領明細帳』（世界歴史選書），岩波書店　2003年，及び『西欧中世形成期における農村と都市』，岩波書店　2005年とがある。

それでも日本学界だけでなくヨーロッパ学界への独自な貢献ができないかとの模索であった。私の世代にとって西欧中世史を専攻すること自体は，第二次大戦直後に近代化を進めようとしていた日本に対してヨーロッパが持っていると思われた価値からして，それほどの説明を要する選択ではなかったし，また当初は初学者としての勉強に夢中で，達成できるはずの研究水準を問うというような発想はほとんどなかった。むしろかつてコヴァレフスキーやコスミンスキーといったロシアの歴史家たちが，その生まれ育った社会環境のゆえに西欧中世社会経済史に独特な貢献ができたという説明が，われわれのなしうる独自な寄与を夢想させるだけの力を持っていたほど，先のことなどはよく分かってもいなかったのである。しかし歴史学は普遍的な価値と一般的な法則性の探求でもあるが，同時に史料を調査し分析して個別的な史実を具体的に追究するという仕事を含んでおり，実際には歴史家たるものそうした営為に多大の時間をつぎ込まねばならないことが，数年もたつと分ってきた。そしてそこでは否応なしに，歴史家が外国人（研究対象の外側にある文化のうちで育った者という意味）であることが，研究水準の上で大きな阻害要因となってくる。それは史料を分析し研究文献を読む言語能力から始まって，個別的な史実の記憶容量はもちろん，中世史ではことに重要になってくる宗教心に根ざした心性や慣行の内在的理解に至るまで，外国人歴史家の研究能力の劣位として表れてこざるをえないのである。具体的に考えてみると，ヨーロッパ学界のわれわれの同僚は，日本人のすでに成熟した西欧中世史研究者が刊行史料を読むくらいの速度で手書史料を処理し，研究文献を読むくらいの速度で刊行史料を扱っている。彼我の能力にはどうしても大きな段階差があって，同じ方法で史料を収集して仕事を出している限りでは，研究水準の目立った差異として目に付くようになるのは当然である。

　もちろんわが国学界は第二次大戦後の優れた世界史教育のおかげもあって，世界の歴史学界でも独特な状況を作り上げており，ともかく歴史意識も鋭く文化能力も高いきわめて多数の人間が母語としている日本語を媒介として，広範囲な歴史学のテーマが高い水準で論じ合われている。その限りでは日本とヨーロッパでの西欧中世史の研究水準の差異などに思い悩むことなく，存分に日本の学界で活躍すればよいと考えられないでもない。しかしそうなると，史料を使って個別的に史実を再現していくという，職

人的技能がきわめて強く働く歴史家にとっては基礎的な部面で本場での検証を受けることがなく，きちんとした仕事ができているのかの保証がなくなってしまうのではないか。そしてそうやっている限りでは日本での西欧中世史研究も，他のいろいろな分野でよくあるように，世界の中では孤立しながら国内での自己満足にふける，そういうことにもなってしまうのではないかとの恐れを早くから抱いていた。そして自分の力量がいかに不足しているかを絶えず感じながらも，自分自身は違った道を模索したいと願うようになっていたのである。

　私は30歳過ぎから約3年間，その後約10年たって40歳台の半ばに約2年間，中世史研究の本場であるベルギーで勉強することができた。今から思うと，日本で考えていたのとずいぶん違ったヨーロッパ流の中世史学に戸惑い，時に反発しながらも，結局は夢中になってそれを学んでいた第1回目の留学中には，日本学界で育ちそこで暮らそうとしている自分は，研究の本場であるヨーロッパ学界ではただただお客さんでいるばかりだとの思いで過ごしていた。1968年に帰国するときは，当時の日本の大学教員の生活水準からして，おそらくヨーロッパにもう1度来ることもないのだろうと考えていたから，それからの10年間にはヨーロッパ語の文献を読みながらも日本学界的な問題関心で勉強を進め，中世都市・農村関係論というその当時の自分なりのテーマを深めていくことになった。その中でヨーロッパ学界での研究動向をなるたけ体系的に追跡しなければならないという意識が明確になってきたが，ラテン語の史料を読み，フランス語の研究文献に親しみながらも，このテーマについての重厚な仕事が主としてドイツ語で出されていることが，大きな要因になっていたように思う。それがさらに鮮明に意識されるようになったのは，第2回目の留学中だったのである。

　そのきっかけは，第2回留学の直前に上梓した著書『西欧中世経済形成過程の諸問題』（木鐸社　1978年）のフランス語レジュメを作成してヨーロッパの研究者に読んでもらったところ，自分でも驚くほどに好評だったことである。私としては日本学界で自分はこんなことをやっているという自己紹介くらいのつもりだったのだが，ヨーロッパ学界で中世初期社会経済史での新しい動向を作り出している中心人物として，私がこの書物で枢要な位置に据えていたアドリアーン・フルヒュルストその人から，「貴方の見方には独自性がある」との言葉でほめてもらい，当時はなお貶められてい

たこの分野の研究を復権すべくともに勉強しようではないかと，それ以後何くれとなくそうした場を作ってくれるようになったのである。そしてフルヒュルストによる私の書物の独自性とは，中世史大国フランスとドイツとのいずれの傾向にも引き回されることなく，ヨーロッパ学界のなるたけ広い範囲から新しい動向をつかみ出そうとしているということのようであり，第1回の留学以来師と仰いできたレオポール・ジェニコからもらった評言でも，同じ話があったのだった。ジェニコとフルヒュルストというベルギーのフランス語系とオランダ語系を代表する二人を先頭として，ベルギー中世史学の目指しているものが，まさにそうした意味でのヨーロッパ学界の構築なのだとはそれ以前から感じていたが，中世初期農村史に都市の問題を入れてこなければ研究は大きくは前進しないという自著の主張が，ヨーロッパ学界の動向把握として独自性を持っているとのベルギーの先生方の評価には，大いに力づけられた。

　そればかりではない。第2回目の留学中に私は所領明細帳の研究に本格的に手を染めることになったが，そこでも自分のする仕事がヨーロッパ学界で独自な貢献でありうることが分ってきたのである。ことにその際にたまたま手がけることになったプリュム修道院所領明細帳には，1970年代末からヨーロッパ学界で活況を呈したカロリング期所領明細帳研究で打ち出されてきた新たな史料論の問題性が典型的に含まれており，フルヒュルストの主催するヘント大学中世社会経済史研究室を基地としておずおずと始めてみた報告に，それまでの20数年間囚われ続けてきた彼我の学界での研究水準の段階差を，工夫さえすれば部分的には越えられるのではないかと考え始めるだけの手応えがあったのである。

　すでに40歳台後半に差し掛かっていた私は，この時点で自分のしていく仕事の戦略をしっかりと見定めねばならないと思った。そして日本学界とヨーロッパ学界との区別が実存し，自己の生きる場が前者であるという与えられた事情の中で，それでも研究水準の上で恥ずかしくない仕事をし，それが後者に対しても独自な貢献となっていくためには，漠然とヨーロッパの同僚と同じやり方で仕事をして成果を狙うのではなくて，自分の研究成果のうちに質的にヨーロッパ学界の研究水準を越えるものが少しでも含まれることを目指す以外はなかろうと考えるようになった。そしてそのためには，手がける史料の量的豊富さは断念する代りに，何らかの形で独自

な問題を含む史料を意図的に選んで，できれば眼光紙背に徹するまで読み込むことを目指すべきだと思ったのである。同時に勉強を進めていく方向性に，ヨーロッパ学界での研究動向をなるたけよく生かすべきだと考えた。一人の研究者の使える史料の量は限られており，外国人の場合にはますますそうである。しかし西欧中世史ならヨーロッパ学界で，できれば私自身で読んでみたいがその時間がない，そうした史料を手がけている研究者が大勢いる。われわれはそうした仲間の目を通ってきた形で，自分で手がけられない史料にも近づくことができるはずである。このようにして，ヨーロッパ学界の研究成果をなるたけ網羅的に検索し，その動向を把握した上でそこで必要とされている新たな研究の方向と主題を考え，そこに自分の新たな勉強を向けていきながら，手がける史料もその中から選んでいくのがよかろうとの考えが固まってきた。

　こうして第2回の留学から戻った1980年春からの私の勉強は，ヨーロッパ学界での中世初期社会経済史の研究動向の追跡とその中で自分自身が選択した史料のなるたけ深い読解との二つの部面に分けられていった。私はそれをかなり意図的に進めていったのだが，それには次のような事情が強く働いていた。それは当時のわが国学界での西欧中世史の仕事には，史料を直接に分析しているかどうかに拘わらず，どこまでがヨーロッパ学界ですでに明らかにされた点の紹介であり，どこからが著者本人の独創であるのかが，はっきりとは分らない書き方によるものが多かった。いやむしろそれが当たり前だという印象さえあって，それを私は自分自身による論文スタイルの開発によって少しでも是正したいと思ったのである。ところでこうした仕方を抜き差しならない形で自己に課していくきっかけの一つは，1981年に当時在職していた九州大学経済学部経済史講座を拠点として「西欧中世都市・農村関係研究会」を主宰していくことになったことであった。およそ10名ほどの仲間であったが，それぞれの勉強の予定に無理をきたすことなく共同研究を組織するためには，各自が得手としている史料の綿密な検討を持ち寄るのが一番よいと考えた。しかし同時にそれぞれが主たる材料を得ている範囲でのヨーロッパ学界における，中世都市・農村関係に関する成果をなるたけ網羅的な文献目録を作成しつつ渉猟し，研究動向の特徴をつかむという作業をも要請したのであった。この共同研究の成果は，史料分析の部は論文集(2)として，研究動向追求の部は一連の抜刷

の集成という形(3)で世に問うことができ，幸い学界においては好評を博することができた。

　こうした事情のうちで私自身は，自らが「研究動向論文」と呼んで他の仕事と区別した論文のスタイルを作り上げていった。それは特定の対象についてヨーロッパ学界でのまとまった単位で，一定の期間に発表された仕事をなるたけ網羅的に検索して文献目録を作成し，それに基づいてなるたけ多くの仕事を引用しつつ研究動向を析出するというもので，実は1978年に出版した前掲の書物でも，ある程度はそうした様式を作り始めていた。それをもっと徹底して私の研究動向論文の原型となったのが，前述の研究

（2）　森本芳樹編著『西欧中世における都市・農村関係の研究』，九州大学出版会　1988年。

（3）　これは10篇の論文をホルダーに入れる形で，関係者に配布した。それらのうち，私自身による次注引用の2篇以外は，以下のようである。田北廣道「1960年以降東ドイツ学界における中世盛期・後期の都市・農村関係に関する研究」『福岡大学商学論叢』，29-4，1985年，1075-1108頁；同「1960年以降西ドイツ学界における中世盛期・後期の都市・農村関係に関する研究」同誌，31-1，1986年，113-116頁／同誌，32-3，1987年，129-160頁；同「中世都市史の研究方法としての中心地論の意義と限界――ドイツ学界を中心に――」同誌，32-3，1987年，35-67頁；佐藤彰一「1960年以降フランス学界における中世初期都市・農村関係に関する研究」『法経論集・法律編』（愛知大学），109，1985年，67-89頁；　山田雅彦「北フランス中世盛期の都市・農村関係に関する研究――1960年以降のフランス学界――」『史学雑誌』，95-1，1986年，62-88頁；　斎藤絅子「12-13世紀における都市・農村関係――1960年以降のベルギー中世史学界の動向――」『駿台史学』，67，1986年，119-137頁；　藤井美男「中世後期南ネーデルラント毛織物工業における都市と農村――H．ピレンヌ以降の研究史の検討を中心として――」『社会経済史学』，50-6，1985年，49-66頁；　同「中世後期南ネーデルラントにおける都市・農村関係の研究――1960年以降ベルギー学界の動向を中心に――」『商経論叢』（九州産業大学），27-4，1987年，259-296頁。またこうした文献探索を通じて，ヨーロッパ学界での代表的で興味深い論文を6本選び，訳出して次の書物を出すことができた。森本芳樹編／G．デュビィ他著／宮松浩憲他訳『西欧中世における都市と農村』九州大学出版会　1987年。

会の共同作業の一部として書いた,「1960年以降ベルギー学界における中世初期都市・農村関係に関する研究」(4) と「1960年以降ドイツ学界における中世初期都市・農村関係に関する研究」(5) とであった。その後は自分自身の農村史研究のために,まず中世初期荘園制研究の盛況が明確に検証できるようになった1980年頃から1987年頃を対象に,「西欧中世初期農村史研究の最近の成果と課題」(6)(以下第1論文)と「カロリング期所領明細帳研究の成果と課題」(第2論文)(7) を発表し,ついでこの動向がますます展開していったその後の様相を,「西欧中世初期荘園制の諸側面——最近5年間における農村史の研究状況——」(第3論文)(8) で辿ってみた。これらはいずれもすぐにフランス語論文としてヨーロッパ学界でも発表したが([319][325]),自分で予期したよりもずっと頻繁にヨーロッパの同僚たちから引用されることとなった。中世史研究の枠組みとなってきた国民国家を越えてヨーロッパ学界を見渡す仕事が他にはほとんどないことが,おそらくその最も大きな原因であったのだと思うが,大いに勇気づけられたものである。なおこの間に,中世初期農村史の展開を見ていく上で必須と考えていた貨幣史と流通史についても,それぞれ対象期間をより長く取って同じ形式の論文を発表した (9)。

　その後農村史についての次の研究動向論文を執筆すべきだと考えてはいたが,時間の不足のために機会を作れないままに過ぎてしまい,思わず10

---

(4)　『経済学研究』(九州大学), 50-3・4, 1985年, 161-168頁。

(5)　同誌, 50-5, 1985年, 45-64頁。

(6)　同誌, 52-1~4, 1987年, 303-331頁。

(7)　(1)同誌, 53-4・5, 1988年, 69-83頁；(2)同誌, 54-1・2, 1988年, 249-270頁。

(8)　(1)同誌, 58-2, 1992年, 51-66頁；(2)同誌, 58-4・5, 1993年, 223-241頁；(3)同誌, 59-5・6, 1994年, 231-243頁；(4)同誌, 60-1・2, 1994年, 1-15頁。

(9)　「西欧中世前期貨幣史の諸問題——1960年以降ヨーロッパ学界の研究成果から——」『経済学研究』(九州大学), 56-5・6, 1992年, 189-222頁；「中世初期ヨーロッパにおける流通の活況——1985年以降ヨーロッパ学界の研究動向——」『久留米大学比較文化研究』(1)25, 2000年, 31-59頁；(2)26, 2000年, 1-23頁。

年近くがたってしまった。1980年代のような爆発的な活況は過ぎ去っていたが，荘園制を回転軸とする中世初期農村史の仕事は相変わらず多数発表されていたから，欧文による研究動向論文の第3篇はまだかという催促をヨーロッパの同僚から受けることもあり，心はかなり焦っていた。そしてその仕事にいよいよ手をつけなければならないという促迫は，自分自身が勉強の幕引きをだんだんと考えねばならない年令になるに従って決定的になってきた。研究経歴の終わりまでには是非ともフランス語論文集を出版したいと考えていたが，その最初に「最近の研究史」historiographie récente という篇を置いて，1970年代末からの中世初期農村史の活況を記録したいと計画していたからである。そのためには何としても，1993年以降の研究動向をまとめなければならないが，まず必要なのは日本語による論文である。こうしてやっと2003年になって，「西欧中世初期農村史の動向（1993年－20002年）：荘園制研究の浸透」（第4論文）(10)を発表することができたのであった。

　ところでこのような研究動向論文を執筆するに当たって，心がけてきた点が二つある。第1に，最初から私はそれを自己の問題関心と考え方を棚上げして「客観的」に書こうとは思わなかったが，しかしあまりにも自己の主観に強く固執する態度はその執筆には相応しくないと考えた。そこで私が試みたのは自己の見解とは異なった主張にも十分な注意を払い，その根拠となる史料にもなるたけ通じ，その論理の理解にも時間を使ってみるという努力であった。本書に即して言えば，私自身は西欧中世初期農村史は荘園制の形成と展開を基軸に据えることによって最もよく理解できると考えているが，それとまったく異なった考え方が強力に主張されていることを十分に意識し，それぞれの出版物を文献目録に収録するとともに，それらのなるたけ内在的な理解を試みてみた。それによって新たな知識を獲得できるばかりではなく，自分の考え方の足らない点を補足していくことも可能なはずであろうと考えてのことであり，本書で「対話的研究」が大きな展望となっているのもそうした考え方によっている。もちろん私にはどうしても理解できない議論は多く，ことに「自有地モデル」論者が考えている「バン領主制に基づく封建制の革命的成立」の論理も，「ローマ国家

---

　(10)　同誌(1)31，2003年，153－183頁；(2)32，2003年，175－246頁。

存続」論者の構想しているカロリング国家の公租公課徴収機構としての荘園制の仕組みも，実際のところあまりよく分っていないことを自覚している。そしてそれには，前者に内在すると私には思われるネオマルクス主義のユートピア的思考と，後者の基礎となっていると感じられてならない公共性を国家権力に独占させたがる秩序感覚という，私が反発するイデオロギーの問題が介在していることも確かである。それにも拘わらず，根本的には史料の解釈をめぐって相互の理解を深めていくことができるという，対話に本来親和的な歴史学の性格を生かすことを絶えず心がけたつもりであり，これが本書での文献探索の「網羅性」を保証している一つの柱である。

　第2に意識して行ったのは，近代歴史学での西欧中世史研究が国民国家の枠組みを当然の境界として進められ，中世初期農村史についても国ごとに独自の問題関心と用語法の体系が備わっていて，しかもそれらの間にしばしば大きな阻隔があるという事情を乗り越える努力である。この点は，国民的な問題関心と用語法の体系が，わが国では西欧中世史研究者の留学先の国への愛着によってか，ヨーロッパ学界におけるよりもさらに強く押し出されることが多いだけに，きわめて重要であると思われた。そしてドイツとフランスのいずれの学界からの成果をも等しく摂取しようと努めているベルギー学界が，様々な偶然の積み重ねの結果私の主たる留学先となったことが，幸運であったと思わずにはいられない。こうして本書のテーマのまさに本場であるドイツ，フランス，そしてベルギーの作品に親しむことはもちろん，中世初期農村史ではきわめて重要な寄与を果たしたボローニャ中世農業史学派の作品を初めとしたイタリア語の仕事も読み，次第に増加してきたオランダ人の作品のうちフランス語や英語で発表されていないものにも手を伸ばした上で，ここ四半世紀は独特な視角からヨーロッパ大陸の中世史に切り込んでいる英語系の文献も忘れることなく，本書で扱った問題についてはおよそヨーロッパ学界と呼んでよいだけの範囲の文献は探索したつもりである。残念なのは私のスペイン語習得が遅れてしまって，フランク王国の版図のうちにあったスペイン北部に関する研究のかなり重要な部分に手をつけられなかったことが，本書の大きな欠陥となっていることである。また文献探索という意味では，ヨーロッパ学界での地方史の雑誌などに私の見落としているものも多いとは思うが，およそ問題とすべき重要な作品の取りこぼしはきわめて少なく，学界での論争に基づ

いて取り上げるべき論点は網羅されていると考えており，これが本書での文献探索の「網羅性」を支える第2の柱であると信じている。

　以上のような動機と経過で追究してきたヨーロッパ学界による西欧中世初期農村史の研究動向であるが，農村史に関する四つの研究動向論文執筆の時期は，第1と第2の論文は1986年秋から1987年初頭までのパリ留学，第3論文は1991年春から翌年春までのヘント留学，そして第4論文は前述の通りフランス語論文集を見通しての2002年以降と，ヨーロッパ学界との関わりのうちで便宜的に定まっていた。従って本書をまとめるに当たっては，単にこれらの既刊論文を集めるだけは不十分である。それに代わる最良の案は，既刊論文を素材とするとしてもいったんはそれらから離れて，現在の観点から全面的に四半世紀の研究史を執筆することであったろう。しかしそれはかなりの力仕事であり，現在の私には残念ながら断念せざるをえなかった。ただし4篇を並べて印刷に付すだけではもちろん満足できない。そこで採られたのが，もともとの論文の形をとどめ，それぞれの基本的論旨を生かしつつ，ある程度の補正を加えるという中間的な方策であった。

　こうした補正の内容は，以下のようである。まず形式的には，一つの書物としての統一性を作り出すために行った部・章・節の題目の変更と項・目の新設，及び長い期間に変化をきたしていた用語法の現在の私の慣用への統一がある。また第1部と第2部での文献情報がその後の刊行物によって古くなっている場合には，新刊の史料集と私自身の論文集への再録とに限って，[ ]のうちに付記した。しかしこうした形式的な整備を越えて，次の三つの点では実質的な変更が加えられた。

　第1に第3部のもととなる第4論文としては，前掲の公刊された論文そのものではなくて，その後対応するフランス語論文の素材とするために作成した拡充版を使った。そこでは公刊論文の対象期間が2002年までだったものを2004年まで延長したので，文献目録も50点ほど増加している。論旨の大きな変更はないが，定住と景観の検討における考古学と歴史学（＝文献史学）との関係をより明るく描くなど，個別的な議論に修正を加えた若干の場合がある。第2は，もともとそれぞれの論文ごとに文献目録が作られていたが，これらを合体して新たな通し番号を付したことである。実は

この25年間に私自身の文献探索の範囲が広がってきたこともあり，研究動向論文4篇の文献目録では選択の標準に若干の変化をきたしている。ことに10年間以上が対象となった第4論文の拡充版では，この間にきわめて多数出された10世紀を対象に含む仕事を，あまりに多数で現在の自分の能力では処理しきれないという理由から意図的に切り落とさざるをえなくなった。この点では第1・2論文において研究対象の起点を10世紀に置いている論文をいくつか取り上げているのと，齟齬をきたしていることを認めざるをえない。逆に第4論文の対象期間では土地取引文書の研究が活況を呈し，これを農村史のうちに定置せねばならぬと考えるに至ったので，この分野でのヨーロッパ学界の仕事が第3論文までにはほとんど登場しないにも拘らず，90年代後半からについては相当の点数が文献目録に含まれるに至った。このような欠陥があるにも拘らず，四半世紀にわたる西欧中世初期農村史の活況という研究史の一つのサイクルの文献的基礎を統一的に示すのがよいと考え，文献目録の合体という道を選んだのである。第3に，公刊された第3論文と第4論文の区分は1992年/1993年となっていたが，これを1年後ろにずらして，第2部を93年まで，第3部を94年からとしたことである。これは1993年が，サン=ジェルマン=デ=プレ修道院所領明細帳の新版刊行とプリュム修道院所領明細帳作成千百年記念事業とによって，所領明細帳研究盛況の明白な頂点をなしていたにも拘らず，1991-92学年度でのヘント大学留学中の調査と執筆，帰国した直後での刊行となった第2論文は92年までを対象としていたという欠陥を是正するためであった。その点では明白な改良であったと思うが，その代わりにいくつかの細かい論点については，第2部と第3部との標題にうたわれた対象期間と，それぞれの本文で取り上げられている仕事の刊行年代との間にずれがある場合が生じてしまい，そのすべてを補正はできなかった。ただしよく経験するように，文献目録のそれぞれの項目に付されている刊行年代は必ずしも現実にそうであったわけではなく，また実際に日本の研究者のもとにその順序で届けられるわけではない。従って各部の標題に付されている年代幅は，いちおうの目安というくらいに考えて下されば幸いである。こうした実質的な補正を行った上で，序言と結論とを新たに書き加えて成ったのが本書である。

このような狙いと経過で成立した本書であるが，この間での自分の勉強を振り返ってみると，日本学界を主たる活動の場としながら，ヨーロッパ学界の研究動向に通暁し，そしてたとえ僅かであってもこれに貢献もするという目標は，曲がりなりにも達成できたと信じている。さらにまた主として九州を拠点として，こうした仕方を周辺の若い友人たちと実践することによって，わが国の西欧中世史研究が，いかんともし難いその内弁慶的性格にも拘わらず，ヨーロッパ学界にも匹敵しうる研究水準をかなりの部面で確保していることに寄与できたとも信じている。もちろんそのことの当否は同僚諸氏と読者諸賢の判断にゆだねる他はないが，ともかくそうした感慨を込めて本書を送り出すことにしたい。

目　次

凡例

序言

本書の内容と目標（3），　勉強戦略としてのヨーロッパ学界研究動向追跡（3）：日本人・ヨーロッパ人研究者間の西欧中世史研究能力の相違（3）；日本学界孤立の恐れのうちで独自な進路を模索（3）；中世都市・農村関係論でヨーロッパ学界からの体系的摂取を意識（5）；自著でのヨーロッパ学界把握がベルギーで好評（5）；史料分析にも評価（6）；戦略の設定→ヨーロッパ学界動向通暁の上での独自な問題と史料の選択（6）；西欧中世都市・農村関係研究会での実践（7）；研究動向論文スタイルの開発と7篇の刊行（8）；農村史第4論文の遅れ（9），研究動向論文での志向：①自説と対立する学説への注意（10）；②ヨーロッパ学界全体に注目（11），　農村史動向論文4篇の集成（12）：形式的整備（12）；実質的変更①第3部の基礎は第4論文の拡充版②文献目録の合体③第2部・第3部の区分を93年・94年へ（12），目標達成の感慨（13）

西欧中世初期農村史文献目録
（ヨーロッパ学界1980－2004年）(30-67)

第1部　荘園制研究の復活：1980－1987年

西欧中世初期農村史の盛況（69）

第1章　荘園制展開過程の研究

1　古典荘園制の形成――フルヒュルスト仮説の検証――

出発点＝フルヒュルスト仮説（1965年）（70）

A　古典古代から西欧中世への移行

古代から中世への定住史に多様な見解（70）：連続・断絶の次元（71）→大土地所有の連続（71）と拠点移動・破壊による所領構造断絶（72）

B　メロヴィング期における起源

メロヴィング期史料検討の前進（72）：小規模経営優越説（73）と荘園制拡大説（73）；ドヴロワによるサン＝レミ領での荘園制形成の検出（74）；ゴファールも大

土地所有者の能動性を確認（74）
C　カロリング期における展開
後進地帯修道院領での荘園制形成実証（75）；ザクセンにおける同じ現象の強調（76）；サン゠レミ明細帳の研究（77）；シャルル禿頭王文書の検討（77）

2　カロリング期の社会経済発展における古典荘園制の位置
カロリング期社会経済への楽観論（78）
A　王権・教会・有力貴族による主導
政治的主導性の強調（78）；王領・教会領・貴族領の一体性（79），所領類型論：トゥベールの3類型論と遠隔地所領の検討（79）；クーヘンブッフ地代地域論（80）とその批判→所領形態の地理的規定性を相対化（80）；いずれの立場も農民経営を重視（81）；農民経済の領主による組織化（82）
B　奴隷制の衰退と農民経営の確立
マンスをめぐる諸説（82）；農民経営確立と奴隷制衰退の関連を浮彫（83）；中世初期奴隷制のゲルマン的起源（83）；ボナッシーの奴隷制解体論（84）；奴隷の解放と上昇（保有地形成）とに諸説（84），奴隷制解体の所産としての賦役労働（85）；農民家族（85）と農民経営（87）をめぐる諸論
C　商品・貨幣流通と領主・農民
領主制のもとでの流通展開を強調（87）；農民経済も視野に入れた議論（88）；サン゠ジェルマン領における運搬組織（89）；トゥベールによる理論的寄与（89），ブライバーによる荘園市場普及の主張（90）；トゥベールは都市市場も視野に（91）；農民の市場参加と貨幣使用は今後の研究課題（91）

3　中世初期南欧世界と古典荘園制
A　フランス南部・スペイン北部における不在
南欧での古典荘園制不在？（92）；ボナッシーによるフランス南部・スペイン北部封建化の構想→中世初期に自有地モデル（92）；ポリによる補強（93）；マニュー゠ノルティエは荘園制概念を忌避（94），ヨーロッパ南西部研究の特徴：中世初期への悲観説と紀元千年封建制成立説を共有（94）；それに批判的な諸研究も存在（95）；ルーシュの荘園制相対化による整理（96）
B　イタリアにおける役割
トゥベールによるイタリア古典荘園制の浮彫（97）；イタリア学界での所領明細

帳と古典荘園制への関心（98）；トゥベールによる理論的整理（99）；ロワール゠ライン間との類似への注目（99）

4 古典荘園制の歴史的役割
――フルヒュルスト仮説からトゥベール論文へ――

古典荘園制の限定（フルヒュルスト）からその理想型としての措定（トゥベール）へ（100）；動態的理解による所領類型論（101），領主主導重視の古典荘園制論の問題点と深化の途（101）：①小経営評価が荘園制軽視に直結する例（102）→定住史による荘園制環境の検討が有用（102）；②ローマ国家存続論には荘園制の国制史が有用（103）；③小所領重視には古典荘園制解体過程の検討が有用（104）

第2章　史料的基礎＝所領明細帳研究の隆盛
1　研究の復活と展開
A　伝統的見解と新たな視角
所領明細帳研究の復活（106），その困難：史料批判→サン゠レミ明細帳とプリュム明細帳（107）；文言解釈→サン゠ジェルマン明細帳など（107），新しい視角による活況（108）：伝統的な静態的明細帳像（108）への批判→動態的分析への前進（109）

B　複層的性格
三つの新版の編纂形式：プリュム明細帳→混乱文言の再現（110）と部分明細帳の自立性強調（111）；サン゠レミ明細帳→ドヴロワによる複数層位の明示（111）とデポルト／ドルボーによる近世写本の発見による批判（112）のいずれも複層性を強調（114）；ロブ明細帳→従来の全体明細帳再現（114）に複層性（115）を対置した新版（115），サン゠ジェルマン明細帳に管理機構序列による複合的性格を検出（116）；他の明細帳にも再検討の必要性（116）

C　流動的性格
小規模台帳の改変を検出（117）：プリュム明細帳でのペラン以降の仕事（118）；サン゠レミ明細帳でドヴロワ（118）もデポルト／ドルボー（119）も改変部分を摘出；ロブ明細帳で複数の層位を追加と表示（119）；サン゠ジェルマン明細帳でも改変の指摘（120）

D　所領政策の道具としての機能
明細帳の統一性は承認（120）：サン゠レミ明細帳でのヒンクマルス所領政策期作

成部分の浮彫(120)；サン=ベルタン明細帳での荘園制描写の規則性を強調(121)；フルヒュルストによる一般化（122）

E　動態的利用

明細帳の動態的性格についての二つの指摘（122），動態的活用の三つの方式：①複数年代諸層の比較（サン=レミ/ロッブ/プリュム/ワイセンブルク明細帳）（122）；②同一年代層での複数構造の段階論的比較（サン=ジェルマン/サン=ベルタン/モンティエランデル明細帳）（123）；③他類型史料との併用（サン=レミ/サン=ベルタン明細帳）（124）；レーゼナーによるザクセンへの3方式の適用（124）

F　代表能力

第二次大戦後の慎重な態度（125）；最近は台帳作成者の意図を重視（125）；所領明細帳の規範的性格の現実性を照射（126）；荘園制モデルの有効性と関連（127）

2　研究の展望

A　農村史研究の現段階と所領明細帳

動態的理解の前進と全体的描写への距離（127）；所領明細帳のよりよい活用と研究史参照の要請（128）

B　古典荘園制の普及度合

低い評価の流布（129）；中世初期農業の積極評価と両立（130）；荘園制モデルと農民経営統合の2局面（130）

（1）古典荘園制モデルに不適合な文言の網羅的検討

所領明細帳に多様な記載(131)：非古典荘園制的所領→遠隔地(131)と拠点(132)；大規模ないし零細保有地（132）；マンス保有農民以外の領民（133）

（2）所領明細帳起源の追究

ペランによるローマ末期起源説（133）；ゴファールによるメロヴィング期起源説（134）とローマ税制からの説明（135）；ドヴロワによるランス教会所領政策からの説明（135），奴隷的非自由人上昇追究の途→明細帳での関連文言調査と解放文書での台帳的記載の探求（136）

C　荘園制のカロリング国制における地位

マニュー=ノルティエ/デュリアの«villa»＝徴税区域説（137）；荘園制の国制史による解決へ（138）

（1）カロリング期台帳系史料での所領明細帳の位置づけ

台帳系諸記録での明細帳の地位（138）：ドイツ学界での王領研究と台帳系記録の分類（138）；フルヒュルストによる新たな類型の提唱（139）；バイエルンの3台帳は権利保障の記録（140），　所領明細帳定義の困難（140）；ドヴロワの類型論による広い把握（141）；カロリング国家の多様な台帳での位置づけ（142）
（2）所領明細帳の法的性格
一般的に承認（142）；例外学説の存在（143）；最近の研究進歩による再検討の必要性（143）；荘園領主の領民強制力に多様な見解（144）；荘園制の国制史へ（145）

D　小所領の役割
最近での強調（145）；荘園制の役割評価と関連（146）
（1）所領明細帳に登録された大規模保有地の調査
多様な大規模保有地を記載（146）；ベネフィキウム記載についての議論（146）；無資格大規模保有地の調査が必要（147）
（2）所領明細帳の変遷を通じて見たカロリング期以降の農村史
明細帳による荘園制解体過程研究の三つの課題（148）：①法的性格の変化（148）；②他の史料類型との関係（149）；③伝来過程（150）

第2部　荘園制研究の成熟：1988－1993年

はじめに
第1部の内容＝古典荘園制の復権（151）：荘園制モデルの確立（151）；フランス語版の公刊と続篇の必要性（152），　その後の研究傾向：農村成長の確認と反荘園制モデル2学説の確立（152），　第2部での文献調査①ヨーロッパ学界関係：イタリア学界からより多くを参照（153）；完璧な網羅性は断念（153）；多産なイギリス学界からは大陸関係の数点のみ（154）②考古学関係：物的基礎の解明に寄与するが荘園制研究への直接の寄与は小（155）

第1章　中世初期における農村成長の確認

荘園制への低い評価と農村成長確認の両立（157）；7世紀からの人口増加に合意（157），　農村開発：考古学の貢献（158）；担い手について諸説（158）；水車・教会堂にも注目（159），　栽培作物の検討：穀物（160）とブドウ・オリーヴなど（160）；三年輪作発達に二つの評価（160）；収穫率低位の否定（161）；古代農学

20

より経験的実践（162）、開発と開墾との同一視の批判（162）；イタリア学界は庭畑地と森林に注目（163）；ウィッカムは森林の多彩な利用を中世初期の特性として強調（163）、開発・開墾の担い手と時期の評価は多様（163）

第2章　荘園制の諸側面
はじめに
荘園制研究の地理的範囲拡大（166）；その多彩な内容（166）；研究動向論文は複数存在（167）

1　所領明細帳の新版と史料論
A　新版の刊行
明細帳の三分の一に新版（167）：サン＝ピエール＝ル＝ヴィフ明細帳→近世在地伝来の探索によるテキスト拡充（167）；ワイセンブルク明細帳→複数層位の早期年代決定と物的体裁の再現（168）；モンティエランデル明細帳→史料批判に重点なし（169）；サン＝モール＝デ＝フォッセの明細帳と敷地台帳→作成状況の解明による精密な年代決定（171）；サン＝タマン明細帳→幅広い年代決定（172）；フルダ所領目録→手書本再現レイアウト以外は旧版の踏襲（173）、新版への批判：ワイセンブルク明細帳→他の台帳系記録の無視など多くの欠陥（173）；モンティエランデル明細帳→カルチュレールによる伝来の検討なし（174）、ヘーゲルマン学派による新版刊行の頂点：サン＝ジェルマン明細帳→ロンニョン版のデジタル入力を校合して刊行（174）；コンピューターによる分析で詳細な論述（175）

B　多様性と複層性
（1）多様性
伝来明細帳は作成された同種記録のごく一部（176）；ワイセンブルクにも多様な台帳（176）；広範な台帳作成の諸例（177）；世俗領主も台帳を使用（177）；ローマ国家存続論者も台帳整備を重視（177）

（2）作成意図
個別台帳に主導的観点（178）：シュタフェルゼー明細帳には権利保持と収入確保の両者（179）；モンティエランデル明細帳でも収入確保（直轄領）と権利保持（プレカリア）（179）；ヘーゲルマンによる一般化→「権利保全」のための目録と「給付能力確認」のための明細帳（180）；個別記録記載範囲の部分性（181）；台帳系記録の一部として所領明細帳の定義は棚上げ（181）

（3）複層性
複数個別記録集成による複層性の成立（182）；サン=ジェルマン明細帳にも検出（183）
C　法的性格と伝来
（1）法的性格
再検討の必要性（183）：法的性格に固執しないトゥベール（184）と固執するヘーゲルマン学派（184）
（2）伝来
法的性格との密接な関連（185）；プリュム明細帳伝来に関する二つの研究（185）；サン=ピエール=ル=ヴィフ明細帳11世紀写本の検討（186）；ヘーゲルマン学派による新版に際しての検討（187）
D　動態的活用
多様な主題での明細帳の活用（188），年代的複層性活用の諸例（189）；文書史料と併用した2例（190）；イタリアの農地契約との併用（191）；他類型史料との関連追究が必要（191）
E　プリュム修道院所領明細帳千百年祭記念事業
明細帳研究活況の象徴（192）：第1論文集では大衆化と史料批判2説の並列（192）；第2論文集では最近の研究主題（193）；ヘアボルンの「在地連関的」2論文（193）；研究状況の反映（193）

2　空間組織としての荘園制
イタリア大修道院領（トゥベール論文）（194）とサン=テュベール領（丹下論文）（195）の星雲状配置→拠点での領域支配と広域的流通網の結合（195）；ゲーツは荘園制の空間形成力を限定（195）；多様な発言と研究の必要性（196），遠隔地所領には商業的性格と政治的性格を強調（197）

3　領主と所領形態
従来は教会領中心の研究（198）；最近では世俗小貴族領の独自性を浮彫（199）→王領と教会領の組織は荘園制（199）；大貴族領は古典荘園制の方向で小貴族領ではグーツ経営（200）；小所領問題との接合（201）

4　奴隷・賦役労働・保有農民

所領労働力への注目（202）
A 奴隷
中世初期に多数存在（202）；ゲルマン的起源の承認（202），カロリング期奴隷的非自由人の存在・境遇改善・減少（203）；中世初期奴隷制は副次的要素（203）
B 奴隷の社会経済的上昇
奴隷の消滅要因は保有地形成か逃亡か→荘園制の役割？（204）：保有地規模・賦役労働量に関するイタリア学界での論争（205）；ワイディンガーによるフルダ領でのマンス＝フーフェ成立過程の検討（205）
C 賦役労働
イタリア学界は強制手段として注目（207），経済的観点からの考察：賦役労働量への関心（207）；不定量賦役の軽重二面性（208）；週賦役の領主の恣意との結びつきと弾力性（208）；年賦役が最も頻繁（209）；定地賦役の検討若干（209）；多様な形態の並存と二重の起源（210）

5 荘園制と流通・都市
A 流通
トゥベールによる荘園制手工業の3形態（210），領主・農民による流通の諸側面（211），荘園制の商業的性格に関する議論（211）：過大評価への警告（212）；理論的考究の必要性（212）
B 都市
農村成長による都市形成への二つの見方（213）：①荘園制の非都市的性格（213）；②荘園制内部に都市現象→デスピィ記念論文集の3論文（214）とトゥベールによる強調（215）

6 荘園制モデルの検証
いくつもの理論的発言（216）：カロリング期の史料が素材（216），ドイツ学界での古典荘園制に先行する形態の追究（217）；フルヒュルストにも同様の試み（218），イタリア学界による農民均質化の強調とドイツ学界でのニュアンス（218），領主と農民との役割についての議論（219）

第3章 批判的学説と研究の展望
1 批判的学説の二つの潮流

フランス学界での荘園制モデル反対論の明確な形成（220）
A 「紀元千年の変革」論
フランス学界的思考（220），中世初期に自有地農民優越の主張（221）：ボナッシー報告（1978年）以降のヨーロッパ南西部についての諸論文（221）；ボワの奴隷（少数）と独立農民（多数）による社会システムの規定（222）；論争による荘園制モデル・自有地モデル対立の明確化（223）
B ローマ的国家存続論
強い連続説による荘園制の公的制度としての規定（223）；自有地農民の重視で第1の流れと合致（224）

2 対話的研究の展望
A 対話の可能性＝モデルの動態的性格
地域差を越えて必要な両モデル間の対話（225）：荘園制モデルの動態性と農民主体性の重視（225）；自有地モデルの動態性と領主制的保護内包の可能性（226）；対話の有用性→荘園制モデルに定量的視角を導入（226）
B 具体的諸課題
①荘園制未発達領域への新たな関心が必要（227）；先行研究で自有地モデル領域に近い描写（228），②中間的問題領域としての小所領（228）：所領明細帳での大規模保有地に注目（229）；自有地農民上層部の考察が必要（考古学が有用）（229）；中世盛期史料からの遡及も可能（230），③農村共同体への多様な視角と荘園制との関連追究（230），④荘園制の国制史→イタリア学界に領主・農民関係包摂の先蹤（231）

第3部　荘園制研究の浸透：1994―2004年
はじめに
70年代末―90年代初頭に荘園制研究の展開と批判的2学説の形成（233）；その後は農村史全般に荘園制研究の成果が浸透（233），文献目録の特徴：個人論文集（234）；研究集会会議録は中世初期荘園制周辺の主題（235）；総合の試み（237）；国際化と比較史（238）；厖大な個別論文（238）

第1章 中世初期農村の物的基盤

自然科学の応用（239）

1 定住と景観
A 村落の形成
景観・定住考古学の確立（239）；中世初期定住は小規模で不安定（240）；フランス考古学による村落形成の検出（240）→二つの総合による歴史家モデル批判（241）；イタリア考古学にも同様な著作（243）；ヘイムロウによるヨーロッパ北西部についての総合（244），フランス学界による中世的耕地形態検出の努力（245），手工業の広範な存在（246）と古代からの耕地継受（247）

B 村落の形成と荘園制の展開——考古学と歴史学の間——
二つの現象の関連への異なった評価（247）；大土地所有での村落形成の指摘（248）；総合的叙述による積極的関連付け（249）；森林開発での荘園制の積極評価（250），荘園制研究での考古調査の限界（251）；考古学と歴史学の関連吟味（252）；両分野協力の積極評価も存在（252）；研究進展の期待（253）

2 農業成長
穀物収穫率の高い評価（254）；三年輪作普及の論証（255），ブドウ栽培・ワイン生産の積極評価（256）；水車の普及と多様な担い手（257）；ローマ農学より多種多様な改良を重視（258），全面的農業成長の確認（258）

第2章　荘園制研究の浸透
先行期に関する動向論文（260），第2部枠組みの基本的継承（260）

1 所領明細帳と台帳系記録の研究
A 史料論
プリュム明細帳→史料批判の棚上げ（261）/動態的活用（261）と「在地連関的」分析（262）；モンティエランデル明細帳→複層性の検出と在地史料動員の要請（263）/複層性の強調と改変の検出（264）/研究の大衆化（264）；サン=ベルタン明細帳→記載住民の分析と史料批判の再検討（265）など；サン=ピエール=ル=ヴィフ明細帳→長期にわたる作成・筆写・改変（266）；サンタ=ジュリア明細帳→作成単位の吟味と年代の遡及（266）；シント=ピーテル明細帳→『古寄進帳』研

究による史料批判の深化 (267)；サン=モール明細帳→作成の背景と手順との再検討 (269)；マルセーユ教会（サン=ヴィクトル）明細帳→作成手順の検討による部分性の論証 (269)，マコン教会所領目録→カロリング期最古台帳の新版と内容描写 (270)；イタリア中部=南部の領民リスト→教会組織作成 8 − 9 世紀台帳への注目 (271)，サン=マルタン修道院会計記録：メロヴィング期における複合的台帳群の存在 (272)，全体的史料論は例外 (273)

B 活用の方向

明細帳研究の進展と伝来当初段階の解明 (273)，ブームの終息から研究成果の活用へ：個別テーマをめぐる関連台帳全体の調査 (274)；明細帳専門家による多様なテーマでの使用 (274)；人名史料としてサン=ジェルマン明細帳の分析 (275)，台帳系以外の文書史料の使用：『御料地令』(275) と土地取引文書 (276)

2 所領の配置と形態

A 大土地所有の広域的配置

修道院領広域分布の諸例 (276)；イタリアについては拠点周辺への集中も強調 (277)，所領配置への政治史的関心 (278)；ことに遠隔地所領の場合 (278)

B 個別所領の形態

関心の減少 (279)，ロワール=ライン間著名史料による古典荘園制の相対化 (280)；イタリアについて逆の主張 (280)

3 労働力の諸形態

A 奴隷制か，農奴制か？

古代・中世移行期奴隷制への強い関心 (281)；中世初期非自由人は奴隷か / 農奴か (281)；ローマ帝国末期奴隷制の消滅 (282)；自有地農民優越のもとでの奴隷制存在の主張 (282)

B 中世初期奴隷制論とその批判

ハンマーによるバイエルン奴隷制社会論→荘園制農民を奴隷と規定 (283)，批判的諸見解：イタリアでの隷属は農奴身分との主張 (284)；家族構成と保有地形成による奴隷の上昇を評価 (285)

C 荘園労働力の諸相

イタリアのプレベンダリウスへの注目 (286)；奴隷労働の痕跡としての賦役労働の規定と具体的検討 (287)；«mancipia» ＝領民一般説 (288)，人名学による領

民家族構成の浮彫（288）；人名学大規模プロジェクトによる非自由人自立性の示唆（289）， マンスの研究：自立的標準保有地説への異論と具体的論証（291），ジェンダー問題：女性の奴隷規定は不在（292）

4　流通と都市

商業史からの接近：サンタ＝ジュリア領とロワール＝ムーズ間での領主主導商業の研究（293）， 修道院領研究からの接近：プリュム明細帳でのワイン生産特化の検出と農民市場参加の浮彫（293）；サン＝ドニ文書史料から修道院による商品＝貨幣流通の論証（294）；プリュム領との比較によるサン＝ドニ領と遠隔地商業との関連強調（294）， 荘園市場より城塞市場との主張（295）， フルヒュルストによる荘園制手工業の見取り図と産業的性格の指摘（296）， 荘園制的流通を巡る多様な評価：プリュム領について多彩な議論（297）；ドヴロワによる修道院経済理念論（298）， 都市・農村関係論は停滞（299）；農村流通の核としての都市と修道院領を通じての都市化への注目（300）

5　土地取引・紛争解決から所領の国制史へ

A　土地取引の展開と諸形態

土地取引研究の発展（300）：取引諸形態の機能的近似を強調（301）；プレカリアと他の諸形態の一体化（301）， 王権・教会・貴族間の社会的・政治的関係への関心＝ルッカ教会領の例（302）；例外はアンドレオッリの農地契約研究（303）；王権による土地譲与の政治的理解（303）， 寄進による教会組織と貴族家系の相互依存関係への強い関心（303）

B　紛争研究との接合

土地取引をめぐる紛争と妥協（305）：バイエルンとライン中流地域の研究→王権・教会・貴族間紛争解決の王国規模組織（305）， 在地上層住民集会への関心：イネス（306）とゲアリィ（307）による境界確定集会文書の分析；農民運動への関心低調（308）， 荘園制の社会経済史より所領の国制史を志向（308）

C　荘園制における領民支配

領主による農民支配の実証研究は不在（309）；イタリアの領主裁判権について二つの研究（310）， 不輸不入権への一つの観点（311）

第3章　荘園制の地位と研究の展望

1 「対話的研究」の進展
不毛な対立の後退（312）
A 領主制説と共同体説の対立
二つの立場→荘園制の一方的強調（312）と量的限定（313）；フォルラートによるヴェルデン荘園制の役割限定と隣人共同体の浮彫（313）；考古学でも強い共同体説（315），領主制論者による荘園制の多様性確認（315）；«villa»の語義論でも領主支配の多様性を強調（316）
B 地域研究の進展
地域研究での対立の後退（318）
（1）アルプス・ピレネー山岳地帯
カイザーによるライン最上流地域の荘園制モデルによる描写（318）；ラレアによるナヴァラの自有地モデルによる整序（319）→教会領の軽視を通じた荘園制モデルの無視（320）；アルベルトーニによるチロルの中間的把握（321）→研究史重視の柔軟な見方（322）
（2）ブルターニュ
トネールによる伝来的土地制度の描写（322）；シェドヴィルによるルドン文書史料での荘園制不成立の検証（323）
（3）イタリア（プーリア，アレッツォ，アブルッツォ）
トゥベール学派が荘園制モデルを活用：マルタンによるプーリアでの荘園制未発達の論証（324）；ドリュモーによるアレッツォ農村荘園制の中世盛期史料による研究（325）；フェレールによるアブルッツォでの荘園制の初期的形成（325）とその限界要因（326）との検討
（4）ライン中流地域
イネスによる荘園制普及の否認（327）；世俗領の遅れた形態との規定（327）；二つの観点①カロリング社会の根幹は在地世俗エリート（328）②領主制の政治的関係としての把握（328）
C 総合の試み
荘園制モデルのみによる総合も存在（329）；『新ケンブリッジ中世史』で荘園制重視のフルヒュルスト（329）と農民隣人関係重視のウィッカム（330）が類似した描写；『オックスフォード簡約ヨーロッパ史』でのウィッカム（331）とドヴロワ（332）も同様；フルヒュルスト『カロリング経済』では古典荘園制から自有地までを描写（332）

2 研究の展望
A 小所領への新たな視角
第2部末尾の諸課題 (333)；小所領が未開拓 (333)，ボナッシーによるピレネーでの家領主制の摘出 (334) →ドイツ的領主制説と自有地モデルとの接点 (335)

B 若干の論点
①貴族層・農民層分断の排斥 (336)：ボナッシーの発言 (336)；封建制論との関連 (337)，②政治史的研究成果の社会経済史への読み替えが必要 (338)，③中世盛期農村史の研究成果に注目 (338)，④ヨーロッパ学界での対話的研究の展望：ゲーツによる荘園制比較史の提唱 (339)；大陸学界・イギリス学界交流の有用性 (340)，⑤中世初期農村成長の年代規定への注目：焦点は9世紀か8世紀か (341)，⑥中世初期社会経済構造の特質への関心 (342)：ドヴロワ (343) とクーヘンブッフ (344) による人類学的方法の参看

結論

本書の年代的・地理的枠組み(345)，前提＝先行研究による停滞論：ピレンヌ(345) とフランス中世史学 (346)，研究史変革の基礎：ヨーロッパ学界の形成→フランス/ドイツ/イタリア/ベルギー/オランダ/オーストリア/英語圏と北欧・東欧/スペイン (346)；中世初期考古学の展開 (349)；所領明細帳の史料論 (350)→三つの論点①作成意図②伝来③定義 (351)；他史料類型でも伝統的枠組みからの離脱 (352)，物的基礎：開墾と穀作の展開 (353)；多様な土地利用の浮彫→庭畑地/森林/水車 (353)；定住・景観考古学で村落形成の提示 (355)，社会経済組織：領主制説・共同体説対立に第3の途→フルヒュルスト仮説 (355)；荘園制研究の活発化→理想型としての古典荘園制 (356)，荘園制モデルの肉付け (357)：①空間組織としての荘園制→拠点領域と遠隔地所領 (357)/星雲への比喩 (358)；②労働力の形態→奴隷制支配説の二つの型 (359)/奴隷的非自由人上昇論による批判 (359)/マンス＝フーフェの検討 (360)；賦役労働の諸形態 (361)；③流通と都市→流通組織としての荘園制 (361)/商業的性格の程度 (362) と都市との関係 (362) にはなお議論/手工業研究の農村史への統合が必要 (363)，荘園制モデルに対立する主張：ボナシー報告による自有地農民の重視 (363)；ボワによる自有地モデルの論戦的対置 (364)；ローマ国家存続論も自由農民基底論 (365)，対話の研究の提唱と総合的把握の方向 (365)：荘園制研究ブームの終了と土地

取引文書研究の活発化（365）；総合的叙述の試み→地域的（366）にも全西欧的（366）にも片寄らない描写，　研究は継続：小所領が戦略的課題→考古学的・遡及的検討に加えて社会政治的考察が有望（367）；本書の社会経済史的限界（368）

あとがき（369）
索引：地名（373）
　　　　同時代人名（集団 / 個人）（378）
　　　　研究者名（ヨーロッパ / 日本）（379）
　　　　大学 / 研究機関 / 学派名（385）
　　　　史料名（所領明細帳・台帳系史料 / その他）（386）

西欧中世初期農村史文献目録
(ヨーロッパ学界1980－2004年)

[1]　Abbé, J.-L., Permanences et mutations des parcellaires médiévaux, in *Archéologie des parcellaires* [72], pp. 223-233.

[2]　Agache, R., Typologie et devenir des *villae* antiques dans les grandes plaines de la Gaule septentrionale, in *Villa-curtis-grangia* [242], pp. 17-29.

[3]　Albertoni, G., *Le terre del vescovo. Potere e società nel Tirol medievale (secoli IX-XI)*, Torino 1996.

[4]　*L'ambiente vegetale nell'alto Medioevo*, (Settimane, 37), Spoleto 1990.

[5]　Andreolli, B. / Montanari, M., *L'azienda curtense in Italia. Proprietà della terra e lavoro contadino nei secoli VIII-XI*, Bologna 1983.

[6]　Andreolli, B., La corvée precarolingia, in *La prestazioni d'opera* [167], pp. 13-33.

[7]　Andreolli, B. / Montanari, M. (ed.), *Il bosco nel Medioevo*, (Biblioteca di storia agraria medievale, 4), Bologna 1988.

[8]　Andreolli, B., Il ruolo dell'orticoltura e della frutticoltura nelle campagne dell'alto Medioevo, in *L'ambiente vegetale* [4], pp. 175-209.

[9]　Andreolli, B., Tra podere e gineceo. Il lavoro delle donne nelle grandi aziende agrarie dell'alto Medioevo, in G. Muzzarelli / P. Galetti / B. Andreolli (ed.), *Donne e lavoro nell'Italia medievale*, Torino 1991, pp. 29-40.

[10]　Andreolli, B., La giustizia signorile nella Lucchesia dell'alto Medioevo, in A. Spicciani / C. Violante (ed.), *La signoria rurale nel Medioevo italiano*, II, Pisa 1998, pp. 139-156.

[11]　Andreolli, B., *Contadini su terre di signori. Studi sulla contrattualistica agraria dell'Italia medievale*, (Biblioteca di stroia agraria medievale, 16), Bologna 1999.

[12]　Andreolli, B., "Situazione proprietarie", "situazione possessore". Spunti per un dibattito europeo sulla contrattualistica agraria altomedievale, in M. Montanari / A. Vasina (ed.), *Per Vito Fumagalli. Terra, uomini, istituzioni medievali*, (Biblioteca di storia agraria medievale, 17), Bologna 2000, pp. 539-558.

[13]　Arcre, J., Otium et negotium ; the great estates, 4th-9th century, in L. Webster / M. Brown (ed.), *The transformation of the Roman world : AD 400-900*, London 1997, pp. 19-32.

[14]   Arnoux, M. / Brunel, G., Réflexions sur les sources médiévales de l'histoire des campagnes : de l'intérêt de publier les sources, de les critiquer et de les lire, in *Histoire et Sociétés Rurales*, 1, 1994, pp. 11-35.
[15]   Arthur, P., From *vicus* to village : Italian landscape AD 400-1000, in *Landscape of change* [74], pp. 103-133.
[16]   Atsma, H. (ed.), *La Neustrie. Le pays au nord de la Loire de 650 à 850*, 2 vol., Paris 1989.
[17]   Balzaretti, R., The monastery of Sant'Ambrogio and dispute settlement in early medieval Milan, in *Early Medieval Europe*, 3, 1994, pp. 1-18.
[18]   Balzaretti, R., The *curtis* : the archaeology of sites of power, in R. Francovich / G. Noyé (ed.), *La sotria dell'alto Medioevo italiano (VI-X secoli) alla luce dell'archeologia*, (Biblioteca di archeologia medievale), Firenze 1994, pp. 99-108.
[19]   Balzaretti, R., The politics of property in ninth-century Milan. Familial motives and monastic strategies in the village of Inzago, in *Transferts patrimoniaux en Europe occidentale (VIIIe-IXe siècle). Mélanges de l'Ecole française de Rome : Moyen Age*, 111, 1999, pp. 747-770.
[20]   Balzaretti, R., Monasteries, towns and their countryside : reciprocal relationships in the archidiocese of Milan 614-814, in G. P. Brogiolo / N. Gauthier / N. Christie (ed.), *Towns and their territories between late Antiquity and the early Middle Ages*, (The transformation of the Roman world, 9), Leiden / Boston / Köln 2000, pp. 235-257.
[21]   Bange, F., *L'ager* et la *villa*. Structures du paysage et du peuplement dans la région mâconnaise à la fin du haut Moyen Age (IXe-XIe siècle), in *Annales-ESC*, 39, 1984, pp. 529-569.
[22]   Banzhaf, M., *Unterschichten in bayerischen Quellen des 8. bis 11. Jahrhunderts*, (Materialien zur bayerischen Landesgeschichte, 9), München 1991.
[23]   Barbier, J., Du patrimoine fiscal au patrimoine ecclésiastique. Les largesses royales aux églises au nord de la Loire (milieu du VIIIe siècle-fin du Xe siècle), in *Transferts patrimoniaux* [19], pp. 577-605.
[24]   Barbier, J., Rois et moines en Perthois pendant le haut Moyen Age. A propos des origines et du temporel de Montier-en-Der, in *Les moines du Der* [330], pp. 45-81.
[25]   Barceló, M., The missing water-mill : a question of technological diffusion in the high Middle Ages, in M. Barceló / F. Sigaut (ed.), *The making of the feudal agricultures?* (The transformation of the Roman World, 14), Leiden / Boston 2004, pp. 255-314.

[26] Barthélemy, D., Qu'est-ce que le servage, en France, au XIe siècle? in *Revue Historique*, 287, 1992, pp. 233-284.

[27] Bayard, D., Les habitats du haut Moyen Age en Picardie, in *L'habitat rural* [281], pp. 53-62.

[28] Bayard, D., L'habitat du haut Moyen Age en Picardie : Etat de la question, in *Aux sources* [291], II, pp. 269-294.

[29] Bergamaschi, M.-B., *Seta e colori nell'alto Medioevo. Il siricum del monastero bresciano di S. Salvatore*, (Biblioteca dell'Archivio storico lombardo, 2-5), Milano 1994.

[30] Berings, G., *Landschap, geschiedenis en archeologie in het Oudenaardse*, Oudenaarde 1989.

[31] Bessmerny, J., Les structures de la famille paysanne dans les villages de la Francia au IXe siècle, in *Le Moyen Age*, 90, 1984, pp. 165-193.

[32] Bijsterveld, A.-J. / Noomen, P.-N. / Thissen, B., Der niederländische Fernbesitz der Abtei Echternach im Früh- und Hochmittelalter, in M.-C. Ferrari / J. Schroeder / H. Trauffler (ed.), *Die Abtei Echternach 698-1998*, Luxembourg 1999, pp. 203-228.

[33] Billen, C. / Dupont, Ch., Problématique marxiste et histoire rurale du Moyen Age (VIIIe-XIIIe s.) entre Loire et Rhin, in *Acta Historica Bruxellensia*, 4, 1981, pp. 89-128.

[34] Bleiber, W., *Naturalwirtschaft und Ware-Geld-Beziehungen zwischen Somme und Loire während des 7. Jahrhunderts*, Berlin 1981.

[35] Bleiber, W., Grundherrschaft und Markt zwischen Loire und Rhein während des 9. Jahrhunderts. Untersuchungen zu ihrem wechselseitigen Verhältnis, in *Jahrbuch für Wirtschaftsgeschichte*, 1982-83, pp. 105-131.

[36] Bois, G., *La mutation de l'an mil. Lournand, village mâconnais de l'Antiquité au féodalisme*, Paris 1989.

[37] Bois, G., La croissance agricole du haut Moyen Age : le Mâconnais au Xe siècle, in *La croissance* [81], pp. 37-52.

[38] Bois, G., Réponse, in *L'an mil* [50], pp. 91-108.

[39] Bonin, Th., L'habitat rural du haut Moyen Age en Ile-de-France. Un état de la question, in *Bulletin du Groupement Archéologique de Seine-et-Marne*, 35-38, 1994-97, pp. 49-67.

[40] Bonnassie, P., Du Rhône à la Galice. Genèse et modalités du régime féodal, in *Structures féodales* [437], pp. 17-44.

[41] Bonnassie, P. / Guichard, P., Les communautés rurales en Catalogne et dans le Pays valencien (IXe-milieu XIVe siècle), in *Les communautés vil-*

lageoises en Europe occidentale du Moyen Age aux temps modernes, (Flaran, 4), Auch 1984, pp. 79-115.

[42] Bonnassie, P., Survie et extinction du régime esclavagiste dans l'Occident du haut Moyen Age (IVe-XIe s.), in *Cahiers de civilisation médiévale*, 28, 1985, pp. 307-343.（桂秀行訳「西洋中世高期（4世紀－11世紀）に於ける奴隷制の存続と消滅」『愛知大学経済論集』（上）129－131, 1993年, 51－89頁；（下）132, 1993年, 93－123頁。）

[43] Bonnassie, P., *La Catalogne au tournant de l'an mil. Croissance et mutations d'une société*, (1975), Paris 1990.

[44] Bonnassie, P., La croissance agricole du haut Moyen Age dans la Gaule du Midi et le nord-est de la Péninsule ibérique : chronologie, modalités, limites, in *La croissance* [81], pp. 13-35.

[45] Bonnassie, P., *From slavery to feudalism in South-Western Europe*, Cambridge 1991.

[46] Bonnassie, P., Mâconnais, terre féconde, in *L'an mil* [50], pp. 39-46.

[47] Bonnassie, P., *Les sociétés de l'an mil. Un monde entre deux âges*, (Bibliothèque du Moyen Age, 18), Bruxelles 2001.

Bougard, F.→Noyé[345]

[48] Bougard, F., *La justice dans le royaume d'Italie de la fin du VIIIe siècle au début du XIe siècle*, (Bibliothèque des Ecoles françaises d'Athènes et de Rome, 291), Roma 1995.

[49] Bourgeois, L., Genèse et morphologie du village dans l'Ouest parisien : premiers résultats, in G. Fabre / M. Bourin / J. Caille / A. Debord (ed.), *Morphogenèse du village médiéval (IXe-XIIe siècles)*. Montpellier 1996, pp. 57-67.

[50] Bourin, M. (ed.), *L'an mil : rythmes et acteurs d'une croissance*, (Médiévales, 21), Paris 1991.

[51] Bourin, M. / Chareille, P., Colons et serfs dans le polyptyque d'Irminon : quelles différences anthroponymiques? in M. Bourin / P. Chareille (ed.), *Intégration et exclusion sociale : lectures anthroponymiques. Serfs et dépendants au Moyen Age (VIIIe-XIIe siècle)*, (Genèse médiévale de l'anthroponymie moderne, V-1), Tours 2002, pp. 31-132.

Bournazel, E.→Poly[371]

[52] Brown, W., *Unjust seizure : conflict, interest and authority in an early medieval society*, Ithaca 2001.

[53] Bruand, O., *Voyageurs et marchandises aux temps carolingiens. Les réseaux de communication entre Loire et Meuse aux VIIIe et IXe siècles*, (Bibliothèque du Moyen Age, 15), Bruxelles 2002.

[54] Bruand, O., La *villa* carolingienne : une seigneurie? Réflexions sur le cas des villas d'Hammelburg, Perrecy-les-Forges et Courçay, in D. Barthélemy / J.-M. Martin (ed.), Liber largitorius. *Etudes d'histoire médiévale offertes à Pierre Toubert par ses élèves*, Paris 2003, pp. 349-373.

[55] Bruand, O., Les villas ligériennes de l'Autunois, centres de pouvoir et d'encadrement (VIIIe-début XIe siècle), in D. Bartélemy / O. Bruand (ed.), *Les pouvoirs locaux dans la France du centre et de l'ouest (VIIIe-XIe siècle). Implantation et moyens d'action*, Rennes 2004, pp. 111-130.

Brunel, G.→Arnoux[14]

[56] Brunner, K., Continuity and discontinuity of Roman agricultural knowledge in the early Middle Ages, in D. Sweeny (ed.), *Agriculture in the Middle Ages. Technology, practice and representation*, Philadelphia 1995, pp. 21-40.

[57] Brunterc'h, J.-P., Le manse et la dîme en Limousin à la fin du IXe siècle, in *Aux sources* [291], II, pp. 195-206.

[58] Bur, M., A propos du chapitre XXXVIII du polyptyque de Montier-en-Der. Aperçu sur la structure et le fonctionnement d'un grand domaine du IXe au XIIIe siècle, in *Revue du Nord*, 287, 1990, pp. 417-428.

[59] Bur, M., De la *villa* d'Olonne à la ville de Saint-Dizier. Recherches sur le processus d'urbanisation en Champagne du VIIIe au XIIIe siècle, in A. Haverkamp / G. Hirschmann (ed.), *Grundherrschaft-Kirche-Stadt zwischen Maas und Rhein während des hohen Mittelalters*, (Trierer Historische Forschungen, 37), Mainz 1997, pp. 287-299.

[60] Bührer-Thierry, G., Formes de donations aux églises et stratégies des familles en Bavière du VIIIe siècle au Xe siècle, in *Transferts patrimoniaux* [19], pp. 675-699.

[61] Carpentier, E., Les implantations humaines en Poitou d'après les chartes des VIIe-IXe siècles, in *Cahiers de civilisation médiévale*, 36, 1993, pp. 41-58.

[62] Cau, E., Una nuova lettura del ritrovato polittico dell'Archivio capitolare di Tortona, in *Studi Medievali*, 29, 1988, pp. 745-753.

[63] Caucanas, S., *Moulins et irrigation en Roussillon du IXe au XVe siècle*, Paris 1995.

[64] Champion, E., *Moulins et meuniers carolingiens dans les polyptyques entre Loire et Rhin*, (Collection histoire et patrimoine), Paris 1996.

[65] Chandler, C. J., Between court and counts : Carolingian Catalonia and the *aprisio* grant 778-897, in *Early Medieval Europe*, 11, 2002, pp. 19-44.

[66] Chapelot, J. / Fossier, R., *Le village et la maison au Moyen Age*, Paris

1984.

[67] Chapelot, J., L'habitat rural : organisation et nature, in *L'Ile-de-France de Clovis à Hugues Capet du Ve au Xe siècle*, Paris 1993, pp. 178-199. Chareille, P.→[51]Bourin

[68] Chauvin, B., De la *villa* carolingienne à la grange cistercienne. Le cas de la terre de Glénon (Arbois, Jura) du milieu du Xe à la fin du XIIe siècle, in *Villa-curtis-grangia* [242], pp. 164-184.

[69] Chédeville, A., Société et économie, in *Cartulaire de l'abbaye Saint-Sauveur de Redon*, Rennes / Dol / Saint-Malo 1998, pp. 27-47.

[70] Chouquer, G., Grands domaines de l'Oscheret antique et médiéval, in *Du latifundium au latifondo. Un héritage de Rome, une création médiévale ou moderne?* Paris 1995, pp. 66-87.

[71] Chouquer, G., Aux origines antiques et médiévales des parcellaires, in *Histoire et Sociétés Rurales*, 4, 1995, pp. 11-46.

[72] Chouquer, G., Parcellaires et longue durée, in Id. (ed.), *Les formes du paysage*, II, *Archéologie des parcellaires*, Paris 1996, pp. 213-218.

[73] Chouquer, G., Les formes des paysages médiévaux : déclaration d'ouverture de controverse, in R. Noël / I. Paquay / J.-P. Sosson (ed.), *Au-delà de l'écrit. Les hommes et leurs vécus matériels au Moyen Age à la lumière des sciences et des techniques : Nouvelles perspectives*, Turnhout 2003, pp. 167-195.

[74] Christie, N., Landscape of change in late Antiquity and the early Middle Ages : themes, directions and problems, in Id. (ed.), *Landscape of change. Rural evolutions in late Antiquity and the early Middle Ages*, Aldershot 2004, pp. 1-37.

[75] Clemens, L. / Matheus, M., Zur Entwicklung von Tuchproduktion und Tuchhandel in "Oberlothringen" im hohen Mittelalter (ca. 900-1300), in *Vierteljahrschrift für Sozial- und Wirtschaftsgeschichte*, 75, 1988, pp. 15-31.

[76] Comet, G., *Le paysan et son outil. Essai d'histoire technique des céréales (France, VIIIe-XVe siècle)*, (Collection de l'Ecole française de Rome, 165), Roma 1992.

[77] Comet, G., Productivité et rendements céréaliers : de l'histoire à l'archéologie, in M. Colardelle (ed.), *L'homme et la nature au Moyen Age. Paléoenvironnement des sociétés occidentales*, Paris 1996, pp. 87-91.

[78] Comet, G., L'équipement technique des campagnes, in *Etudes Rurales*, 145-146, 1997, pp. 103-112.

[79] Comet, G., Les céréales du Bas-Empire au Moyen Age, in *The feudal ag-*

ricultures [25], pp. 131-176.

[80] Constant, A., Châteaux et peuplement dans les Massifs des Albères et ses marges du IXe siècle au début du XIe siècle, in *Annales du Midi*, 109, 1997, pp. 443-446.

[81] *La croissance agricole du haut Moyen Age. Chronologie, modalités, géographie*, (Flaran, 10), Auch 1990.

[82] Danheimer, H. (ed), *Aschheim im frühen Mittelalter*, I, Danheimer, H., *Archäologische Funde und Befunde* ; II, Diepolder, G., *Ortsgeschichte, siedlungs- und flurgenetische Beobachtungen*, München 1988.

[83] Davies, W., *Small worlds. The village community in early medieval Brittany*, Berkeley / Los Angeles 1988.

[84] Davies, W. / Fouracre, P., Introduction, in Id. (ed.), *Property and power in the early Middle Ages*, Cambridge 1995, pp. 1-16.

[85] Debord, A., *La société laïque de la Charente, X^e-XIIe siècles*, Paris 1984.

[86] Debus, K.H., Frühmittelalterlicher kirchlicher Fernbesitz im Linksrheinischen zwischen Lauter und Nahe, in *Jahrbuch für westdeutsche Landesgeschichte*, 19, 1993, pp. 47-79.

[87] Declercq, G., *Traditievorming en tekstmanipulatie in Vlaanderen in de tiende eeuw. Het* Liber Traditionum Antiquus *van de Gentse Sint-Pietersabdij*, (Verhandelingen van de Koninklijke Academie voor wetenschappen, letteren en schone kunsten van België, 164), Brussel 1999.

[88] Declercq, G. / Verhulst, A., *Villa* et *mansus* dans le *Liber Traditionum* du Xe siècle de l'abbaye Saint-Pierre-au-Mont-Blandin de Gand, in *Revue belge de Philologie et d'Histoire*, 81, 2003, pp. 1015-1022.

[89] Dekker, C., Saint-Bavon en Zélande, in J.-M. Duvosquel / E. Thoen (ed.), *Peasants & townsmen in medieval Europe. Studia in honorem Adriaan Verhulst*, Gent 1995, pp. 379-396.

[90] Delumeau, J.-P., *Arezzo. Espace et sociétés 715-1230. Recherches sur Arezzo et son contado du VIIIe au début du XIIIe siècle*, 2 vol., (Collection de l'Ecole française de Rome, 219), Roma 1996.

[91] Demolon, P., L'habitat du haut Moyen Age dans le nord de la France : réflexions socio-économiques, in *Revue du Nord*, 280, 1989, pp. 165-175.

[92] Depeyrot, G., *Richesse et société chez les Merovingiens et Carolingiens*, Paris 1994.

[93] Depreux, Ph., L'apparition de la précaire à Saint-Gall, in *Transferts patrimoniaux* [19], pp. 649-673.

[94] Derville, A., L'assolement triennal dans la France du nord au Moyen

Age, in *Revue Historique*, 280, 1989, pp. 337-376.
[95]　Derville, A., Villes et campagnes dans la région Nord / Pas-de-Calais de Charlemagne à Charles Quint, in *Villes et campagnes* [145], pp. 207-221.
[96]　Derville, A., La seigneurie artésienne (850-1350), in E. Mornet (ed.), *Campagnes médiévales : l'homme et son espace. Etudes offertes à Robert Fossier*, Paris 1995, pp. 487-500.
[97]　Derville, A., Somain et les *Brevium exempla*, in *Revue du Nord*, 77, 1995, pp. 7-11.
[98]　Desportes, P. / Dolbeau, F., Découverte de nouveaux documents relatifs au polyptyque de Saint-Remi de Reims. A propos d'une édition récente, in *Revue du Nord*, 1986, pp. 575-607.
[99]　Despy, G., A propos du rachat des corvées paysannes au haut Moyen Age. Une charte de Gembloux de 964 est-elle vraie ou fausse? in *Actes du Ier Congrès de l'association des cercles francophones d'histoire et d'archéologie de Belgique (Congrès de Comines)*, III, Comines 1982, pp. 97-106.
[100]　Despy, G., L'exploitation des *curtes* en Brabant du IXe siècle aux environs de 1300, in *Villa-curtis-grangia* [242], pp. 185-204.
[101]　Dette, Ch., Einige Bemerkungen zum ältesten Weißenburger Urbar, in *Le grand domaine* [462], pp. 112-124.
[102]　Dette, Ch. (ed.), *Liber possesionum Wizenburgensis*, (Quellen und Abhandlungen zur mittelrheinischen Kirchengeschichte, 59), Mainz 1987.
[103]　Dette, Ch., Die Grundherrschaft Weißenburg im 9. und 10. Jahrhundert im Spiegel ihrer Herrenhöfe, in *Strukturen* [388], pp. 181-196.
[104]　Dette, Ch., Geschichte und Archäologie. Versuch einer interdisziplinären Betrachtung des *Capitulare de villis*, in *Realienforschung und historische Quellen*, (Archäologische Mitteilungen aus Nordwestdeutschland, Beiheft 15), Oldenburg 1996, pp. 45-99.
[105]　Devroey, J.-P., Les méthodes d'analyse démographique des polyptyques du haut Moyen Age, in *Acta Historica Bruxellencia*, 4, 1981, pp. 71-88.
[106]　Devroey, J.-P. (ed.), *Le polyptyque et les listes de cens de l'abbaye de Saint-Remi de Reims (IXe-XIe siècles). Edition critique*, Reims 1984.
[107]　Devroey, J.-P., Un monastère dans l'économie d'échanges. Les services de transport à l'abbaye Saint-Germain-des-Prés au IXe siècle, in *Annales-ESC*, 39, 1984, pp. 570-589.
[108]　Devroey, J.-P., Pour une typologie des formes domaniales en Belgique romane au haut Moyen Age, in *La Belgique rurale du Moyen Age à nos jours*.

Mélanges J.-J. Hoebanx, Bruxelles 1985, pp. 29-45.

[109]   Devroey, J.-P., Les premiers polyptyques rémois, VIe-IXe siècles, in *Le grand domaine* [462], pp. 78-97.

[110]   Devroey, J.-P., Polyptyques et fiscalité à l'époque carolingienne. Une nouvelle approche? in *Revue belge de Philologie et d'Histoire*, 63, 1985, pp. 783-794.

[111]   Devroey, J.-P., Note sur les biens de Saint-Germain-des-Prés en Belgique (VIIIe-Xe siècles), in *Revue bénédictine*, 96, 1986, p. 30-47.

[112]   Devroey, J.-P., Les premiers domaines de l'abbaye Saint-Pierre de Brogne (X^e-XIIe siècles), in *Publications de la Section historique de l'Institut de Grand-Duché de Luxembourg*, 102, 1986, pp. 52-67.

[113]   Devroey, J.-P., Réflexions sur l'économie des premiers temps carolingiens (768-877). Grands domaines et action politique entre Seine et Rhin, in *Francia*, 13, 1985, pp. 475-488.

[114]   Devroey, J.-P. (ed.), *Le polyptyque et les listes de biens de l'abbaye Saint-Pierre de Lobbes (IXe-XIe siècles). Edition critique*, Bruxelles 1987.

[115]   Devroey, J.-P., Entre Loire et Rhin : les fluctuations du terroir de l'épeautre au Moyen Age, in *L'épeautre : histoire et ethnologie*, Treignes 1989, pp. 89-105.

[116]   Devroey, J.-P., Problèmes de critique autour du polyptyque de l'abbaye de Saint-Germain-des-Prés, in *La Neustrie* [16], I , pp. 441-465.

[117]   Devroey, J.-P., La céréaliculture dans le monde franc, in *L'ambiente vegetale* [4], pp. 221-253.

[118]   Devroey, J.-P. / Devroey-Zoller, Ch., Villes, campagnes, croissance agraire dans le pays mosan avant l'an mil : vingt ans après...., in *Villes et campagnes* [145], pp. 223-261.

[119]   Devroey, J.-P., *Ad utilitatem monasterii*. Mobiles et préoccupations de gestion dans l'économie monastique du monde franc, in *Revue bénédictine*, 103, 1993, pp. 224-240.

[120]   Devroey, J.-P., *Etudes sur le grand domaine carolingien*, (Variorum collected studies), Aldershot / Brooksfield 1993.

[121]   Devroey, J.-P., Courants et réseaux d'échange dans l'économie franque entre Loire et Rhin, in *Mercati e mercanti nell'alto Medioevo : l'area euroasiatica e l'area mediterranea*, (Settimane, 40), Spoleto 1993, pp. 327-389.

[122]   Devroey, J.-P., Histoire économique et sociale du haut Moyen Age : les tendances majeures de la recherche depuis la Seconde Guerre Mondiale, in J. Hamesse (ed.), *Bilan et perspectives des études médiévales en Europe*, Turn-

hout 1995, pp. 181-216.
[123] Devroey, J.-P., Avant-propos, in Id. / J.-J. Mol / C. Billen (ed)., *Le seigle : histoire et ethonologie*, (Publications du Centre belge d'histoire rurale, 112), Bruxelles 1995, pp. 5-8.
[124] Devroey, J.-P., La démographie du polyptyque de Saint-Remis de Reims, P. Demouy / Ch. Vuilliez (ed.), *Compter les Champenois*, Reims 1998, pp. 81-94.
[125] Devroey, J.-P., Femmes au miroir des polyptyques. Une approche des rapports du couple dans l'exploitation rurale dépendante entre Seine et Rhin au IXe siècle, in S. Lebecq / A. Dierkens / R. Le Jan / J.-M. Sansterre (ed.), *Femmes et pouvoirs des femmes à Byzance et en Occident (VIe-XIe siècles)*, Lille 1999 pp. 227-249.
[126] Devroey, J.-P., Vin, vignes et vignerons en pays rémois au haut Moyen Age, in V. Barrie (ed.), *Vins, vignobles et terroirs de l'Antiquité à nos jours*. Nancy 1999, pp. 75-92.
[127] Devroey, J.-P., Men and women in early medieval serfdom : the ninth-century north Frankish evidence, in *Past & Present*, 166, 2000, pp. 3-30.
[128] Devroey, J.-P., Economy, in R. McKitterick (ed.), *The early Middle Ages*, (Short Oxford history of Europe), Oxford 2001, pp. 97-129.
[129] Devroey, J.-P., L'espace des échanges économiques : commerce, marché, communications et logistique dans le monde franc au IXe siècle, in *Uomo e spazio nell'alto Medioevo*, (Settimane, 50), Spoleto 2003, pp. 347-392.
[130] Devroey, J.-P., *Economie rurale et société dans l'Europe franque (VIe-IXe siècles)*, I, *Fondements matériels, échanges et lien social*, Paris 2003.
[131] Devroey, J.-P., La *villa Floriacus* et la présence de l'abbaye des Fossés en Rémois durant le haut Moyen Age, in *Revue belge de Philologie et d'Histoire*, 82, 2004, pp. 811-838.
[132] Devroey, J.-P., Elaboration et usage des polyptyques. Quelques éléments de réflexion à partir de l'exemple des descriptions de l'Eglise de Marseille (VIIIe-IXe siècles), in D. Hägermann / W. Haubrichs / J. Jarnut (ed.), *Akkulturation. Probleme einer germanisch-romanischen Kultursynthese in Spätantike und frühem Mittelalter*, Berlin / New York 2004, pp. 436-472.
Diepolder, G.→Danheimer[82]
Dierkens, A.→Duvosquel[145]
[133] Doehaerd, R., Le travail de l'esclave agriculteur non chasé pendant le haut Moyen Age, in *Arbeid in veelvoud. Een huldeboek voor J. Craeybeckx en E. Scholliers*, Brussel 1988, pp. 46-50.

Dolbeau, F.→Desportes[98]

[134] Droste, C.-D., Die Grundherrschaft Montierender im 9. Jahrhundert, in *Le grand domaine* [462], pp. 101-111.

[135] Droste, C.-D. (ed.), *Das Polyptychon von Montierender. Kritische Edition und Analyse*, (Trierer Historische Forschungen, 14), Trier 1988.

[136] Duhamel-Amado, C., L'alleu paysan a-t-il existé en France méridionale autour de l'an mil? in R. Delort (ed.), *La France de l'an mil*, Paris 1990, pp. 142-153.

[137] Dubreucq, A., La vigne et la viticulture dans la loi des Burgondes, in *Annales de Bourgogne*, 73, 2001, pp. 39-55.

Dupont, Ch.→Billen[33]

[138] Durand, A., Les moulins carolingiens du Languedoc (fin VIIIe siècle-début XIe siècle), in M. Mousnier (ed.), *Moulins et meuniers dans les campagnes européennes (IXe-XVIIIe siècle)*, (Flaran, 21), Toulouse 2002, pp. 31-46.

[139] Durand, A. / Leveau, Ph., Farming in Mediterranean France and rural settlement in the late Roman and early medieval periods : the contribution from archaeology and environmental sciences in the last twenty years (1980-2000), in *The feudal agricultures* [25], pp. 177-253.

[140] Durliat, J., Du *caput* antique au manse médiéval, in *Pallas*, 29, 1982, pp. 67-77.

[141] Durliat, J., Le polyptyque d'Irminon et l'impôt pour l'armée, in *Bibliothèque de l'Ecole des chartes*, 142, 1983, pp. 183-208.

[142] Durliat, J., Le manse dans le polyptyque d'Irminon : nouvel essai d'histoire quantitative, in *La Neustrie* [16], I, pp. 467-503.

[143] Durliat, J., Qu'est-ce qu'un polyptyque? A propos des documents de Tours (ChLa 659), in *Media in Francia. Recueil de mélanges offert à K. F. Werner*, Paris 1989, pp. 129-138.

[144] Durliat, J., *Les finances publiques de Dioclétien aux Carolingiens (284-889)*, Sigmaringen 1990.

[145] Duvosquel, J.-M. / Dierkens, A. (ed.), *Villes et campagnes au Moyen Age. Mélanges Georges Despy*, Bruxelles 1991.

[146] Elmshäuser, K., Untersuchungen zum Staffelseer Urbar, in *Strukturen* [388], pp. 335-369.

[147] Elmshäuser, K. / Hedwig, A., *Studien zum Polyptychon von Saint-Germain-des-Prés*, Köln / Weimar / Wien 1993.

[148] Ewig, E., Der Fernbesitz von St. Arnulf / Metz in den alten Diözesen

Trier und Köln, in *Rheinische Vierteljahrsblätter*, 1986, pp. 16-31.

[149]   Feller, L., Achats de terre, politiques matrimoniales et liens de clientèle en Italie centro-méridionale dans la seconde moitié du IXe siècle, in *Campagnes médiévales* [96], pp. 425-438.

[150]   Feller, L., *Les Abruzzes médiévales. Territoire, économie et société en Italie centrale du IXe au XIIe siècle*, (Bibliothèque des Ecoles françaises d'Athènes et de Rome, 300), Roma 1998.

[151]   Feller, L., Précaires et *livelli*. Les transferts patrimoniaux ad tempus en Italie, in *Transferts patrimoniaux* [19], pp. 722-746.

[152]   Feller, L., Pour une étude du fonctionnement des marchés fonciers durant le haut Moyen Age. Eléments d'une problématique, in *Les sociétés méridionales à l'âge féodal (Espagne, Italie et Sud de la France, Xe-XIIIe s.)*, Toulouse 1999, pp. 27-33.

[153]   Feller, L., Liberté et servitude en Italie centrale (VIIIe-Xe siècle), in *Mélanges de l'Ecole francaise de Rome : Moyen Age*, 112, 2000, pp. 511-533.

[154]   Feller, L., L'anthroponymie de la servitude en Italie centrale aux VIIIe-IXe siècles, in *Intégration et exclusion sociale* [51], pp. 7-29.

[155]   Feller, L., L'économie des territoires de Spolète et de Bénévent du VIe au Xe siècle, in *I Longobardi dei Ducati di Spoleto e Benevento*, 2 vol., Spoleto 2003, I, pp. 205-242.

[156]   Flink, K. / Janssen, W. (ed.), *Grundherrschaft und Stadtentstehung am Niederrhein*, Kleve 1989.

[157]   Fossier, R., Les tendances de l'économie carolingienne. Stagnation ou croissance? in *Nascita dell'Europa ed Europa carolingia. Una equazione da verificare*, (Settimane, 27), Spoleto 1981, pp. 261-290.

[158]   Fossier, R., Habitat, domaines agricoles et main-d'œuvre en France du nord-ouest au IXe siècle, in *Villa-curtis-grangia* [243], pp. 123-132.

Fossier, R.→Chapelot[66]

[159]   Fossier, R., L'économie du haut Moyen Age entre Loire et Rhin (jusque vers 1200), in G. Despy (ed.), *La fortune historiographique des thèses d'Henri Pirenne*, Bruxelles 1986, pp. 51-59.

[160]   Fossier, R., Du manse à la censive : Picardie, IXe-XIIIe siècle, in *Peasants & townsmen* [90], pp. 445-462.

[161]   Fouracre, P., Eternal light and earthly needs : practical aspects of the development of Frankish immunities, in *Property and power* [84], pp. 53-81.

Fouracre, P.→Davies[84]

[162]   Fournier, G., La mise en place du cadre paroissial et l'évolution du peu-

plement, in *Cristianizzazione ed organizzazione ecclesiastica delle campagne nell'alto Medioevo. Espansione e resistenze*, (Settimane, 28), Spoleto 1982, pp. 495-563.

[163] Francovich, R., Changing structures of settlements, in C. La Rocca (ed.), *Italy in the early Middle Ages 476-1000*, (Short Oxford history of Italy), Oxford 2002, pp. 144-167.

[164] Francovich, R. / Hodges, R., *Villa to village. The transformation of the Roman countryside in Italy c. 400-1000*, London 2003.

[165] Freedman, P., *The origins of peasant servitude in medieval Catalonia*, Cambridge 1991.

[166] Fries, J.C., *Vor- und frühgeschichtliche Agrartechnik auf den britischen Inseln und dem Kontinent. Eine vergleichende Studie*, (Internationale Archäologie, 26), Espelkamp 1995.

[167] Fumagalli, V. (ed.), *Le prestazioni d'opera nelle campagne italiane del Medioevo*, (Biblioteca di storia agraria medievale, 3), Bologna 1987.

[168] Fumagalli, V., *Uomini e paesaggi medievali*, Bologna 1989.

[169] Fumagalli, V., Il paesaggio delle campagne nei primi secoli del Medioevo, in *L'ambiente vegetale* [4], pp. 21-53.

[170] Galetti, P., Un caso particolare : le prestazioni d'opera nei contratti agrari piacentini dei secoli VIII-X, in *Le prestazioni d'opera* [167], pp. 69-103.

[171] Galetti, P., Bosco e spazi incolti nel territorio piacentino durante l'alto Medioevo, in *Il bosco* [7], pp. 199-221.

[172] Galetti, P., *Una campagna e la sua città. Piacenza e territorio nei secoli VIII-X*, (Biblioteca di storia agraria medievale, 10), Bologna 1994.

[173] García de Cortazar, J. A., Les communautés villageoises du nord de la Péninsule ibérique au Moyen Age, in *Les communautés villageoises en Europe occidentale du Moyen Age aux temps modernes*, (Flaran, 4), Auch 1984, pp. 55-77.

[174] Gaulin, J.-L., Tradition et pratiques de la littérature agronomique pendant le haut Moyen Age, in *L'ambiente vegetale* [4], pp. 103-135.

[175] Gauthier, N., L'Antiquité se poursuit-elle jusqu'à l'an mil? in *L'an mil* [50], pp. 69-76.

[176] Geary, P. J., Land, language and memory in Europe 700-1100, in *Transactions of the Royal historical society*, 6-9, 1999, pp. 169-182.

[177] Geuenich, D., Der Landesausbau und seine Träger (8-11 Jahrhundert), in *Archäologie und Geschichte des ersten Jahrtausends in Südwestdeutschland*, Sigmaringen 1990, pp. 207-218.

[178]   Gockel, M., Kritische Bemerkungen zu einer Neuausgabe des *Liber possessionum Wizenburgensis*, in *Hessisches Jahrbuch für Landesgeschichte*, 39, 1989, pp. 352-380.
[179]   Goetz, H.-W., Herrschaft und Recht in der frühmittelalterlichen Grundherrschaft, in *Historisches Jahrbuch*, 104, 1984, pp. 392-410.
[180]   Goetz, H.-W., Herrschaft und Raum in der frühmittelalterlichen Grundherrschaft, in *Annalen des historischen Vereins für den Niederrhein*, 190, 1987, pp. 7-33.
[181]   Goetz, H.-W., Zur Namengebung bäuerlicher Schichten im Frühmittelalter. Untersuchungen und Berechnungen anhand des Polyptychons von Saint-Germain-des-Prés, in *Francia*, 15, 1988, pp. 852-877.
[182]   Goetz, H.-W., Bäuerliche Arbeit und regionale Gewohnheit im Pariser Raum im frühen 9. Jahrhundert. Beobachtungen zur Grundherrschaft von Saint-Germain-des-Prés, in *La Neustrie* [16], I, pp. 505-522.
[183]   Goetz, H.-W., Beobachtungen zur Grundherrschaftsentwicklung der Abtei St. Gallen vom 8. zum 10. Jahrhundert, in *Strukturen* [388], pp. 197-246.
[184]   Goetz, H.-W., Die Grundherrschaft des Klosters Werden und die Siedlungsstrukturen im Ruhrgebiet im frühen und hohen Mittelalter, in F. Seibt (ed.), *Vergessene Zeiten. Mittelalter im Ruhrgebiet*, II, Essen 1990, pp. 80-88.
[185]   Goetz, H.-W., Das Ruhrgebiet im frühen Mittelalter. Zur Erschließung einer Randlandschaft, in *Blätter für deutsche Landesgeschichte*, 126, 1990, pp. 123-159.
[186]   Goetz, H.-W., Serfdom and the beginning of a "seigneurial system" in the Carolingian period : a survey of the evidence, in *Early Medieval Europe*, 2, 1993, pp. 29-51.
[187]   Goetz, H.-W., Zur Mentalität bäuerlichehr Schichten im frühen Mittelalter, in *Vierteljahrschrift für Sozial- und Wirtschaftsgeschichte*, 80, 1993, pp. 153-174.
[188]   Goetz, H.-W., La circulation des biens à l'intérieur de la famille. Rapport introductif, in *Transferts patrimoniaux* [19], pp. 861-879.
[189]   Goetz, H.-W., *Moderne Mediävistik. Stand und Perspektiven der Mittelalterforschung*, Darmstadt 1999.
[190]   Goetz, H.-W., Staatlichkeit, Herrschaftsordnung und Lehenswesen im ostfränkischen Reich als Forschungsprobleme, in *Feudalismo nell'alto Medioevo*, (Settimane, 47), Spoleto 2000, pp. 85-143.
[191]   Goetz, H.-W., Frühmittelalterliche Grundherrschaften und ihre Erfor-

schung im europäischen Vergleich, in M. Borgolte (ed.), *Das europäische Mittelalter im Spannungsbogen des Vergleichs : zwanzig internationale Beiträge zu Praxis, Probleme und Perspektiven der historischen Komparatistik*, (Europa im Mittelalter : Abhandlungen und Beiträge zur historischen Komparastik, 1), Berlin 2001, pp. 65-87.

[192]   Goffart, W., Merovingian polyptychs. Reflections on two recent publications, in *Francia*, 9, 1981, pp. 57-77.

[193]   Goffart, W., Old and new in Merovingian taxation, in *Past & Present*, 96, 1982, pp. 3-21.

[194]   Goldberg, E. J., Popular revolt, dynastic politics and aristocratic factionalism in the early Middle Ages : the Saxon Stellinga reconsidered, in *Speculum*, 70, 1995, pp. 467-501.

[195]   Grieser, H., *Sklaverei im spätantiken und frühmittelalterlichen Gallien (5.-7. Jh.)*, (Forschungen zur antiken Sklaverei, 28), Stuttgart 1997.

[196]   Gringmuth-Dallmer, E. / Lange, E., Untersuchungen zur frühgeschichtlichen Siedlungs- und Wirtschaftsentwicklung im nördlichen Thüringen Becken, in *Zeitschrift für Archäologie*, 22, 1988, pp. 83-101.

[197]   Groenmann-van Waateringe, W. / van Wijngaarden-Bakker, L.-H., *Farm life in a Carolingian village. A model based on botanical and zoological data from an excavated site*, Assen / Maastricht 1987.

[198]   Guadagnin, R. (ed.), *Un village au temps de Charlemagne. Moines et paysans de l'abbaye de Saint-Denis du VIIe siècle à l'an mil*, Paris 1988.

[199]   Guerreau, A., Lournand au Xe siècle : histoire et fiction, in *Le Moyen Age*, 96, 1991, pp. 519-537.

Guichard, P. →Bonnassie[41]

[200]   Hägermann, D., Eine Grundherrschaft des 13. Jahrhunderts im Spiegel des frühen Mittelalters. Caesarius von Prüm und seine kommentierte Abschrift des Urbars von 893, in *Rheinische Vierteljahrsblätter*, 45, 1981, pp. 1-34.

[201]   Hägermann, D. / Ludwig, K. H., Mittelalterliche Salinenbetriebe. Erläuterungen, Fragen und Ergänzungen zum Forschungsstand, in *Technikgeschichte*, 51, 1984, pp. 155-189.

[202]   Hägermann, D., Einige Aspekte der Grundherrschaft in den fränkischen *formulae* und in den *leges* des Frühmittelalters, in *Le grand domaine* [462], pp. 51-77.

[203]   Hägermann, D., Anmerkungen zum Stand und den Aufgaben frühmittelalterlicher Urbarforschung, in *Rheinische Vierteljahrsbrätter*, 50,

1986, pp. 32-58.
[204]　Hägermann, D., Der Abt als Grundherr. Kloster und Wirtschaft im frühen Mittelalter, in F. Prinz (ed.), *Herrschaft und Kirche. Beiträge zur Entstehung und Wirkungsweise episkopaler und monastischer Organisationsformen*, (Monographien zur Geschichte des Mittelalters, 33), Stuttgart 1988, pp. 345-385.
[205]　Hägermann, D., Die rechtlichen Grundlagen der Wirtschaftsentwicklung im Nordwesten des fränkischen Reiches, in *La Neustrie* [16], I, pp. 341-367.
[206]　Hägermann, D., Quellenkritische Bemerkungen zu den karolingerzeitlichen Urbaren und Güterverzeichnissen, in *Strukturen* [388], pp. 47-73.
[207]　Hägermann, D. / Hedwig, A. (ed.), *Das Polyptychon und die notitia de areis von Saint-Maur-des-Fossés. Analyse und Edition*, (Beihefte der Francia, 23), Sigmaringen 1990.
[208]　Hägermann, D., Grundherrschaft und städtischer Besitz in urbarialen Quellen des 9. Jahrhunderts (Saint-Maur-des-Fossés, Saint-Remi de Reims und Saint-Amand-les-Eaux), in *Villes et campagnes* [145], pp. 355-365.
[209]　Hägermann, D., Grundherrschaft und Markt im Prümer Urbar, in *Das Prümer Urbar* [372], pp. 17-26.
[210]　Hägermann, D. (ed.), *Das Polyptychon von Saint-Germain-des-Prés. Eine Studienausgabe*, Köln / Weimar / Wien 1993.
[211]　Hägermann, D., Die Namengebung in den Unterschichten der Karolingerzeit, in D. Geuenich / W. Haubrichs / J. Jarnut (ed.), *nomen et gens. Zur historischen Aussagekraft frühmittelalterlicher Personennamen*, Berlin / New York 1997, pp. 106-115.
[212]　Halsall, G., *Settlement and social organization. The Merovingian region of Metz*, Cambridge 1995.
[213]　Hamerow, H., The archaeology of rural settlement in early medieval Europe, in *Early Medieval Europe*, 3, 1994, pp. 167-178.
[214]　Hamerow, H., Shaping settlements : early medieval communities in Northwest Europe, in J. Blintif / H. Hamerow (ed.), *Europe between late Antiquity and the Middle Ages. Recent archaeological research in Western and Southern Europe*, (BAR int. series, 617), Oxford 1995, pp. 8-37.
[215]　Hamerow, H., *Early medieval settlements. The archaeology of rural communities in North-West Europe 400-900*, Oxford 2002.
[216]　Hammer, C.I., Servile names and seigneurial organization in early medieval Bavaria, in *Studi Medievali*, 3-26, 1995, pp. 918-928.

[217] Hammer, C.I., Land sales in eighth- and ninth-century Bavaria : legal, economic and social aspects, in *Early Medieval Europe*, 6, 1997, pp. 47-76.
[218] Hammer, C.I., *A large-scale slave society of the early Middle Ages. Slaves and their families in early medieval Bavaria*, Alderschot 2002.
[219] Haselgrove, C. / Scull, Ch., The changing structure of rural settlement in southern Picardy during the first milennium AD, in *Europe between late Antiquity and the Middle Ages* [214], pp. 58-70.
Hedwig, A.→[147] Elmshäuser
Hedwing, A.→Hägermann[207]
[220] Heidinga, H.-A., From Kootwijk to Rhenen : in search of the elite in the central Netherlands in the early Middle Ages, in J.-C. Besteman / J.-M. Bos / H.-A. Heidinga (ed.), *Medieval archaeology in the Netherlands. Studies presented to H.-H. van Regteren Altena*, Assen / Maastricht, 1990, pp. 9-40.
[221] Heidrich, I., Das *breve* der Bischofskirche von Mâcon aus der Zeit König Pippins (751-768), in *Francia*, 24, 1998, pp. 17-38.
[222] Heinzelmann, M., *Villa* d'après les oeuvres de Grégoire de Tours, in *Aux sources* [291], I, pp. 45-70.
[223] Helvétius, A.-M., Avant la ville, la campagne : recherches sur les paroisses primitives et les domaines anciens autour de Mons en Hainaut, in *Villes et campagnes* [145], pp. 367-381.
[224] Helvétius, A.-M., *Abbayes, évêques et laïques. Une politique du pouvoir en Hainaut au Moyen Age (VIIe-XIe siècle)*, Bruxelles 1994.
[225] Herborn, W. / Isphording, B., Der Bauer im Rhein-Sieg-Kreis vor 1100 Jahren. Bemerkungen zu einem Jubiläum : Das Prümer Urbar 893-1993, in *Jahrbuch des Geschichts- und Altertumsvereins für Siegburg und den Rhein-Sieg-Kreis*, 60 / 61, 1992-1993, pp. 77-115.
[226] Herborn, W., Die Prümer Grundherrschaft im heutigen Kreisgebiet : Eine ortsbezogene und sozialgeschichtliche Studie zum Urbar von 893, in *Geschichte im Kreis Euskirchen*, 7, 1993, pp. 11-40.
[227] Higounet, Ch., Préface, in *Villa-curtis-grangia* [242], pp. ix-xi.
[228] Higounet, Ch., A propos de la perception de l'espace au Moyen Age, in *Media in Francia* [143], pp. 257-268.
[229] Hildebrandt, H., Systems of agriculture in Central Europe up to the tenth and eleventh centuries, in D. Hooke (ed.), *Anglo-Saxon settlements*, Oxford 1988, pp. 275-290.
[230] Hildebrandt, H., Historische Feldsysteme in Mitteleuropa. Zur Struktur und Genese der Anbauformen in der Zeit vom 9. bis zum 11. Jahrhun-

dert, in *Das Dorf am Mittelrhein*, Stuttgart 1989, pp. 105-148.

[231] Hlawitschka, E., De Fausgina im Prümer Urbar, in W. Haubrichs / W. Laufner / R. Schneider, *Zwischen Saar und Mosel. Festschrift für Hans Walter Herrmann*, Saarbrücken 1995, pp. 31-37.

[232] Hocquet, J.-C., Grundherrschaft und Salzgewinnung im Mittelalter, in *Mitteilungen des Instituts für österreichische Geschichtsforschung*, 98, 1990, pp. 81-101.

Hodges, R.→Francovich[164]

[233] Hoffmann, H., Kirche und Sklaverei im frühen Mittelalter, in *Deutsches Archiv für Erforschung des Mittelalters*, 42, 1986, pp. 1-24.

[234] Hubert, E., Quelques considérations sur l'organisation de l'espace, la propriété foncière et la géographie du peuplement dans la vallée du Turano (IXe-XIIIe siècle), in Id. (ed.), *Une région frontalière au Moyen Age. Les vallées du Turano et du Salto entre Sabine et Abruzzes*, (Collection de l'Ecole française de Rome, 263), Roma 2000, pp. 143-166.

[235] Innes, M., *State and society in the early Middle Ages. The Middle Rhine valley 400-1000*, (Cambridge studies in medieval life and thought, 4th s.), Cambridge 2000.

[236] Innes, M., People, places and power in Carolingian society, in M. de Jong / F. Theuws (ed.), *Topographies of power in the early Middle Ages*, (The transformation of the Roman World, 6), Leiden / Boston / Köln 2001, pp. 397-437.

[237] Irsigler, F., Grundherrschaft, Handel und Märkte zwischen Maas und Rhein im frühen und hohen Mittelalter, in *Grundherrschaft und Stadtentstehung* [156], pp. 52-78.

[238] Irsigler, F., Vie sociale, économique et religieuse dans les pays de la Moselle et de la Sarre au temps du diacre Adalgisel-Grimo, in *Annales de l'Est*, 43, 1991, pp. 3-28.

[239] Irsigler, F., Viticulture, vinification et commerce du vin en Allemagne occidentale des origines au XVIe siècle, in *Le vigneron, la viticulture et la vinification en Europe occidentale au Moyen Age et à l'époque moderne*, (Flaran, 11), Auch 1991, pp. 49-65.

[240] Irsigler, F., Mehring ein Prümer Winzerdorf um 900, in *Peasants & townsmen* [89], pp. 297-324.

[241] Irsigler, F., Zur wirtschaftlichen Bedeutung der frühen Grundherrschaft, in G. Dilcher / C. Violante (ed.), *Strukturen und Wandlungen der ländlichen Herrschaftsformen vom 10. zum 13. Jahrhundert. Deutschland und*

Italien im Vergleich, Berlin 2000, pp. 165-187.

[242] Janssen, W. / Lohrmann, D., Villa-curtis-grangia. *Landwirtschaft zwischen Loire und Rhein von der Römerzeit zum Hochmittelalter. Economie rurale entre Loire et Rhin de l'époque gallo-romaine au XIIe-XIIIe siècle*, München 1983.

[243] Janssen, W., Römische und frühmittelalterliche Landerschließung im Vergleich, in *Villa-curtis-grangia* [242], pp. 81-122.

[244] Kaiser, R., *Churrätien im frühen Mittelalter : Ende 5. bis Mitte 10. Jh.*, Basel 1998.

[245] Kajashin, J. / Serowajskij, Ja., Die Struktur der alemannischen Agrarlandschaft im 9. Jh., in *Zeitschrift für Agrargeschichte und Agrarsoziologie*, 46, 1998, pp. 27-44.

[246] Kasten, B., Erbrechtliche Verfügungen des 8. und 9. Jahrhunderts. Zugleich ein Beitrag zur Organisation und zur Schriftlichkeit bei der Verwaltung adeliger Grundherrschaften am Beispiel des Grafen Heccard aus Burgund, in *Zeitschrift der Savignystiftung für Rechtsgeschichte*, GA, 107, 1990, pp. 236-338.

[247] Kasten, B., Grundbesitzgeschäfte im Spiegel der kirchlichen Überlieferung Lothringiens (bis 900), in M. Polfer (ed.), *L'évangélisation des régions entre Meuse et Moselle et la fondation de l'abbaye d'Echternach (V^e-IXe siècle)*, Luxembourg 2000, pp. 261-300.

[248] Klinghöfer, E., A suggested identification of the Carolingien *lunarius*, in *Revue belge de Philologie et d'Histoire*, 61, 1983, pp. 265-269.

[249] Knichel, M., *Geschichte des Fernbesitzes der Abtei Prüm in den heutigen Niederlanden, in der Picardie, in Revin, Fumay und Fépin sowie in Awans und Loncin*, (Quellen und Abhandlungen zur mittelrheinischen Kirchengeschichte, 56), Mainz 1987.

[250] Knichel, M., Geschichte des Fernbesitzes der Abtei Prüm in der alten Erzdiözese Mainz im 8. und 9. Jahrhundert, in *Jahrbuch für westdeutsche Landesgeschichte*, 19, 1993, pp. 81-90.

[251] Knichel, M., Geschichte des Fernbesitzes der Abtei Prüm, in *1100 Jahre Prümer Urbar* [344], pp. 145-156.

[252] Knichel, M., Geschichte des Fernbesitzes der Abtei Prüm im Metropolitanverband Mainz, in *Archiv für mittelrheinische Kirchengeschichte*, 45, 1993, pp. 11-59.

[253] Kossack, G., Archäologisches zur Entstehung herrschaftlicher Züge im Aufbau germanischer Dörfer der römischen Kaiserzeit und des frühen

Mittelalters, in F. Seibt (ed.), *Gesellschaftsgeschichte. Festschrift K. Bosl*, I, 1988, pp. 157-167.

[254] Kuchenbuch, L., Probleme der Rentenentwicklung in den klösterlichen Grundherrschaften des frühen Mittelalters, in W. Louridaux / D. Verhelst (ed.), *Benedictine culture, 750-1050*, Leuven 1983, pp. 132-172.

[255] Kuchenbuch, L., Schriftlichkeitsgeschichte als methodischer Zugang. Das Prümer Urbar von 893 bis 1983, (Einführungskurs in die ältere Geschichte, 2, Fernuniversität), Hagen 1987.

[256] Kuchenbuch, L., Die Klostergrundherrschaft im Frühmittelalter. Eine Zwischenbilanz, in *Herrschaft und Kirche* [204], pp. 297-343.

[257] Kuchenbuch, L., "Seigneurialisation". Marc Blochs Lehre im Licht heutiger Forschung und Diskussion, in H. Atsma / A. Burguière (ed.), *Marc Bloch aujourd'hui. Histoire comparée, sciences sociales*, Paris 1990, pp. 349-361.

[258] Kuchenbuch, L. (ed.), *Grundherrschaft im früheren Mittelalter*, Idstein 1991.

[259] Kuchenbuch, L., Opus feminile. Das Geschlechterverhältnis im Spiegel von Frauenarbeiten im früheren Mittelalter, in H.-W. Goetz (ed.), *Weibliche Lebensgestaltung im frühen Mittelalter*, Köln / Wien 1991, pp. 139-176.

[260] Kuchenbuch, L., Bene laborare. Zur Sinnordnung der Arbeit, ausgehend vom *Capitulare de villis*, in B. Lund / H. Reimöller (ed.), *Von Aufbruch und Utopie. Perspektiven einer neuen Gesellschaftsgeschichte des Mittelalters. Für und mit F. Seibt*, Köln 1992, pp. 337-352.

[261] Kuchenbuch, L., Die Achtung vor dem alten Buch und die Furcht vor dem Neuen. Cesarius von Milendonk erstellt 1222 eine Abschrift des Prümer Urbars von 893, in *Historische Anthropologie. Kultur-Gesellschaft-Alltag*, 3, 1995, pp. 175-202.

[262] Kuchenbuch, L., Teilen, Aufzählen, Summieren. Zum Verfahren in ausgewählten Güter- und Einkünfteverzeichnissen des 9. Jahrhunderts, in U. Schaefer (ed.), *Schriftlichkeit im frühen Mittelalter*, (Scripta oralia, 53), Tübingen 1993, pp. 181-206.

[263] Kuchenbuch, L., Ordnungsverhalten im grundherrlichen Schriftgut vom 9. zum 12. Jahrhundert, in J. Fried (ed.), *Dialektik und Rhetorik im früheren und hohen Mittelalter*, (Schriften des historischen Kollegs, Kolloquien 27), Oldenburg 1996, pp. 175-268.

[264] Kuchenbuch, L., Neue historische Literatur. *potestas und utilitas*. Ein Versuch über Stand und Perspektiven der Forschung zur Grundherrschaft

im 9.-13. Jahrhundert, in *Historische Zeitschrift*, 265, 1997, pp. 117-146.

[265] Kuchenbuch, L., Rund ums Jubiläum : 1100 Jahre Prümer Urbare von 893, in *Rheinische Vierteljahrsblätter*, 61, 1997, pp. 287-297.

[266] Kuchenbuch, L., *Porcus donativus*. Language use and gifting in seignorial records between the eighth and the twelfth centuries, in G. Algazi / V. Groebner / B. Jussen (ed.), *Negotiating the gift. Premodern figurations of exchange*, (Veröffentlichungen des Max-Planck-Instituts für Geschichte, 188), Göttingen 2003, pp. 193-246.

[267] Lagazzi, L., I segni sulla terra. Sistemi di confinazione e di misurazione dei boschi nell'alto Medioevo, in *Il bosco* [7], pp. 15-34.

Lange, E.→Gringmuth-Dallmer[196]

[268] Larrea, J.-J., Moines et paysans : aux origines de la première croissance agraire dans le Haut Aragon (IXe-Xe siècle), in *Cahiers de civilisation médiévale*, 33, 1990, pp. 219-239.

[269] Larrea, J.-J., *La Navarre du IVe au XIIe siècle. Peuplement et société*, (Bibliothèque du Moyen Age, 14), Bruxelles 1998.

[270] Lauranson-Rosaz, Ch., *L'Auvergne et ses marges (Velay, Gévaudan) du VIIIe au XIe siècles. La fin du monde antique?* Le-Puy-en-Velay 1987.

[271] Lebecq, S., Dans l'Europe du nord des VIIe-IXe siècles. Commerce frison ou commerce franco-frison? in *Annales-ESC*, 41, 1986, pp. 347-360.

[272] Lebecq, S., The role of the monasteries in the systems of production and exchange of the Frankish world between the seventh and the beginning of the ninth centuries, in I. L. Hansen / Ch. Wickham (ed.), *The long eighth century. Production, distribution and demand*, (The transformation of the Roman World, 11), Leiden / Boston / Köln 2000, pp. 121-148.

[273] Le Jan, R., Entre maîtres et dépendants : réflexions sur la famille paysanne en Lotharingie aux IXe et Xe siècles, in *Campagnes médiévales* [96], pp. 277-296.

[274] Le Jan, R., *Malo ordine tenent*. Transferts patrimoniaux et conflits dans le monde franc (VIIe-Xe siècle), in *Transferts patrimoniaux* [19], pp. 951-972.

[275] Lemarignier, J.-F., Encadrement religieux de campagne et conjoncture politique dans les régions du royaume de France situées au nord de la Loire, de Charles le Chauve aux derniers Carolingiens (840-987), in *Cristianizzazione* [162], pp. 765-800.

Leveau, Ph.→Durand[139]

[276] Linger, S., Acquisition et transmission de propriété d'après le testament de Bertrand du Mans (27 mars 616), in *Aux sources* [291], II, pp. 171-

194.
[277]   Lohrmann, D., Le moulin à eau dans le cadre de l'économie rurale de la Neustrie (VIIe-IXe siècles), in *La Neustrie* [16], I, pp. 367-404.
[278]   Lohrmann, D., La croissance agricole en Allemagne au haut Moyen Age, in *La croissance* [81], pp. 103-115.
[279]   Lorans, E., La *villa* de Courçay en Touraine : approche historique et archéologique, in *Aux sources* [291], II, pp. 295-312.
[280]   Lorenz, S., Der Königsforst (*forestis*) in den Quellen der Merowinger- und Karolingerzeit. Prolegomena zu einer Geschichte mittelalterlicher Nutzwälder, in D.R. / Bauer et al. (ed.) *Mönchtum-Kirche-Herrschaft 750-1000*, Sigmaringen 1998, pp. 261-285.
[281]   Lorren, C. / Périn, P., Préface, in Id. (ed.), *L'habitat rural du haut Moyen Age (France, Pays-Bas, Danemark et Grande-Bretagne)*, (Mémoires publiés par l'Association française d'archéologie mérovingienne, 6), Rouen 1995, pp. xiii-xiv.
[282]   Lorren, C. / Périn, P., Images de la Gaule rurale au VIe siècle, in N. Gauthier / H. Galinié (ed.), *Grégoire de Tours et l'espace gaulois*, Tours 1997, pp.93-107.
[283]   McCormick, M., L'économie du haut Moyen Age au XXIe siècle. Vers l'avenir scientifique du passé historique, in *Au-delà de l'écrit* [73], pp. 29-46.
[284]   Magnou-Nortier, E., La terre, la rente et le pouvoir dans les pays de Languedoc pendant le haut Moyen Age, 1. La *villa*, nouvelle problématique; 2. La question du manse et de la fiscalité foncière en Languedoc pendant le haut Moyen Age ; 3. Le pouvoir et les pouvoirs dans la société aristocratique languedocienne pendant le haut Moyen Age, in *Francia*, 9, 1981, pp. 79-115 ; 10, 1982, pp. 21-66 ; 12, 1984, pp. 53-118.
[285]   Magnou-Nortier, E., A propos du temporel de l'abbaye de Lagrasse. Etude sur la structure des terroirs et sur les taxtes foncières du IXe au XIIe siècle, in *Sous la règle de saint Benoît. Structures monastiques et sociétés en France du Moyen Age à l'époque moderne*, Genève / Paris 1982, pp. 235-264.
[286]   Magnou-Nortier, E., A propos de la *villa* et du manse dans les sources méridionales du haut Moyen Age, in *Annales du Midi*, 96, 1984, pp. 85-91.
[287]   Magnou-Nortier, E., Etude sur le privilège d'immunité du IVe au IXe siècle, in *Revue Mabillon*, 60, 1984, pp. 465-512.
[288]   Magnou-Nortier, E., Le grand domaine : des maîtres, des doctrines, des questions, in *Francia*, 15, 1988, pp. 659-700.
[289]   Magnou-Nortier, E., La gestion publique en Neustrie : les moyens et

les hommes (VIIe-IXe siècles), in *La Neustrie* [16], I, pp. 271-320.
[290] Magnou-Nortier, E., *Servus-servitium* : une enquête à poursuivre, in *Media in Francia* [143], pp. 269-284.
[291] Magnou-Nortier, E. (ed.), *Aux sources de la gestion publique*, I, *Enquête lexicographique sur* fundus, villa, domus, mansus, Lille 1993 ; II, *L'*invasio *des* villae *ou la* villa *comme enjeu de pouvoir*, Lille 1995 ; III, *Hommes de pouvoir. Ressources et lieux du pouvoir (Ve-XIIIe siècles)*, Lille 1997.
[292] Magnou-Nortier, E., Trois approches de la question du manse d'après le polyptyque d'Irminon, les chartes de la Chapelle-Aude et les cartulaires méridionaux pour le casal, in *Aux sources* [291], I, pp. 123-207.
[293] Magnou-Nortier, E., Savoir compter des terres et des hommes. Note sur la *breviatio* de Saint-Bertin, in *L'argent au Moyen Age*, Paris 1997, pp. 146-158.
[294] Magnou-Nortier, E., *Capitulare de villis et de curtis imperialibus* (vers 810-813). Texte, traduction et commentaire, in *Revue Historique*, 607, 1998, pp. 643-689.
[295] Mailloux, A., Modalités de constitution du patrimoine épiscopal de Lucques VIIIe-Xe siècle, in *Transferts patrimoniaux* [19], pp. 701-723.
[296] Margue, M., Prümer Klosterbesitz und die Grafen von Luxemburg : Bastogne in den Ardennen und Remich an der Mosel, in *Das Prümer Urbar* [372], pp. 103-130.
[297] Marrazzi, F., San Vincenzo al Volturno tra VIII e IX secolo : il percorso della grande crescita. Una indagine comparativa con le altre grandi fondazioni benedettine italiane, in Id. (ed.), *Cultura, istituzioni, economia del monastero vulturnense fra VIII e XII secolo*, Montecassino 1994, pp. 38-90.
[298] Marrazzi, F., *I patrimonia Sanctae Romanae Ecclesiae nel Lazio (secoli IV-X). Struttura amministrativa e prassi gestionali*, (Nuovi studi storici, 37), Roma 1998.
[299] Marrazzi, F., Un laboratorio della dialettica tra diritto privato e controllo territoriale pubblico. I patrimoni fondiari della chiesa romana nell'area sabinense-tiburtina (secoli VI-X), in *Une région frontalière* [234], pp. 67-93.
[300] Martin, J.-M., *La Pouille du VIe au XIIe siècle*, (Collection de l'Ecole française de Rome, 179), Roma 1993.
[301] Martin, J.-M., Deux listes de paysans sud-italiennes du VIIIe siècle, in *Campagnes médiévales* [96], pp. 265-276.
[302] Martin, J.-M., Le régime domanial dans l'Italie méridionale lombarde. Origines, caractères originaux et extinction, in *Du latifundium au latifondo*

[70], pp. 289-295.
[303]　Martin, J.-M., L'espace cultivé, in *Uomo e spazio* [129], pp. 239-297.
Matheus, M.→Clemens[75]
[304]　Metzler, J. / Zimmer, J. / Bakker, L., Die römische *villa* von Echternach (Luxemburg) und die Anfänge der mittelalterlichen Grundherrschaft, in *Villa-curtis-grangia* [242], pp. 30-45.
[305]　Migliario, E., *Strutture della proprietà agraria in Sabina dall'età imperiale all'alto Medioevo*, Firenze 1988.
[306]　Migliario, E., Per una storia delle strutture agrarie e territoriali nella valle del Turano tra Antichità e alto Medioevo : alcune reflessioni sulla massa nautona et la massa turana, in *Une région frontalière* [234], pp. 53-65.
[307]　Miyamatsu, H., *Factos, id est mansos*. Régime agraire de l'Ouest de la France à l'époque franque, in C. Laurent / B. Merdrignac / D. Pichot (ed.), *Mondes de l'Ouest et villes du monde. Regards sur les sociétés médiévales. Mélanges en l'honneur d'André Chédeville*, Rennes 1998, pp. 437-444.
Montanari, M.→Andreolli[5]
[308]　Montanari, M., La corvée nei contratti agrari altomedievali dell'Italia del Nord, in *La prestazioni d'opera* [167], pp. 35-68.
[309]　Montanari, M., *Alimentazione e cultura nel Medioevo*, Bari 1988.
[310]　Montanari, M., *Contadini e città fra Langobardia e Romania*, Firenze 1988.
Montanari, M.→Andreolli[7]
[311]　Montanari, M., Vegetazione et alimentazione, in *L'ambiente vegetale* [4], pp. 281-322.
[312]　Montanari, M., La foresta come spazio economico e culturale, in *Uomo e spazio* [129], pp. 301-340.
[313]　Moreland, J., Concepts of the early medieval economy, in *The long eighth century* [272], pp.1-34.
[314]　Morelle, L., Les "actes de précaire", instrument de transferts patrimoniaux (France du Nord et de l'Est, VIIIe-XIe siècle), in *Transferts patrimoniaux* [19], pp. 607-647.
[315]　Morimoto, Y., Sur la copie de Césaire (1222) du polyptyque de Prüm (893). Un cas de la tradition manuscrite des sources d'histoire rurale au Moyen Age occidental, (Résumé français d'un article en japonais), in *Keizaigaku-Kenkyu (Bulletin de la Faculté des sciences économiques de l'Université du Kyushu)*, 46-4 / 5, 1981, pp. 120-127.
[316]　Morimoto, Y., Deux problèmes de la critique du polyptyque de l'abbaye

de Prüm (893), (Résumé francais d'un article en japonais), in *Keizaigaku-Kenkyu (Bulletin de la Faculté des sciences économiques de l'Université du Kyushu)*, 48-1, 1982, pp. 43-52.

[317] Morimoto, Y., Problèmes autour du polyptyque de Saint-Bertin (844-859), in *Le grand domaine* [462], pp. 125-151.

[318] Morimoto, Y., Le polyptyque de Prüm n'a-t-il pas été interpolé? in *Le Moyen Age*, 92, 1986, pp. 265-276.

[319] Morimoto, Y., Etat et perspectives des recherches sur les polyptyques carolingens, in *Annales de l'Est*, 5-40, 1988, pp. 99-149.

[320] Morimoto, Y., Un aspect du domaine de l'abbaye de Prüm à la fin du IXe siècle et pendant la première moitié du Xe siècle. Essai d'une utilisation dynamique du polyptyque, in *Strukturen* [388], pp. 266-284.

[321] Morimoto, Y., Le commentaire de Césaire (1222) sur le polyptyque de Prüm (893). Données pour le IXe ou le XIIIe siècle? in *Revue belge de Philologie et d'Histoire*, 68, 1990, pp. 261-290.

[322] Morimoto, Y., Réflexions d'un historien japonais sur le livre de G. Bois, in *L'an mil* [50], pp. 63-68.

[323] Morimoto, Y., Considérations nouvelles sur les "villes et campagnes" dans le domaine de Prüm au haut Moyen Age, in *Villes et campagnes* [145], pp. 515-531.

[324] Morimoto, Y., Die Bedeutung des Prümer Urbars für die heutige Forschung, in *1100 Jahre Prümer Urbar* [344], pp. 127-136.

[325] Morimoto, Y., Autour du grand domaine carolingien : aperçu critique des recherches récentes sur l'histoire rurale du haut Moyen Age (1987-1992), in A. Verhulst / Y. Morimoto (ed.), *Economie rurale et économie urbaine au Moyen Age. Landwirtschaft und Stadtwirtschaft im Mittelalter*, (Publications du Centre belge d'histoire rurale, 108), Gent / Fukuoka 1994, pp. 25-79.

[326] Morimoto, Y., L'assolement triennal au haut Moyen Age. Une analyse des données des polyptyques carolingiens, in *Economie rurale et économie urbaine* [325], pp. 91-125.

[327] Morimoto, Y., A la recherche des acteurs de la croissance économique du haut Moyen Age, in P. Klep / E. Cauwenberghe (ed.), *Entrepreneurship and the transformation of the economy (10th-20th centuries). Essays in honour of Herman van der Wee*, Leuven 1994, pp. 311-320.

[328] Morimoto, Y., *In ebdomada operatur, quicquit precipitur ei* (Le polyptyque de Prüm, X) : service arbitraire ou service hebdomadaire? Une con-

tribution à l'étude de la corvée au haut Moyen Age, in *Peasants & townsmen* [89], pp. 347-362.

[329] Morimoto, Y., Sur les manses surpeuplés ou fractionnaires dans le polyptyque de Prüm : phénomènes marginaux ou signes de décadence? in *Campagnes médiévales* [96], pp. 409-423.

[330] Morimoto, Y., Le polyptyque de Montier-en-Der : historiographie et état des questions, in P. Corbet (ed.), *Les moines du Der 673-1790*, Langres 2000, pp. 163-177.

[331] Morimoto, Y., Aspects of the early medieval peasant economy as revealed in the polyptych of Prüm, in P. Linehan / J. Nelson (ed.), *The medieval world*, London / New York 2001, pp. 605-620.

[332] Morimoto, Y., Trois notes sur le polyptyque de Prüm, in Hikaku-Bunka-Kenkyu *(Bulletin of the Institute of Comparative Studies in International Cultures and Societies of Kurume University)*, 30, 2002, pp. 165-226.

[333] Musset, L., Signification et destinée des domaines excentriques pour les abbayes de la moitié septentrionale de la Gaule jusqu'au XIe siècle, in *Sous la règle de saint Benoît* [285], pp. 167-184.

[334] Neu, P., Prümer Klosterbesitz im Bitburger Land. Ein Vergleich zwischen frühmittelalterlichen und frühneuzeitlichen Güterverzeichnissen, in *Das Prümer Urbar* [372], pp. 65-78.

Noomen, P.-N.→[32]Bijsterveld

[335] Niederstätter, A., *Mancipia, servi* und *ancillae*. Zur Frage der Unterschichten im frühmittelalterlichen Rätien, in W. Hartung / A. Niederstätter (ed.), *Frühmittelalter zwischen Alpen und Bodensee. Untersuchung zur Strukturgeschichte Voralbergs*, I, 1991, pp. 71-81.

[336] Nikolay-Panter, M., Grundherrschaft und Stadtentstehung in den Rheinlanden am Beispiel der Abtei Prüm, in *Grundherrschaft und Stadtentstehung* [156], pp. 99-118.

[337] Nitz, H.-J., Settlement structures and settlement systems of the Frankish central state in Carolingian and Ottonian times, in *Anglo-Saxon settlements* [229], pp. 249-273.

[338] Nitz, H.-J., Siedlungsstrukturen der königlichen und adeligen Grundherrschaft der Karolingerzeit - der Beitrag der historisch-genetischen Siedlungsgeographie, in *Strukturen* [388], pp. 411-482.

[339] Noël, R., Pour une archéologie de la nature dans le nord de la *Francia*, in *L'ambiente vegetale* [4], pp. 763-820.

[340] Noël, R., Moines et nature sauvage : dans l'Ardenne du haut Moyen

Age (saint Remacle à Cugnon et à Stavelot-Malmédy), in *Villes et campagnes* [145], pp. 563-597.

[341]   Noël, R., Deux grandes forêts du nord de la Gaule franque : la *Silva Arduenna* et la *Carbonaria*, in M. Rouche (ed.), *Clovis, histoire et mémoire*, I, *Le baptême de Clovis*, Paris 1997, pp. 631-669.

[342]   Nösges, N., Das Prümer Urbar von 893 / 1222. Übersetzt und kommentiert, in *1100 Jahre Prümer Urbar* [344], pp. 17-115.

[343]   Noizet, H., Le centre canonial de Saint-Martin de Tours et ses domaines périphériques en Val de Loire (IXe-Xe siècle), in *Annales de Bretagne et des Pays de l'Ouest*, 109, 2002, pp. 9-33.

[344]   Nolden, R. (ed.), Anno verbi incarnati DCCCXCIII conscriptum *(Im Jahre des Herrn 893 geschrieben)*. *1100 Jahre Prümer Urbar*, Trier 1993.

[345]   Noyé, Gh. / Bougard, F., Archéologie médiévale et structures sociales. Encore un effort, in *Etudes d'histoire médiévale* [54], pp. 331-346.

[346]   Obermeier, M., Ancilla : *Beiträge zur Geschichte der unfreien Frauen im Frühmittelalter*, (Frauen in Geschichte und Gesellschaft, 32), Pfaffenweiler 1996.

[347]   Ouzoulias, P., Les *villae* carolingiennes de Chaussy et Genainville (Val-d'Oise) : premières hypothèses sur leur fondation et leur destin, in *Francia*, 18 / 1, 1991, pp. 71-84.

[348]   Panero, F., Servi, coltivatori dipendenti e giustizia signorile nell'Italia padana dell'età carolingia, in *Nuova Rivista Storica*, 72, 1988, pp. 551-582.

[349]   Panero, F., Schiavitù, servitù, servaggio e libera dipendenza. Prime considerazioni per una storia dei rapporti di subordinazione nell'Italia medievale, in *Quaderni Storici*, 71, 1989, pp. 373-403.

[350]   Panero, F., Servi e rustici. *Richerche per una storia della servitù, del servaggio e della libera dipendenza rurale nell'Italia medievale*, Vercelli 1990.

[351]   Panero, F., La servitù tra Francia e Italia nei secoli IX-XIV : un problema di storia comparata, in *Studi Storici*, 31, 1990, pp. 799-836.

[352]   Parodi, A. / Raynaud, C. / Roger, A.M., La Vaunage du IIIe siècle au milieu du XIIe siècle. Habitat et occupation des sols, in *Archéologie du Midi Médiéval*, 5, 1987, pp. 3-59.

[353]   Pasquali, G., La corvée nei polittici italiani nell'alto Medioevo, in *Le prestazioni d'opera* [167], pp. 105-128.

[354]   Pasquali, G., Gestione economica e controllo sociale di S. Salvatore-S. Giulia dall'epoca longobarda all'eta communale, in C. Stella / G. Brenregani (ed.), *S. Giulia di Brescia. Archeologia, arte, storia di un monastero regio dai*

Longobardi al Barbarossa, Brescia 1992, pp. 131-145.
[355] Pasquali, G., L'aziende curtense et l'economia dei secoli VI-XI, in A. Cortonesi (ed.), *Uomini e campagne nell'Italia medievale*, Bari 2002, pp. 5-71.
[356] Pasquali, G., La condizione degli uomini, in *Uomini e campagne* [355], pp. 75-122.
[357] Pastor, R., Sur la genèse du féodalisme en Castille et dans le Léon, X^e-XIIe siècles. Point de départ pour une histoire comparative, in *Marc Bloch aujourd'hui* [257], pp. 259-270.
[358] Périn, P., Le peuplement du diocèse de Reims à l'époque mérovingienne. Aspects archéologiques et perspectives historiques, in *Villa-curtis-grangia* [242], pp. 62-80.
Périn, P.→Lorren[281][282]
[359] Périn, P., The origin of the village in early medieval Gaul, in *Landscape of change* [73] pp. 255-278.
[360] Pesez, J.-M., Conclusion, in *L'Ile-de-France* [55], pp. 323-329.
[361] Peters, R., *Die Entwicklung des Grundbesitzes der Abtei Saint-Denis in merowingischer und karolingischer Zeit*, Aachen 1993.
[362] Petry, K., Die Geldzinse im Prümer Urbar von 893. Bemerkungen zum spätkarolingischen Geldumlauf des Rhein-, Maas- und Moselraumes im 9. Jahrhundert, in *Rheinische Vierteljahrsblätter*, 52, 1988, pp. 16-42.
[363] Petry, K., Die Münz- und Geldgeschichte der Abtei Prüm im Spiegel der Münzfunde und der schriftlichen Überlieferung, in *Das Prümer Urbar* [372], pp. 27-46.
[364] Peytremann, E., Les structures d'habitat rural du haut Moyen Age en France (V^e-Xe siècle) : un état de la recherche, in *L'habitat rural* [281], pp. 1-28.
[365] Peytremann, E., *Archéologie de l'habitat rural dans le nord de la France du IVe au XIIe siècle*, (Mémoires publiés par l'Association française de l'archéologie mérovingienne, 13), 2 vol., Condé-sur-Noireau 2003.
[366] Pichot, D., *Villa*, village, paroisse et seigneurie sur les confins du Maine et de la Bretagne (VIIIe-XIIe siècle), in D. Barthélemy / O. Bruand (ed.), *Les pouvoirs locaux* [55], pp. 91-110.
[367] Phalip, B., La charte dite de Clovis, in *Revue de la Haute-Auvergne*, 1988-4 / 1989-1, pp. 567-607, 671-696.
[368] Pini, A.-I., Vite e olivo nell'alto Medioevo, in *L'ambiente vegetale* [4], pp. 329-370.
[369] Poisson, J.-M., De la *villa* au *castrum* : l'habitat rural dans la châtelle-

nie dauphinoise d'Albon de la fin de l'Antiquité au XIIe siècle, in L. Feller / P. Mane / F. Piponnier (ed.), *Le village médiéval et son environnement. Etudes offertes à Jean-Marie Pesez*, Paris 1998, pp. 571-586.

[370] Poly, J.-P., Régime domanial et rapports de production "féodalistes" dans le Midi de la France (VIIe-Xe siècles), in *Structures féodales* [437], pp. 57-84.

[371] Poly, J.-P. / Bournazel, E., *La mutation féodale, X^e-XIIe siècles*, Paris 1980.

[372] *Das Prümer Urbar als Geschichtsquelle und seine Bedeutung für das Bitburger und Luxemburger Land*, (Beiträge zur Geschichte des Bitburger Landes, 11 / 12), Bitburg 1993.

[373] Querrien, A., Parcellaires antiques et médiévaux du Berry, in *Journal des Savants*, 1994, pp. 235-356.

[374] Raespaet, G., Les prémices de la mécanisation agricole entre Seine et Rhin de l'Antiquité au XIIIe siècle, in *Annales-HSS*, 50, 1995, pp. 911-942.

[375] Raespaet, G., The development of farming implements between the Seine and the Rhine from the second to the twelfth centuries, in G. Astill / J. Langdon (ed.), *Medieval farming and technology. The impact of agricultural change in Northwest Europe*, (Technology and change in history, 1), Leiden / New York / Köln 1997, pp. 41-68.

Raespaet, G.→Romelare[395]

[376] Rapetti, A. M., Dalla *curtis* al *dominatus loci* : la proprietà fondiaria nel Milanese tra IX e XII secolo, in R. Comba / F. Panero (ed.), *Aziende agrarie nel Medioevo. Forme della conduzione fondiaria nell'Italia nord-occidentale* (secolo IX-XV), Cuneo 2000, pp. 13-57.

Raynaud, C.→Parodi[352]

[377] Reigniez, P., Histoire et techniques : l'outil agricole dans la période du haut Moyen Age (V^e-Xe siècle), in *The feudal agricultures* [25], pp. 33-120.

[378] Renard, E., Lectures et relectures d'un polyptyque carolingien (Saint-Bertin, 844-859), in *Revue d'Histoire Ecclésiastique*, 94, 1999, pp. 373-435.

[379] Renard, E., Les *herescarii*, guerriers ou paysans? in *Archivum Latinitatis Medii Aevi* (Bulletin du Cange), 57, 1999, pp. 261-272.

[380] Renard, E., La gestion des domaines d'abbaye aux VIIIe-Xe siècles. Notions de base et conseils pour une meilleure compréhension des sources écrites, in *De la Meuse à l'Ardenne*, 29, 1999, pp. 115-150.

[381] Renard, E., Les *mancipia* carolingiens étaient-ils des esclaves? Les données du polyptyque de Montier-en-Der dans le contexte documentaire

du IXe siècle, in *Les moines du Der* [330], pp. 179-209.

[382]　Renard, E., Genèse et manipulations d'un polyptyque carolingien : Montier-en-Der, IVe-XIe siècles, in *Le Moyen Age*, 110, 2004, pp. 55-77.

[383]　Renard, E., Que décrit le polyptyque de Saint-Bertin? A propos de la notion de mense à l'époque carolingienne, in *Revue Mabillon*, 76, 2004, pp. 51-75.

[384]　Richard, L., *Le polyptyque de Montier-en-Der*, Saint-Dizier 1999.

[385]　Rivers, Th.-J., The manorial system in the light of *Lex Baiuvariorum* I-13, in *Frühmittelalterliche Studien*, 25, 1991, pp. 89-95.

[386]　Rösener, W., Zur Struktur und Entwicklung der Grundherrschaft in Sachsen in karolingischer und ottonischer Zeit, in *Le grand domaine* [462], pp. 173-207.

[387]　Rösener, W., Grundherrschaft und Bauerntum im hochmittelalterlichen Westfalen, in *Westfälische Zeitschrift*, 139, 1989, pp. 9-41.

[388]　Rösener, W. (ed.), *Strukturen der Grundherrschaft im frühen Mittelalter*, Göttingen 1989.

[389]　Rösener, W., Zur Erforschung der frühmittelalterlichen Grundherrschaft, in *Strukturen* [388], pp. 9-28.

[390]　Rösener, W., Strukturformen der adeligen Grundherrschaft in der Karolingerzeit, in *Strukturen* [38], pp. 126-180.

[391]　Rösener, W., *Grundherrschaft im Wandel. Untersuchungen zur Entwicklung geistlicher Grundherrschaft im südwestdeutschen Raum vom 9. bis 14. Jahrhundert*, Göttingen 1991.

[392]　Rösener, W., Zur Topographie und Entwicklung der *curtes* in mittelalterlichen Dorfsiedlungen. Probleme der interdisziplinären Zusammenarbeit zwischen Archäologie und Geschichte, in *Nierdersächsisches Jahrbuch für Landesgeschichte*, 65, 1993, pp. 89-114.

[393]　Rösener, W., Fuldaer Grundherrschaft, in G. Schrimpf, *Kloster Fulda in der Welt der Karolinger und Ottonen*, (Fuldaer Studien, 7), Frankfurt am Main 1996, pp. 209-224.

Roger, A. M.→Parodi[352]

[394]　Rombaut, H., Het grondbezit van de abdij van Echternach in Toxandria en het Antwerpse. Achtergronden, prediking en verwerving, in P. Bange / A. Weiler (ed.), *Willibrord, zijn leven, zijn werk*, Nijmegen 1990, pp. 177-183.

[395]　Rommelare, C. / Raespaet, G., Les techniques de traction animale. De l'Antiquité au Moyen Age, in *The feudal agricultures* [25], pp. 121-130.

[396]　Rosenwein, B. H., Property transfers and the Church, eighth to elev-

enth centuries. An overview, in *Transferts patrimoniaux* [19], pp. 563-575.

[397] Rotman, Y., *Les esclaves et l'esclavage de la Méditerranée antique à la Méditerranée médiévale : VIe-XIe siècle*, Paris 2004.

[398] Rouche, M., Les survivances antiques dans trois cartulaires du Sud-Ouest de la France aux Xe et XIe siecles, in *Cahiers de civilisation médiévale*, 1980, pp. 93-108.

[399] Rouche, M., Géographie rurale du royaume de Charles le Chauve, in M. Gibson / J. Nelson (ed.), *Charles the Bald, court and kingdom*, (BAR int. series, 101), Oxford 1981, pp. 192-211.

[400] Rouche, M., L'accumulation primitive (VIe-IXe siècle), in R. Fossier (ed.), *Le Moyen Age, I, Les mondes nouveaux, 350-950*, Paris 1982, pp. 453-501.

[401] Rouche, M., La destinée des biens de saint Remi durant le haut Moyen Age, in *Villa-curtis-grangia* [242], pp. 46-61.

[402] Rouche, M., La crise de l'Europe au cours de la deuxième moitié du VIIe siècle et la naissance des régionalismes, in *Annales-HSS*, 41, 1986, pp. 347-360.

[403] Rouche, M., Le polyptyque de Saint-Pierre-le-Vif de Sens pour Saint-Pierre de Mauriac : Grand domaine ou grand revenu? in *Aux sources* [291], I, pp. 103-121.

[404] Ruiz, Ph., Un "grand domaine" en pays toulousain au milieu du Xe siècle, d'après le testament d'Isarn d'Escatalens, in *Annales du Midi*, 109, 1997, pp. 381-400.

[405] Salrach, J.-M., Défrichement et croissance agricole dans la Septimanie et le nord-est de la Péninsule ibérique, in *La croissance* [81], pp. 133-151.

[406] Samson, R., Slavery, the Roman legacy, in J. Drinkwater / H. Elton (ed.), *Fifth century Gaul : a crisis of identity?* Cambridge 1992, pp. 218-227.

[407] Sarris, P., The origins of the manorial economy : new insights from late Antiquity, in *English Historical Review*, 119, 2004, pp. 279-311.

[408] Sasse, B., Zur Bevölkerungsentwicklung im Kaiserstuhl-Tuniberg-Gebiet im frühen Mittelalter. Probleme von Gräberfeldern und Besiedlungsstrukturen, in B. Herrmann / R. Sprandel (ed.), *Die Bevölkerungsentwicklung des europäischen Mittelalters. Das wirtschaftsgeographische und kulturelle Umfeld*, (Saeculum, 39), Freiburg / München 1988, pp. 127-140.

[409] Sato, S., Etre affranchi au haut Moyen Age. Une catégorie juridique dans les mutations politiques et sociales du royaume franc (VIe-début du IXe siècle), in *Hokei-Ronshu, Horitsu-hen (Bulletin de la Faculté du droit et*

des sciences économiques de l'Université d'Aichi), 104, 1984, p. 1-20.
[410] Sato, S., Les implantations monastiques dans la Gaule du nord : un facteur de la croissance agricole au VIIe siècle? Quelques éléments d'hypothèse concernant les régions de Rouen et de Beauvais, in *La croissance* [81], pp. 169-177.
[411] Sato, S., *L'agrarium* : la charge paysanne avant le régime domanial, VIe-VIIIe siècles, in *Journal of Medieval History*, 24, 1998, pp. 103-125.
[412] Sato, S., The Merovingian accounting documents of Tours : form and function, in *Early Medieval Europe*, 9, 2000, pp. 143-161.
[413] Sato, S., Remarques sur les exploitations rurales en Touraine au haut Moyen Age, in Ph. Depreux / B. Judic (ed.), *Alcuin de York à Tours. Ecriture, pouvoirs et réseaux dans l'Europe du haut Moyen Age*, in *Annales de Bretagne et des Pays de l'Ouest*, 111, 2004, pp. 27-36.
[414] Sauze, E., Le polyptyque de Wadalde. Problèmes de toponymie et de topographie provençales au IXe siècle, in *Provence Historique*, 1984, pp. 3-33.
[415] Scherner, K. O., *Ut propriam familiam nutriat* - Zur Frage der sozialen Sicherung in den karolingischen Grundherrschaften, in *Zeitschrift der Savigny-Stiftung für Rechtsgeschichte. Germanistische Abteilung*, 111, 1994, pp. 330-363.
[416] Schulze, H. K., Grundherrschaft und Stadtentstehung, in *Grundherrschaft und Stadtentstehung* [156], pp. 9-22.
[417] Schwab, I. (ed.), *Das Prümer Urbar*, (Rheinische Urbare, 5), Düsseldorf 1983.
[418] Schwab, I., Probleme der Anfertigung von frühmittelalterlichen Güterverzeichnissen am Beispiel des Prümer Urbars, in *Le grand domaine* [462], pp. 152-170.
[419] Schwab, I., Die mittelalterliche Grundherrschaft in Niedersachsen. Überlegungen zur "Realität" eines strittig gewordenen Forschungsbegriffs an Hand ausgewählter Quellen (9.-12. Jahrhundert), in *Niedersächsisches Jahrbuch für Landesgeschichte*, 60, 1988, pp. 141-159.
[420] Schwab, I., Das Prümer Urbar-Überlieferung und Entstehung, in *1100 Jahre Prümer Urbar* [344], pp. 119-126.
[421] Schwarz, G. M., Village populations according to the polyptyque of the abbey of Saint-Bertin, in *Journal of Medieval History*, 1985, pp. 31-41.
[422] Settia, A. A., *Per foros Italiae*. Le aree extraurbane fra Alpi e Appennini, in *Mercati e mercanti* [121], pp. 187-233.
[423] Sigaut, F., L'évolution des techniques, in *The feudal agricultures* [25],

pp. 1-31.

[424] Sonnlechner, Ch., The establishment of the new units of production in Carolingian times : making early medieval sources relevant for environmental history, in *Viator*, 35, 2004, pp. 21-48.

[425] Staab, F., Zur Organisation des früh- und hochmittelalterlichen Reichsgutes an der unteren Nahe, in *Beiträge zur mittelrheinischen Landesgeschichte*, 1980, pp. 1-29.

[426] Staab, F., Aspekte der Grundherrschaftsentwicklung von Lorsch vornehmlich aufgrund der Urbare des *Codex Laureshamensis*, in *Strukturen* [388], pp. 285-334.

[427] Staab, F., Episkopat und Kloster. Kirchliche Raumerschließung in den Diözesen Trier, Mainz, Worms, Speyer, Metz, Straßburg und Konstanz im 7. Jahrhundert durch die Abtei Weißenburg, in *Archiv für mittelrheinische Kirchengeschichte*, 42, 1990, pp. 13-56.

[428] Staab, F., Agrarwissenschaft und Grundherrschaft zum Weinbau der Kloster im Frühmittelalter, in A. Gerlich (ed.), *Weinbau, Weinhandel und Weinkultur*, (Alzeyer Kolloquium, 6), Stuttgart 1993, pp. 1-47.

[429] Staab, F., Gegenstand und Kommentar des Prümer Urbars von 893 aus der Perspektive von einigen bisher unterschiedlich identifizierten Ortsnamen, in U. Nonn / H. Vogelsang (ed.), *Landesgeschichte-Fachditaktik-Lehrerbildung. Festgabe für Erwin Schaaf*, Landau 1998, pp. 35-65.

[430] Stamm, V., Grundzüge frühmittelalterlicher Bodenbesitzverfassung, in *Zeitschrift für Agrargeschichte und Agrarsoziologie*, 47, 1999, pp. 1-14.

[431] Stamm, V., Probleme der Rationalität der Agrar- und Arbeitsverfassung im Übergang zum Hochmittelalter, in *Vierteljahrschrift für Sozial- und Wirtschaftsgeschichte*, 88, 2001, pp. 421-436.

[432] Steuer, H., Zur Berechnung von Bevölkerungsgröße und Bevölkerungsentwicklung in einer Siedlungslandschaft der Merowingerzeit, in *Die Bevölkerungsentwicklung* [408], pp. 119-126.

[433] Steuer, H., Standortverschiebungen früher Siedlungen von der vorrömischen Eisenzeit bis zum frühen Mittelalter, in G. Althoff / D. Geuenich / O. G. Oexle / J. Wollasch (ed.), *Person und Gemeinschaft im Mittelalter. Karl Schmid zum fünfundsechzigsten Geburtstag*, Sigmaringen 1988, pp. 25-59.

[434] Stoclet, A.-J., *Evindicatio et petitio*. Le recouvrement de biens monastiques en Neustrie sous les premiers Carolingiens. L'exemple de Saint-Denis, in *La Neustrie* [16], II, pp. 125-149.

[435] Störmer, W., Zur Frage der Funktionen des kirchlichen Fernbesitzes im Gebiet der Ostalpen vom 8. bis zum 10. Jahrhundert, in H. Beumann / W. Schröder (ed.), *Die transalpinen Verbindungen der Bayern, Alemannen und Franken bis zum 10. Jahrhundert*, (nationes, 6), Sigmaringen 1987, pp. 379-403.

[436] Störmer, W., Frühmittelalterliche Grundherrschaft bayerischer Kirchen (8.-10. Jahrhundert), in *Strukturen* [388], pp. 370-410.

[437] *Structures féodales et féodalisme dans l'Occident méditerranéen (Xe-XIIIe siècles). Bilan et perspectives de recherches*, Roma 1980.

[438] Tange, S., La formation d'un centre économique en Ardenne au haut Moyen Age : Saint-Hubert dans sa région, in *Villes et campagnes* [145], pp. 677-691.

[439] Tange, S., Production et circulation dans un domaine monastique à l'époque carolingienne : l'exemple de l'abbaye de Saint-Denis, in *Revue belge de Philologie et d'Histoire*, 75, 1997, pp. 943-955.

[440] Theuws, F., Centre and periphery in northern Austrasia (6th-8th centuries). An archaeological perspective, in *Medieval archaeology* [220], pp. 41-69.

[441] Theuws, F., Les dynamiques d'organisation des habitats du haut Moyen Age : quelques exemples dans le sud des Pays-Bas, in *L'habitat rural* [281], pp. 207-212.

[442] Theuws, F., The archaeology and history of the *curia* of the abbey of Saint Trond at Hulsel (province of North-Brabant) (c. AD 700-1300), in F. Theuws / N. Roymans (ed.), *Land and ancestors : cultural dynamics in the urnfield period and the Middle Ages in the Southern Netherlands*, Amsterdam 1999, pp. 241-308.

Thissen, B.→Bijsterveld [32]

[443] Thoen, E., Een model voor integratie van historische geografie en ekonomische strukturen in Binnen-Vlaanderen. De historische evolutie van het landschap in de Leiestreek tussen Kortrijk en Gent tijdens de Middeleeuwen, in *Heemkring Scheldeveld*, 19, 1990, pp. 5-34.

[444] Tits-Dieuaide, M. J., Grands domaines, grandes et petites exploitations en Gaule mérovingienne. Remarques et suggestions, in *Le grand domaine* [462], pp. 23-50.

[445] To Figuera, L., Un regard périphérique sur la mutation de l'an mil, in *L'an mil* [50], pp. 47-53.

[446] Tonnerre, N.-Y., Village et espace villageois dans la Bretagne du haut

Moyen Age, in *Villages et villageois au Moyen Age*, Paris 1992, pp. 39-51.
[447]   Tonnerre, N.-Y., *Naissance de la Bretagne. Géographie historique et structures sociales de la Bretagne méridionale (Nantais et Bannetais) de la fin du VIIIe à la fin du XIIe siècle*, Angers 1994.
[448]   Toubert, P., Les féodalités méditerranéennes. Un problème d'histoire comparée, in *Structures féodales* [437], pp. 1-14.
[449]   Toubert, P., Il sistema curtense. La produzione e lo scambio interno in Italia nei secoli VIII, IX e X, in *Storia d'Italia. Annali 6 : Economia naturale, economia monetaria*, Torino 1983, pp. 3-63.
[450]   Toubert, P., Le moment carolingien (VIIIe-Xe siècle), in *Histoire de la famille*, II, Paris 1986, pp. 333-360.
[451] Toubert, P., L'assetto territoriale ed economico dei territori Longobardi : il ruolo delle grandi abbazie, in *Montecassino. Dalla prima alla seconda distruzione. Momenti e aspetti di storia cassinese (secc. VI-IX)*, Montecassino 1987, pp. 275-295.
[452]   Toubert, P., Un mythe historiographique : la sériculture italienne du haut Moyen Age (IXe-Xe siècles), in H. Dubois / J.-C. Hocquet / A. Vauchez (ed.), *Horizons marins, itinéraires spirituels (Ve-XVIIIe siècles)*, II, *Marins, navires et affaires*, Paris 1987, pp. 215-226.
[453]   Toubert, P., La strutture produttive nell'alto Medioevo : le grandi proprietà et l'economia curtense, in N. Trafaglia / M. Firpo (ed.), *La storia. I grandi problemi dal Medioevo all'età contemporanea*, I / 1, *Il Medioevo. I quadri generali*, Torino 1988, pp. 51-90.
[454]   Toubert, P., La part du grand domaine dans le décollage économique de l'Occident (VIIIe-Xe siècles), in *La croissance* [81], pp. 53-86.
[455]   Toubert, P., *L'Europe dans sa première croissance. De Charlemagne à l'An Mil*, Paris 2004.
[456]   Van Caenegem, R. C., Punctuatie-perikelen in het polyptiek van St. Bertijnsabdij, in *Pasqua mediaevalia. Studies voor J. M. De Smet*, Leuven 1983, pp. 510-517.
[457]   Van Rey, M., Der deutsche Fernbesitz der Klöster und Stifte der alten Diözese Lüttich, in *Annalen des historischen Vereins für den Niederrhein*, 186, 1983, pp. 19-80.
[458]   Vera, D., Le forme del lavoro rurale : aspetti della trasformazione dell'Europa romana fra tarda Antichità et alto Medioevo, in *Morfologie sociali e culturali in Europa fra tarda Antichità e alto Medioevo*, (Settimane, 45), 2 vol., Spoleto 1998, I, pp. 293-338.

[459]   Verhulst, A., Het sociaal-economische leven tot circa 1000. De landbouw, in *Algemene geschiedenis der Nederlanden*, I, Haarlem 1981, pp. 166-182.
[460]   Verhulst, A., La diversité du régime domanial entre Loire et Rhin à l'époque carolingienne, in *Villa-curtis-grangia* [242] pp. 113-148.
[461]   Verhulst, A., L' histoire rurale de la Belgique jusqu'à la fin de l'Ancien Régime. Aperçu bibliographique 1968-1983, in *Revue Historique*, 271-2, 1985, pp. 419-437.
[462]   Verhulst, A. (ed.), *Le grand domaine aux époques mérovingienne et carolingienne*, Gent 1985.
[463]   Verhulst, A., Introduction, in *Le grand domaine* [462], pp. 11-20.
[464]   Verhulst, A., Die Grundherrschaftsentwicklung im ostfränkischen Raum vom 8. bis 10. Jahrhundert. Grundzüge und Fragen aus westfränkischer Sicht, in *Strukturen* [388], pp. 29-46.
[465]   Verhulst, A., Etude comparative du régime domanial classique à l'est et à l'ouest du Rhin a l'époque carolingienne, in *La croissance* [81], pp. 87-101.
[466]   Verhulst, A., The decline of slavery and the economic expansion of the early Middle Ages, in *Past & Present*, 133, 1991, pp. 195-203.
[467]   Verhulst, A., *Rural and urban aspects of early medieval Northwest Europe*, (Variorum collected studies), Alderschot / Brookfield 1992.
[468]   Verhulst, A., Villages et villageois au Moyen Age, in *Villages et villageois* [446], pp. 9-13.
[469]   Verhulst, A., Economic organization, in R. McKitterick (ed.), *The new Cambridge medieval history*, II, c. 700-c. 900, Cambridge 1995, pp. 481-509.
[470]   Verhulst, A., *Landschap en landbouw in middeleeuwse Vlaanderen*, Brussel 2000.
[471]   Verhulst, A., *The Carolingian economy*, (Cambridge medieval textbooks), Cambridge 2002.
        Verhulst, A.→Declercq[88]
[472]   Verslype, L., L'occupation mérovingienne aux confins de l'Austrasie et de la Neustrie septentrionale et l'image archéologique des aristocrates, in *Clovis : histoire et mémoire* [341], I, pp. 567-605.
[473]   Verslype, L., A la vie, à la mort. Considérations sur l'archéologie et l'histoire des espaces politiques, sociaux et familiaux mérovingiens, in *Au-delà de l'écrit* [73], pp. 405-460.
[474]   Vogellehner, D., Les jardins du haut Moyen Age (VIIIe-XIIe siècles), in

Jardins et vergers en Europe occidentale (VIIIe-XVIIIe siècles), (Flaran, 9), Auch 1989, pp. 11-40.

[475] Vollrath, H., Herrschaft und Genossenschaft im Kontext frühmittelalterlicher Rechtsbeziehungen, in *Historisches Jahrbuch*, 102, 1982, p. 33-71.

[476] Vollrath, H., Die Rolle der Grundherrschaft bei der genossenschaftlichen Rechtsbildung. Analysen am Beispiel der Klöster Werden und Rupertsberg, in *Strukturen und Wandlungen* [241], pp. 189-214.

[477] Wanderwitz, H., Quellenkritische Studien zu den bayerischen Besitzlisten des 8. Jahrhunderts, in *Deutsches Archiv für Erforschung des Mittelalters*, 39, 1983, pp. 27-84.

[478] Weidinger, U., Untersuchungen zur Grundherrschaft des Klosters Fulda in der Karolingerzeit, in *Strukturen* [388], pp. 247-265.

[479] Weidinger, U., *Untersuchungen zur Wirtschaftsstruktur des Klosters Fulda in der Karolingerzeit*, (Monographien zur Geschichte des Mittelalters, 36), Stuttgart 1991.

[480] Weinberger, S., Precarial grants. Approaches of the clergy and lay aristocracy to landholding and time, in *Journal of Medieval History*, 1985, pp. 163-169.

[481] Weinberger, S., La transformation de la société paysanne en Provence médiévale, in *Annales-ESC*, 45, 1990, pp. 3-19.

[482] Weinberger, S., La transformation des *potentes* dans la Provence médiévale, in *Le Moyen Age*, 97, 1991, pp. 159-169.

[483] Wickham, Ch., European forest in the early Middle Ages : landscape and land clearance, in *L'ambiente vegetale* [4], pp. 479-545.

[484] Wickham, Ch., Mutations et révolutions aux environs de l'an mil, in *L'an mil* [50], pp. 27-38.

[485] Wickham, Ch., Problems of comparing rural societies in early medieval Western Europe, in *Transactions of the Royal historical society*, 6-2, 1992, pp. 221-245.

[486] Wickham, Ch., Monastic lands and monastic patrons, in R. Hodges (ed.), *San Vincenzo al Volturno, 1 : The 1980-86 excavations*, (Archaeological monographs of the British School at Rome, 7), London 1993, pp. 138-152.

[487] Wickham, Ch., *Land & power. Studies in Italian and European social history, 400-1200*, London 1994.

[488] Wickham, Ch., Rural society in Carolingian Europe, in *The new Cambridge medieval history* [469], II, pp. 510-537.

[489] Wickham, Ch., Aristocratic power in eighth-century Lombard Italy, in

A.-D. Murray (ed.), *After Rome's fall. Narrations and sources of early medieval history. Essays presented to Walter Goffart*, Tronto / London 1998, pp. 153-170.

[490]　Wickham, Ch., Overview : production, distribution and demand, in R. Hodges / W. Bowden (ed.), *The sixth century. Production, distribution and demand*, (The transformation of the Roman World, 3), Leiden / Boston / Köln 1998, pp. 279-292.

[491]　Wickham, Ch., Early medieval archaeology in Italy : the last twenty years, in *Archeologia medievale*, 26, 1999, pp. 7-20.

[492]　Wickham, Ch., Overview : production, distribution and demand, II, in *The long eighth century* [272], pp. 346-377.

[493]　Wickham, Ch., Society, in *The early Middle Ages* [128], pp. 59-94.

[494]　Wickham, Ch., Rural economy and society, in C. La Rocca, *Italy in the early Middle Ages 476-1000*, (Short Oxford history of Italy), Oxford 2002, pp. 118-143.

[495]　Wickham, Ch., Space and society in early medieval peasant conflicts, in *Uomo e spazio* [129], pp. 551-585.

[496]　Willwersch, M., (Schwab, I. / Nolden, R., ed.), *Die Grundherrschaft des Klosters Prüm*, (1912), Trier 1989.

[497]　Wisplinghoff, E., Bäuerliches Leben am Niederrhein im Rahmen der benediktischen Grundherrschaft, in *Villa-curtis-grangia* [242], pp. 149-163.

[498]　Zadora-Rio, E., Essor démographique, croissance agraire et archéologie, in *L'an mil* [50], pp. 17-21.

[499]　Zadora-Rio, E., Le village des historiens et le village des archéologues, in *Campagnes médiévales* [96], pp. 145-153.

[500]　Zerner-Chardavoine, M., Enfants et jeunes au IXe siècle. La démographie du polyptyque de Marseille 813-814, in *Provence historique*, 1981, pp. 335-377.

[501]　Zerner, M., Sur la croissance agricole en Provence, in *La croissance* [81], pp. 153-167.

[502]　Zotz, Th., Beobachtungen zur königlichen Grundherrschaft entlang und östlich des Rheins vornehmlich im 9. Jahrhundert, in *Strukturen* [388], pp. 74-125.

[503]　Zug Tucci, H., Le derrate agricole : problemi materiali e concezioni mentali della conservazione, in *L'ambiente vegetale* [4], pp. 869-902.

第1部　荘園制研究の復活：1980－1987年

　長い沈滞の後に顕れてきた最近における西欧中世初期農村史研究の発展は，まことにめざましいものがある。試みに1980年以降の業績を文献目録(1)に整理してみると，ほぼ5年間で100点近くもの多きにのぼる。きわめて特徴的なのは，荘園制を中心的な対象としてこの研究が行われていることであり，この間に開かれた二つの研究集会のテーマが，それをよく示している。すなわち1980年クサンテンの研究集会は，«villa-curtis-grangia» を主題に掲げて，ローマ末期――カロリング期――12－13世紀に見られる領主直接経営を重要な要素とする大所領を，この間の農村史を追究するさいの観測地点に選んでおり［242］，1983年ヘントでの集会となると，端的に『メロヴィング期及びカロリング期の大所領』（Verhulst [462]）と題されているのである。そして大所領を軸とする中世農村史研究の主たる史料となったのが，第2章で詳述するように所領明細帳であった。このように隆盛を示している西欧中世初期農村史研究の状況を，まずこの間の業績から描き出した上で，今後の研究方向を探っていこう。

（1）　本書の文献目録は，特に第1部については，フルヒュルストによって作成されたもの（［460］143-148）の継続を意図している。もともとフルヒュルストの文献目録は，1965－1980年の学界動向を総括する報告に付されたものであったから，本書の文献目録をそれに合わせれば，1965年フルヒュルストによる仮説提示以降の動向を捉えることができる。なお森本は，1979－1980学年の前半にヘント大学中世社会経済史研究室に滞在して，フルヒュルストの文献目録作成にも協力することができた。

第1章　荘園制展開過程の研究

1　古典荘園制の形成——フルヒュルスト仮説の検証——

　フルヒュルストによる1965年スポレート研究集会での報告「中世初期北フランスにおける古典荘園制の生成」(2)は，長らく軽視されてきたカロリング期荘園制の意義を再び前面に押し出して研究史上での画期をなしたが，領主直領地と農民保有地とから成り，後者からの賦役労働によって前者が耕作されるという古典荘園制が，8－9世紀のロワール河からライン河にかけての一帯という，中世農村史のごく狭い範囲でだけ展開した現象であることが最大の主張点であった。従ってそこでは，ローマ期大所領との断絶関係の強調と，一定の範囲でだけ古典荘園制が形成されえた条件の解明とに力が注がれている(3)。そしてその後の研究史は，このフルヒュルスト仮説を具体的に検証してきたと言えるが，その傾向は最近ますます強められている。

A　古典古代から西欧中世への移行

　最近のヨーロッパ学界では，様々な部面について古代から中世への連続を認める傾向が強い。その最も著しい例は都市史(4)であろうが，農村史

---

　(2)　A. Verhulst, La genèse du régime domanial classique en France au haut Moyen Age, in *Agricoltura e moudo rurale in Occidente nell'alto Medioevo*, (Settimane, 13), Spoleto 1966, pp. 135-160.

　(3)　フルヒュルスト報告の内容と意味については，森本芳樹『西欧中世経済形成過程の諸問題』木鐸社　1978年，306－316頁を見よ。

　(4)　森本芳樹「1960年以降ベルギー学界における中世初期都市・農村関係に関する研究」『経済学研究』（九州大学），50－3・4，1985年，161－163頁；　同「1960年以降ドイツ学界における中世初期都市・農村関係に関する研究」同誌，50－5，1985年，47－49頁にその一端が示され

においても，古代租税制度の中世初期への継続説（Durliat [140][141]; Magnou-Nortier [284]. Goffart [192][193] は同時に，メロヴィング期における変化をも強調する）を指摘することができよう。こうした中で，フルヒュルストによる大所領の断絶論は，やや孤立した感を与えるかもしれない。けれども古代から中世にかけての農村定住史をめぐっては，ニュアンスの少しずつ異なる多様な見解があり，連続か断絶かという二者択一では捉えきれない議論が展開されている。この点をきわめてよく示しているのが，クサンテンの研究集会に提出されたいくつかの報告である。

　これらのうちで，定住形態の連続を最も強く打ち出しているのは，聖レミギウスの遺言状などを手掛かりに，ランス教会の土地所有の内容を検討したルーシュ（[401]）の論文であり，それによりながら研究集会の論調をとりまとめたイグネ（[227]）による総括では，ローマ期から中世にかけての「地誌的連続」continuité topographique という表現を用いて，定住地そのものの連続――ドイツ学界でいう Platz- order Ortskontinuität[5]――を認める立場を示している。これと対極に立つのが，考古学的所見からラインラントを検討したヤンセンであり，「小規模空間的」kleinräumig には連続が基調ではないとして，定住地の断絶こそが一般的であると考えている（[243]）。しかしながらこのヤンセンも，「大規模空間的」großräumig な考察からは連続が証明されうると述べて，広い意味での生活空間の連続――Raumkontinuität ――を認めているのであって，連続と断絶の具体的部面についての共通認識を，多様な見解の中から探る必要を感じさせる。

　クサンテンでの報告で最もよく連続が認められている部面は，大土地所有であろう。例えばガリア北部における古代末期の大土地所有は，ローマ人による征服以前から継続しており，さらに中世初期の王領や教会領に引き継がれていくとするアガシュ（[2]）や，エヒテルナッハ修道院初期所領の形成過程と地誌的状況から，ローマ化された原住有力者の土地がローマ末期には国家所有となり，それがフランク有力貴族の手に移った上で，修道院に寄進されたという筋道を想定しているメツラーら（[304]）の仕事が，

ている。

（5） E. Ennen / W. Janssen, *Deutsche Agrargeschichte vom Neolithikum bis zum Schwelle des Industriezeitalters*, Wiesbaden 1979, p. 114.

典型的な例を示している。ゲルマン人定住の初めから大土地所有が有力であったことは、いまや学界の大勢となっているとしてよい。

これに対して断絶が共通して確認されているのは、所領構造についてである。すなわち、古代末期と中世初期にはまったく異なった形態を大土地所有が示しているという認識は、定住史を連続説によって捉えている歴史家によっても分け持たれている。前述のルーシュは、「定住地領域の連続は、所有者の連続と経営とにおける変化の欠如を意味しない」([401]61) としているし、イグネも「地誌的連続はほとんど否定できないとしても、所領の構造と経営に関しては異なる」([227]x) と述べている。このような、古代末期から続いた大土地所有がなんらかの構造的変化を受けている、という共通の見方を支えるものとして注目されるのが、所領中心をなす定住地の同じ生活空間内部での若干の移動という形をとって、ゲルマン人定着の際に生じた所領の断絶であろう。ランス地方での考古学的所見を綿密に整理したペランは、パグスというかなり広い単位で見た場合に確認できる定住の連続が、個々の定住地の水準となると、都市についてとは異なって農村においては認められず、むしろ「体系的な地誌的ずれ」décalage topographique systématique が存在するとまとめている ([358]77)。さらにアガシュを引くなら、「大所領は中世初期に存続していくが、大所領のそのものとしての継続よりは、大土地所有の恒常性を考えたほうがよい。前者はその際やや移動したように思われるからである」。具体的には、ローマ期の大所領が主として高台にあるのに、ゲルマン人の定住地は河川ぞいを指向していた、というのである ([2]26-27)。森本自身も1978年の著書で、フルヒュルストの所領断絶説が、ローマ末期までに達成された農村生活基盤のゲルマン人による受容という見方と排除しあうものではないことを指摘していた(6)が、幸い最近の研究ではこうした見通しが確認されつつあると言えよう。

B メロヴィング期における起源

フルヒュルスト仮説では、メロヴィング期特有な奴隷制的色彩の濃い小所領を起点として、カロリング期の古典荘園制が形成されるとされていた

（6）森本『諸問題』〔前注（3）〕, 319-326頁。

が，この点に十分な史料的基礎は与えられていなかった。最近の研究の一つの特徴は，メロヴィング期そのものの史料の検討が大きく進められたことであり，ヘント研究集会の第1部も，「メロヴィング期フランク王国における大所領と小経営」に当てられている。

フランス学界を代表する形(7)で報告にたったティツ=ディウエイドは，メロヴィング期史料での土地財産の描写を網羅的に検討し，それらを①領主直領地と農民保有地の区別のない土地に，住民も «mancipia» として一括されている場合，②同じ仕方で記される土地の住民に，«coloni» や «servi» など複数の呼称が与えられている場合，③住民内部の区分はないが，«colonica», «casalis», そして «mansus» などの土地単位が現れる場合，④領主直領地と農民保有地の区別が明確に記される場合という，四つの型に整理する。その上で，確かに大規模土地財産は広く存在するとしても，それらはなお荘園制と呼べるだけの内実を持っておらず，④の二分制的所領の例も検討された史料のうち2件にすぎないと指摘し，さらに，検出しうる大規模経営はそれほど数が多くない上に，すべてが奴隷制的性格を帯びていると主張する。こうしてティツ=ディウエイドによれば，メロヴィング期農村で圧倒的な優位を示していたのは小規模経営であり，これらは有力者の土地財産との結び付きを持っていたとはいえ，その従属の度合は多様で，実質的に自由を確保している場合が多い。その上これらと接続するように，土地財産の描写といった史料には登場しない自有地農民も多数いたというのである（[444]）。

この報告において，カロリング期古典荘園制に向けての展開を示唆する点を求めるとすれば，僅かに «mansus» という用語の出現とその意味進化の指摘（Ibid., 40-44）に留まるが，ドイツ学界で古典荘園制研究の中心人物となっているヘーゲルマンの論調は大きく異なっている。すなわち，書式集や法典というより規範的な史料を用いたその報告では，従属関係を示

---

(7) ティツ=ディウエイドは，1982年ブダペストで行われた国際経済史会議での部会報告書『大所領と小経営。中世及び近世ヨーロッパにおける領主と農民』（J. Goy, Remarques préliminaires sur le grand domaine et la petite exploitation en France de l'époque gallo-romaine au XIXe siècle, in *Grand domaine et petites exploitations en Europe au Moyen Age et dans les temps modernes*, Budapest 1982, pp. 123-133）の作成者の一人となった。

す文言が次々と拾い上げられ，自由人の隷属化と奴隷の解放とによって，荘園制の方向で所領が拡大していた点が強調される。もちろん奴隷制的大経営と比較的自由な小規模経営の存在は再三指摘されるものの，これらの間では，前者に対する評価がティツ=ディウエイドによるよりもずっと高い（[202]）。確かにヘーゲルマンの場合には，8世紀の部族法典が締め括りに用いられるなど，重点の置かれた史料がかなり異なっているが，ティツ=ディウエイドとの対照的な議論の運びには，フランス学界とドイツ学界との観点の差が感じられる。

　ヘント集会第1部で，ベルギー学界を代表するようにメロヴィング期を論ずるドヴロワの用いる史料は，まったく異なっている。ランスのサン=レミ修道院所領明細帳の新しい刊本のために，10世紀中葉に書かれたフロドアルドゥスの『ランス教会史』*Historia remensis ecclesiae*[8] を仔細に検討したドヴロワは，その8世紀以前を扱った箇所も古い文書史料を下敷にしていて，メロヴィング期におけるランス農村史の確実な素材となりうると確信した。そして，大司教が教会領の整備とそれに伴う記録の作成に努めていることを示す文言が，カロリング期に近付くに従って一定の変化を見せると主張し，それが8世紀後半には確立する古典荘園制にむけての所領再編に対応していると考えたのである（[109]）。この報告は後代の記述史料によってはいるが，教会組織の主導による古典荘園制の形成がメロヴィング期について最も明確に主張されている例である。

　ドヴロワのこの論文と関連して，是非とも取り上げておかなければならないのが，ゴファールによる一連の仕事である。中世初期へのローマ期租税制度の存続を重視する立場——そのもっと極端な例はデュリア（[140][141]）に見られる——から，メロヴィング期租税制度の一翼を担う教会組織の行政行為に注目するゴファールは，早くから『ランス教会史』にも注意を払っていた[9]。そして最近では，メロヴィング期の大土地所有者は，自己の土地における現実の変化に合わせて課税額を調整するべく，

---

(8) J. Heller / G. Waitz (ed.), Flodoardi Historia remensis ecclesiae, in *MGH-SS*, 13, Hanover 1881, pp. 409-459.

(9) W. Goffart, From Roman taxation to medieval seigneurie : three notes, in *Speculum*, 47, 1972, pp. 374-376.

規則的に所領と領民の状態を調査して,記録を作成していたと主張しているのである([192][193])。ドヴロワは所領に対するこうした調査・調整・記録が,時とともに古典荘園制と所領明細帳の方向をとるとしたわけであるが,ともかく,教会を初めとする大土地所有者による所領に対する能動的働きかけをメロヴィング期についても認めようとする傾向は,すでに定着していると言ってよい。

C　カロリング期における展開

　カロリング期における古典荘園制展開の様相は,9世紀からかなり多数が伝来している所領明細帳を史料として追究されている。この点で注目されるのは,古典荘園制形成の後進地帯と目される場所で作成された所領明細帳が,有力な素材とされていることである。すでに1975年に発表されていた,ガンスホーフによるサン=ベルタン修道院所領明細帳の新しい刊本(10)は,完成された古典荘園制の描写に向いたサン=ジェルマン=デ=プレ修道院所領明細帳とは違って,その形成過程を示してくれうる史料としての提示を目標としていた。ヘント研究集会の第2部「カロリング期ロワール=ライン間における大所領」では森本自身の報告が,ガンスホーフの貢献をさらに生かすべく,サン=ベルタン明細帳の分析を試みている。そこではこの記録から読みとれる修道院による所領再編が,ガンスホーフが考えた12ボニエの均等マンスによる整序に留まらず,9世紀半ばになってもフランク王国西北端になお存在していた奴隷制的構造を持った小所領を併呑し,その内部の奴隷的非自由人を修道院直属のマンス保有農民に引き上げて,これに賦役労働を課していくという内容をも含んでいた,と主張されている([317])。ヘント研究集会第2部での他の報告は,ワイセンブルク修道院所領明細帳を取り上げたデッテがやや平板な分析に終始し([101]),プリュム修道院所領明細帳を対象としたシュワープが主として明細帳の作成過程を論じた([418])ために,わずかにモンティエランデル修道院所領明細帳に関するドロステ報告が,この修道院領は明細帳の作成時点で開墾拠点の段階はすでに通過していたが,古典荘園制としてはなお完結していなかっ

---

(10)　F. -L. Ganshof (ed.), *Le polyptyque de l'abbaye de Saint-Bertin (844-859). Edition critique et commentaire,* Paris 1975.

た（[134]111）と，動態的な見方を出しているにすぎない。

　これらに対して，後進地帯の所領明細帳の動態的利用としてきわめて興味深いのが，ヘント研究集会第3部「カロリング期ザクセンにおける大所領」をそれだけで構成している，レーゼナーの報告であろう。カール大帝の時期にフランク化されたザクセンにおける領主制の展開については，従来から多くの論争があった[11]（Rösener [386]179-181）が，ここに広く所領を持つヴェルデン修道院が9世紀末から作成していた一連の台帳型の記録が，有力な史料となっていた。レーゼナーは，かつてケチュケがこれらを用いてした[12]ような，フリーメルスハイム所領群でだけで見られるという古典荘園制と，他の土地一般に組織されていたという貢租徴収型所領との，峻別を避けようとする。そのために，記載形式と内容の少しずつ異なる多数の記録を整理して，所領形態の二つの型の間に位置する多様な過渡的諸形態を検出し，それらをヴェルデン修道院による古典荘園制の方向での所領組織化の道程に位置づけたのである（Ibid., 189-196）。こうした分析の仕方は，同じヴェルデンの明細帳を利用しながらも，むしろこれをプリュム修道院所領明細帳と対比することによって，ヴェルデン領の後進性を浮彫したヴィスプリングホフの仕事（[497]150-161）とは肌合を異にしており，ともかく所領再編を検出してその方向を見定めようとする，最近の古典荘園制研究者の態度の典型と言えよう。さらに10世紀以降にコルヴァイ修道院で作成された同じ型の史料をも検討（Ibid., 196-203）した後に，ザクセンにおいて特定の所領が古典荘園制をとりえた条件を，レーゼナーは次の四つにまとめている。①領主の経営拠点への近接，②肥沃な土壌による人口の集中，③領主の主導による開墾の進行，④王領の寄進によるフランク王権の影響（Ibid., 203-206）。こうしてこの報告は，結局は古典荘園制が支配するには至らなかった地域についても，その中核地帯と同質の動向を検出することによって，古典荘園制の意義を大きく評価しようとする，この研究集会を締め括るに相応しいものとなったのである。

---

　　(11)　野崎直治『ドイツ中世農村史の研究』創文社　1985年，178－184頁を参照。

　　(12)　R. Kötzschke, *Studien zur Verwaltungsgeschichte der Großgrundherrschaft Werden an der Rhur*, Leipzig 1901, pp. 8-65.

ところでレーゼナー論文と関連して、ヘント集会以外での二つの仕事を取り上げておきたい。第1は新しい刊本に付された、ドヴロワによるサン=レミ修道院所領明細帳の研究である。19世紀にゲラールによって刊行された形でのこの所領明細帳(13)は、ごく一部を除いて9世紀の一定時点でのまとまった作成にかかるものとされていた。ドヴロワは1979年に発表されたリュツォゥの論文(14)と同様に、これを9世紀初頭から約1世紀にわたって書かれた複数の記録の総体と考える。すなわちゲラールが与えた統一性は、実は三つの書冊をまとめて筆写した11世紀のコピストによるものとし、その内実においてこの明細帳は、いくつかの時点にまたがって、しかも目標の若干の差異を伴いながら作成された、複層的な記録だったとしたのである([106]xxi-liii)。その上でドヴロワは、前述のメロヴィング期に関する論文と接合する形で、所領明細帳の記述を年代的に追いながら、カロリング期に入ってからも大司教の指導下に所領整備が進められ、9世紀半ばのヒンクマルス在任中に最高潮に達し、さらに10世紀初頭まで続けられた様子を描き出す (*Ibid.*, liv-cii)。

このドヴロワの仕事が、所領明細帳の複層性という新しい認識に基づいてカロリング期における古典荘園制への動向の例を示した点で、レーゼナー論文と通じているとすれば、第2に取り上げるルーシュの論文は、後進地帯への古典荘園制拡延の解明として、これに近いものを持っている。ルーシュはむしろ、比較的狭い地理的範囲でだけ作られたとして、所領明細帳の史料としての限界を指摘することから始める ([399]193) が、それを補完するために、シャルル禿頭王の文書の中から所領明細帳で古典荘園制の諸要素を示すために用いられている術語を拾い出す作業を行っている。その結果、カール大帝の時期にはセーヌ河以北に限られていた古典荘園制が、シャルル禿頭王の治世にロワール河の線まで普及するが、それより南にはきわめて散発的にしか移植されない、という過程を明らかにしている

---

(13) B. Guérard (ed.), *Polyptyque de l'abbaye de Saint-Remi de Reims ou dénombrement de manses, des serfs et des revenus de cette abbaye vers le milieu du neuvième siècle de notre ère*, Paris 1853.

(14) B. Lützow, Studien zum Reimser Polyptychum Sancti-Remigi, in *Francia*, 7, 1979, pp. 19-99.

のである。なお他の型の史料との併用は，所領明細帳の史料的価値を高く評価する場合にも行われていることを，前述のドヴロワによる『ランス教会史』の例（[109]）や，森本がサン=ベルタン明細帳からの所見を補強すべく，この修道院に9世紀から伝来している約30通の文書史料から，マンスの内容の変遷を追跡している例（[317]141-144）を引いて，指摘しておこう。

2　カロリング期の社会経済発展における古典荘園制の位置

以上のような荘園制展開過程の追究は，中世初期，特にカロリング期における社会経済発展の検出と一体をなし，前者の後者の中での位置づけが様々な次元で試みられている。フルヒュルストによれば，ベルギー学界での所領形態進化過程の解明は，カロリング期経済全体の再検討の一環をなしており（[461]435-436），ヘーゲルマンは古典荘園制形成を，「まとまった一つの動的過程の構成要素」Bestandteil eines einzigen dynamischen Prozeßes と表現している（[203]56）。こうしてここで取り上げている研究動向は，明確に中世初期ヨーロッパ経済に対する楽観説に属しており，フランス学界でフォシエを代表として（[66][159]）根強い悲観説とは，鋭く対立している(15)。以下では，カロリング期社会経済発展の特徴的な内容と考えられている三つの事実と，それらの古典荘園制との関係をめぐる業績を検討しよう。

A　王権・教会・有力貴族による主導

王権を中心としたカロリング社会の指導層が，社会経済的発展において主役を演じたことは，この時期を楽観的に捉えようとする歴史家に共通の態度であり，あらゆる水準において，それが果した役割が指摘されている。典型的な例を挙げれば，サン=ジェルマン=デ=プレ修道院が商品・貨幣流通

---

(15) ヨーロッパ学界における中世初期についての楽観説と悲観説との対立については，森本芳樹「カロリング期農村世界の新しい像を求めて。9世紀末ノリュム修道院領の農民」『経済学研究』（九州大学），45-3，1980年，2－5頁。

に主体的に関わっていたことを示す論文でドヴロワは,「カロリング期の商品・貨幣流通」という節に「経済ルネサンスと政治的主導」Renaissance économique et initiative politique という副題をつけている([107]581)。面白いことに,悲観論者たるフォシエも王権と教会の社会再編にかける意欲は認めており,それが現実の生活とまったく乖離していた,と考えているのである([157])。

農村史に関してこの論点が具体化された仕事として,ここでは「所領類型論」typologie domaniale を取り上げてみたいが,その前提として王権・教会・有力貴族の所領の一体性という認識が,最近強まっていることを指摘しておこう。王領と教会領とが古典荘園制形成の基地であったことは広く認められていたけれども,世俗領との間には構造的な差異があるとの見解も強かった。森本はこの点について,寄進による王領と世俗領の教会領への編入だけでなく,教会領が収公や封与で広く世俗領に転化している以上,これら三者の間に構造的な差異はなかったとの見解を示していた(16)。最近ではカロリング国家の体制を論じながら,同じような指摘が行われている(Durliat [141]198-199; Poly / Bournazel [371]369-372)のは,まことに心強いものがある。確かにこれが,領主の国家役人としての性格を過大評価している論者によるとしても,フルヒュルストも「古典荘園制の構築において領主による主導は重要な役割を発揮したが,それは私がスポレートで1965年に想定したように,もっぱら王権によるのではなく,修道院にも,そしておそらく貴族にもよるのである」([460]139)と述べて,世俗領主の機能を従来よりは大きく考えるようになっているのである。

さて所領類型論の出発点をなしたのは,1973年のトゥベールによる論文(17)であった。そこでは,北部・中部イタリアの多様な所領形態が,①開拓拠点としての領主直接牧畜経営の周辺に,開墾に従事する農民の保有地が散在している型,②オリーヴとブドウの栽培によって利潤を追求する領

---

(16) 森本『諸問題』〔前注(3)〕,343頁。

(17) P. Toubert, L'Italie rurale aux VIIIe-IXe siècles. Essai de typologie domaniale, in *Problemi dell'Occidente nel secolo VIII*, (Settimane, 20), 2 vol., Spoleto 1973, I, pp. 95-132. なおここでも所領類型論の一つの前提として,教会領と世俗領との構造的同質性が指摘されている。Ibid., p. 104.

主直接経営に，農民保有地から若干の賦役が行われる型，③古典荘園型の三つに整理されていた。ここで中心になっている観点は，大領主による所有地の合理的経営のための所領政策であって，地域差を考慮した所領の配置，諸所領間での分業の組織，複数の経営拠点を結ぶ流通網の設定との関連で，特定所領の形態が決定されるというものである。こうした議論と絡めて注目されるのが，従来から存在した遠隔地所領についての検討が，最近ますますきめ細かくなっていることであろう。確かにファン・レイのリエージュ司教区諸教会の土地所有についての論文（[457]）は，堅固な実証的基礎に比べて理論的な新味に乏しい。しかしミュッセの論文は，かつてはもっぱら特産品の入手という目的のみが考慮されていたのに対して，遠隔地所領の獲得と維持における政治的要因を重視することを提唱（[333]）して，カロリング期指導層の動向を見つめる所領類型論への，新たな素材を提供していると言えよう。

ところで最近5年間の所領類型論は，1978年にクーヘンブッフが提起した「地代地域」Rentenlandschaft論(18)を批判する論調の中で，上からの主導性をますます確認しつつある。クーヘンブッフは広汎に分散するプリュム修道院領を対象に，地代形態に見られる差異を地域差として捉えうると考え，その主たる要因を先行して根を下ろしていた住民の身分的特性に求めたのであった。これはペランによって定式化されていた農民負担の一体化説――そこではカロリング期を通じて進行する自由身分と非自由身分との融合が重視されていた(19)――に，身分差の恒常性に由来する負担形態地域差の永続性を対置する議論であり，多くの批判を受けることになったのである。

その先鞭を付けたのはフルヒュルストであり，クサンテン集会で1965年以降の研究史を総括した際に，これにかなりの頁を割いている。そしてクーヘンブッフの議論の様々な矛盾をついた上で，メロヴィング期後半に始まる長い進化の過程と，より短期間に集中して現われる領主層の主導性と

---

(18) L. Kuchenbuch, *Bäuerliche Gesellschaft und Klosterherrschaft im 9. Jahrhundert. Studien zur Sozialstruktur der* familia *der Abtei Prüm*, Wiesbaden 1978, pp. 195-244.

(19) 森本『諸問題』[前注（3）]，267－268頁を見よ。

が結合して，カロリング期の成長が可能となったと説いている（[460]136-140）。従ってフルヒュルストにとって地域差の問題は，セーヌ＝ライン間というカロリング期経済成長（古典荘園制の展開を含む）の先進地帯が，王権を先頭とする領主層の中核領域たる点の強調にかかってくるのである（Ibid., 142-143）。さらにヘント集会では，シュワープが修道院の「所領の経済過程を調整する力」die den grundherrschaftlichen Wirtschaftsprozeß koordinierende Kraft を古典荘園制における明白な歴史的要因とした上で，クーヘンブッフの地代地域論を批判する（[418]166-169）。そしてレーゼナーとなると，所領形態の動態は多様な領民の融合の方向にあったが，それは「大幅に領主の構成意欲と貫徹力とに依存しており，明らかにクーヘンブッフの言うような地代地域の所産である度合は小さい」（[386]205-206），と述べている。その後発表されたドヴロワによるベルギー南部についての「所領形態の類型論」typologie des formes domaniales も，所領編成における領主の意図——それは所領明細帳の形式と内容に表れる——に留意した議論であり，所領形態が一義的に地域によって規定されることを否定する点（[108]43）で同じ傾向を示している。

しかしながらクーヘンブッフとその他の論者との見解の相違を，あまりに固定的に考えてはならない。クーヘンブッフは1983年にも修道院領における地代形態に関する論文を出しているが，そこには地代地域論の弁明が含まれている。それによればクーヘンブッフの意図は，領主の行動範囲が農民の地域的存在形態によって制約されていた点を示すにあり，加えて地域を単位に構想された類型論を時間を軸に投影して，発展過程の見通しをうることをも目指しているという（[254]151-156）。従ってクーヘンブッフは，領主の組織力が所領形態を変化させていく側面を無視しているのではなく，そのマルクス主義的方法論に忠実に，封建制の基礎をなす農民の存在形態に何よりも重点を置いていると言えるのである[20]。これに対して

---

(20) クーヘンブッフは世界システムについての論文集への寄稿の中で，ヨーロッパ中世農民経営はその複合性と柔軟性とによって，本来大きな発展可能性を持っていたと考えている。L. Kuchenbuch, Bäuerliche Ökonomie und feudale Produktionsweise. Ein Beitrag zur Weltsystemdebatte aus mediävistischer Sicht, in J. Blaschke (ed.), *Perspektiven zu Weltsystems*.

フルヒュルストの側にも，農民経営をより重視する方向での変化が見られる。1965年スポレートでは，古典荘園制成立に際してのマンスの役割を語るのみであったが，1983年ヘントでははっきりと，「大所領内部での農民家族経営の創造，統合及び/あるいは標準化，同時にその負担賦課単位としての使用が，古典荘園制導入の一つの重要な側面であった」([463]19-20)，と述べているのがそれである。

このように，発展する農民経済の領主による組織化という古典荘園制形成の基本的内実については，見解は一致しているのであって，問題は下からの発展と上からの力との比重の評価という微妙な点に関わっている。領主制説と共同体説との排他的対立はすでに越えられているとしても，なお両者の統合をめぐって微妙な論点が多い，と言えようか。中世初期の所領での領主の「裁量範囲」Ermessenspielraum をめぐってフォルラートとゲーツとの間の論争（[475];[179]）があり，後には所領明細帳も引き合いに出されることになる（Vollrath [476]38-44）が，これもその例であろう。その点で，古典荘園制のもとでの領主権力のあり方を，具体的に解明する作業が進められる必要がある。領主権力行使の実態を，領主の «necessitas» と農民の «possibilitas» との押し合いの中での「占有過程の動態」Dynamik des Appropriationprozeßes として捉えようとしたクーヘンブッフの議論[21]や，ポリィとブールナゼルによる古典荘園制の公権力的性格の浮彫（[371]369-372）の他には，なお見るべき業績が少ないからである。

B 奴隷制の衰退と農民経営の確立

古典荘園制形成において，標準的農民保有地としてのマンスが持った意味は早くから強調され，マンスの研究史も1970年代中葉のシュレジンガーによる業績によって，一つの頂点に達していた[22]。最近5年間では，森

Materialien zu Immanuel Wallerstein "Das Weltsystem", Frankfurut / New York 1980, pp. 112-141. なお，中世農村史においてマルクス主義的歴史家が提起している諸問題については，Billen / Dupont([33]) を見よ。

(21) Kuchenbuch, *Bäuerliche Gesellschaft* ［前注 (18)］, pp. 179-195.

(22) W. Schlesinger, Vorstudien zu einer Untersuchung über Hufe, in *Kritische Bewahrung. Beiträge zur deutschen Philologie. Festschrift für W. Schröder*, Berlin 1974, pp. 15-85; Id., Hufe und *Mansus* im *Liber traditionum des*

本自身がサン=ベルタン領について所領再編におけるマンスの機能を浮彫した（[317]145-148）他には，マンスについての目立った仕事はない。むしろカロリング期荘園制の自立した役割を小さく見ようとする歴史家によって，マンスを農民経営の単位でなく，公権力による賦課の単位としてのみ捉えようとする発言が目につく。マニュー=ノルティエは，そうした主張を南フランスについて展開した（[284][286]）後に，ドイツの史料にも同じような解釈を試みており(23)，デュリアの場合には，古代末期の租税賦課単位 «caput» からマンスへの連続が全面的に主張され（[140]）た上で，サン=ジェルマン明細帳が重要な論拠とされている（[141]）。

これに対して1980年以降古典荘園制が働き手の側から見られる場合には，それまでのマンス研究史を受けて，領主制の基礎を農民による小規模経営と明確に規定し，これと多様な諸現象とを関連させ，特に奴隷制衰退との必然的連関が強調された点が特徴である。中世領主制の形成が，独立農民層の従属化と奴隷層の上昇との二重の過程の所産であることは言うまでもない(24)として，従来はややもすれば前者が関心の中心であったのに対して，最近では後者についても注意が行き届くようになったのである。中世初期の奴隷制への関心の高まりを最もよく示すのが，ブロックによる1944年の著名な論文(25)の後を継ぐとの自負をもって，1985年にボナッシーが発表した「中世初期（4－11世紀）西欧における奴隷制の存続と消滅」[42]であろう。これは，奴隷制消滅に関する研究史の反省（Ibid., 308-315）の上に立って，その要因，態様，年代的経過にわたって文字史料と地域史研究の成果を検討し，しかも古典古代やヨーロッパ世界との比較をも考慮した野心作である。

まず注目すべきは，常識的に古典古代からの遺産だとされてきた――フ

Klosters Weißenburg, in *Beiträge zur Wirtschafts- und Sozialgeschichte des Mittelalters. Festschrift für H. Helbig*, Köln / Wien 1976, pp. 33-85.

(23) E. Magnou-Nortier, La seigneurie foncière en Allemagne (XIe-XIIIe siècles). Refléxion critique sur des travaux récents, in *Bibliothèque de l'Ecole des chartes*, 144, 1986, pp. 5-37.

(24) 森本『諸問題』[前注（3）], 67-98頁。

(25) M. Bloch, Comment et pourquoi finit l'escalavage antique ? in *Annales-ESC*, 1947, pp. 30-43, 161-170.

ルヒュルストにはなおそうした考え方が強い（[460]135）――奴隷制が、むしろゲルマン的環境のもとに再生産されてきたとの認識である。ボナッシーはゲルマン諸部族法典における奴隷身分の巨大な比重を指摘している（[42]316-322）が、ルーシュも奴隷の減少はゲルマン的地帯以外で著しいと考える（[400]469-470）。またメロヴィング期について、ローマ的地帯に重点を置いたティツ＝ディウエイドより、ゲルマン的地帯を中心に考察するヘーゲルマンの方が奴隷制の評価が高かった（前掲73-74頁）のが印象的であるし、所領明細帳の分析でも、ドイツについてより多くの奴隷的要素が検出されている（Dette [101]124-125）。

次にこうした奴隷制の解体については、やはりボナッシー論文が最も重要な仕事である。これによれば、ヨーロッパをめぐる政治状況の中で、奴隷の調達は次第に西欧内部で行われるようになっていた（[42]326-329）が、奴隷制を教説のうちで正当化し現実にも実践している教会も、奴隷が人間であるとの意識を浸透させた点ではその地位向上に一役買った（Ibid., 322-326）。しかも中世初期の経済成長の中での技術進歩に伴って小経営の一般化が進み、それを通じて奴隷制が消滅していったのである（Ibid., 329-335）。そしてその年代的経過は、古代末期に最初の危機を迎えた奴隷制が、6世紀から7世紀初頭にかけて再び拡大したが、その後7世紀後半から8世紀にまた衰退過程を再開した。やがてカール大帝のもとで一時的に復活の方向を辿ったとはいえ、10世紀末-11世紀初頭にバン領主制が成立するとともに最終的に消滅した、とまとめられている（Ibid., 338-343）。

ここで注意すべき点は、個々の奴隷が上昇する具体的な過程であって、従来は法的形式を整えた奴隷解放に重点が置かれることが多かった。最近でも佐藤による優れた論文が、遺言状などの分析によってその意義を強調している（[409]）。けれども巨大な数で上昇したはずの奴隷の中で、どれだけが正式の法的手続を経たかを確認することはきわめて難しい。ボナッシーも教会が奴隷解放を勧めたのは、解放奴隷が教会の所有になる場合だけだったとしている（[42]323-324）。そうした中で農村史の範囲で重視されるのは、むしろ奴隷が事実上その地位を高め、家族を構成して保有地を獲得していく過程である。現在までのマンス研究史の到達点を示すシュレジンガーの論文で、「フーフェ（＝マンス）は自由農民定住の領域にではなく、非自由ないし不自由の範囲に属する」という定式化[26]は、マンスの普及

を奴隷制解体との必然的な連関に置くことによって，後者において保有地形成が果した役割を浮彫していることになる。この点で残念なのは，奴隷制の衰退を包括的に扱っているはずのボナッシーが，マンスの研究史にまったく無関心なことである。それは上昇する奴隷はいったん所領から離れて独立農民になった後に再び領主制に統合されるという，奴隷から農民への移行過程の独特な構想（Ibid., 333-335）と結びついている。そしてこれとまったく異なるのがトゥベールの論調であり，奴隷解放の量的貢献について慎重なトゥベール（[449]24-25）は，その代りに領主直領地を犠牲とした農民保有地の増加と拡大を，奴隷減少の最大の要因と考えている。

こうして古典荘園制の主たる働き手である農民が奴隷制解体の成果を体現しているのだとすれば，いかに重い賦役労働を負っていようとも，それらは本質的に奴隷とは異なっている。クーヘンブッフは賦役労働を労働地代と規定する立場から，その担い手の小経営としての性格を分析しているが，ことに領主直領地の請負耕作である定地賦役が，農民の自立性を例示する素材となっている（[254]165）。賦役労働の過重が逆説的に経済成長の証拠となるというフルヒュルストの指摘（[460]145）なども，古典荘園制のもとでの農民の奴隷とまったく異なる性格に止目するからこそ可能だったのである。フランス学界にはなお，古典荘園制が「危胎に瀕した古い奴隷制の確保」を目指したとする表現（Poly / Bournazel [371]357-358）や，カロリング期の所領明細帳作成を「奴隷制組織の再定置」をも目標とするという見解（Bonnassie [42]339）もあるが，それでもルーシュの用いる「改良された奴隷制」esclavage amélioré（[400]469-470）という言い方が象徴するように，古典荘園制を単に労働力の乱費として片付けてしまう態度は，少なくとも一般的ではない。

古典荘園制のもとでの農民経営確立を語る場合，家族形態の問題を逸することはできないであろう。今日盛んな社会史において，家族史が一つの焦点となっているだけにそうである[27]。しかしながら，この分野でここ

---

(26) Schlesinger, Vorstudien［前注（22）］, p. 84.
(27) 例えば，二宮宏之／樺山紘一／福井憲彦編『家の歴史社会学』新評論 1983年には，この問題に関するアナール学派の主要論文が集められている。

で取り上げうる業績は少ない。確かに大家族から小家族へという単純な図式を拒否する最近の動向にそって、中世初期の農民についても、単婚家族を一般的形態とする傾向は見てとれる。けれどもこの問題で最も重要な史料である所領明細帳の解釈に伴う困難が、実証的な研究の進展を阻害しているように思われる。1例を挙げよう。サン=ベルタン明細帳は多くの歴史家によって人口史の素材として用いられてきた(28)。ところが、そこに記載されている領民の一部をなす «mancipia» の人数は、何の疑問もなく世帯主のそれとして扱われてきたのである。マンス保有者たる «ingenui» と «servi» とが世帯主であることを前提とした記載方式をとっているのに、«mancipia» の場合にはそうでないところから疑問を抱いた森本は、サン=ベルタン修道院に伝来する同時代の文書を検討して、所領明細帳の «mancipia» 数もおそらくそれら全体に係るとの結論に達した([317]147-148)。まったく同時に、そして森本の仕事とは独立に、アメリカのシュワーツが同じ発想の作業を行って、従来のサン=ベルタン領人口の計算を過大であるとしたのである([421])。こうした中で古典荘園制での農民家族について注目すべきただ一つの論文は、ソ連のベスメルヌイによるサン=ジェルマン明細帳の人名学的分析([31])である。家族名の存在しない中世初期にあっても、同一家系が特有な名前の群を継承していたことが最近の中世貴族研究によって明らかにされ(29)、同じ手法を農民層にも適用する試みも、クーヘンブッフによって行われた(30)。サン=ジェルマン明細帳は原則

---

(28) H. van Werveke, De bevolkingdichtheid in de IXe eeuw. Poging tot schating, in *30e Congrès de la Fédération archéologique et historique de Belgique*, 1935, pp. 107-116 ; R. C. Van Caenegem, Le diplôme de Charles le Chauve du 20 juin 877 pour l'abbaye de Saint-Bertin, in *Tijdschrift voor rechtsgeschiedenis*, 1963, pp. 403-426 ; M. Vleeschouwers-van Melkebeek, Demographische problemen in verband met de polyptiek van Sint-Bertijns, in *Demografische evoluties en gedragspatronen van de 9e tot de 20ste eeuw in de Nederlanden*, (Studia historica gandensia, 200), Gent 1977, pp. 239-245.

(29) 例えば、K. F. Werner, Liens de parenté et noms de personne. Un problème historique et méthodologique, in G. Duby / J. Le Goff (ed.), *Famille et parenté dans l'Occident médiéval*, Roma 1977, pp. 13-18, 24-34 を見よ。

(30) Kuchenbuch, *Bäuerliche Gesellschaft* [前注(18)], pp. 179-195.

として，領民家族構成員のすべてに名前を記しているが，ベスメルヌイはこの史料に多数現れる1マンスの複数家族による保有に特に注意を払って，次のような結論に至った。確かに，農民は所領明細帳の記載形式においては単婚家族を構成しているが，それらの間に強い血縁的連帯を維持しており，様々な条件の中でマンスの共同保有や農具の共同使用を実行していて，家父長的大家族は消滅しているがなお単婚家族は安定した存在ではない，というのである。この場合複数の名前の間での類似性の論証が決め手となるが，通例それは一つの名前をいくつかの部分に分けた上で，これらの部分が複数の名前の間で重なり合うことが論拠とされる。ところがベスメルヌイの作業では，名前の分割があまりに細かく（Ibid., 170-171）て，複数の名前の間でのそれらの一致が当然であるかのごとき印象を受ける。そうした技術的な問題の検討をも含めて，所領明細帳による農民家族の研究は今後精力を注がねばならない分野であろう。

　中世初期における農民による小経営の普及という認識は，その歴史的意味についての多彩な発言をも生み出している。一部の歴史家によれば，農民経営における生産性は領主直接経営のそれよりも高いという。しかし，ポリィ／ブールナゼルの場合（[370]359-363）には，領主の経営的役割を小さく評価するための理論的想定であり，ルーシュはサン=ジェルマン領でのブドウ栽培の例を引く（[400]478-479）のみで，トゥベールにしてもその大きな論拠である技術的条件を具体的には明らかにしていない（[449]29）。かつて盛んだった穀物の収穫率に関する議論もなお見られる（Rouche[400]478）が，農民経営の生産性を具体的に検討できる史料は，およそ存在しないというのが現状であろう。

C　商品・貨幣流通と領主・農民

　一般に中世初期における流通の研究は，最近急速な進歩をとげた。その一つは，市場史をも含めた商業史であり，中世初期西欧での在地流通の重要性を明らかにするとともに，遠隔地商業の対象が大量の日常品を含むことを強調している(31)。もう一つは貨幣史であり，カロリング期に確立し

---

　　(31)　森本「ベルギー学界」［前注（4）］163頁；　同「ドイツ学界」［前注（4）］54-59頁。

たデナリウス貨による小額銀貨制度を，従来より広汎な民衆による貨幣使用と結び付けて，経済再生の結果と考えるようになっている(32)。農村史においては，こうした成果を摂取するとともに流通史が描き出している発展の基礎を解明し，さらに，中世初期の流通があらゆる水準で領主制によって規定されていた様子を叙述している。この点では，いくつかの論文の題名が特徴的である。すなわち，ブライバー「9世紀ロワール=ライン間での荘園制と市場。それらの相互関係の研究」([35])や，ドヴロワ「商品・貨幣経済の中での修道院。9世紀サン=ジェルマン=デ=プレ修道院での運搬賦役」([107])などであり，イタリアの荘園制を扱ったトゥベールの論文となると，副題を「8－9－10世紀イタリアにおける生産と内部流通」([449])として，それを生産のみか流通の組織としても考察する態度を明確にしているのである。

　まず注意すべき点は，所領を商品・貨幣流通との関連で眺める場合，領主経済のみでなく農民経済も必ず射程に入っていることである。東ドイツのブライバーは民衆による市場訪問や貨幣使用に大きな関心を寄せており，それについてのいくつかの史料を引用して，農村市場の周辺に直接生産者を広く捉えた分業が展開していたとする([35]117-125)。またドヴロワによれば，所領をめぐる商品・貨幣流通には，①マンスからの貨幣貢租，②農村市場での農民による売買及び領主による所領余剰販売と流通税徴収，という所領内部の水準と，③隣接地域との大量の食料品を含む取引，④国際商業への参加という，領主の主導下に外部と接合していく水準とがある([107]581-584)。そしてトゥベールは，デナリウス貨の所領における機能は，①農民の貨幣手段，②所領収入の集中手段，③所領市場での交換手段として現れるとしている([449]53)。これらに加えて，クーヘンブッフが古典荘園制のもとでの貨幣貢租の多義的な作用を，領主と農民との両者について分析している議論([254]156-160)を見れば，中世初期農村での商品・貨幣流通は，少なくとも歴史家の関心の中では，社会諸階層の全体にわたる問題とされているのが確信できる。

---

(32) M.ブロック（森本芳樹編訳）『西欧中世の自然経済と貨幣経済』創文社 1982年，128－137頁の「解説2　西欧中世前期の銀本位制と『貨幣経済』」を見よ。

しかしながらそのことは，実際の研究が史料の多い部面に集中することを妨げない。具体的な成果がどうしても領主側に厚くなるのは当然であるが，中でも注意の的になったのが領主の組織する運搬であり，二つの興味深い仕事がある。まずドヴロワはすでに1978年にも，プリュム修道院所領明細帳の分析によって，大修道院の商品・貨幣流通への積極的な関与の描写を与えていた(33)が，1984年のアナール誌上に発表された論文は，サン=ジェルマン修道院所領明細帳を史料として，次のような複合的な運搬組織を描き出す。すなわち，当修道院は修道院近辺所領に集中する不定量な重量運搬賦役，非自由人マンスによって担われた軽量運搬賦役，さらには領主役人や専門化した領民による軽量運搬などを組み合わせて，穀物，ワイン，木材などを，財貨ごとに季節的な繁忙を調節しながら移動させていた（[107]572-576）。しかも運搬方向には一定の規則性があり，サン=ジェルマン修道院が運搬される財貨の一部を売買していたことをそこから証明できるが，修道院の関心は，一方ではドレスタットやカントヴィクなどの北方の交易地に，他方ではパリを挟んで北西から南東に連なる近隣諸地域との連絡に，向けられていたのである（Ibid., 577-581）。

これに対して，トゥベールの寄与はずっと理論的である。それはイタリアについての考察であるが，ラインラント，ブルゴーニュ，パリ地方などからの所見と一致すると断った上で（[449]41），荘園制に備わる「中心性の原理」principio di centralità に注目して，それに対応した経済体制における「移転」trasferimenti の重要性を指摘する。それには，公権力の委譲による経済権力の移転も含められているが，主たるものは，農産物と工業製品の運搬及び労働力の移動で，大土地所有内部あるいは相互間で行われ，必然的に商品・貨幣流通を包摂する（Ibid., 61-63）。すなわち，いかなる型の所領も個別所領の次元から農民の多様な生産剰余と労働力を集積する機能を備えているが，王領や教会領のような多極的な複合体では，複数の拠点が階層序列的に設けられ，これら相互間でも，これらと在地市場との間でも，規則的な運搬による連携が確保されていた。遠隔地所領から獲得されるオリーヴ，チーズ，蜂蜜などと，所領外部から入ってくる塩，木材，

---

(33) J.-P. Devroey, Les services de transport à l'abbaye de Prüm au IXe siècle, in *Revue du Nord*, 61, 1979, pp. 543-569.

非鉄金属，奢侈品が，イタリアの諸修道院によって移動された財貨として目立つが，修道院領の拠点はこれらの集中と再分配及び市場への供給基地として機能していた。こうした組織の総体が国際商業とも接合しており，生産物の非均質性，供給の不規則性，需要の極端な弾力性にもかかわらず，「商業網，流通路，交換拠点の安定性」stabilità delle reti commerciali, delle vie de circolazione, delle etappe e dei nodi di scambio が看取される (Ibid., 37-40)。

中世初期における市場の研究も，商品・貨幣流通への領主の関与という観点から扱われる度合が大きいが，この分野で最近5年間での最も重要な業績は，ブライバーによってあげられている。1981年の『7世紀ソーム・ロワール間における自然経済と商品・貨幣諸関連』([34]) では，メロヴィング期における大所領の形成が貨幣経済の拡充と相伴っていたという，興味深い論証がされているけれども，当時はなお農村市場が成立していないとされていた。そして，翌年発表されたカロリング期に関する論文 ([35]) で，9世紀における大きな変化を，農村での「荘園市場」grundherrschaftlicher Markt の普及と捉えることになるのである。現在の学界では，市場網の成立に対する王権による特権文書付与の意義を評価しながらも，実際に存在した市場の数はそうした文書から計算できるよりずっと多かったとする傾向が強い(34)。ブライバーもそうであり，造幣所には必ず市場が伴っていたことを前提として，前者の存在——その所在地は伝来された古銭から確認できる——をも後者の検出の根拠としている (Ibid., 107)。そうした手法で作られた9世紀における市場のリストでは，旧来からの司教座都市にある市場に対して，カロリング期になって成立した市場が多数を占めている。これらは経済的な先進地帯に集中する在地市場であるが，そこには遠隔地商業も到達している。同時にこうした地帯は，領主制の形成が進行していた地域であり，これらには広く住民が参加していたとしても，ともかく封建化の進行によって領主の手によって生み出されたという意味で「初期封建的」frühfeudal と呼ばれるに相応しい (Ibid., 131)。まさに封建化が社会的分業を促進し，在地における商品・貨幣流通を濃密化して，都市市場と農村市場とを含んだ流通網を作り出したというのである。

---

(34) 森本「ドイツ学界」[前注 (4)] 56頁。

農村市場の「荘園市場」mercato curtense としての特徴づけはトゥベールにあっても明確であり，カロリング期商業の特徴は，「所領管理の必要に応じて階層序列化された市場をめぐって，大土地所有者によって組織された流通網の顕著に家産的刻印を帯びた構造」（[449]43）と表現されている。しかもトゥベールは，荘園制と商品・貨幣流通の関連の研究を阻害してきた重要な要因として，手工業と国際商業とを都市に独占させてしまうような，都市市場と農村市場との峻別論を批判する（Ibid., 34-35）。そして，農村における手工業の拡散と所領市場への遠隔地商業の到達を強調する（Ibid., 35-40）とともに，10世紀の例をとりながら，領主が自己の支配する流通経路を都市に結び付け，そこにも拠点を置いている以上，確かにそこで奢侈品を見出しうる可能性はより大きいとしても，商品と参加者の性格において都市市場は農村市場から本質的に異なったものではなかった，と主張するのである（Ibid., 42-43）。

以上のように領主の商品・貨幣流通への主体的参与は，特に運搬と市場とについてある程度解明されてきたが，農民のそれについての論及はなお具体性を欠いている。前述のように農民による市場参加の言及が検出され，農民が運搬賦役の途上で市場で売買していたはずだともいうが(35)，それらを具体的に描く史料は見出されていない。貨幣貢租の役割が従来考えられていたよりずっと大きかったとしても，所領明細帳からそれについての言及を拾い出し，農民経営に対する重みを量る作業には手がつけられていない。農民と商品・貨幣流通との関係を実証的にも理論的にも追究することは，まったく今後の課題である。その際注意すべき点として，デナリウス貨の農民生活における実際上の機能の問題がある。小額銀貨制度は広汎な民衆による貨幣使用によって生まれ，またそれを促進したとされているが，果たして一般の農民が1.5グラム前後の銀内容を持ったデナリウス貨を，あるいは半デナリウス貨でさえも，日常的に使用できたのであろうか。デナリウス貨の減価が進行する以前の時期には，補助貨幣と呼べるような通貨が存在していないという事実には，トゥベールも注意を促しており（[449]53-54），古典荘園制と貨幣経済との関連を捉える一つの鍵が，このあたりにあると感じられる。

---

(35) 例えば，Devroey, Les services de transport ［前注（33）］p. 554.

3 中世初期南欧世界と古典荘園制

A フランス南部・スペイン北部における不在

　古典荘園制に関する今まで検討してきた業績は，言うまでもなくいわゆるロワール=ライン間地域を舞台としている。最近での研究の進展によって，その内部での地域差が明らかにされるにつれて，古典荘園制の基地はセーヌ=ライン間と表現されるようになり（Verhulst [459]178[460]142），これに，一方ではセーヌ=ロワール間とブルゴーニュ（Rouche [399]），他方ではライン以東（Rösener [386]）とが，9世紀を通じて古典荘園制が導入された地帯として検討の対象となった。しかしロワール以南の南欧世界に古典荘園制が存在していないことは，フルヒュルストの1965年報告以来の前提であり，1980年報告でも，ポリィやルーシュによるフランス南部の研究を，古典荘園制の地理的範囲を限定することで自己の仮説を補強したと捉え（Verhulst [460]134），後に検討するトゥベールの仕事に関心は示すものの，これもやはり，イタリアにおける古典荘園制成立の困難性の主張という方向で押さえている。

　確かに，最近多産な南欧世界農村史の研究の中でも，フランス南部とスペイン北部については，もっぱら中世初期における古典荘園制の不在が強調されている。それを最もよく示したのが，ローマで1978年に開かれた地中海世界封建制に関する研究集会（[437]）の論調であろう。ここで「ローヌ河からガリシアまで。封建制の生成と様式」（[40]）と題する基調報告にたったボナッシーは，中世初期の封建制を小さく評価する傾向を示すフランス学界と逆の方向を辿るスペイン学界との論調を考慮しつつ（Ibid., 17-19）も，全体として前者に忠実に次のような議論を展開している。フランス南部とスペイン北部との全体を通じて，封建制の形成は三つの段階を経て進んだ。①紀元千年ころまでの前封建期，②11世紀から12世紀初頭の封建制生成期，③それに続く封建制確立期である。社会の上層においては，①の時期には公権力を担う役職者たちの組織が厳然と存在していたが，②の戦乱の中で封・家臣関係が急速に拡延し，③に至って君主を頂点とする階層序列に整備される。下層にあっては，中世初期には奴隷を駆使する領主大経営もあったが，農民の大多数は自有地を確保した独立農民であった。

従って①の時期には，荘園制・領主制と呼べるものは広がっておらず，せいぜい自由農民に若干の貢租が課される程度であった。しかも開墾は領主の主導によらず，むしろ農民の土地所有を拡大する方向で行われたから，多少は存在していた大所領が強化される傾向はまったく見られなかったのである。紀元千年を過ぎて奴隷制が消滅すると同時に，裁判権を中核とする領主制が急速に普及して，自由農民が従属させられるとともに農村の封建化が完成する。こうしてボナッシーにとって，中世初期には大所領はほとんどなく，それが古典荘園制に組織される例はまったく見られないのであるが，当時の社会の根幹をなしたとされる独立農民も，それほど活発な層として捉えられているわけではなく，紀元千年ころまでは「すべての力が既存秩序の維持に協力している」（Ibid., 29）と特徴づけられる。従ってきわめて急速に進んだ封建化の要因としては，開墾や商業の展開も挙げられるが，11世紀初頭以降のイスラム世界からの金の流入という外部要因が重視され（Ibid., 30），この新しい富をめぐる諸階層間の闘争が封建制生成に導いていったというのである。

　ボナッシーはこの報告の素材として，自らのカタロニアについての大著(36)だけでなく，フランス南部とスペイン北部に関する多くの研究を使っているが，その一つである『プロヴァンスと封建社会（879－1166年）』(37)の著者ポリィは，ローマの集会で中世初期にしぼった報告（［370］）をしている。ここではまず，南フランスにおける古典荘園制の不在という消極的見方に留まらず，大所領の形態を具体的に追究する必要があるとして，マルセーユのサン゠ヴィクトル修道院の所領明細帳(38)を含めて，ロワール河以南に伝来している四つの台帳系史料の分析を行っている。その結果9

---

(36) P. Bonnassie, *La Catalogne du milieu du Xe à la fin du XIe siècle. Croissance et mutation d'une société*, Toulouse 1975.

(37) J.-P. Poly, *La Provence et la société féodale, 879-1166. Contribution à l'étude des structures dites féodales dans le Midi*, Paris 1976.

(38) L. Delisle / A. Marion (ed.), *Descriptio mancipiorum ecclesie masiliensis*, in B. Guérard (ed.), *Cartulaire de l'abbaye de Saint-Victor de Marseille*, Paris 1857, pp. 633-654. 平嶋照子「サン゠ヴィクトル修道院所領明細帳（813－814年）の分析——中世初期南仏農村構造解明のために——」『経済論究』（九州大学）65, 1986年，89－118頁をも参照。

世紀南フランスには、① «colonica» と呼ばれ、若干の貢租のみが課されている農民保有地だけから成る所領と、②これに領主屋敷の奴隷による直接経営が加わっている所領、との二つの型があったとされ、その上で、独立農民が多数存在して共同体をなしており、領主による農民支配がきわめて弱いことが強調される (Ibid., 57-67)。しかも人口が停滞的な中で、所領にいったん捉えられた農民の抵抗も大きく、逃亡者が相次いで領主制の力は中世初期を通じて増大しなかった (Ibid., 67-81)。結論として10世紀までの所領は、古代からの遺制として多少は存在していたとしても、けっして封建制を準備するようなものではなく、封建化は裁判領主制による自有地農民共同体の支配として、その後に急激に進行したということになる (Ibid., 81-84)。

同じくボナッシー報告は、ナルボンヌ地方についてのマニュー＝ノルティエの研究[39]を拠り所としているが、そこでは中世初期領主制の評価はもっと低い。同女史はさらに多くの論文 ([284][285][286][287]) を発表して、フランス南部における公権力組織のローマ期以降の存続を説き、通例は所領及び農民保有地と考えられている «villa» と «mansus» が、実は公租公課徴収の単位であって、土地経営とは必然的な繋がりを持たないと主張しており、最新の仕事では同じ考えをドイツにまで広げている[40]。ローマ集会でのその報告は、中世盛期に関するものであった[41]が、ラグラス修道院の研究では中世初期フランス南部については、荘園制という語を用いることさえ不適当である旨の発言をしている ([285]264)。

以上のようにフランス南部とスペイン北部に取り組んだフランスの歴史家たちは、中世初期における領主制の役割をきわめて小さく評価し、ましてや古典荘園制の存在など認めていないのであるが、こうした学説に対しては二つの点を指摘しておきたい。第1に、それはロワール＝ライン間を

---

(39)　E. Magnou-Nortier, *La société laïque et l'église dans la province ecclésiastique de Narbonne (zone cispyrénéenne) de la fin du VIIIe à la fin du XIe siècle*, Toulouse 1974.

(40)　Ead., La seigneurie foncière en Allemagne ［前注 (23)］.

(41)　Ead., Les mauvaises coutumes en Auvergne, Bourgogne méridionale, Languedoc et Provence au XIe siècle : un moyen d'analyse sociale, in [437] pp. 135-172.

中心とした古典荘園制の研究とは違って，西欧中世初期社会経済に対する悲観説の立場にある。前述のようにボナッシーは紀元千年以前の経済成長を指摘しており，また1985年の論文では奴隷制の消滅をやはり経済成長のうちに位置づけようとしているが ([42])，それでも中世初期は全体として停滞的という側面で捉えられている。その点で明確なのはポリィであり，サン゠ヴィクトル修道院明細帳の人口学的分析は，あげて「慢性的な暗黒の悲惨」misère noire chronique ([371]75) を証明することに捧げられている。そしてこれらの論者にあっては，領主制が中世初期の社会経済を主導する力を持たなかったとされるのと裏腹に，11世紀に始まる経済成長の促進的枠組として，裁判権による領主支配が急激に貫徹したと考えられている。明らかにここには，かつてかかるものをバン領主制と表現して，中世初期から盛期への移行におけるその重要性を浮彫したデュビィの業績[42]以降，わが国の学界にも大きな影響を与えた議論[43]が受け継がれており，ローマ集会でもそのことが強調されている ([437]52)。そしてこの立場が，封建制に最も相応しい領主制の形態は裁判領主制＝バン領主制であって，それが典型的に成立したフランス南部こそが，西欧封建社会の基地とされなければならない (Bonnassie [40]43-44) として，従来のロワール゠ライン間中心の封建社会論と対抗していることにも注意を払っておこう。

　第2に指摘したいのは，こうした考え方は確かにローマ集会では目立って主流となっているが，それに対する批判的方向も存在していることである。例えばサン゠ヴィクトル明細帳のポリィによる分析には，ゼルネルが813年と814年という2年間に跨がるこの記録の作成期間と，個別所領ごとの異なった傾向を考慮した詳細な検討を対置して，9世紀初頭のサン゠ヴィクトル領の住民には人口減少からの急速な回復力も備わっており，そこでの人口動態を破局的とするのは当たらないと主張した ([500])。またソーズは同じ史料を，835年作成のまったく同じ形式の明細帳断片と対比しつつ地名学的に分析し，この間サン゠ヴィクトル領で開発が進行したことを示している ([414])。残念ながら森本はスペイン学界の事情には通じて

---

(42) G. Duby, *La société aux XIe et XIIe siècles dans la région mâconnaise*, Paris 1953.

(43) 森本『諸問題』［前注（3）］, 5－6頁。

いないが，ボナッシー報告に対しては，スペイン史学の側から，中世初期における封建化をより高く評価するコメントが出されている（[437]49-50）。またフランス人の有力なスペイン史専門家デュフールとゴーティエ゠ダルシェによる中世スペイン社会経済史の一般的叙述は，カスティリアとカタロニアを含めて領主的支配の弱く，農民の独立性が高い社会構造を描いているが，それでも大所領の地位を少なくともマニュー゠ノルティエよりは高く評価している(44)。さらに注意されるのは，フランス南部について大所領が少なく古典荘園制はほとんどないと一致して認められながらも，それでも研究対象が北に近付くほど，少なくとも用語の上で，ロワール゠ライン間地域との類似が看取されていることであろう。かつてフルニエはオーヴェルニュについて，文字史料の用語を丹念に整理して，«curtis»と«casa»を拠点とした所領の一部ではあるが，ともかく古典荘園制に組織されたものがあったし，農民保有地の賦役負担は僅少であったが，その中心部分は«mansus»と呼ばれていたことを示した(45)。最近では，シャラントについてのドボールの研究が，やはり用語の内容を精密に検討して，大土地所有は極端な分散傾向にあって，«curtis»と呼ばれる所領も小規模であったが，それでも大所領への傾向はあり，まれには古典庄園制も成立していること，さらにここでも多様な農民保有地の中心は«mansus»と呼ばれていたこと，などを指摘している（[85]270-316）。

　しかしながら，これら最後に挙げた諸業績が中世初期農村構造での南北の峻別を相対化する方向に働くとしても，フランス南部とスペイン北部が問題とされる限り，ロワール河以北について練りあげられた古典荘園制の概念を拒否しようとする姿勢は，全体として明確であり，次のようなルーシュの立場がそれを典型的に示しているように思われる。すなわち，5世紀から8世紀のアキタニアを「一つの地域の生誕」として捉えたその主著は，メロヴィング期のこの地域全体における繁栄を認めながら，奴隷制的

---

(44) J. Dufourcq / J. Gautier-Dalcher, *Histoire économique et sociale de l'Espagne chrétienne au Moyen Age*, Paris 1976, pp. 17-19, 23-26, 44-45.

(45) G. Fournier, *Le peuplement rural en Basse Auvergne aux époques mérovingienne et carolingienne durant le haut Moyen Age*, Paris 1962, pp. 201-283.

な領主直接経営と独立農民の広汎な存在によって農村構造を特徴づけていた(46)。そして,「シャルル禿頭王の王国における農村地理」([399])では,北から南に古典荘園制が普及する動向に注意を払いながら,その限界をネウストリア西部,ロワール河,ソーヌ河と押さえ(Ibid., 197),ロワール以南では土地経営は保守的で,古典荘園制による革新は不可能であったと考える(Ibid., 199-201)。さらに西フランクの北と南では,耕地形態でも土地所有・経営の組織においても,後者で細分化が決定的に進んでいるという基礎的な相違があるとした上で,それでも対立の誇張は禁物だとして,南北の共通点を探っている。ところがそうしたものとしてあげられるのは,王領の遍在と開墾の動向に加えて,小土地所有の優位なのであって(Ibid., 202-203),両者をむしろ荘園制と遠い所で括ろうとする意向が見てとれるのである。

B イタリアにおける役割

同じ地中海世界に属するイタリアの北部と中部については,フランス南部・スペイン北部とはまったく異なって,最近中世初期における古典荘園制の役割が強調されているのであって,その主たる功績はトゥベールに属する。トゥベールが1973年に発表した有名な大著(47)は,«castrum»と呼ばれる防備を施した集落への定住の集中(インカストラメント)を基礎として,ラティウム地方で10-11世紀に行われた社会経済全体にわたる大きな変革を主たる対象としており,学界においても中世初期と中世盛期との農村構造を断絶的に捉える仕事と,評価される傾きがあった(48)。しかし

---

(46) M. Rouche, *L'Aquitaine des Wisigoths aux Arabes 418-781. Naissance d'une région,* Paris 1979, pp. 183-248.

(47) P. Toubert, *Les structures du Latium médiéval. Le Latium méridional et la Sabine du IXe à la fin du XIIe siècle,* 2 vol., Roma 1973.

(48) 例えばフォシエが,紀元千年前後の西欧に生じた集村形成を基礎とする大きな変化をencellulementと表現するとき,それは明らかにトゥベールのincastellamentoからの着想であり,それを扱った章はトゥベールからの引用に満ちている。R. Fossier, *Enfance de l'Europe : X^e-XIIe siècles. Aspects économiques et sociaux,* I, *L'homme et son espace,* Paris 1982, pp. 288-601.

そこでは，中世盛期へ向けての転換を準備するものとして8世紀以降農村の経済成長が描かれ，しかも荘園制がその枠組の少なくとも一端を担うとされていた(49)。しかも，同年には前述の所領類型論に基づく論文（前掲79頁）を発表しており，その冒頭では古典荘園制の専一的支配を否定することがカロリング期農村像に混乱を持ち込んではならないとして，フルヒュルスト仮説を参照しながら議論を展開すると述べている(50)。そしてヨーロッパ南北の様々な相違にも十分関説し，特に散居定住というイタリア農村の特質によって，«casa colonica»と呼ばれる農民保有地の柔軟な形態が農業成長の基本的土台となったと主張して，大所領の役割をロワール＝ライン間ほどには大きく考えない立場を明確にした上で(51)，それでも肥沃な土地がまとまって確保でき，かつ領主支配の拠点に近い所領では，本格的な古典荘園制が形成されたとしたのであった(52)。

ところでこのようなトゥベールの論調は，イタリア中世初期農村史で孤立した方向ではなかった。この分野での私の調査は残念ながら限られているが，それでも次のような代表的な業績によってそのことを確信できる。まずイタリアでも史料的基礎としての所領明細帳への関心が強く，その集成が1979年に模範的な形で新たに刊行されたこと(53)。ついで，従来からこの分野で指導的な立場にあるフマガッリによる一般的叙述でも，荘園制の役割が強調されていること(54)。そしてことに注目すべきなのが，1983年に刊行されたアンドレオッリ／モンタナーリ『イタリアにおける所領経営。8－11世紀における土地所有と農村労働』([5])であろう。ここでは古代末期から説きおこしながら，領主制の先駆形態をランゴバルド王国に求める立場をとり，ついで，「イタリアでのフランク族と荘園制モデルの導入」(*Ibid.*, 57-68)という章を設けて，カール大帝による統合以降古典荘園

---

(49) Toubert, *Les structures du Latium médiéval* ［前注 (47)］, pp. 450-493.

(50) Id., *L'Italie rurale* ［前注 (17)］, pp. 95 -97.

(51) Ibid., pp. 123-128.

(52) Ibid., pp. 107-111.

(53) A. Castagnetti / M. Luzzati / G. Pasquali / A. Vasina (ed.), *Inventari altomedievali di terre, coloni e redditi*, Roma 1979.

(54) V. Fumagalli, *Terra e società nell'Italia padana. I secoli IX e X*, Torino 1976, pp. 25-60.

制の方向をとった大所領の拡延が急速に進行したと説く。そして中世盛期に至るまでのイタリア農村史を，まさに古典荘園制を中軸に据えて描いているのである。

こうした研究動向の中で，1983年に発表されたトゥベールの論文「荘園制。8－9－10世紀イタリアにおける生産と内部流通」([449]) は，さらに整理された形で議論を展開している。古典荘園制論一般へのその意味は次節で詳しく扱う予定であるが，イタリアの独自性はここでもいくつか指摘されている。すなわち，標準的単位の分数化——例えば北での二分の一マンス——をそれほど必要としない農民保有地の柔軟性 (Ibid., 30-31)，農村労働力の所領への比較的弱い統合と，その反面としての大所領内部での手工業品貢租の広汎な流通 (Ibid., 35-36)，北より少数の造幣所による安定的造幣とより進んだ貨幣経済 (Ibid., 50-51)。しかしながら，こうした所見がイタリアにおける古典荘園制の軽視に連なっていくのではなく，北の場合と同じく所領明細帳に大きな史料的価値を認め，さらにイタリア特有の農地契約が有力な材料となるとした (Ibid., 12-13) 上で，次のような過程を描き出す。8世紀から社会上層への土地所有の集中は進んでおり，その一部には先駆的な古典荘園制も見られた。しかしこれが完成するのは，イタリアがカロリング世界に統合された後，土地所有・経営の流動化がさらに進行する過程においてであった。もちろん土地所有規模も個別所領規模もきわめて多様であったが，それを貫いて領主直領地と農民保有地からの二元的構成と賦役労働とが，王領を先頭に普及していく。前述のような所領の3類型が区別されるとしても，当時の国王文書による所領の確認が凝集的な所領を示す «curtis» を単位に行われている事実が，こうした動向の強さを表している (Ibid., 9-17)。まさにトゥベールがこの論文の表題で示す通り，紀元千年までのイタリア経済史の中軸として古典荘園制の構造と展開とを叙述していることに，十分の注意を払っておこう。

こうして南欧世界の中でもイタリアについては，フランス南部・スペイン北部とは異なって，中世初期の社会経済発展をかなり楽観的に捉え，その一環として古典荘園制も一定の地位を占めたとする見通しがたてられている。ルーシュも次のような議論によって，トゥベールほどにではないが，イタリアでの二分制所領と古典荘園制との役割を認めている。すなわちイタリア中部・南部には，フランス南部・スペイン北部と同様に古典荘園制

への動向はなかったが，イタリア北部では，耕地での領主直領地と劣等地での農民保有地とを組み合わせた所領——前者は奴隷によって耕作され，賦役労働はあまりない——が広く存在し，重量犂によって肥沃な土地が耕されるロンバルディアでは，古典荘園制が成立したというのである（[400]480-483）。南欧世界の内部でこのような地域差が生じた要因は，なお本格的に論じられていないが，少なくともここで引用した業績のすべてが，イタリアで古典荘園制が成立した条件として，まとまった肥沃な耕地の存在とフランク王権の作用とをあげ，ロワール=ライン間についてと同様な見方をとっていることに注意を促しておきたい。

4 古典荘園制の歴史的役割
——フルヒュルスト仮説からトゥベール論文へ——

以上の検討から，最近も大きな進歩を見せている西欧中世初期農村史の研究は，1965年のフルヒュルスト仮説を検証しながらも，もはや古典荘園制の年代的・地理的限定というその当初の力点を越えて，これにより一般的な意味を与えつつあることが明らかとなった。それは，古典荘園制を中世初期社会経済発展のうちに位置づけるだけではなく，それを社会経済史の基礎的諸概念を用いて理論的に考察することによっても果たされているのであって，すでにしばしば取り上げたトゥベールの論文（[449]）は，現在までのところこうした作業の頂点にある業績だと言ってよい。トゥベールはこの論文で，「荘園制の論理」logica del systema という節（Ibid., 17-22）を設けて，すでに引用した（前掲79-80頁）三つの所領類型を貫く方向を見定めようと試み，「荘園制の論理は，農村小経営部門 settore della piccola azienda contadina を最大限に発展させることによって，所領複合体の生産性と収益性とを強化することに導いた。この傾向の効果は，まさに同じ時期に奴隷層を減少させた一般的な動向によっても促進された」（Ibid., 22）と結論する。しかも続く節「進化の基本線」linee di evoluzione（Ibid., 22-30）では，領主直領地の縮小，奴隷の減少，農民保有地の増加などを具体的に論じながら，古典荘園制への方向を「荘園制の最適化」ottimizzazione del systema curtense（Ibid., 29）と呼んでいる。森本は1969年の「中世初期の社会と経済」を概観した論文[55]で，フルヒュルスト仮説が中世農村史の構想に持ちうる巨大な意味を考慮しつつ，古典荘園制を「カロリング期

第1章　荘園制展開過程の研究　　101

の領主制が志向していた理想的な形態」と規定したことがあり，1978年にも第二次大戦後の研究史を整理してそれを繰り返した(56)。ヨーロッパ学界での研究の進展から，フルヒュルスト仮説により大きな意味が与えられ，同じような表現に至ったことはまことに心強いものがある。

　ところで古典荘園制のこうした規定の特徴は，そもそも史料的にはきわめて困難なその量的普及度の測定から古典荘園制の役割を論じようとするのではなく，農村構造進化におけるその機能を問題とする点にある。トゥベール自身の言葉によれば，それは単なる「分類」classificazione ではなくて「動的理解」comprensione dinamica であり，「言い換えれば，どういう型に属するかではなく，どういう型に近付いていく傾向にあるかが探られねばならない」(Ibid., 18-n.1) というのである。こうした方法は，ドヴロワの所領類型論にも共通である。すなわちそこでは，古典学説以降の研究史を辿って，その到達点をトゥベールの所領類型論に求めた ([108]29-33) 上で，記録作成者の意図と調査手続を考慮した所領明細帳に対する理想型の作成によって，議論が進められねばならないとされている (Ibid., 33-34)。これは古典荘園制論の主たる史料となっている所領明細帳が，西ヨーロッパの土地のごく小部分しか描写しておらず，しかもこの描写も作成者たる大領主の主観によっていて，現実からまったく乖離しているという考え方(57)への反論として，まさに当時の農村構造再編の主役であった大領主の意図によっているからこそ，所領明細帳に史料としての代表能力があるとするものなのである。

　このような態度は，本書もそれに属している西欧中世初期農村における古典荘園制の意義を強調する学説の現段階を，きわめてよく示している。すなわち最近の研究の発展によって，古典荘園制形成過程の骨格と基本的意義は明らかにされたが，この学説による西欧中世初期農村史の全体的描写はなお不可能であり，古典荘園制の比重を具体的に示すことによってそ

---

(55)　森本芳樹「中世初期の社会と経済」『岩波講座・世界歴史』中世1, 1969年, 143頁。[森本芳樹『西欧中世成立期における農村と都市』岩波書店2005年, 23-51頁に再録。]

(56)　森本『諸問題』[前注 (3)], 5-6頁。

(57)　R. Fossier, *Polyptyques et censiers*, (Typologie des sources du Moyen Age occidental, 28), Turnhout 1978, p. 38.

の優位を証明するに至っていない。おそらくこの学説による者の大部分は、ビレンとデュポンとが言うように、「カロリング期における生産の古典的で，おそらく支配的な細胞は荘園制である」([33]114) が，「古典型の所領がカロリング期に耕地の全体を覆っていないと強調するのは，無益である。少なくとも，ロワール゠ライン間の農村部門のほとんど全体をその軌跡に引き込んでいたのが，この土地組織形態であることは確かなのだ」(Ibid., 115-n. 97) と考えている。しかし現在それを実証的に示すことができないために，古典荘園制の意義を主張するためには，大領主の主導による農村構造の変革という基礎的発想が，絶えず引き合いに出されねばならないのである。もちろんヨーロッパ学界には，これとは異なった発想による中世初期農村史の構想も広く行われており，古典荘園制論はそれを十分に考慮しながら，ますます多くの方向で仕事を進めていかねばならない。本章の最後にこの点を論じておきたい。

まず第1に，農民による小経営の高い評価がそのまま古典荘園制の小さな評価に連なっていく場合がある。西欧中世初期社会経済への悲観説を批判すべく，歴史を通じての小規模農業の優位を力説したドラトゥーシュも，領主制には農業生産力を向上させる上での積極的意味を認めていなかった(58)。現在でもフランス南部の研究者にはそうした見方が強く，ポリィとブールナゼルは農民経営の優越性を論拠にカロリング期についての悲観説を斥けるが，それがそのまま領主支配の非有効性の主張となっている ([371]359-369)。紀元千年以前のフランス南部・スペイン北部について，大所領の役割をほとんど認めないボナッシー（前掲92－94頁）は，奴隷制の解体と絡めて小経営の積極的意義を押し出す際にも，それを領主制の構成要素とは全然見なしていない ([42]334-335)。こうした立場からは，領主支配をまったくあるいはほとんど受けない農民による共同体が，中世初期農村の最も重要な団体だったという主張が出てきやすい。

このような傾向を考慮しながら研究を前進させるためには，古典荘園制的に組織された部分のみに注目することなく，それを取り巻く環境との関係にいっそう関心を向ける必要があろう。従来からの研究のごく自然な延

---

(58) R. Delatouche, Regards sur l'agriculture aux temps carolingiens, in *Journal des Savants*, 1977-2, pp. 73-100.

長としても，所領明細帳に記載されていながら領主制的組織化のそれほど進んでいない土地や領民について，系統的な調査が可能であろうし，同じ修道院に伝来する所領明細帳と土地取引文書との突き合わせも有効なはずである。さらに進んで，農村定住史の中での古典荘園制の位置に，今後大きな関心を注ぐ必要がある。「定住史」Siedlungsgeschichte は最近もますます発展しつつある (59) が，中世初期の耕地形態と居住形態との解明が試みられる場合には，本章で取り上げた研究方向からは隔絶して進められている感がある (Bange [21] ; Chapelot / Fossier [66]21-75 ; Fossier [159])。しかし，「教区枠の設定と定住の進化」を論じたフルニエは，カロリング期における動向を単に所領内部での教区の組織化とすることを拒みながら，それでも領主制が教区の拡延と定住の発展に果たした役割を積極的に認め，具体的に見究めようとしており ([162])，この方向での作業はなお実り多いと予想される。

　中世初期農村史における古典荘園制の役割をほとんど認めない有力な傾向の第2は，ローマ期以来この時代まで公権力を独占した国家の体制が継続しており，いわゆる大所領はその構成要素だったとするもので，デュリアとマニュー＝ノルティエを代表者とする。こうした学説では，古典荘園制論で所領や農民保有地とされていたものは，実は国家行政による公租公課賦課の単位であり，そもそも貴族的性格しか持たない文字史料——特に所領明細帳——からは，国制史は研究できても農村史の実態に迫ることは不可能とされる ([140]74 ; [286]91) など，古典荘園制論との対話を困難にさせる極端な主張が多い。しかしながらこの考え方が，中世初期における公観念の再評価という最近の研究動向 (60) にのりながら，きわめて重要な論点をついていることを無視してはならない。すなわち，本章に取り上げた業績は，古典荘園制のカロリング期における決定的役割を主張しながら，それがカロリング国家に組み入れられている仕方については，なお解明していないのである。確かにカロリング期社会経済での古典荘園制の位置づ

---

(59)　森本『諸問題』[前注（3）]，5－6頁。

(60)　一つの例として，ジェニコによる独特な研究について，L．ジェニコ（森本芳樹監修）『歴史学の伝統と革新——ベルギー中世史学による寄与——』九州大学出版会　1984年，111－120頁を見よ。

けは行われたが，国制史的観点からの検討はほとんど進んでいない。一方で古典荘園制が農村生活の重要な枠組であり，他方で国家的統合が存在していた限り，両者を結ぶ様々な回路が明らかにされねばならない。デュリアはいわゆる大所領を国家機構の一部と規定する際，『軍役税』«hostilicum» の徴収がその本質的な機能の一つであると考え，サン=ジェルマン明細帳によってそれを論証しようとしている（[141]）が，所領明細帳による古典荘園制の国制史的追究もかなり大きな可能性を持っていると思われる。

　第3に古典荘園制の役割を小さくみる独特な議論として，小所領こそが中世初期から盛期にかけての社会経済的進化の担い手だった，という見解がある。すでにドラトゥーシュは，サン=ベルタン修道院所領明細帳に記載された大規模保有地=小所領が，集約的な労働投下によって修道院直轄の大所領を凌駕する生産性をあげたはずだと論じていた(61)。その後フォシエも，同じ史料をも用いて同様の議論を展開した（[158]129-131）上で，大所領が中世盛期に向けて解体していくのみであるのに対して，小所領の所在地は教区として発展していく例を挙げ，「9世紀の大所領と小所領との運命という問題にあって，大所領が古い立場を示すのに対して未来は小所領にあり，9世紀の文書での後者の登場は，10－11世紀の大転換を前にしての景観再編の前兆の一つである」（Ibid., 132）と述べている。この場合，サン=ベルタン明細帳の解釈においては，奴隷的非自由人数の算出をめぐって両者ともに誤りを犯しており（前掲86頁参照），また中世初期における農民小経営の歴史的役割を浮彫した諸業績を引用すれば，奴隷的非自由人を主たる労働力とする小所領が，けっして小経営に含められえないことを主張するのも難しくはあるまい。けれども，フォシエの挙げる第2の論拠となると別である。10世紀以降の古典荘園制の解体は一つの過程として具体的に描写され，理論的に整理されているどころではないからだ。確かにこの5年間でも，そうした方向での努力は行われている（Chauvin [68]；Despy [100]188-193；Wisplinghoff [497]161-163）が，古典荘園制形成過程への関心が史料の少なさにもかかわらずあれだけの成果をあげたのであってみれば，古典荘園制解体過程に対しても同じほどの興味があれば，史料のきわめて乏しい10世紀が主たる対象となっても，一定の成果を期待してよ

---

　　(61)　Delatouche, Regards sur l'agriculture ［前注（58）］．

いであろう。

第 2 章　史料的基盤 = 所領明細帳研究の隆盛

1　研究の復活と展開

A　伝統的見解と新たな視角

　前章で取りまとめたヨーロッパ学界における中世初期農村史の新たな動向の史料的基礎は，「所領明細帳」polyptyque; Urbar の研究が長年の停滞を破っていっきょに開花したことによって与えられた。実際19世紀から20世紀初頭にかけて，きわめて高い史料的価値を認められてきたこの史料類型は，その後1960年代まではやや等閑に付されていた。それが，1965年スポレート研究集会におけるフルヒュルスト報告(62)をきっかけとして，古典荘園制が再評価される動向の中で，これを最もよく描写している所領明細帳への関心が復活してきたのである。ことに1975年にガンスホーフがサン=ベルタン修道院所領明細帳の新しい刊本を発表(63)して以来，カロリング期所領明細帳は多くの研究文献の対象とされるに至った。そして1980年代になると，以下で検討されるようなきわめて多数の仕事が現れるとともに，19世紀に大雑把な仕方で編纂された刊本を代置すべく，プリュム修道院，サン=レミ修道院及びロップ修道院，そしてモンティエランデル修道院の所領明細帳の新しい刊本（Schwab [417]；Devroey [106][114]；Droste [135]）が発表された。もちろん主として9世紀のロワール=ライン間地域から，大小併せて多く見てもおよそ20数編が伝来しているにすぎない所領明細帳が，中世初期農村史において万能であるはずもないが(64)，そこに描かれた状況を中世初期における進化の頂点とする見方によって，この史

---

　　(62)　Verhulst, La genèse ［前注（2）］, pp. 92-97.
　　(63)　Ganshof (ed.), *Le polyptyque de Saint-Bertin* ［前注（10）］.
　　(64)　中世初期所領明細帳の史料的価値を低く評価しようとする議論は，
　　　　Fossier, *Polyptyques et censiers* ［前注（57）］, pp. 25-33 に典型的に見られる。

料類型にはそうした量的制約を越えた価値が認められることになったのである。

　もちろんこうして新たな隆盛を迎えた所領明細帳の研究には，きわめて多くの困難がつきまとっている。上述の新しい刊本に対して，ただちに手厳しい批判が寄せられたことがそれを如実に示しているが，それらの内容を見てみると，研究上の困難がいくつかの異なった水準にわたっていることが分かる。まずドヴロワによるサン゠レミ修道院所領明細帳新版へのデポルトとドルボーの批判は，二つの新たな17世紀写本の発見に基づいている（[98]）。19世紀以来筆写による伝来が探索しつくされていると思われていたこの著名な史料にさえ，従来知られていなかった写本が発見されるとはまったく驚くべきことであるが，デポルトとドルボーの論文は，近世の学者や収集家の間で広く行われていた中世史料の筆写と融通とを生き生きと描いており（後掲113頁），中世初期所領明細帳の未知の写本が近世のコレクションから発見されうる可能性が，なおかなりあることを示唆している。これに対して，プリュム修道院所領明細帳のシュワープによる新版（Schwab [417]）への森本の批判（[318]）は，この記録に追加部分なしとする編者の見解に向けられており，個々の所領明細帳の史料批判において，なおかなりの意見の相違がありうることの例である。

　さらにひとたび史料文言が確定されても，その解釈をめぐって多様な見解が生じうる。一つの例として，所領明細帳の人口学的な研究を見てみよう。いくつかの所領明細帳での領民の詳しい記載からカロリング期の人口動向を読み取ろうとする試みは，以前から存在していたが，最近ではそうした試みの中で，中世初期に破局的人口動向を検出しようとする立場とそれに対立する見解とが，同じ史料をもとにして争っている。近年にあっては，サン゠ジェルマン゠デ゠プレ修道院所領明細帳をめぐっての，コールマン(65)に対するリュツォウ(66)とドヴロワの批判（[105]）や，サン゠ヴィク

---

(65) E. R. Coleman, Medieval marriage charactersitics. A neglected factor in history of medieval serfdom, in *Journal of Interdisciplinary History*, 2, 1971, pp. 205-219 ; Ead., L'infanticide dans le haut Moyen Age, in *Annales-ESC*, 29, 1974, pp. 315-335.

(66) B. Lützow, Studien zum Reimser Polyptychum [前注 (14)], pp. 92-99.

トル修道院所領明細帳を史料として，ポリィの悲観論（[370]）を訂正しようとしたゼルネルの論文（[500]）などによって，より洗練された史料解釈が行われ，それによって破局説が斥けられつつある（Toubert [450]336-344）。それでも，サン=ベルタン明細帳に見える «mancipia» については，ごく最近森本とシュワーツとが指摘する（[317]147-148；[421]34-36）までは，これらは世帯主として成人男子数のみが記されているという誤りが，格別の議論なく通用していたのである。

　このように，所領明細帳の研究が多様な次元で未解決の問題を抱えているにもかかわらず，なお今日におけるその隆盛を語りうるのは，この分野で明白な姿をとってきている新しい視角に主として関わっているのであって，本章の力点もまたそこに置かれる。その点で，同じく所領明細帳研究の現状と展望を扱いながらも，むしろ研究技法上の論点を中心としているヘーゲルマンの論文（[203]）とは狙いを異にする。そしてこの新しい視角を一言で表現するならば，カロリング期所領明細帳を統一的，安定的で，大規模な記録としてきた伝統的見解からの乖離としうるであろう。

　古典学説において所領明細帳は，カロリング王権の指導のもとで体系的に作成された記録と考えられており，一定の書式に基づいて王領，教会領あるいは世俗大所領を単位に編纂された後に，個別的な改変を受け取る可能性はそれほど考慮されていなかった(67)。ここでもドプシュが古典学説を相対化する努力を行う(68)が，所領明細帳の研究史においてきわめて重要なのは，両大戦間期に自己の学問を形成し，多くの論点について古典学説批判の論陣を張ったペランが，所領明細帳に関する限りはこれを統一的で不動の大規模な記録とする立場に留まっており，それが続く世代に対して大きな影響を与えたことであろう(69)。ロレーヌ地方の所領明細帳の綿

---

(67) 古典学説における所領明細帳論の一つの典型として，K. Th. von Inama-Sternegg, Urbarien und Urbarialaufzeichnungen. Witschaftsgeschichtliche Bemerkungen, in *Archivalische Zeitschrift*, 2, 1877, pp. 26-52 をあげておく。

(68) A. Dopsch, *Die Wirtschftsentwicklung der Karolingerzeit vornehmlich in Deutschland*, (1912), 2 vol., Weimar 1962³, pp. 111-119.

(69) Ch.-Ed. Perrin, *La seigneurie rurale en France et en Allemagne du début du IXe à la fin du XIIe siècle*, I, *Les antécédents du régime domanial. La* villa

密な研究を完成したペランは，所領明細帳がそれまで考えられていたほど体系的な記録ではないこと，それが時に応じてある程度までは改変されうることを，確かに認識していた。しかしながら，結局はカロリング期所領明細帳の伝統的イメージに留まったのであって，それには次の二つの考え方が基礎になっていたと思われる。第1に所領明細帳はそもそも大領主である教会領主，特に修道院がそれぞれの所領管理機関を動員して作成する記録であり，そこから一定の規模と統一性を受け取るはずだということ。第2に領民の宣誓供述に基づいて作成される所領明細帳は，そのことから法廷における証拠能力に代表される法的性格を帯びていること。こうしてペランにとって，大規模で統一的な法的記録である所領明細帳は，同時代にも後代にも使用者が容易には改変できぬ安定した性格を持つとされ，一定時点において完結した事態の描写として，静態的利用に適する史料とされていたのである(70)。

ペランのこうした考え方は，カロリング期所領明細帳の長い研究史を十分に考慮した上で，そこで問題になってきた重要な論点について下された判断であって，最近に至るまで広く受け入れられたと言ってよい。確かに後に詳しく検討するように，ペラン以前にも以後にも，所領明細帳の法的性格についての異なった見解は強かった。しかしカロリング期所領明細帳を体系的な記録とする上では，歴史家の態度は一致していた。所領明細帳の法廷での証拠能力を限定する論者も，その点では変わりない。古典学説の時期にそうした見解を示していたススタは，小規模で主観的に書かれた目録（→ «brevia»）の存在を認めながらも，所領明細帳をそれと区別して，大領主に属する全所有地の同一の書式による網羅的描写と規定した(71)。ペランとほぼ同じ世代に属し，教会領に関する記念碑的著作をものにしたレーヌは，所領明細帳そのものには証拠能力を認めない。しかしカロリング期所領明細帳の特徴を，特定教会組織の財産全体を対象とするという包

---

   de l'époque carolingienne, (Les cours de la Sorbonne), Paris 1953, pp. 46-53.

(70) Id., *Recherches sur la seigneurie rurale en Lorraine d'après les plus anciens censiers (IXe-XIIe siècle)*, Paris 1935, pp. 589-625.

(71) J. Susta, Zur Geschichte und Kritik der Urbarialaufzeichnungen, in *Sitzungsberichte der Philologisch-Historischen Klasse der Kaiserlichen Wiener Akademie der Wissenschaft*, 138, 1897, p. 28.

括性 (→ polyptyque général) に求めており，教会財産の一部しか描写しない場合 (→ polyptyque particulier) にも，遠隔地所領や修道院長用財産などの台帳を例として，それほど小規模な記録を考えているわけではない[72]。これに対して最近における所領明細帳の研究は，綿密な史料批判を目指すペランの技法を継承しさらに洗練しながらも，こうした伝統的見方から離れて，この史料類型を個々には小規模でありうる複数諸要素からの複層的記録と捉え，それが比較的容易に改変されたことを認め，さらに領主による所領政策の道具として機能した可能性をも考慮しつつ，これを動態的分析に相応しい史料と考えるようになってきているのである。以下では，これらの論点を一つずつ検討していこう。

B 複層的性格

カロリング期所領明細帳を多様な諸要素の集合と見ようとする傾向は，最近の三つの新版の編纂様式のうちからはっきりと見てとることができる。まずシュワープによるプリュム修道院所領明細帳の新版は，通説と異なって，この長大な記録が893年に一挙に作成されたとの見方 ([417]1-155) に立っているが，それは大規模で統一的な所領明細帳としてのその再現を意味していない。シュワープは旧来の方法が，所領明細帳を一定の書式による整然とした台帳と先験的に想定し，その秩序を乱す文言を後代の追加として排斥してしまっていると批判する。そしてこのような「体系的・演繹的作業方法」systematisch-deduktive Arbeitsmethode と訣別して，所領明細帳の文章にいかに混乱があろうともその内容をそのものとして理解し，そこから所領の現実を再構成しようとする「分析的・描写的作業様式」analytisch-deskriptive Arbeitsweise を提唱する (*Ibid.*, 19-20)。そもそもプリュム修道院所領明細帳には，形式においても内容的にも一見して気が付く多くの矛盾がある。この史料を初めて体系的に検討したランプレヒトは，統一的な明細帳の編纂が3度にわたって行われ，それらが重なりあったとしてこれを説明した[73]。その後ペランは，893年に作成された大規模な台

---

(72) E. Lesne, *L'inventaire de la propriété. Eglise et trésors des églises du commencement du VIIIe à la fin du XIe siècle*, (Id., *Histoire de la propriété ecclésiastique en France*, 3), Lille 1936, pp. 18-30.

帳に多様な追加が行われたが，2度に及ぶ全体的な筆写を通じて本文と追加部分とが合体されたという，現在も広く受け入れられている通説を打ち立てた(74)。これに対してシュワープは，プリュム明細帳の混乱した文言は，限定された能力しかない当時の所領管理機構が複雑な所領形態の台帳を作成したという事情から，必然的に生じたと考える。それによれば，プリュム修道院は修道士数名からなる調査委員会に全所領を巡回させて所領明細帳を作成したが，そこでは「個々の情報のしばしば無秩序な収集を特徴とする仕方」([417]47)によって，「体系的に」systematisch というよりはむしろ「連鎖的に」assoziativ 描写が進められ，それがそのままとめられてしまったという。こうしてシュワープにとっては，プリュム修道院所領明細帳の各章の書式に見られる多様性や記載される範囲の相違，さらには同じ対象についての異なった情報の併存までもが，この記録の本来の姿だということになるのである。

プリュム明細帳新版の基礎にあるこうした考え方は，特に追加部分なしとの論証においてきわめて多くの無理を重ねており，そのまま認めるわけにはいかない(Morimoto [318])。けれどもそれは，カロリング期における3大所領明細帳の一つについて，その本来の姿が雑多な諸部分の集積であったと主張した点で，大きな意味を持っている。しかもこの新版の5年前に，プリュム明細帳の分析を行ったクーヘンブッフが，「全体明細帳」Gesamturbar に対する「部分明細帳」Teilurbar の自立性を強調することによって，これを従来考えられていたよりは雑然として柔軟な記録と捉えていた(75)。従ってシュワープの仕事は，所領明細帳の複層性に注目する最近の動向を，プリュム修道院所領明細帳について一歩進めたものと言えるのである。

こうした動向は，サン゠レミ修道院（ランス）所領明細帳のドヴロワによる新版([106])にも，明瞭に現れている。すでに19世紀における編者ゲラ

---

(73) K. Lamprecht, *Deutsches Wirtschatsleben im Mittelalter. Untersuchungen über die Entwicklung der materiellen Kultur des platten Landes auf Grund der Quellen zunächst des Mosellandes*, II, Leipzig 1885, pp. 657-675.

(74) Perrin, *Recherches*［前注(70)］, pp. 3-98.

(75) Kuchenbuch, *Bäuerliche Gesellschaft*［前注(18)］, p. 27.

ールも，この記録の一部が異なった年代に書かれた異質な台帳であることに気付いてはいた。しかしそれをごく小さな部分と見て，全体が統一的な作成にかかることを前面に出す体裁によって刊本を出版したのであった(76)。ドヴロワの新版となると，このカロリング期3大所領明細帳のもう一つが，年代的に異なった諸層から成るとの認識をさらに深め，しかもそれを編纂様式のうちに明確に押し出しているのである。ドヴロワによれば，ゲラールが統一的なカロリング期の所領明細帳だと考え，底本とした18世紀の手書本にあるままの順序で章番号を付して刊行したものは，11世紀に行われた筆写によって作成された書冊であり，以下の諸要素が含まれている。第1は，本来9世紀におけるサン゠レミ修道院所領明細帳と呼んでよい部分であるが，その中には816年から825年の間に書かれた5所領の描写と，848年以降修道院長ヒンクマルスの時期に作成された部分があり，後者は11所領の台帳，複数の章に関わる合計及びベネフィキウムの表とから成る。第2は，9世紀末から10世紀初頭に付加された諸章であり，3所領の描写，修道院所在地所領からの収入合計の他にも，旧王領コンデ゠シュル゠マルヌに関する三つの記録（国王に属していた時期の描写，サン゠レミへの寄進文書，修道院領としての描写）を含む。第3は，10世紀末サン゠レミ修道院での救護活動にあてがわれている財産の台帳で，下属するサン゠ティモテ及びサン゠コム修道院の所領明細帳と，サン゠レミの門係に属する十分の一税のリストから成る。これらを一体とした書冊に，11世紀前半と12世紀後半の2度にわたって貢租の表が付け加えられ，後者を取り込んで作成された18世紀の写本が，ゲラール以降の底本となったというわけである（[106]xv-xciv, 1-2）。

　ところでドヴロワの刊本より4年以前に，すでにリュツォウがこの史料についての長大な論文を発表しており，そこでも，サン゠レミ明細帳の複層的性格が強調されていた(77)。このようにして高まっていたこの所領明細帳の再検討への気運の中で，ドヴロワによる新版はただちに大きな注目を浴び，すでに二つの論文の対象とされている。これらのうちドイツにおいて所領明細帳研究の中心人物になっているヘーゲルマンによるものは，新

---

(76)　Guérard (ed.), *Le polyptyque de Saint-Remi*［前注（13）］.

(77)　Lützow, Studien zum Reimser Polyptychum［前注（14）］, p. 27.

しい刊本に関わる技術的な諸問題についていくつかの疑問を提起する（[203]37-42）に留まるが，デポルトとドルボーの批判は，新しい写本の発見に基づいているだけにより根本的な点に及んでいる。ランスに関わる史料について他の追随を許さぬ知識を持つデポルトとドルボーは，17世紀カルパントラの学者ペイルスクと，そのオックスフォードの友人スペルマンとの往復書簡から，前者が後者にサン゠レミ修道院所領明細帳の写本を贈呈するとともに，原本をも貸与していることを知って探索した結果，オックスフォードでこの写本を，カルパントラでは同時に作られたもう一つの写本を発見した（[98]576-581）。これらはいずれもペイルスクの秘書による筆写にかかるが，ゲラール以来ドヴロワに至るまで用いられてきたパリ所在の18世紀写本と同じ底本から直接に，しかも各々独立に筆写されている。この新発見によって，三つの近世写本を照合することができたデポルトとドルボーは，それらの間にかなりの相違を発見したが，中でも興味深いのは，カルパントラ写本とオックスフォード写本とから見出されたアダムという名前を含んだ奥付であり，この人物の9世紀第3三半期ランスで活動した書記への同定であった（Ibid., 583-585）。これらの所見に基づいて，デポルトとドルボーが再構成したサン゠レミ明細帳の成立過程は，なお多くの点について判断を保留しているとはいえ，およそ次のようである。アダムが所領明細帳に関わったとき，それはすでに少なくとも二つの層から成っていた。主要な部分は修道院長ヒンクマルス就任の848年から作成され，11所領の描写，合計及びベネフィキウムの表から成っており，これに先行する時期——ただしデポルトとドルボーは，ドヴロワが想定する816－825年よりは，ヒンクマルスにずっと近い時期を考えている——に書かれた5所領の台帳が加わる。アダムはこれらを筆写するとともに，数所領の描写を付け加えているが，そのうち2章がヒンクマルス期作成部分の真中という奇妙な位置にあり，またコンデ゠シュル゠マルヌの三つの記録が，アダムによって合体されたのか否かも決定しえない（Ibid., 598-603）。こうしてすでに複雑な構成を持っていた9世紀の所領明細帳は，同時代から削除も含む改変を受けていたが，これに972－1064年に起草された救護活動用財産の台帳，1000年頃及び1066－1067年頃ないしそれ以降の二つの貢租表が加えられたもの（Ibid., 592-598）が，現在に伝来したサン゠レミ修道院所領明細帳だというのである。

デポルトとドルボーとの貢献によって，ドヴロワによる新版の地位がたちまちにして揺らいでしまったことは確実である。多くの読みや年代決定の再検討が必要となったが，近世にまで伝来していたものの大宗が，9世紀のアダムによる写本とするか，むしろドヴロワがその後も主張している（デポルト/ドルボー論文への所見 [98]606-607）ように，11世紀の写本とするかについては，なお議論が進められるであろう。けれども古文書学的には決定的とも言える打撃を受けたドヴロワの仕事も，ここでの論点にとっては，なお大きな意味を持ち続けている。それはサン゠レミ明細帳の複層性という点では，ドヴロワに対する批判者たちも同じ立場にあり，この史料の年代的諸層を区別し，それらの順序に従って刊本を作成した点がドヴロワの最大の功績と認められている（Hägermann [203]36 ; Desportes / Dolbeau [98]591）からである。むしろデポルトとドルボーとなると「手書本の古い部分とその異なった年代的諸層」という項目を設けて，アダムの筆写にかかるとされる部分の「不均質性」hétérogénéité を追究しており（Ibid., 598-604)，サン゠レミ修道院所領明細帳の複層的性格の認識は，さらに深められたかの感がある。

　最近新しい刊本が発表された第3の所領明細帳であるロップ修道院のそれも，ドヴロワによって「不均質な性格」caractère hétérogène（[114]lxvi）が検出され，その「雑種的記録」document hybride（Ibid., lxxv）としての特徴を浮き彫りする体裁で刊行されている。そもそもこの修道院で860年代の後半に，俗人修道院長フベルトゥスによる財産散逸後の再建のため，ロタリウス二世の命令によって所領明細帳が作成されたことは，記述史料によって早くから知られていた。そして19世紀以来，18世紀の写本から発見された　①183所領のリスト，②46所領のリスト，③42所領の描写のすべてが，前二者は単なる所領名の列挙であるのに後者は所領の内容を詳細に伝えているという，本質的相違にも拘わらず，この記述史料における所領明細帳に当たるとされてきた。その上で，これら史料を刊行したワリシェ(78)に従って，明らかにカロリング期ロップ領の一部しか記載していない

---

　　(78)　J. Warichez (ed.), Une *descriptio villarum* de l'abbaye de Lobbes à l'époque carolingienne, in *Bulletin de la Commission Royale d'Histoire*, 78, 1909, pp. 249-267 ; Id., *L'abbaye de Lobbes depuis les origines jusqu'en 1200*,

③は，この時作成されたはずの全体明細帳の断片であるとも，信じられてきたのである（*Ibid.*, xvii-xx）。

これに対してドゥロワは，本来所領明細帳と呼ぶべきものは，同時代の標題として，『ロップ修道院の修道士用に，食物と衣服とのために役立つべき諸所領の描写。きわめて敬虔なるロタリウスの命により治世14年に，カンブレ司教ヨハネスによって作成』«Descriptio villarum quae ad opus fratrum in coenobio Laubaco ad victum et vestimentum servire debent, facta per Johannem Cameracensem episcopum, jubente piissimo Lothario anno regni decimo quarto»（*Ibid.*, 3）とある，③のみであると考える。そして，これと明確に区別するため，①を「長リスト」liste longue，②を「短リスト」liste courte と呼ぶことを提唱する（*Ibid.*, xviii）。ついで，これら三つの記録の「編纂形態」formes de rédaction と，それぞれに記載された所領の地理的配列を検討（*Ibid.*, xx-lxiii）して，所領明細帳が本来二つのリストとは無関係なこと，及び，長リストは短リストの拡充によって成立したことを明らかにした上で，これら台帳の年代関係と作成契機を，以下のように提示するのである。まず868－869年に，所領明細帳の主要部分として修道士用財産の明細帳が作成される。ついで889年にロップ修道院がカンブレ司教職に合体され，それを機会に所領収入の諸部局への配分が整備されたのに伴い，聖堂係，門係，救護所係用財産の明細帳が作られるとともに，修道士が十分の一税を入手する所領の表として，短リストが起草される。これらにはいずれも，10世紀後半までに追加が施されるが，11世紀初頭になって短リストの改変・拡充によって長リストが成立したときには，十分の一税という本来の目的は忘れられ，修道院領全体のリストになっていた（*Ibid.*, lxiii-lxxii）。

きわめて興味深いのは，ロップ明細帳の複層的構成を印象づけるためにドゥロワが採用している方法であり，これを全部で九つの要素から成るとして，それぞれに記号をつけているのである。すなわち，最も重要な868－869年の修道士用財産21所領の描写をA，これに対する960－965年頃の追加――1所領群の他に1所領――をB，889年直後の部分をCとし，Cの中では，Aへの2所領の追加（C1），聖堂係用の2所領の記載（C2），C

Paris / Leuven 1909, pp. 182-195.

への960－965年頃の追加（C3），門係用財産2箇所の描写（C4），救護所用の2所領の登録（C5），断片（C6）とが区別されている（*Ibid.*, 3-28）。

ところで3大所領明細帳のもう一つとして，パリの国立図書館に伝来する9世紀初頭の原本を，19世紀前半にゲラールがきわめて整った形で刊行して詳細な解説を施した[79]ところから，カロリング期所領明細帳の古典的像の最大の素材となってきた，サン=ジェルマン=デ=プレ修道院所領明細帳にも，同じ観点からの検討が始まっている。その先頭をきったのはデュリアであり，カロリング期のいわゆる大所領をフランク国家への租税徴収単位と捉える独特な考え方にたって，この史料を分析した。そして，特に多くの章にわたって記されている合計での『軍役税』«hostilicum» の扱いに注目し，従来から指摘されてきた合計と本文との不整合を，徴税とその記録の方式から説明している（[141]）。ここできわめて示唆的なのは，サン=ジェルマン領で用いられた記録の中に，修道院長の手元に置かれる中央管理に関わるものと，在地の所領役人が使用しているものとが区別され，後者の方が現実の変化に応じてより速やかに訂正されることから両者の間に相違が生じてくる，との指摘であろう（Ibid., 190-194）。メロヴィング期の税務記録のうちにカロリング期所領明細帳の起源を求めるゴファールは，徴税機構の異なった水準に応じて前者のうちに存在する複数の層に言及している（[192][193]）が，デュリアの論文はそれを受けて，管理機構の階層序列に伴って，一つの所領明細帳の中に複数の層が生ずるとしているのである。大所領を国家の徴税単位と見るのに反対するドヴロワも，デュリアによるサン=ジェルマン明細帳の合計への注目は，中央管理者の独自な役割を検出することによって，所領管理記録の複層性を明確にしたと評価した上で，原本として伝来しているこの所領明細帳も，実際には在地で作られた複数の台帳が合体されたところから由来する，複合的な性格を持っていると考えている（[110]791-793）。

このように，カロリング期のいくつもの所領明細帳について，年代的に

---

(79) B. Guérard (ed.), *Polyptyque de l'abbé Irminon ou dénombrement des munses, des serfs et des revenus de l'abbaye de Saint-Germain-des-Pres sous le règne de Charlemagne*, 2 vol., Paris 1844.

も所領管理の機能の上でも異なった複数の構成要素から成ることが立証されてきたが，そのような性格を持つことが従来から明瞭に意識されていた，ワイセンブルク修道院とウェルデン修道院の所領明細帳についても，1983年のヘント研究集会でそのことが再確認された（Dette [103]113 ; Rösener [386]181-186）。こうして所領明細帳の複層的性格がますます強調されるとなれば，われわれが使っているのは所領明細帳の当初の姿ではなく，すでに9世紀に行われた集成の結果——サン=ジェルマン明細帳のパリ写本，クーヘンブッフの想定するプリュム明細帳の893年の姿[80]，デポルト/ドルボーの考えるサン=レミ明細帳のアダム写本（[98]）——や，中世のより遅い時期における筆写の所産——プリュム明細帳のカエサリウス写本[81]，ドヴロワの想定するサン=レミ明細帳の11世紀写本（[107]）——でありうるし，19世紀に行われた編纂によって，最終的な仕上げを施されている——サン=ジェルマン明細帳とサン=レミ明細帳のゲラール版[82]，ロップ明細帳のワリシェ版[83]——ことも多いのである。われわれはこうした観点から，上述以外の所領明細帳についても，それらが複層姓を持つのではないかと問うてみなければならないのであって，ことにいずれも9世紀中葉のある時点で一挙に成立したとされながら，異なった書式によって違った構造の複数の制度を描いている，モンティエランデル修道院の所領明細帳（Droste [135]）とサン=ベルタン修道院のそれ[84]（Morimoto [317]）には，さらに綿密な研究が必要となろう。

C 流動的性格

所領明細帳の複層的性格の認識は，その構成諸要素が小規模で書式の上

---

(80) Kuchenbuch, *Baüerliche Gesellschaft*〔前注（18）〕, p. 27.

(81) 森本芳樹「プリュム修道院所領明細帳（893年）のカエサリウス写本（1222年）について。西欧中世農村史史料伝来の1例」『経済学研究』（九州大学），46-4・5，1981年，91-127頁。

(82) Guérard (ed.), *Polyptyque d'Irminon*〔前注（79）〕; Id.(ed.), *Polyptyque de Saint-Remi*〔前注（13）〕.

(83) Warichez (ed.), Une *descriptio villarum* de l'abbaye de Lobbes〔前注（78）〕.

(84) Ganshof (ed.), *Le polyptyque de Saint-Bertin*〔前注（10）〕.

でも多様な記録であり，かつ所領明細帳作成が長期にわたって行われる作業であることの確認に通じている。従って近年の具体的な検討が，多くの所領明細帳について，場合によっては作成とほとんど同じ時点から始められた，追加や削除などの改変を検出しているのも当然であろう。

プリュム明細帳については，ペラン以降の研究史を振り返ればその点が明確になる。すなわちペランはこの史料が作成された893年以後の追加部分を検出したが，それらの年代決定は不可能としていた(85)のに対して，第二次大戦後ヴィスプリングホフがきわめて巧妙な方法で追加は950年以前に限られると論じ(86)，これが通説となっていた(Morimoto[316]47-48)。これを受けたクーヘンブッフはプリュム修道院所領明細帳の全面的な分析の前提として，人名学の手法によりつつ，いくつかの文言が追加された年代を893年とほとんど同時だと論証しようと試みた(87)。残念ながらこの主張が実証的には成立しないことを森本はすぐに指摘した(Ibid., 49)が，クーヘンブッフの議論は次のような大きな見通しの上にたてられていた。すなわちプリュム明細帳は本来，880年代からあれこれの所領で個々に起草された，小規模な台帳を出発点としており，これら部分明細帳と呼ぶべきものは，893年に全体明細帳に統合される前から，またその後も，所領における事態の変化に即応して，追加や削除を受けていたというのである。シュワープの新版はクーヘンブッフによる893年になるたけ近い時点への追加部分の年代決定を，所領明細帳全体の作成をこの年の内部に押し込める形で，さらに徹底させたと見うるのであった。事実，シュワープが詳細に再構成してみせる調査委員会の作業([417]38-142)では，在地における最初の調査結果の記載が，プリュムで所領明細帳が完成するまでにかなり容易に改変されえたと考えられている。こうしてプリュム修道院所領明細帳の最近の研究史は，明細帳の作成とほとんど同時にその改変が始まるという見方を，前面に押し出しているのである。

サン=レミ明細帳の複層性に見解の一致がある限り，そのかなりの文言

---

(85) Perrin, *Recherches* ［前注 (70)］, p. 69.

(86) E. Wisplinghoff, Königsfreie und Scharmannen, in *Rheinische Vierteljahrsblätter*, 28, 1963, pp. 216-217.

(87) Kuchenbuch, *Bäuerliche Gesellschaft* ［前注 (18)］, pp. 21-27.

が追加部分とされうるのは当然であろう。事実ドヴロワによる新版の目次を見ると，二つのまとまった部分が追加と表現されている。第1は，816年と825年の間に作成された5所領の描写のうち，4章の末尾に848年以降に書き込まれた文言で，この間にそれぞれの所領で生じた変化を記載するとともに，当初はなかった合計を含んでいる。第2は，9世紀末から10世紀初頭に書かれた諸章で，3所領の描写，ランス所在所領からの収入合計，及びコンデ゠シュル゠マルヌ関係の3章から成る（[106]1-2）。後者は書式・構成・用語の点で多様な諸部分を含み，それらの各々が新しい所領の獲得に際して作成されたという。ドヴロワは，「これらの描写は，ヒンクマルスの主導によって行われた所領明細帳作成事業を続けるという欲求と意志と能力とが，修道院において維持されていたことの証拠である。当然それらは，所領明細帳が9世紀末の農村社会において有用性を保っていたことも示している」（*Ibid.*, xxi）と述べて，現実の変化に対応する原本の改変が，所領明細帳による所領管理の重要な要素であったことを強調している。

サン゠レミ明細帳の主要部分が，9世紀第3三半期の書記アダムによる書冊として成立したとするデポルトとドルボーは，それ以降に書かれた文言をもやはり追加と表現し（[98]590-598），「当初の手書本は，972年と1064年との間に1度，あるいは数度にわたって，大きく修正された。時代に合わせるとの意図をもって，本当に切り分け，再構成されたのであった」（Ibid., 591）としている。しかしさらに興味深いのはアダム写本の分析（Ibid., 598-604）が，所領明細帳の文言が書かれるとほとんど同時に改変を受け始める様子を，具体的に示している点であろう。その詳細をここに再現することは難しいので，次の引用をするに留めておこう。「手書本の修正は，それぞれの時点に合わせた更新の複合的な作業であった。それらを実行した者たちは，新しい数葉を挿みこむだけに満足しなかった。彼らはそれよりも多数の古い葉を引き抜いた。以前から他人の手にわたっていた財産の，その事実によって不用となっていた台帳を，彼らはためらうことなく取り去った。これらすべての挿入と除去とから，台帳のうちでの移動を免れた諸葉が，やや奇妙な位置に行き着いてしまうことがどうしても起こった。だから手書本の当初状態の再現は，容易な企てではない」（Ibid., 598）。

その複層性を強調する仕方で，ロッブ修道院所領明細帳の新版を刊行し

たドヴロワは，この明細帳を構成するとして記号を付した九つの要素のうち，960－965年頃のジュメ所領群他1所領の記載，及び889年頃のジリィとビエスメレの描写を，修道士用財産に当てられた所領明細帳（868－869年）への追加とする（[114]18-20）他に，諸部局用財産の明細帳（889年直後）への8行の書き込みを追加（*Ibid.*, 21-23）と表示し，さらに，門係用財産の描写には，「889年頃。ただし889年と960－965年との間に部分的に改変」（*Ibid.*, 25）との年代表記をしている。また，所領リストと本来の所領明細帳との区別に留意しながらも，短リスト（889年直後成立）に新獲得所領の追加が行われ，11世紀初頭になって，それらを取り込み，さらに補完を加えて長リストが作成されたことを強調している（*Ibid.*, xxvii, lxv, lxxii）。

サン＝ジェルマン明細帳については，なおその複層的性格に注意が向けられたばかりであるが，デュリアがそれを強調する論拠の一つが，修道院長用の総台帳と各所領で用いられる個別台帳との間で，文言訂正の仕方と速度が違う点に求められており（[141]191-194），所領明細帳の改変を当然の前提としていることに注意しておこう。デュリアはまた，現在の手書本に散見する数字の過誤が，コピストによる底本の読み誤りに由来しうるとして，サン＝ジェルマン明細帳の原本による伝来という常識に挑戦するとともに，筆写がより古い明細帳の更新として行われた可能性を指摘している（Ibid., 190-n.1）。

D　所領政策の道具としての機能

カロリング期所領明細帳を複層的な台帳と捉え，それがかなり容易に改変されたことを認める最近の研究動向は，しかしながら，その統一性をほとんど否定してしまう見解に至っているわけではない。様々な矛盾を含むプリュム明細帳の文言を，同一時点で書き下ろされたとして，その実用性を事実上否定してしまうシュワープ（前掲110－111頁参照）は，こうした動向をあまりに極端に押し進めてしまった場合であり，大半の歴史家はむしろ，所領明細帳に依然として一定の統一性を認めている。そしてこの統一性の根源を，領主による所領政策の道具としての機能に求める点こそ，最近の特徴的な傾向なのである。

ある程度の統一性を持ったプリュム明細帳の大宗が，やはり9世紀末に成立したと考えられることを，森本はシュワープに対する批判として明ら

かにしようと努めた（[318]）が，こうした論点がよりよく浮かび上っているのは，サン゠レミ明細帳をめぐってである。すなわち，この記録の複層性を浮き彫りにしてみせたドヴロワとデポルト／ドルボーとのいずれもが，この明細帳の大宗が9世紀中葉のヒンクマルス院長の指揮下に作成されたことを強調している（[106]lv-lvii ; [98]598-604）ばかりではない。ドヴロワは10世紀のフロドアルドゥス『ランス教会史』*Historia ecclesiae remensis*[88]によりながら，ヒンクマルスの時期がランスにおける所領明細帳作成の最盛期であったとし，明確な指令と書式とを携行した調査員によって，所領全体を対象とする明細帳が作成されたと主張している（[109]89-90）。実は，土地関係の調整や記録作成を示す «disponere-dispositio» «ordinare-ordinatio» «describere-descriptio» などの術語を，フロドアルドゥスから抜き出し，ランス大司教がメロヴィング期から所領の再編成に配慮し，しかもその過程で台帳を作成していた事実を明らかにしたのは，ゴファールの功績[89]であったが，ドヴロワはそれを受けて，ランスの教会領主による所領政策がカロリング期に向けて古典荘園制形成の方向をとり，ヒンクマルスによる所領明細帳作成が，まさにその頂点をなしていると主張しているわけである（[106]xciv-cii）。なお，カロリング後半期における農村教会組織の進展を扱った論文で，ルマリニエもヒンクマルスの事業に注目しており，この有名な教会人が台帳作成のための調査要項を指示している点をあげて，所領明細帳を道具とする所領政策が農村住民の宗教的組織化をも目指していたと考えている（[275]778-783）。

同じ観点から検討されたもう一つの明細帳が，サン゠ベルタン修道院のそれである。すでにガンスホーフはその新版に付した注釈の中で，所領構造の規則性，特にマンスの整然たる標準化を念頭に置いて，この所領明細帳が所領再編成事業の直後に作成されたとしていた[90]。こうした議論を受け継いだ森本は，周辺の遅れた構造の小所領を併呑し，古典荘園制の方向に作り変えていく過程を，この所領再編成が含んでいると考え（[317]131-141），こうした小所領の大保有地としての描写の仕方からは，

---

(88) Heller / Waitz (ed.), Flodoardus［前注（8）］, pp. 409-459.

(89) Goffart, From Roman taxation［前注（9）］, pp. 374-376.

(90) Ganshof (ed.), *Le polyptyque de Saint-Bertin*［前注（10）］, pp. 129-131.

サン=ベルタン明細帳をより積極的に所領政策の道具と規定しうると指摘したのである（Ibid., 149）。そしてこの所領明細帳の場合には，ことに古典荘園制的に編成された部分——大保有地の内部に設定されたマンスを含む——の描写に見られる統一性が，まさに領主による所領再編成の一環としての作成に由来することが，きわめて明白なのである。

以上のように，所領明細帳の所領政策の道具としての機能について，なお具体的な成果は多くないが，ともかくフルヒュルストは1983年ヘント研究集会の結論を，次のように締め括ることができたのである。「カロリング期所領明細帳の研究が，9世紀に大土地所有者の手中において，これらが意図的な所領政策の真の道具となったと証明したのであるから，いまやことに重要なのは，いつから，いかなる状況のもとで，いかなる形態をとって，土地管理の記録がこの完成した段階の方向に進みえたのかを決定することである」（[463]20）。

E 動態的利用

所領明細帳の性格がこのように見直されてくれば，これを静態的研究のみに相応しい史料とし続けることは，もはや不可能であろう。新たに注目されているのは，土地所有者が現実に働きかける中で生み出された所領明細帳が，農村に生じた変動を記録しているはずだという点である。カロリング期所領明細帳の一つの起源を，メロヴィング期の税務台帳に求めるゴファールは，後者が決して「静態的台帳」static inventories ではなかったと指摘して（[192]77），前者の同様な性格を示唆しているが，トゥベールとなるとさらに明確に次のように述べている。「ボビオ修道院所領明細帳が荘園管理の決算表 bilanci de gestione curtense でないのは，いかなる所領明細帳もそうではないのと同様である。それは，二分制所領がそのもとに置かれていた再組織過程の，現実と複合性とを示している」（[449]29）。ところで，所領明細帳による中世初期農村の動態的検討は，現在までのところ，次の三つの仕方で行われている。

第1は，特定の明細帳の複層性が複数の年代層によって決定されている場合，これらの層が描写している異なった事態から，所領に生じた変動を跡づける方法である。その代表的な例は，サン=レミ明細帳の新版に付されたドヴロワによる同修道院所領史の検討であり，この史料の年代的に異

なる様々な部分がつき合わされている（[106]xciv-cii)。そこではなお，修道院領全体の増減という観点が中心になっているが，デポルト/ドルボー論文の末尾における次のような確認を読むとき，この史料による所領構造の変遷の追究も間もなく実現すると期待される。「この所領明細帳の主たる利点は，まさにそれが提供している可能性，すなわち継起的で多様な所領記録を通じて，大所領の管理方法の変動を長期にわたって辿り，研究する可能性のうちにある。その年代的統一性の欠如という事実そのものからして，サン=レミ明細帳は農村社会経済の研究にとっても，また固有名詞や術語の研究にとっても，無比の史料なのである」（[98]604）。同じくドヴロワが新しい刊本を出したロップ明細帳は，やはり複数の年代層を含むとはいえ，所領形態の変化を詳細に跡づけるだけの材料を提供してくれない（[114]xciii-cxx)。プリュム明細帳についてはその年代的複層性を主張した森本自身が，追加文言から所領構造の変化の一面を読みとろうと試み，運搬賦役を基盤とする修道院による流通組織が，10世紀前半を通じて維持されるという仮説を提出した（[320]）。またデッテによるワイセンブルク修道院所領明細帳の研究は，最古の層である最初の25章の分析であるが，「この所領記載簿が全体として持つ独自の史料的価値は，むしろその年代的成層から結果しており，それは部分的には同一であり続けた所有対象のもとでの領主制の発展に，たとえ限定されたものであっても，一定の洞察を可能とするのである」（[101]124）と結ばれており，カロリング後期についての検討も期待される（[103]）。

　所領明細帳を動態的に利用する第2の仕方は，たとえ同一時点での成立にかかるとされる場合でも，そこに描写された複数の異質な所領形態を読み取り，それらを農村構造展開過程の異なった段階に位置づける作業である。かつてフルヒュルストは，サン=ジェルマン明細帳についてフランス西部に所在する2所領の描写を，パリ周辺での古典荘園制と対比して論じていた(91)。サン=ベルタン明細帳が古典荘園制的に組織された部分と大保有地とでまったく違った記載方法をとっている点に注目して，森本も周辺小所領の再編成による古典荘園制の拡大という過程をそこから再現しようと試みた（[317]）。すでにガンスホーフによるこの史料の新版が，サン=

---

　(91)　Verhulst, La genèse ［前注（2）], pp. 148-149.

ジェルマン明細帳の提供するあまりに斉一的な古典荘園制像からの解放を目標としていた (92) が、サン＝ベルタン明細帳のように、フランク王国の中核地帯からやや外れた地域(Ibid., 146-n. 27)を対象とした台帳にこそ、そうした地域が農村構造進化の後進地帯であるだけに、複数の構造を読み取りうる可能性が秘められていると思われる。かつて森本は、モンティエランデル修道院の所領明細帳について、そうした観点からの分析を試みた (93) が、最近のドロステによるこの史料の検討は、残念ながらきわめて平板なままに終っている ([134])。ただし複数の異なった構造を記載している所領明細帳が果たして一定時点での作成によるかは、それぞれについてなお慎重に検討されるべきであるが。

第3に、所領明細帳と他の類型に属する史料とを並行して検討することも、前者の動態的使用の一つとしてよいであろう。考古史料の援用はなお見られないものの、フロドアルドゥス『ランス教会史』との併用によって、サン＝レミ明細帳の史料的価値を高めたドヴロワの仕事 ([109]) は、記述史料を取り入れた好例である。文書史料併用の例としては、9世紀サン＝ベルタン修道院に関わる約30通の文書からマンス制度の変化を跡づけ、所領明細帳から読み取った異なった性格の様々な保有地を、歴史的進化の過程に移し変える試みの一部とした森本の作業 ([317]141-144) をあげておこう。また所領明細帳で古典荘園制の構成要素を示すいくつかの述語を、シャルル禿頭王の文書のうちから探り出し、それらの年代的・地理的分布から、9世紀中葉西フランクにおける古典荘園制の普及過程を跡づけたルーシュの論文は、その動機はむしろ所領明細帳の史料的価値の限界という認識であるとしても、やはりこうした作業の豊かな可能性を示してくれる ([399])。

これら三つの仕方のすべてを用いて、フランク王国に遅くなってから編入されたザクセンにおける領主制の展開を追究したのが、レーゼナーの優

---

(92) Ganshof (ed.), *Le polyptyque de Saint-Bertin* ［前注 (10)］, pp. ix-x.

(93) 森本芳樹「モンティエランデル修道院土地台帳の分析――『古典荘園制』未発達の一形態」『経済学研究』(九州大学), 37-1～6, 1972年, 209-229頁。[この史料についての最新の論文は、森本芳樹「モンティエ-ラン-デル修道院所領明細帳――研究史の回顧と展望――」森本『農村と都市』［前注 (55)］93-122頁。

れた論文である。ここで用いられるのは，主としてヴェルデン修道院とコルヴァイ修道院との史料（[386]181-188）とであるが，いずれも広い年代幅にわたってかなり多数の台帳系の記録を含んでおり，その中には本来の意味での所領明細帳と呼べるものもあるが，単に「貢租徴収台帳」Heberegister とされるべきものも多い。レーゼナーはこれらを比較検討し，さらにやはり多数伝来している寄進文書をも併用して，二つの修道院領で古典荘園制が形成・普及していく過程を，きわめて積極的に描き出しえたのである（Ibid., 188-203）。

F　代表能力

　カロリング期における所領明細帳の記載は，所領の全体をおおっているであろうか。さらに進んで，所領明細帳は中世初期農村史を代表する力を持っているだろうか。この点について第二次大戦後の研究者は，総じて慎重な態度を示してきた。特にメナジェは1964年の著名な論文で，所領明細帳の収入台帳としての性格を強調し，そこから，例えば奴隷的非自由人やプレカリア・ベネフィキウム保有者など，直接に収入をもたらさない所領内住民は記載されないとして，その人口史料としての限界に注意を促していた(94)。さらに1978年にはフォシエが，中世を通ずる史料類型としての所領明細帳の概観の中で，カロリング期に１節をあて，教会領主によってだけ作成されたこの記録は，地理的におおっている範囲がきわめて狭い上に，大領主の抱く理想的所領像を規範的に描くために，絶えず変動する農村の現実から大きく乖離していると主張した(95)。本章でとりまとめている新しい研究動向では，所領明細帳の史料的価値が当然高く評価されているが，そこではフォシエによる第１の論拠を実証的に否定できないままに，むしろ所領明細帳の主観的性格という第２の論拠を逆手に取った形で，その代表能力を認めようとしている点が興味深い。

　最近の中世史研究においては，個々の史料の証言能力を慎重に測定する

---

(94) L.-R. Ménager, Considérations sociologiques sur la démographie des grands domaines ecclésiastiques carolingiens, in *Etudes d'histoire du droit canonique dédiées à G. Le Bras*, Paris 1964, pp. 1317-1335.

(95) Fossier, *Polyptyques et censiers* ［前注 (57)］, p. 29.

ことが求められ，その中で史料作成者の意図が決定的な要因として注目されているが，カロリング期の台帳系史料についても同様である。フランク支配移行期のバイエルンにおいて，大公や国王の作成する封台帳のおおう範囲が，政治史の展開に応じてきわめて微妙な変化を示すことを実証したワンデルウィツが，作成者の意図を無視した無差別な史料の使用を強く戒めている ([477]28) のが好例であろう。所領明細帳についてこの点を論じたのが，ベルギー南部について所領類型論を展開したドヴロワであり，記録作成者の意図と調査手続に注意しつつ，所領明細帳の理想型を構想した上で，それを道具として個々の明細帳の特性を解明することを提唱する ([108]33-34)。さらにヘント研究集会でのその発言となると，所領明細帳の証言能力への懐疑と真向から対立して，次のように述べている。「中世史料の一つをとって，それが現実の部分的で偽りの像を提供すると，非難したりはできない。あの高名な歴史的『現実』というものの本体は，それが9世紀のものであれ20世紀のものであれ，認識できるはずはない。だから歴史家の宿命は，絶えず変動する現実を歪め，分断し，あるいは固定化する主観的記録を手段として，現実に近付こうと常に試みるところにある」([109]91)。そして，こうして本来主観性に満ちた所領明細帳を使用するためには，1）作成者と作品との関係，2）その存在自体が中世初期の社会で持つ意味，3）それが照射しうる部面と証言の質という，三つの水準での批判と解釈が重要だとして，サン＝レミ明細帳についてそうした作業を試み，これをランス大司教の所領政策とその実施過程のうちに位置づけて，「描写と描写された現実との間には，弁証法的関係が成り立つ。所領明細帳は固定的な像であるとともに，固定化の要因である」(Ibid., 96) とまとめている。

　ここに見られるのは，主観性があらゆる史料に共通であるとの認識のもとで，所領明細帳における主観性を大領主の抱く所領像に求める立場であり，その限りではフォシエと変るところがない。しかしながら，こうした所領像が同時代の農村の現実と無関係に結ばれたのではなく，むしろ所領政策として現実に働きかけ，これを作り変えていく力を持っていたと評価する点で，所領明細帳の史料的価値を貶める論者と袂を分かつのである。所領明細帳に盛り込まれた諸規定を実現しようとした領主の努力は，史料から十分に読み取れるから，これらを現実のものとして分析してよく，む

しろ空文だと主張する者こそが証拠を出す義務があるとするクーヘンブッフの発言（[254]150-151）も、その点を意識してのことであろう。森本自身も1982年の論文を「所領明細帳の動的性格」と結んだ際に、所領明細帳と現実との距離に関する二者択一的対立が、この新しい観点によって解けてくる可能性があると示唆していた（[316]51-52）。そしてヘントの研究集会では、サン＝ベルタン明細帳の含む規範的性格から、一定の観念的側面が由来したことは否定できないとしても、同時代の文書史料と突き合わせてみれば、それがこの台帳の現実における有効性を大きく割り引いたはずはない、と主張したのである（[317]149-150）。

このように見てくるとき、所領明細帳の中世初期農村史についての代表能力の評価は、現在のところでは、古典荘園制モデルによるその構想への態度にかかっている。後者を拒否する歴史家は総じて所領明細帳の代表能力を認めない。場合によってはデュリアのように、「大土地所有者」が所領明細帳をカロリング国家の徴税役人としての資格で作成しているとして、明細帳を農村史の直接の素材と認めない立場さえありうる（[140]74[141]201）。だからこそ、本章で紹介している新しい研究動向に左袒する者にとっては、次章で詳細に検討するような仕方で、所領明細帳の研究をなお進めていくことがどうしても必要なのである。

2　研究の展望

A　農村史研究の現段階と所領明細帳

前章の末尾でとりまとめたように、最近のヨーロッパ学界における中世初期農村史の研究は、古典荘園制の成立に関する1965年のフルヒュルスト仮説を検証してきただけでなく、その存在を年代的・地理的に限定しようとするフルヒュルストの当初の意図を越えて、古典荘園制に農村構造進化の頂点という普遍的な意味を与えるに至っている。そうした研究方向を最もよく示しているトゥベールの表現を借りれば、「荘園制の論理」logica del systema curtense（[449] 17-22）の追究によって検出された「進化の基本線」linee di evoluzione（Ibid., 22-30）は、領主直領地の縮小、奴隷の減少、農民保有地の増加に現れていたが、そこに貫徹する古典荘園制への方向こそ、「荘園制の最適化」ottimizzazione del systema curtense（Ibid., 29）と呼

びうる動きだったのである。ところで，まさにこのような「動態的理解」comprensione dinamica (Ibid., 18-n. 1) は，研究の大きな進展をもたらしたとはいえ，現在ではその限界をも画しているように思われる。なぜならたとえ中世初期農村史の骨格は古典荘園制を基軸として解明されたとしても，可能なかぎり年代的・地理的差異を考慮したその全体的描写は，なお遠い目標に止まっているからである。「荘園制展開モデル」によって中世初期農村史を捉える仕方に依然として多くの批判があり，大きく異なった構想が提示されているのもそのためである。従って，現在の研究動向がさらに前進するためには，こうした批判や構想を十分に考慮し，それらが提起している様々な論点に取り組まねばならないであろう。以下では，そうした論点のうちから最も重要と思われるものを三つ取り上げ，所領明細帳の研究がそれらの深化に寄与しうる道を探ってみたい。

その際，予め注意しておきたい点が二つある。第1に，もとより所領明細帳が中世初期農村史の唯一，ましてや万能の史料であるわけではなく，他の諸類型に属する史料にも目配りが必要であることは言うまでもない。しかし所領明細帳のよりよい利用はなお十分に可能であり，そこから従来よりも多くの局面の解明が期待されるのである。第2に，所領明細帳のさらに有効な検討のためには，この史料類型に対する19世紀以来の研究史，ことにその史料批判についての研究成果を，今まで以上に参照せねばならない。以下で個々の論点に即して取り上げるように，19世紀から20世紀初頭の古典学説[96]，1930年代フランスのペランとレーヌとによる仕事[97]，第二次大戦後には，ドイツにおける王領関係台帳の検討[98]，及びオース

---

(96) 独立の論文として，von Inama-Sternegg, Urbarien [前注 (67)] をあげておく。

(97) Perrin, *Recherches* [前注 (70)]; Lesne, *L'inventaire* [前注 (72)].

(98) O. Clavadetscher, Das churrätische Reichsgutsurbar als Quelle zur Geschichte des Vertrags von Verdun, in *Zeitschrift der Savigny-Stiftung für Rechtsgeschichte*, Germ. Abt., 70, 1953, pp. 1-63 ; K. Verhein, Studien zu den Quellen zum Reichsgut der Karolingerzeit, in *Deutsches Archiv für Erforschung des Mittelalters*, 10, 1954, pp. 313-394 / 11, 1955, pp. 333-392 ; W. Metz, Zur Geschichte und Kritik der frühmittelalterlichen Güterverzeichnisse Deutschlands, in *Archiv für Diplomatik*, 4, 1958, pp. 183-206 ;

トリアの歴史家も加わったバイエルンの台帳系史料の研究（Wanderwitz [477]）(99)と，所領明細帳に関連する長い研究史があり，これからの課題とされる問題の一部は，その中ですでに検討の対象となったのである。史料類型としての所領明細帳の特質を解明しようとするフォシエ(100)とドヴロワ（[108]）の最近の試みにも，こうした研究史への配慮が十分とは思われないだけに，予めこの点を指摘しておきたい。

B 古典荘園制の普及度合

中世初期の大所領，なかんずくその理想的形態としての古典荘園制が存在した範囲を，限定して考えようとする研究方向は，ドプシュ(101)以来多くの歴史家を捉えており，フルヒュルスト仮説以降古典荘園制の再評価が進むまでは，ことにフランス学界で優位を示していた(102)。最近のフランス学界でもこうした論調が根強いが，単に古典荘園制の普及度合を小さく見積もるだけでなく，中世初期の大所領が奴隷的労働力の乱費に基づいており，当時の農村で積極的な役割を演ずるはずがなかった，という理論づけがされている点が特徴と言えよう(103)。この点代表的なのがフォシエであり，カロリング期の史料に見られる経済成長の徴候は，すべてが支配

Id., *Das karolingische Reichsgut*, Berlin 1960, pp. 24-25.

(99) H. Wolfram, *Libellus Virgilii*. Ein quellenkritisches Problem der ältesten Salzburger Güterverzeichnisse, in A. Borst (ed.), *Mönchtum, Episkopat und Adel zur Gründungszeit des Klosters Reichenau*, (Vorträge und Forschungen, 20), Sigmaringen 1974, pp. 115-130; Id., Die *Notitia Arnonis* und ähnliche Formen der Rechtssicherung im nachagilofingischen Bayern, in P. Classen (ed.), *Recht und Schrift im Mittelalter*, (Vorträge und Forschungen, 23), Sigmaringen 1977, pp. 115-130.

(100) Fossier, *Polyptyques et censiers*［前注（57）］, p. 29.

(101) Dopsch, *Die Wirtschaftsentwicklung*［前注（68）］.

(102) 中でも極端な立場を打ち出したのが，大所領を「大海に浮かぶ小島」と表現したラトゥーシュである。R. Latouche, *Les origines de l'économie occidentale (IVe-XIe siècle)*, Paris 1956, pp. 207, 231.

(103) 例えば，古典荘園制が「古い奴隷制の確保」（Poly / Bournazel [371]357-358）を，所領明細帳の作成が「奴隷制組織の再定置」（Bonnassie [42]339）を目標とする，というような表現が行われている。

者層の意欲を示すに過ぎないとし，きわめて低い水準に止まる農村状態――その代表が大所領――のもとでは，そうした意欲も実現する余地がまったくなかったという論旨は，1979年スポレート研究集会『ヨーロッパの生誕とカロリング期ヨーロッパ。等号は成立するか』から，1985年ブリュッセル研究集会『ピレンヌ学説の史学史における運命』まで変化がない（[157][159]）。

一見奇妙に思われるのは，中世初期の農業についてのフォシエ的な悲観説を激しく批判するドラトゥーシュが，古典荘園制の評価においては軌を一にしている点である。すなわち，伝統的農村の進歩要因をもっぱら小経営による集約農業に求めるこの農業史家は，中世初期の大所領，特に奴隷労働と賦役労働とによる領主直接径営では，きわめて非能率的な粗放農業が行われる他なかったとして，その歴史的役割をほとんど認めないのである(104)。

さらに興味深いのは，中世初期における奴隷制の存続と消滅を扱ったボナッシーによる最近の問題作が，この点を直接に論じているのではないとしても，内容的には同じ結論に至っていることである。それはボナッシーの構想する奴隷制消滅の基本的な形態が，個々の奴隷が旧来の主人のもとから解放され，領主による支配の及ばない生活領域でいったん自由人となるという第1段階と，古典荘園制が消滅した後に拡延するバン領主制によって初めて封建的支配に服するようになるという第2段階との，二つを含む過程として描かれている（[42]）かぎり，この社会構造の根幹に関わる変化において荘園制の果たすべき機能がまったく認められていないことになるからである。

「荘園制の展開モデル」はこうした考え方とは対立的に，中世初期農村における小経営の統合において古典荘園制が有効な組織だったという前提のもとに成り立っており，しかも従属的な農民家族経営が作り出される過程そのものが，古典荘園制の成立だったという見方に立っている。すなわち，一方では，独立農民層が領主的支配のもとに捉えられて，次第に賦役労働を負担する標準的な保有農民となり，他方では，奴隷が上昇して標準的保有地を与えられ，賦役労働を行うようになるという二重の過程が，メロヴ

---

(104) Delatouche, Regards ［前注 (58)], pp. 89-100.

ィング期からカロリング期にかけて進行したと見るのである。確かにこのモデルでは，古典荘園制の社会経済組織としての有効性は，一人前の農民に上昇して自立性を発揮できるようになるとされる，奴隷的非自由人の水準では納得的に示されているとしても，従来の自由な境遇から従属状況に陥る独立農民の次元では，生産事情に即して整合的に理解されているわけではない。しかしともかく，独立農民層がそれまでの自由人としての重い負担——軍役や裁判義務——から免れるべく，所領内部で領主の保護を仰いで生活することを選んだというように，主として政治・社会的な観点から古典荘園制がこの層にとっても必要だったとされるのである。以下では所領明細帳の研究が，「荘園制展開モデル」のこうした局面での具体化に貢献しうる道を，二つの方向に探ってみよう。

(1) 古典荘園制モデルに不適合な文言の網羅的検討

まず注意すべき点は，古典荘園制的に組織されていない土地と人間との記載が，所領明細帳のかなりの部分を占めていることである。この点はもちろんしばしば指摘され，こうした文言の検討も行われてきたが，その作業を今後より網羅的に進める必要がある。

この観点から第1に問題となるのは，所領明細帳には独立の単位として記載されながら古典荘園制の形態を示していない所領である。古典荘園制が典型的に発達したとされるサン＝ジェルマン＝デ＝プレ修道院領でも，フランス西部に所在する2所領については二分制的構造が明確でなく，所領明細帳での記載様式もかなり異なっていて，多くの保有地に関してそれらが修道院に寄進された経過を示す記述がされている。この点を指摘して，そこに古典荘園制形成過程の一斑を見ようとしたのがフルヒュルストであった[105]。その他にも，ほとんどすべての所領明細帳に非古典荘園制的な所領が登場するが，それらは領主拠点——ことに修道院所在地——から比較的遠隔の地にあって，所領群を成していることが多い。例えばプリュム明細帳においては，現在のルクセンブルクにある諸所領に当てられた第34章から第40章までと，ライン＝ムーズ河口地帯の諸所領を描く第97章から第103章に，そうしたものが見られる（Schwab [417]195-197, 241-245）。最近「遠隔地所領」propriété excentrique ; Fernbesitz に対する関心が増大し

---

(105) Verhulst, La genèse ［前注（2）］, pp. 148-149.

ており，幾つもの個別研究が出されている（Devroey [111]；Ewig [148]；Van Rey [457]）だけでなく，この問題を経済的観点だけから考察することを戒めたミュッセによる一般的考察（[333]）もあり，所領明細帳の検討に有用な示唆を与えてくれることが期待される。

　所領として古典荘園制モデルに適合しない独特の場合が，逆に領主拠点そのもので見られる。そもそも所領明細帳は修道院所在地での所領に比較的無関心であり，そこにはこの史料類型そのものに備わる問題性を感じさせるが，それでもサン゠ベルタン明細帳とロップ明細帳には，『修道院の内部で』《infra monasterium》[106]，《intra monasterium》（Devroey [114]4）とされる記載がある。いずれもかなり複雑な構造であるが，前者での《prebendarii》95名及び後者での《sessi》87単位と，零細保有者・保有地の大量の存在が目につく。これに対して領主直接経営に関しては，ロップにはかなり広い直領耕地と森林が記載されているが，サン゠ベルタンにはそうした記述は見られない。また，サン゠レミ明細帳のある箇所に記された大量の種子や家畜の合計（Id. [106]64）を，ドヴロワは修道院所在地での「中央所領」domaine central にかかるものと考え（*Ibid*., xxvi），そこではかなりの規模の領主直接経営が行われたと見ているが，デポルト／ドルボーは「中央所領」をずっと小規模に見積り，この合計も別の仕方で説明すべきであるとしている（[98]602）。

　古典荘園制モデルに不適合な要素の第2は，マンスあるいはフーフェとして標準化されていない，大規模ないし零細な保有地として現れる。前者については，小所領との関連で後に詳しく検討されるが，それらがベネフィキウムとかプレカリアというような特別の呼称を与えられていることはむしろ少なく，多くの所領明細帳では事実上マンスやフーフェより大きく，たいていの場合，標準的保有地とは異なった負担に服する土地が単独の保有者の手中にあるという形で記載されていることだけを，ここでは指摘しておきたい。零細な保有地には，《accola》と《sessus》というかなり多く登場する術語があり，《hospitium》《mansio》《hortus》など，家ないし庭を示す語がそれに当たることもあり，また《dimidius mansus》や《quartarium》のように，マンス制度を前提とした上で，完全なマンスに編成されていない単

---

　　[106]　Ganshof (ed.), *Le polyptyque de Saint-Bertin* ［前注（10）］, p. 24.

第2章　史料的基盤＝所領明細帳研究の隆盛　133

位として示される場合もある。しかしここでも，特別な呼称のないままに事実上小規模な保有地として登録されているものに，十分な注意を払う必要がある。

　第3に調査されるべきはマンス保有農民以外の領民であり，これらは様々な分類基準による多様な術語で示されている。試みに，サン＝レミ明細帳の新版にドヴロワが付した索引（[106]149-160）から，そうしたものを抜き出してみると，«vassallus»という封の保持者，«maior» «decanus» など所領内の役職者，«foraneus» «forasticus» «hospes» «vicaratus» などの外来者，«oblatus» «libertus» など，マンス保有農民の通例の身分である «ingenuus» «servus» とは区別されて，その出自身分が想起されている者，«mappaticus» «terracius» «vinaticus» と定地賦役地との関係で呼ばれる者，«portionarius» «socius» のような農民間での共同保有者，さらには，«mancipium» «operarius» «pauper» などとされる下層民と，きわめて多彩である。

　以上のような諸要素を網羅的に調査した後，それらが古典荘園制を軸に据えた所領類型論によって整序できる程度に応じて，「荘園制展開モデル」の有効性が確認されることになろう。

（2）所領明細帳起源の追究

　古典学説においては，カール大帝を初めとするカロリング諸国王による古典荘園制の政策的拡延の一環として，所領明細帳が成立したとされていた(107)。これとは異なって，所領明細帳の起源をローマ帝国後期まで遡及する考え方もすでに19世紀から存在していたが，1930年代にそれを体系化したのがペランであった。それによれば，ローマ末期の大土地所有者は税務のための記録として自己の所有地の台帳（→ cadastre）を作成しなければならなかったが，これとは別に大土地所有者と保有者との関係を律する法（→ «lex saltus»）から由来する農民負担の台帳が存在しており，両者が合わさって所領明細帳の原型ができたという(108)。この見解はローマ帝国における税務記録という公的分野と，大土地所有の経営文書という私的分野とをいずれも視野に収める幅の広さをもって，通説の地位を占めたが，中世初期大所領の起源をローマ後期の大土地所有に求めるペランの考え方

　　（107）　von Inama-Sternegg, Urbarien［前注（67）］.
　　（108）　Perrin, *Recherches*［前注（70）］, pp. 592-594.

(109) と,重なり合っていたことは言うまでもない。最近の研究の特徴は,関心を専らメロヴィング期に集中して,9世紀にかなり近い時点で所領明細帳の初期的な形態を探ろうとしていることであるが,この解明が進むならば,記録の作成という側面から古典荘園制の普及過程に近付くことが期待できるのである。

所領明細帳の起源をメロヴィング期に探る一つのきっかけとなったのは,トゥールのサン=マルタン修道院で700年前後に作成された貢租徴収記録の発見と,ガスノーによる『メロヴィング期サン=マルタン修道院会計記録』(1975年)と題しての刊行であった(110)。負担の基体である個々の農民をあげる点では,所領明細帳と形式的にある程度似ていながら,«agrarium» «lignaticum» と呼ばれる穀物と木材の貢租しか記載していないこの史料は,所領明細帳の起源の少なくとも一斑を示してくれると思われたのである。そしてこの問題について,最近目立った仕事をしたのがゴファールである。すでに1972年に「ローマ税制から中世領主制へ」という特徴的な題名の論文で,住民への賦課が古代末期から中世初期へと連続していく面を強調していたゴファールは,それでも当時なおそれほどは流布されていなかった古典荘園制に関するフルヒュルストの学説を参照しながら,メロヴィング期に収取制度の大きな変化が進行することをも主張していた。この変化がローマ以来の税制を古典荘園制の方向に推転させるとともに,税務記録の中から所領明細帳を生み出したというのであった(111)。その後のゴファールは,「メロヴィング期税制における古いものと新しいもの」([193])という論題に見られるように,古代税制の連続とメロヴィング期におけるその変化を追究し続けているが,それが直接に古典荘園制に導くかのごとき主張は後退させている感がある。そしてフォシエによる所領明細帳の史料類型論とガスノーによる前掲の史料刊行とに寄せて書かれた,「メロヴィング期のポリプティク」([192])では,メロヴィング期に «polyptychum» と総称されることの多かった税務記録と,カロリング期の所領明細帳との間

---

(109) Perrin, *La seigneurie rurale* [前注 (69)], I, 15-26.

(110) P. Gasnault (ed.), *Documents comptables de Saint-Martin de Tours à l'époque mérovingienne*, Paris 1975.

(111) Goffart, From Roman taxation [前注 (9)].

に直接の系譜を想定することは避けている。しかし後者は前者の伝統の中で開花したのだとして，その状況を次のように説明している。

5世紀以降，大土地所有者による税務申告の書類には，課税対象（土地と住民）のみでなく，税額も住民へのその配分を含めて明示されるようになった。そうなると，ローマ期以来の公的賦課が維持されたままで自己の所有地での公租徴収に当たる大土地所有者は，絶えず生じてくる現実の土地保有関係の変動に応じて，住民への税額配分の訂正を行わなければならなくなった。その際実施される土地関係の調査，税額調整，及び記録作成という一連の行為が，«inspectio» «praequatio» «ordinatio» と呼ばれたものであり，こうして作成されてその後の徴税実務に用いられた記録の総体は，多様な名称を持っていたが，その中に «polyptychum» という語があったのである（Ibid., 60-65）。最近発見されたサン=マルタン修道院の史料もそうした記録の一部であり，«ordinatio» の後に毎年作成されていた «agrarium» と «lignaticum» の徴収台帳だと考えられる（Ibid., 75-76）。こうしてゴファールにとっては，メロヴィング期に租税制度に生じた大きな変化が，定期的な土地所有・保有関係の調査・調整・記録を土地所有者の慣行的実務とするに至り，これがカロリング期所領明細帳の土壌となったというわけである。

ゴファールの議論は，総じて中世初期における公権力の存在を強調する最近の動向の中で，ローマ帝国国制の西欧中世への連続を浮き彫りしようとする，次節Cで紹介する学説と密接に関係しているが，同じようにメロヴィング期に所領明細帳の起源を求めながら，検討対象をサン=レミ修道院領に限っているドヴロワは，そうした見解とは縁遠い。前述のように，9世紀のサン=レミ明細帳を複層的記録として刊行（[106]）した上で，その先蹤を追究しようとするドヴロワのヘント研究集会での報告は，「ランスの初期所領明細帳。7－9世紀」（[109]）と題され，メロヴィング期とカロリング期とを一体として見ようとの意図を明白にしている。ここでドヴロワが依拠するのもフロドアルドゥスであるが，この10世紀のランス教会の歴史家が大司教の事績を辿りながら，ことに所領に関する行為について残した一連の記述を詳細に分析する。そして明らかに7世紀から9世紀の文書を下敷として書かれたこれらの文章は，ゴファールの言うように，土地関係の調査・調整・記録という大司教による所領への関与をごく一般

的に示しているばかりではないとして，次のように展開するのである。すなわち，フロドアルドゥスはこうした関与を，«disponere» «ordinare» «describere» «distribuere» という四つの動詞で示しているが，それらの対象と方向とを年代別に検討してみれば，当初はあれこれの所領で散発的に，しかも保有地とその負担についてだけ行われていたものが，次第に所領全体を舞台とするとともに，領民全体の義務に関わる法の確立を目標とするようになってくることが分る。こうした動きの頂点となったのがヒンクマルスの時期であり，フロドアルドゥスによれば司教領の全体について，しかもそれぞれの所領のすべての要素について，再編成と描写とが行われており，そのうちのサン=レミ領の分だけが今日に伝来したと考えられる（Ibid., 79-90)。このようにドゥロワは，ローマ期以来の公租公課徴収との関係にはかかずらうことなしに，メロヴィング期教会領主の所領政策が，カロリング期に向けて本来の所領明細帳を生み出していったとするのである。

　以上のように最近の研究は，公租公課の制度的連続についての判断はともあれ，メロヴィング期後半における大土地所有者の土地関係への働きかけを重視し，その中で動的性格の台帳として所領明細帳が成立する基本線を明らかにしているが，この点の解明がさらに進めば，記録作成という側面からこの時期に古典荘園制が普及していく過程がいっそう詳細に把握されると期待される。しかしながら所領明細帳の起源についての現在までの研究が，重大な限界を示していることにも注意しなければならない。それはメロヴィング期までの税務史料は国家による自由人からの収取記録であるから，これが主として注目されている限りでは，「荘園制モデル」が構想する古典荘園制下の標準的保有農民の二つの源泉のうちで，独立農民の従属化しか視野に入ってこないからである。われわれはそのもう一つの源泉である奴隷的非自由人の上昇にも注意し，この辺りにも所領明細帳の別の起源を探り，それを通じても古典荘園制の拡延過程を検討しなければならない。

　こうした目標に近付く道は現在の私には明白ではないが，二つの手掛りを指摘することはできる。第1は所領明細帳から，奴隷的非自由人の上昇に関連しうる文言を網羅的に調査することである。これは，前述の古典荘園制モデルに適合しない諸要素を検討する作業の一部をなすが，«mancipium» «accola» «libertus» «cartularius» などの語に注意しつつ，下層民に関する記載を整理して，9世紀の所領明細帳そのものからその一つの起源を探ってみることが必要であろう。第2は奴隷解放に関する文書のうちから，所領明細帳と関連のありうる台帳的な記録を探すことである。法的形式に則った奴隷解放が奴隷制の消滅において演じた役割には，様々な評価がありうる（Bonnassie [42]323-324；Sato [409]；Toubert [449]24-25）が，おそらくそれが奴隷の社会経済的上昇の中で系統的に記録を残した唯一の形態と思われるだけに，特別な注意に値するのである。

C 荘園制のカロリング国制における地位

古典荘園制を中世初期農村史の中軸に据える学説への批判として，最近提起されている重要な論点の第2は，国制史の観点からする荘園制の役割の限定である。その背景をなすのは，古代から中世への連続を大きく評価した上で，中世初期においてもローマ的な公権力と公的制度が維持されたとする近年有力な学説であり，これを大所領に適用した代表者が，マニュー＝ノルティエとデュリアとである。前者の業績は主としてフランス南部の史料によっているが，それを素材として議論を常に一般化する（[284][285][286]）だけでなく，メロヴィング期からカロリング期に至る免除特権を論じ（[287]），さらにドイツの歴史家の仕事を論評しながら，フランス南部とドイツに共通の制度が存在したと断言する[112]。その論旨は，公権力としての王権を頂点として，中央と地方の行政機構が公的制度として運営されていたフランク王国では，私的な所領や保有地と考えられてきたまとまりも，現実には公租公課の配分と徴収の単位だというにある。従来の歴史家は中世初期の史料がまったく貴族的性格を示し，農業生産に携わる者を直接には描いていないことを見落としてきた。「現在まで農村世界について書かれえたことは，実際にはいくつもの誤解に基づいている。«villae» のうちに村落や大所領を，マンスなどのうちに農民経営を，«pagenses» や «villani» のうちに農民を見出しうるのだと信じられてきた。残念ながら，それらは責任者を伴った課税の区域であり，単位であるにすぎない」（[284]3. 112）。デュリアの史料的基礎は，古代末期から中世初期に

---

[112] Magnou-Nortier, La seigneurie foncière ［前注 (23)］.

かけての著名な史料の再検討であり，まず中世のマンスが古代の«caput»が名を変えただけの徴税単位だったと主張した（[140]）後，サン=ジェルマン明細帳を分析し，ことに軍役税に関する本文と合計との差異を手掛かりとして，この修道院領もカロリング国家の徴税区域に他ならないと強調している（[141]）。

こうした見解からは，「荘園制モデル」はまったくの幻想だとされてしまうことになるが，その史料的根拠の吟味をひとまずおくならば，マニュー=ノルティエやデュリアが現在における古典荘園制研究の一つの弱点をついて，中世初期農村史にとって重要な問題提起をしている点を，率直に認めなければならない。それは荘園制のフランク王国における位置は，前章2で詳細に検討したとおり，社会経済史の水準ではかなりの程度に解明されたとはいえ，国制史の観点からはほとんど検討されていないからである。まさに研究史の現段階は，所領明細帳の社会経済史から国制史への前進を求めているのであって，それには以下の二つの接近方法が可能だと思われる。

(1) カロリング期台帳系史料での所領明細帳の位置づけ

古典荘園制の国制史を所領明細帳を素材に追究する有効な道の第1は，カロリング世界で作成された多様な台帳の中での所領明細帳の位置づけである。それは記録の作成という次元からカロリング王国の構造に迫ろうとする努力であり，当然所領明細帳の概念規定という古くて新しい問題に通じている。そしてこの問題領域にあっては，第二次大戦以降のドイツにおける，より正確にはドイツ語による研究が，有力な材料を提供してくれる。確かにカロリング王国を基本的には口頭伝承の世界として，ことに農民のもとでは成文化された所領明細帳が社会規範として正当な地位を持たないとする見解もある（Vollrath [475]40-42, 49-50, 55-60）が，一般にドイツの歴史家はカロリング期における「文字使用」Schriftlichkeitに重要な意味を認めており，ことに王権とその周辺で作られた記録の詳細な検討を進めているのであって，われわれがそこから学びうる点が少なくないのである。

戦後の研究史で注目すべき最初のまとまった業績は，ドイツにおける王領の研究である。国王自由人学説に端的に見られるようなフランク王権の役割の高い評価は，戦後ドイツ学界の特徴であるが，その中で盛んに行われた王領研究の1950年代と1960年代との成果は，それぞれメッツの二つの

著作のうちに要約されている(113)。その後も多くの個別研究が発表されている(114)が，われわれにとって幸いなことに，1960年代までの努力の大きな部分が王領を対象とする台帳系史料の批判に向けられ，クラヴァデチャー，フェルハイン，メッツなどの著名な論文が残されたことである(115)。そしてそれらは，王領に関わる台帳だけでも記載の様式と範囲がきわめて多様であり，個々の記録の性格は数次にわたる帝国分割など，政治的事情にも強く依存していることを証明していた。そしてメッツは，王領台帳からの所見から出発して教会領の記録をも考慮した上で，カロリング期の「所領目録」Güterverzeichnis を，①農民保有地のリスト（→ Hufenlist），②領主屋敷財産の詳細な描写，③農民負担の台帳（→ Heberolle），④領主直領地・農民保有地・保有者・農民負担のすべてを記載した所領明細帳（→ Polyptychon）との，四つに分類することを提案したのであった(116)。

こうした研究の流れの中で次に注目すべき業績は，フルヒュルストが1971年に『中世初期研究』へ寄稿した，「800年頃シント=バーフ修道院（ヘント）の財産目録。カロリング期台帳系記録の歴史と史料批判への寄与」(117)である。1920年に再使用羊皮紙の削り取り文言として発見されたこの台帳は，教会堂の貴重品を列挙する第1部，領主直領地・自由人マンス・家畜頭数・穀物貯蔵量を記載する第2部，フリースラント方面のベネフィキウムを登録する第3部から成る。もともとシント=バーフ修道院領を対象とする研究によって，この修道院に関わる史料を熟知していたフルヒュルストは，初期ヴァイキングの脅威にさらされ始めた800年頃のライン=ス

---

(113) Metz, *Das Reichsgut*［前注（98）］; Id., *Zur Erforschung des karolingischen Reichsgutes*, Darmstadt 1971.

(114) ほんの1例として，D. Flach, *Untersuchungen zur Verfassung und Verwaltung des Aachener Reichsgutes von der Karolingerzeit bis zur Mitte des 14. Jahrhunderts*, Göttingen 1976.

(115) 前注（98）の諸文献を見よ。

(116) Metz, *Das Reichsgut*［前注（98）］, pp. 24-25.

(117) A. Verhulst, Das Besitzverzeichnis der Genter Sankt-Bavo-Abtei von ca. 800 (Clm 6333). Ein Beitrag zur Geschichte und Kritik der karolingischen Urbarialaufzeichnungen, in *Frühmittelalterliche Studien*, 5, 1971, pp. 193-234.

ヘルデ河口地帯に、カール大帝が防衛のための施策を講じていた状況を考慮しつつ、国王の命令によって作成された軍役——騎士役と輜重役を含む——賦課台帳と、この記録を規定できたのであった。その上で、カロリング王権には軍役を中心とする様々な公的賦課のために、多様な範囲と方式で教会財産の目録を作成する必要があり、それに応じて作成された一つの場合であるシント゠バーフの台帳は、狭い意味での所領管理に関わる記録だけを対象とした、メッツによる四分類のいずれにも適合しないことを指摘したのであった。

　こうして、カロリング期の所領に関わる台帳が多様な動機と水準において作成され、その中でも王権によるいわば国家の上部組織整備のための記録が、重要な位置を占めたことが明らかにされたが、この方向でさらに議論を押し進めたのが、バイエルンの史料についての最近の研究である。*Notitia Urolfi, Notitia Arnonis, Breves notitiae* という三つの記録は、いずれも所領目録とか財産リストなどと呼ばれる台帳で、所領明細帳とある程度類似した形式を持つが、1970年代のヴォルフラムによる二つの論文 (118) と、1983年のワンデルウィツの仕事 ([477]) とによって、以下の点が明らかにされたのである。すなわちこれらは、アギロフィング朝からカロリング朝の支配に移行しつつあった、8世紀後半バイエルンの政治・社会・経済状況に敏感に反応しながら、寄進文書を下敷として編纂されたベネフィキウム目録を主体とする記録であり、経済力の確保を狙う所領管理のための台帳とは異なって、王権と直接に連なる領主層における「権利保障」Rechtssicherung を目的としていた。

　ところで所領明細帳そのものの規定については、なお一致した見解がないのが学界の現状であろう。もちろんそれは、カロリング期の様々な台帳の中では、所領のすべての構成要素をおおう傾向が最も強いと一般に考えられており、その点は前述のメッツによる分類以来変っていない。またカロリング期の主な所領明細帳とされるものが、20〜30件ほどの記録として論者の間でほぼ一致していることも確かである(119)。けれどもメナジェの

---

(118) 前注 (99) の諸文献を見よ。

(119) Ch. Taylor, Note on the origin of the polyptychs, in *Mélanges d'histoire offerts à H. Pirenne*, 2 vol., Bruxelles 1926, II, pp. 476-477 ; J. W. Thompson,

論文 (120) 以来所領明細帳の記載が部分的であることが強調され，しかも個々の明細帳の検討が進んで，それらの間の記載範囲の相違がますます意識されるに及んで，現在では所領明細帳の定義を試みることが，きわめて困難になっている。その点を象徴的に示すのが，『西欧中世史料類型』叢書の1冊として所領明細帳を担当したフォシエが，書物の標題を『所領明細帳と貢租帳』とした上で，論述においては「土地に関する帳簿」livres fonciers という造語を用いて，所領に関わるあらゆる台帳を一括して扱っていることであろう (121)。中世初期の所領明細帳という狭い類型を構想しようという志向が，そこではきわめて弱い。

この点で注目されるのは，ベルギー南部での所領類型論を展開する中で，所領明細帳の類型論をも試みたドヴロワの最近の論文である。そこでは，多様な台帳の中での所領明細帳の規定にこだわることなく，後者が一つのまとまりとして存在することを前提として，その内部での比較によって所領明細帳そのものの様々な類型が検出されている（[108]）。ここで注目すべき点は，こうした比較の基準とされている所領明細帳の理想型が，「経営の道具」instrument de gestion と「社会統制の道具」instrument de contrôle social という，二つの機能を軸として構想されていることであろう。なぜなら，「収入を計算する」compter les revenus ことに眼目がある第1の機能のみでなく，「荘園制の再生産を確保する」assurer la reproduction du système domanial べく，領主と領民との間での「法諸関係を作り出し，形式を整える」créer ou formaliser des rapports de droit 第2の機能にも注目すること（Ibid., 35）は，所領明細帳の収入確保のための台帳としての性格を強調して，その記載範囲を限定して考えようとしてきたメナジェ以来の研究史と袂を分かって，所領明細帳が多様な対象を描写する傾向を持ちうると主張し，さらに進んで所領明細帳と呼べる史料の範囲を広く捉えることに導きうるからである。

The statistical sources of Frankish history, in *American History Review*, 40, 1935, pp. 639-640 ; R. Doehaerd, *Le haut Moyen Age occidental. Economies et sociétés*, Paris 1971, pp. 20-21 ; Fossier, *Polyptyques et censiers*［前注（57）］, pp. 25-33.

（120） Ménager, Considérations ［前注（94）］.

（121） Fossier, *Polyptyques et censiers* ［前注（57）］.

以上のように見てくるとき，次のような研究の展望が開けてくる。すなわち一方では，所領明細帳の定義に当面こだわることなく，個々の明細帳について作成の事情と記載の範囲を確定して，それらの相互関係を明らかにすること。他方では，所領管理に直接には関わらない多数の台帳について，同様の作業を試みること。こうした二つの仕事の結果を並べてみれば，カロリング期台帳系史料の全体図が描かれるであろうが，それはおそらく，所領経営に密着した土地と領民の記録と，王権による社会上層での公租公課徴収のための記録を二つの極として，その間に切れ目なく多種多様な台帳が配置された姿をとるであろう。そしてこの図こそ，記録作成という次元に投影されたカロリング国家の像となるはずであり，所領明細帳が大所領特有の記録であるかぎり，カロリング国制における荘園制の位置を明確にするために，おおいに役立つことが期待されるのである。

(2) 所領明細帳の法的性格

カロリング期所領明細帳の国制史には，その法的性格をめぐるもう一つの項目を含めなければならない。この史料の研究に携ってきた歴史家は，一般にそれが法廷における「証拠能力」valeur probatoire; Beweiskraft を持つと考えてきた。中世初期の所領明細帳を中世後期の判告と類比することによって，前者の法的性格を基礎づけようとした古典学説(122)の後をうけて，ペランはむしろ，個々の農民の宣誓供述こそが所領明細帳に公的裁判での証拠能力を与えると主張し(123)，これがほぼ通説の地位を占めるに至っていた。確かに最近展開された所領明細帳の史料類型論では，そうした考え方が正面から打ち出されているわけではない。しかしフォシエは，中世全体を通じての所領明細帳の性格を所領管理実務という次元において主として捉えながら，カロリング期の明細帳については公的・法的側面を指摘している(124)。ドヴロワの構想する所領明細帳の理想型([108]34-35)でも，またそのサン゠レミとロブの明細帳新版([106][114])でも，この

---

(122) 最良の例は, von Inama-Sternegg, Urbarien[前注(67)]であろう。なお1960年代までの所領明細帳の研究史については, H. Ott, Probleme und Stand der Urbarinterpretation, in *Zeitschrift für Agrargeschichte und Agrarsoziologie*, 18, 1970, pp. 159-184.

(123) Perrin, *La seigneurie rurale* [前注 (69)], I, pp. 47-48.

(124) Fossier, *Polyptyques et censiers* [前注 (57)], p. 29.

問題を本格的には取り上げていないが，所領明細帳の法的性格を自明のこととしているように見受けられる。

しかしながら，この史料に関する長い研究史の中で，所領明細帳の法的性格を十全には認めなかった歴史家も存在する。ススタによる1887年の論文では，領民による判告が法源となる範囲は所領内部に限られるとされ，そこから明細帳の証拠能力は領主・農民関係の外では存在しないとされている(125)。ペランと同時代にカロリング期所領明細帳の詳細な研究を行なったレーヌは，これらの記録が法廷に証拠書類として提出されるためには，公的権力による確認手続が必要だったとしており，従って通例法廷に持ち出されるのは，所領明細帳を下敷として作成された文書だったと考えている(126)。

公的裁判における法的能力は，カロリング期所領明細帳についての伝統的イメージの一つの有力な根拠となってきたが，以下のような最近での研究の進歩を考慮するとき，この問題の再検討がどうしても必要だと思われる。第1は，村落共同体についての見方の根底的な転換である。それが遅くとも中世初期には確立していて，社会的にも経済的にも農村の基礎をなしていたとする古典的見解は批判され，最近では中世後期における村落の像をフランク期に投影することが慎まれている(127)。となれば，「判告」Weisungという慣行が中世を通じて広く行なわれたことを認めるとしても，それが13世紀以降のように村落を単位として盛んに行なわれた状況を，カロリング期についても想定するのはきわめて難しい。従って中世初期における農民の裁判集会を，古典学説に倣って所領明細帳作成の場とすることも困難であると言わざるをえない。第2は，所領明細帳作成の具体的諸条件への関心が強まる中で，実際に農民による宣誓供述がペランの考えたほどに広く行なわれたのかを追究する可能性が，従来よりは大きくなっている点である。ことにシュワープによるプリュム明細帳についての考察([417]38-142)は，その結論の当否はおくとして，所領明細帳作成過程解明への現在までの最大の努力であるが，そこでは農民の宣誓供述がまった

(125) Susta, Zur Geschichte［前注(71)］, pp. 35-36.
(126) Lesne, *L'inventaire*［前注(72)］, pp. 7-11.
(127) 森本『諸問題』［前注(3)］, 273-275頁。

く見出されていない。確かにいくつかの明細帳では宣誓による証言が記載の根拠として示されているが，所領明細帳の法的性格について一義的な判断が下せるほど，それらが多数あるというわけではないのである。第3に，古典荘園制の形成と管理において，今日広く認められている領主の主導性（第1章2A）は，所領明細帳が領主の恣意がより強く影響しうる雰囲気のもとで作成されたとする想定により適合的であろう。もちろん，カロリング期の領主が農民負担を自由に定め，記載させたというのではないが，個々には小規模で流動的な性格を示し，所領管理の実務に用いられた明細帳が，公的裁判で果して十全に機能しえたのか，疑ってかかるべきなのである。

　このように所領明細帳の法的性格の再検討に固執するのは，カロリング期の国制史が大所領の内部に関してはまったく未開拓であり，そのためこの時期の領主・農民関係の具体的な解明に困難を生じているからである(128)。この点については，ことに荘園制における領主の農民に対する強制力をめぐって，様々な判断が下されてきた。所領明細帳研究の中でも，例えばススタがカロリング期明細帳の証拠能力を領主・農民関係について認めていたのは，農民の大半がコローヌスとして自由身分であり，奴隷とは異なって自己の権利を主張する力を持っていたという認識を根拠としており(129)，領主の恣意が働く余地は小さく見積られていた。これに対して，最近では逆の見解も珍しくない。例えばデュビィが9世紀における征服戦争の終焉について語りながら，次のように言うのもそうである。「所領がより多くを生み出すようにしなければならなかった。そこから，ゆっくりとした動きが起ってきた。『有力者』の『貧者』への権力の過重は，奴隷制がまとうに至った新しい諸形態をモデルとする状況への，農民層全体の移行を生み出していったのである」(130)。最近の所領明細帳研究から，荘園制のもとでの農民をかつての奴隷に引き寄せて理解する論者を引用するなら，8世紀における大所領の形成のうちに，「コローヌスとそれが経営す

---

(128) 同書，344－355頁．

(129) Susta, Zur Geschichte ［前注（71）］, pp. 31-32.

(130) G. Duby, *Guerriers et paysans, VIIe-XIIe siècle. Premier essor de l'économie européenne*, Paris 1973, p. 128.

る自由人マンスとを，一般的な奴隷法に引き込もうとする傾向」([202]77)を見てとるヘーゲルマンがいる。中世初期における領主の恣意の貫徹度合をめぐるフォルラートとゲーツとの論争([475]；[179])は，慣習と法との関係という問題関心から出発しているとはいえ，大所領における領主権力についての見解の不一致を，再び明るみに出したと言えよう。

　ともかく荘園制での領主権力の行使が，なんらかの客観化された制度によっているかさえなお見当がついていないほどの研究状況を，十分に自覚する必要がある。ガンスホーフほどの権威が，フランク国制の叙述には領主裁判権について言及しないのに，紀元千年ころから明確な姿をとる裁判領主制ないしバン領主制の起源は，カロリング期の大所領に求めている(131)という奇妙な事態も，それによっている。他方クーヘンブッフはカロリング期における領主による農民への暴力行使を，いくつもの規範史料と記述史料から跡づけている(132)。こうして荘園制の国制史はなおほとんど手のつけられていない課題であり，その中で所領明細帳の法的性格の検討が，枢要な一環を占めることが期待されるのである。

D　小所領の役割

　古典荘園制の役割を小さく考える独特な議論として，小所領こそが中世初期から農村発展の担い手となっているという見解が，最近フォシエによって提出された。9世紀に大所領は死滅の直前にあったのに，労働集約化によって土地生産性を高めえた小所領は，10－11世紀農村経済の躍進を準備しつつあったというのである。フォシエが検討の対象としたのはフラン

---

(131)　F.-L. Ganshof, *Frankish institutions under Charlemagne*, Rhode Island 1968 ; Id., Medieval agrarian society in its prime. France, the Low Countries and Western Germany, in M. M. Postan (ed.), *The Cambridge economic history of Europe*, I, *The agrarian life of the Middle Ages*, (1941), Cambridge 1966^2, pp. 332-333. 最近刊行された次の大著は，カロリング期大所領での裁判が十分に研究されていないことを意識しているが，本書で検討を加えている古典荘園制の研究潮流からはかけ離れている。J. Weitzel, *Dinggenossenschaft und Recht. Untersuchungen zum Rechtsverständnis in fränkisch-deutschen Mittelalter*, 2 vol., Köln / Wien 1985, pp. 662-723.

(132)　Kuchenbuch, *Bäuerliche Gesellschaft*［前注(18)］, pp. 188-192.

ス北西部であり、サン゠ベルタン修道院の所領明細帳も利用されている（[158]129-131）が、この地域では実際に、中世盛期に向けて農民の活躍が展開するのは、中世初期の小所領の内部ないしその近辺だったというのである（Ibid., 131-132）。きわめて興味深いのは、カロリング期農業の達成をきわめて高く評価する点でフォシエと真向から対立するドラトゥーシュが、やはり小所領の役割を重く見ていることである。すなわち同じくサン゠ベルタン明細帳によりながら、そこに記載された大規模保有地＝小所領が、奴隷的非自由人の労働の濃密な投下によって、修道院が直接に管理する土地を上廻る生産性をあげていたと論じている [133]。

こうした議論を、まずその実証的根拠に遡って批判することは容易である。なぜなら、サン゠ベルタン明細帳の奴隷的非自由人の二人による勘定は、きわめて不確実と思われるからである（前掲86頁）。またほとんど奴隷に近いような労働力の投入が、マンスによる家族経営が一般化しつつあった当時、果して高い農業生産性を達成しえたのかという、より理論的な問題を提起することも可能であろう。けれどもフォシエとドラトゥーシュによる小所領の称揚が、古典荘園制モデルの信奉者に対して、カロリング期における荘園制の存在意義とその後の農村史における役割の、新たなかつ根底的な基礎づけを求めていることは率直に認めなければなるまい。こうした課題に迫る途には、今のところ次の二つが考えられる。

（1）所領明細帳に登録された大規模保有地の調査

所領明細帳がもっぱら大土地所有から生み出される記録であるかぎり、その検討によって自律的な小所領をそのものとして検出することはほとんど不可能であろう。しかしそこに記載された保有地の中には、規模においてしばしば1マンスを大きく越え、しかも、無保有の労働力ばかりでなく、保有地を与えられた働き手をも包含しているものがしばしば見られる。場合によっては、こうした再保有者の負担が大規模保有地の保有者に給付されていることが、史料から明白になる。所領明細帳研究で対象としうる小所領は、もっぱらこうした大規模保有地なのであって、すでに本節Ｂ（1）で触れたように、これらの網羅的な調査が必要である。

ところで所領明細帳の研究史において大規模保有地がことに注意をひい

---

(133)　Delatouche, Regards ［前注（58）］, pp. 92-96.

たのは，1930年代になってペランとレーヌとが，ベネフィキウムあるいはプレカリアの記載について論じた際であった。そして，原則として所領明細帳はこうした保有地を登録しないと考えたペラン(134)と異なって，レーヌは次のような見通しをたてていた。すなわち大規模なベネフィキウムが，そうしたものに当てられた特別な章にまとめて記載されるのに対して，4マンス以下の小ベネフィキウムは二分制所領を描写する通例の章の中で，特別な項目としてまとめられているというのである(135)。今日においても，この点について見解の一致はない。フルヒュルストは所領明細帳がベネフィキウムを記載していないと見る(136)が，クーヘンブッフはプリュム明細帳はベネフィキウムを登録していると主張し(137)，ドヴロワによる所領明細帳の理想型には，「ベネフィキウムの描写」が入れられている([108]15)。

ここで注意しなければならないのは，所領明細帳に見出される大規模保有地の多くが特別な資格を与えられてはいない点である。それらは小所領という外貌を示しながらも，場合によっては通例のマンスと同様の制度に服しつつ，ベネフィキウムやプレカリアといった呼称なしに記載されている。例えばサン＝ベルタン明細帳にある35単位の大規模保有地のうち，プレカリアがただ一つあるだけで，所領役人が保有しているものを除いても，大半は何の資格も併記されていないのである(Morimoto [318]131-134)。これら大規模保有地に関して所領明細帳の含むすべての情報が収集されれば，それらは小所領がカロリング期農村の先頭にたっていたのか，あるいはむしろ，大所領の荘園制こそがそうした地位にあったのか，この点を論ずる有力な素材となるであろう。現在までのところ，サン＝ベルタン修道院所領明細帳についての森本自身の論文が，古典荘園制モデルによって，こうした大規模保有地＝小所領を当時の遅れた形態と特徴づけた(Ibid., 132-141)唯一の試みである。モンティエランデル明細帳のプレカリアについての諸章も，こうした観点から論ずる必要があると思われる(138)が，残

---

(134) Perrin, *Recherches* [前注 (70)], pp. 616-617.
(135) Lesne, *L'inventaire* [前注 (72)], pp. 49-57.
(136) Verhulst, Das Besitzverzeichnis [前注 (117)], p. 206.
(137) Kuchenbuch, *Bäuerliche Gesellschaft* [前注 (18)], pp. 330-331.
(138) 森本「モンティエランデル土地台帳」[前注 (93)], 218-224頁.

念ながら最近この史料に取り組んだドロステには，そうした意図が見られない（[134]）。他の所領明細帳の検討が待たれる所以である。

（2）所領明細帳の変遷を通じて見たカロリング期以降の農村史

フォシエによる小所領の称揚は，10世紀以降の農村発展における主役の座にそれを据えるという意図に基づいており，われわれの目を古典荘園制の解体期に向けさせる。確かに最近の研究の中には，主として中世初期を対象としながらも，10世紀以降をも視野のうちに収めて，カロリング期荘園制の運命のあれこれの側面を浮彫したものがある（Chauvin [68]；Despy [99][100]188-193；Devroey [112]；Wisplinghoff [497]161-163）。しかしながら，古典荘園制の生成と普及の時期に比べてその解体期への関心が薄く，9世紀における二分制大所領の存在が，続く時期での農村発展――農業成長と領主制の新しい諸形態の出現――の促進的条件なのか，あるいはむしろ阻止的条件なのか，こうした基本的な問題さえなお本格的には提起されていないのである。トゥベールは中部イタリアのラティウムについて，10－11世紀に生じた集村化による農村構造の転換（→ incastellamento）が，9世紀までの大所領の枠内でも準備されていたことを明らかにした[139]が，同様の研究がロワール＝ライン間地域についても行なわれなければならない。そしてそうした研究のうちで，所領明細帳を素材としうる部面としては以下の三つが考えられる。

第1に，所領明細帳の法的性格の変化である。13世紀以降の所領に関する台帳系の記録は，きわめて明確に法廷における証拠能力という法的性格を備えている。中世末期のそうした史料に関する多くの研究が，ドイツ語によって発表されているが，リヒターによる1978年の論文は，それを「法拘束的記録」rechtsverbindliche Dokumente と呼んでいる[140]。また，この問題についての権威であるオットは，中世末期所領台帳の法的性格はまさに農民の参加する集会での判告による作成に由来するとし，そうした判

---

(139) Toubert, *Les structures du Latium* ［前注（47）］, pp. 450-493.

(140) G. Richter, Mittelalterliche und neuzeitliche Urbare als rechtsverbindliche Dokumente nach ordnungsgemäßer Renovation und Publikation. Beobachtungen an Stuttgarter Quellen, in *Archiv für Diplomatik*, 24, 1978, pp. 427-442.

告（→ Urbar-Weisung）の最盛期は，ランプレヒトが考えたように中世初期ではなくて中世末期だと主張する(141)。カロリング期所領明細帳の法的性格は決して自明ではないのだから（前掲142－145頁），9世紀から13世紀にかけて，この点でなんらかの変化が生じたことが確実であり，その追究は中世初期から盛期にかけての農村史の一つの有力な手がかりとなるであろう。

第2に，こうした所領明細帳そのものの性格変化と並んで，それが荘園制ないし領主制に関する記録全体の中で占める地位の変動が，問題とされなければならない。中世初期から盛期にかけての領主制の形態転化を，古典荘園制から「農村領主制」seigneurie rurale への移行として捉えていたペランは，その中で所領から生み出される基本的史料が，前者における所領明細帳から後者における「慣習法特許状」charte de franchise（ロマンス語地帯）と判告（ゲルマン語地帯）に変化すると考えていた(142)。またヨハネクは1977年の論文で，9世紀ドイツ南部で盛んに作成された所領台帳系記録（→ Urbarial Aufzeichnungen）が，10世紀から11世紀にかけて，「寄進覚書」Traditionsnotizen，ないしその集成である「寄進帳」Traditionsbücher に席を譲ると指摘している(143)。さらに本書文献目録に所収の仕事からは，10世紀ベルギー南部での所領明細帳の減少が「寄進帳」livres de traditions あるいはカルチュレールの増加による（[108]40）とし，また，ロッブ修道院所領明細帳の10世紀におけるそれほど多数ではない改変を，古典荘園制と所領明細帳が衰退し始めながら，新しい類型の記録がなお確立していない状況によって説明する（[115]lxxix-lxxxi）ドヴロワや，1066－1067年頃からサン=レミ明細帳に追加が行なわれなくなった理由を，カルチュレールが当時獲得し始めていた役割に見出すデポルト／ドルボー（[98]603）を，

---

(141) H. Ott, Das Urbar als Quelle für die Weistumsforschung, in P. Blickle (ed.), *Deutsche ländliche Rechtsquellen. Probleme und Wege der Weistumforschung*, Stuttgart 1977, pp. 103-115.

(142) Perrin, *Recherches* ［前注 (70)］, pp.686-690 ; Id., Les chartes de franchise et rapports de droits en Lorraine, in *Le Moyen Age*, 52, 1946, pp. 11-42.

(143) P. Johannek, Zur rechtlichen Funktion von Traditionsnotiz, Traditionsbuch und früher Siegelurkunde, in Classen (ed.), *Recht und Schrift* ［前注 (99)］, pp. 131-162.

引用することができる。所領明細帳のこうした後退がさらに解明されるなら，それも古典荘園制解体の一つの側面を示してくれるであろう。

　第3に，所領明細帳の「筆写による伝来」tradition manuscrite が従来にもまして追跡されねばならない。これは明細帳の原本を確定するためだけでなく，カロリング期明細帳の写本が続く時期の所領管理に用いられえたかぎりで，10世紀以降の農村史の有力な部面となりうる作業である。けれども，森本自身が検討しえた二つの所領明細帳の例からは，後代の筆写が実務的目標を持つと速断されている傾向が見て取れる。例えばルマリニエは，サン=ベルタン明細帳の10世紀の年代記作者フォルクイヌスによる960年頃の写本は，そこに登録された財産を回復しようとの意図によっていたと述べている（[275]798）。そのこと自体は誤りでないとしても，フォルクイヌスはその作品にサン=ベルタン修道院に伝来していたすべての文書を取り込んでいるのであるから，ルマリニエの指摘は所領明細帳そのものの筆写の動機を解明するものではない（Morimoto[317]12-n.3）。またヘーゲルマンは，カロリング期所領明細帳の伝来が多様な形態を示しうることを強調している（[200]8-9）にも拘らず，プリュム明細帳のカエサリウス写本については，きわめて性急にそれが13世紀における所領管理のために作成されたと結論する（Ibid., 10）。しかしこの写本がベネディクト会に属する大修道院の所領政策での能動的な記録ではなく，むしろ，「13世紀における［その所領の］凋落と不適応との象徴」(144)と考えられねばならないことを，森本は指摘せざるをえなかった。カロリング期所領明細帳の一つ一つについて，「史料の生命」la vie du texte (145)を丹念に跡づける研究が必要であり，それは中世盛期に向けての農村史の検討に役立つばかりでなく，歴史家の仕事に特有な楽しさをさらに味わうことができる場となるであろう。

---

　　(144)　森本「カエサリウス写本」［前注（81）］，119頁。
　　(145)　筆写による伝来の追究によって史料の生命を甦らせようとする問題関心については，ジェニコ（森本監修）『伝統と革新』［前注（60）］，153－199頁を見よ。

第2部 荘園制研究の成熟：1988 – 1993年

はじめに

　第1部においては1980年頃から87年頃までの間に発表された西欧中世初期農村史の文献約100点を素材に，進展の著しいこの分野での新しい研究方向を確認した。著者の意図したところでは，それはヨーロッパ学界での研究動向の追跡とはいっても，中世社会経済史の重要な論争点について一定の方向での主張を含んでいた。それは，長い研究史の中でしばしばその地位が貶められることのあった中世初期における荘園制の，ことに領主直領地と農民保有地とからなる二元的構成と後者から前者に給付される賦役労働とを特徴とする古典荘園制の復権，とでも言えようか。すなわち，それがカロリング王権の指導のもとに，西欧農村の隅々まで浸透していたというような古典学説への回帰を目論むのではまったくないが，中世初期農村構造の絶えざる変動を再構成するために，古典荘園制を理想的な形態とする領主制進化のモデルを構想しようというのであった。

　研究史的に見るならば，そうした考え方の出発点となったのは，1965年のスポレート研究集会でのフルヒュルストによる報告 (1) であったが，そこではなお，古典荘園制の存在が地理的・年代的に限定されていることに強調点が置かれていた。それが，ことに70年代末から飛躍的に発達した所領明細帳の研究に助けられて，メロヴィング期の奴隷制的色彩の濃い小所領を出発点として，農村開発進行の中でマンスという標準的な農民保有地が確立され，それを基体として領主直領地に重い賦役労働が給付されるようになる基本的な道程――フルヒュルストのいう「荘園制の展開モデル」modèle évolutif du régime domanial（[461]435）――が，フランク王国の政

（1）　A. Verhulst, La genèse du régime domanial classique en France au haut Moyen Age, in *Agricoltura e mondo rurale in Occidente nell'alto Meioevo*, (Settimane, 13), Spoleto 1966, pp. 135-160.

治構造や西欧内外での流通状況なども収めた広い視野のもとに，明らかにされてきたのである。こうした研究方向を最も明確かつ全体的に表現していたのは，第1部の対象となっている年代ではトゥベールによる1983年の論文（[449]）であったが，そこで強調されていた「動態的理解」に基づいた「荘園制の最適化」としての古典荘園制という規定こそ，キーワードとなりうるほどの表現と思われた（前掲100-101頁）。同時に第1部では，こうした研究史の新しい局面の実証的な基礎として，所領明細帳に対する新しい視角からの取り組みがあることにも力点が置かれた。それは大規模で統一的な記録というカロリング期所領明細帳の長年のイメージから離れて，これをむしろ，異なった諸年代と所領管理の様々な水準において作成された，小規模で流動的な複数の記録の総体として考えようとする仕方である。そこから，従来は主として静態的描写に適合的とされてきたこの史料が，所領構造の変動を追究する動態的分析にも十分に役立つというのである。ことに所領明細帳が古典荘園制を志向する領主による所領政策の道具として作成され，使用されたと考えられるようになってきただけに，ますますこのような視角の有効性が浮き彫りされることになったのであった（第1部第2章1DE）。

　第1部の内容はフランス語論文「カロリング期所領明細帳研究の現状と展望」（[319]）として，1988年に『フランス東部年報』*Annales de l'Est* 誌上に発表された。残念ながら，上に述べたその主張の方向性において議論の対象とされることがそれほどあったとは言えないが，付録の文献目録が1983年のフルヒュルストによるそれ（[460]143-148）の継続として，しばしば引用されることになった。その後も中世初期農村史研究の活況は続いており，1987年までの文献目録以後の仕事を収集してみると，すでに100点を大幅に超える状況である。こうして新たに文献目録を作成し，それに基づいて研究動向を追跡する必要を感じて企図されたのがこの第2部である。

　この調査の中から，その後の5～6年間での研究動向の特徴も，すぐに浮かび上がってきた。確かに所領明細帳を素材とする荘園制の詳細な検討にも，相変わらず多くの労作が捧げられている。しかし先行する時期とは異なって，一方では，植生，土地占取，農業といった農村史のいわば物的諸側面への関心が急速に高まってきた。そしてその中で，中世初期に農村経済の成長が確認できることが，ヨーロッパ学界での合意となってきてい

ると言ってよい。他方では，中世初期農村史の基軸に荘園制を据える見方への批判が，先行する時期よりもさらに明確な二つの流れとなっている。周知の通りこうした批判は長い研究史の中で様々な形で現れてきた(2)が，現在ではことにフランス学界で次のような二つの主張にまとまってきているのである。すなわち，一部の研究者は紀元千年前後に進行した社会的変化の意味を重く見てこれを「封建革命」révolution féodale と考え，それ以前の時期には領主的支配が，ましてや古典荘園制がほとんど役割を持たなかったとする。この考え方の史料的基礎は，多くがフランス南部とスペイン北部に求められている。そして他方では，カロリング期まではローマ期の国制の基本が存続しており，通例荘園制とされてきたのは実際には公租公課に関わる行政単位であり，領主と呼ばれてきたのはそれらの徴収請負人であるとの見解が，最近急速に形を整えつつある。荘園制を重視する見解へのこうした二つの方向からの批判は，イデオロギー的にはまったく相反する発想から出発していると感じられるが，中世初期農村社会の柱が自由な小土地所有者だと考える点では，軌を一にしている。古典荘園制を軸とする農村史の研究がさらに進展するためには，こうした批判的見解を十分に考慮することが求められるであろう。少なくともそこには，研究史の中で問題となってきたいくつかの重要な論点が，きわめて明確な形で表明されているから，なおさらそれが必要とされているのである。そこでこの第2部では，まず第1章で中世初期の農村成長に関する仕事を概観した後に，第2章で荘園制の実証的な研究を見渡し，第3章では批判的な見解を検討しつつ今後の研究方向を探ることにしたい。

ここで予め，第2部の基礎となる文献調査の限界について触れておかねばならない。というのも，第1部のもととなった森本の論文，さらにその前提をなしているフルヒュルスト論文との素材に，若干の不足があることがトゥベールによって指摘されている（[454]54）からである。それは主として，地中海地帯についての研究と考古学での業績に対する関心が十分ではないという点にある。南欧についてのフランス学界での仕事なら，第1部でも十分に調査したはずであるが，確かにイタリア学界での業績からは，

（2） 森本芳樹『西欧中世経済形成過程の諸問題』木鐸社 1978年，291－296頁。

当時そこで古典荘園制の積極的な再評価が進められている証拠として，ボローニャ学派による『中世土地制度史叢書』Biblioteca di storia agraria medievale の第1巻をなす，イタリア中世初期荘園制の概観（[5]）を取り上げたにすぎなかった。今回はこの叢書が続刊されている（Andreolli / Montanari [7]；Fumagalli [167]）他に，1989年のスポレート研究集会『中世初期における環境としての植生』（[4]）での多数のイタリアの研究者による報告もあり，また活躍を続けるボローニャ学派の重鎮フマガッリ（[168]）と中堅モンタナーリ（[309][310]）の論文集が刊行されたこともあって，イタリア学界の成果はかなりの程度に追跡することができたと信ずる。これに対して，同じ地中海地帯の研究として独特な業績を生み出しているはずのスペイン系学界については，森本の力不足のために本格的に取り上げるには至らず，フランス語で発表された数点（Larrea [268]；Pastor [357]；Salrach [405]）を検討するに留まった。こうして第2部では，ドイツ，フランス，ベルギーの学界での研究成果に，ボローニャ学派を中心とするイタリア学界のそれを加え，かつオランダ学界から考古学の若干の業績（Heidinga [220]；Theuws [440]）を入れ，さらにイギリスとアメリカでの本書の課題についての業績を加えて素材としている。

　さらにお断りしておきたい点が二つある。第1は，現在でのヨーロッパ学界の多産性を考えるなら，この範囲内でも文献調査は完全ではありえないことである。実際きわめて多数の地方誌や次々と刊行される統一テーマのない記念論文集の中には，本書と関係が深いはずの論文が刊行されている可能性が大きいが，これらを網羅的に検索することは事実上不可能である。また，ヨーロッパ学界での研究成果の一部が広く知られ難い一つの要因として，たとえ相当の問題作でしばしば引用されているものであっても，多数の学位論文が未刊行のままだという事情がある。ただしこのような困難にも拘らず，中世初期の荘園制についての主要な論点については，本書での見落としはないものと思う。

　第2はイギリス学界についてである。フランク王国における社会経済的進化とイングランドのそれとの間に，きわめて密接な関連と並行関係があったことは，現在いろいろな分野について明らかにされつつある[3]が，農

　　（3）　例えば，フランクとイングランドでの同時進行的な銀本位制採用に

村史も例外ではないはずである(4)。イギリスで長い蓄積を持つマナーの研究が，本書のテーマの解明に寄与するところは大きいに違いない。また1984年の九百年祭をきっかけとして盛んなドゥームズデイブックの研究でも，大陸の所領明細帳との関係が取り上げられており(5)，この点からもイギリスでの研究成果の検討はおおいに有用なはずである。けれども，これまた膨大な数に上るそれを調査することは当面不可能であったので，第2部ではフランク王国に関する数点を取り上げるに留まった [Freedman (165); Wickham (483)(484)(485)]。

次に考古学の研究成果については，もちろん第1部でもその重要性は意識されてはいたが，歴史学の分野に入り込んできているものを若干取り上げただけであった。そこで第2部では，考古学プロパーの仕事にも探索の手を延ばしてみた。現在ヨーロッパ諸国でこの分野がおおいに繁栄していることはわが国と同様であって，大量に刊行されているその文献を見渡すことはきわめて難しい。ここでも主として歴史学の分野で注目されている業績を取り上げたに止まるが，それでも考古学による寄与の意味について了解するには十分であろうと信ずる。それは主として，考古学的手法による農村の物的な諸側面の解明であり，それを通じてする中世初期農村成長の確認である。これに対して，その荘園制研究への寄与は必ずしも直接的ではない。すなわち，領主による経営中心と農民の定住場所を含めた二元的構成の空間が発掘によって示されたのは，管見の範囲では，トゥベール

　　　　ついては，森本芳樹「小額貨幣の経済史——西欧中世前期におけるデナリウス貨の場合」『社会経済史学』57-2, 1991年, 13-32頁を見よ。[森本芳樹『西欧中世形成期における農村と都市』岩波書店 2005年，第11章として再録。]

（4）　西欧中世初期における農村成長を検証しようとした第10回フララン研究集会には，イングランドに関する次の報告があって，こうした並行関係を読み取ることができる。Ch. Dyer, Les problèmes de la croissance agricole du haut Moyen Age en Angleterre, in [81], pp. 117-30.

（5）　J. Percival, The precursors of Domesday : Roman and Carolingian land registers, in P. Sawyer (ed.), *Domesday Book. A reassessment*, London 1985, pp. 5-27 ; R. H. C. Davis, Domesday Book : continental parallels, in J. C. Holt (ed.), *Domesday studies*, Suffolk 1987, pp. 15-39.

の指摘しているブルゴーニュの例 [(451) 283] だけである。発掘はむしろ狭い範囲に限られるのが通例であるから，領主支配の拠点（Berings [30]），あるいは農民経営の中心（Guadagnin [198]138-142）と思われるものが，ばらばらに掘り出されるのが常である。必ずしも発掘によることなく，しかし考古史料を広く検討して広域的な調査が行われる場合でも，荘園制については文字史料に依存しているのが現状である（Parodi / Raynaud / Roger [352]；Theuws [440]）。文字史料によって一定の荘園組織の存在が想定できる場所で，考古学者がその物的施設や空間構造を明らかにした例はなお見当たらない。ドイツ学界では考古学，歴史学，地理学の緊密な協力(6)の中で，定住史に重点を置いた小地域の綿密な検討が行われている。ミュンヘン近郊のアシュハイムに関する研究などがその模範的な例（Danheimer / Diepolder [82]）だが，そこでも，当初は王領として開発の対象となったこの政治経済的に重要な土地で，二分制的な荘園組織の存在はほとんど自明の前提とされているが，発掘と耕地図の分析を柱とする綿密な検討からも，その実態は明らかにされてはいない。また歴史考古学で令名の高いオランダの考古学者たちは，70年代にはライン河口北岸の小地域フェリュウェを研究した後に，80年代には河口地帯の南方に移ってフランク王国の北辺をなすケンペンを検討している（Heidinga [220]；Teuws [440]）。こうした研究によるカロリング期農業生活の解明には，目を見張るものがある（Groenmann-van Waateringe / van Wijngaarden-Bakker [197]）が，残念ながらヘイディンハによる政治社会形成の解明では荘園制は問題となっておらず，テウスは農村開発の進行と荘園組織の出現との並行関係を明らかにしたが，開発は考古史料で裏付けられるのに対して，荘園制の存在は文字史料から確認されるのである。このような例からも，考古学は今までのところ「支配」Herrschaft の存在は証明しえても，「荘園制」Grundherrschaft の実態には迫りえていないという，クーヘンブッフの断言（[257]353）は当っており，文字史料とは独立に考古学的に荘園制の解明が行われうるのは，もしそれが可能であるとしてもなお先のことだと思われる。

（6） この協力関係がよく示されているのが，1983年から刊行されている年刊誌『定住研究。考古学・歴史学・地理学』*Siedlungsforschung. Archäologie-Geschichte-Geographie* である。

第1章　中世初期における農村成長の確認

　80年代後半の中世初期農村史研究では，土地占取や農業といった農村生活の物的側面に大きな関心が向けられている。荘園制の再評価を軸に展開してきた研究は，どうしても農村の社会経済的側面に注意が集中して，80年代前半にはその物的基礎についての仕事が目立たなかった（Morimoto [319]112-113）が，その傾向が変わってきたようである。それには，89年スポレート研究集会『中世初期における環境としての植生』（[4]）での論調が示しているように，ヨーロッパ学界での中世における環境問題への注目(7)が大きく貢献していると思われる。その中で，かつてはことにフランス学界で盛んだった中世初期の農業生産水準についての悲観的な見解の強い主張が見当たらなくなり，この時期に農村経済の成長が見られたことがヨーロッパ学界での合意となってきている。第3章で見るように，フランス学界では相変わらず中世初期の荘園制の役割について懐疑的な意見が強いが，そうした見解も現在では，先行する時期のようにこの中世初期の経済水準に対する悲観説と結びつくのではなく，むしろ中世初期における農村成長を積極的に評価しつつ，しかもその担い手を広範に存在したという独立農民層に求めるところに成立しているのであって，そのことを明確に示したのが，88年のフララン研究集会『中世初期における農業成長。年代・態様・地理』（[81]）での議論である。

　人口変動については，環境問題への関心の中で練り上げられつつある生態学的な手法(8)によって，考古学者の提示する史料をめぐる議論を始め，

---

(7)　最近では中世における環境問題を取り扱った仕事が多いが，その一部は，森本芳樹「ヨーロッパ中世における自然の領有」『世界史への問い，1　歴史における自然』岩波書店　1989年，17-40頁で使われている。

(8)　「中世における人口展開の決定要因」をテーマとする研究集会が最近2度行われており，それらの成果は，B. Herrmann / R. Sprandel (ed.), *Determinanten der Bevölkerungsentwicklung im Mittelalter*, Weinheim 1987 ; Id. (ed.), *Die Bevölkerungsentwicklung des europäischen Mittelalter* ([408]) とし

考察はますます精緻になりつつあるようだ(Sasse [408]；Steuer [432][433])。歴史家がそうした議論に参加しようとする例もある (Bois [36] 161-168) が，それには多くの困難が伴うようである (Zadora-Rio [498])。これに対して，ことに所領明細帳という定量化の可能な史料を使って，人口の構造や変動を追究する仕事は先行する時期には盛んだったが，最近では，ゼルネルがかつてマルセーユのサン゠ヴィクトル修道院所領明細帳を材料にした考察を再び取り上げて，9世紀初頭の同修道院領の人口は成長開始時点にふさわしい構成を示していたとしているくらいである ([501]153-157)。いずれにせよ，遅くとも7世紀末くらいから人口は増加傾向を辿っているという認識は確立しており，それが中世初期農村成長の基礎にあったと一般に考えられている。

　通例は開墾を中心に置いて捉えられている農村開発については，3点を指摘しておきたい。第1は，考古学的手法による研究の進展である。メロヴィング期墓地の発掘という中世考古学のすでに伝統的な分野は，依然として開発初期の解明に貢献しており，オランダの考古学者の広い視野に立った仕事で，墓地についての所見が定住地の分布や手工業の展開のような他の諸要素と組み合わされて論じられているのが典型的な例である (Heidinga [220]；Theuws [440])。ことに最近目立つのは，栽培作物の種類とそれぞれの普及度合を測定するための「堆積花粉分析」palynologie の応用であって，中世農村史に適用するための方法論の検討 (Noël [339]) が進められるとともに，チューリンゲン (Gringmuth-Dallmer / Lange [196])，フェリュウェ (Groenman-van Wateringe / van Wijngaarden-Bakker [197]6-38)，アルデンヌ (Noël [340]) などに応用されている。そうした中から，一定の地理的範囲で利用可能な考古史料と文字史料を総動員し，これに歴史地理学的な方法も採用した研究が生み出されている (Danheimer / Diepolder [82]；Guadagnin [198]；Parodi / Raynaud / Roger [352])。

　第2にきわめて多くの場合，開墾過程がその担い手の問題として検討されていることである。もちろんロールマンの中世初期ドイツでの農村開発の概観 ([278]) のように，その進行度合を年代的・地理的に描写する仕事ではそれは後景に退いている。しかし一方には，フランク王権による大規

　　て刊行されている。

模な開墾の例が，ドイツの研究者によって歴史地理学的手法を用いて跡付けられている（Danheimer / Diepolder [82]；Nitz [337][338]）。また7世紀ガリア北部に創建された修道院が奴隷を投入して進めた，古代末期耕地の回復としての開墾を描いた佐藤の論文（[410]）や，バイエルンでの諸修道院所在地周辺での開墾が，一円的な所領形成に導いていったとするシュテルマーの仕事（[436]395-398）では，教会領主の主導による開発が例示されている。教会領主の開墾での役割には，研究史上多様な評価があったが，ルールでの農村開発の態勢が中世初期に荘園制の形成と並行して定まったとするゲーツの場合は，世俗領主の手で始められた開墾がことにヴェルデン修道院によって受け継がれ，大規模化されたと考える（[185]）。これに対してワイディンガーは，フルダ修道院領での開墾は王権や世俗領主の手によって寄進以前に大きく進行していたとして，ずっと低い評価を示している（Weidinger [479]274-277）。また開墾活動を読みとることのできる数少ない所領明細帳の一つである，モンティエランデル修道院のそれを分析したドロステは，同修道院領の一部が「開墾屋敷」Rodungshof として，耕地が狭小で保有地が少ない所領の形をとり，当面豚の飼養に集中しながらも，修道院による奴隷的非自由人を使役した開墾が進められたとしている（[135] 143-144）。これに対して他方には，開墾の担い手は自由農民の広範な層であったとする一連の研究がある。これらはフランス南部とスペイン北部の史料に主として依拠しているが，その中には，自有地農民の役割を強調して領主の関与をほぼ全面的に排除する見方（Bois [36]185-193；Bonnassie [43]）と，国王や領主による上からの支配は認めながらも，実質的に自由農民による開発主導を主張する立場（Larrea [268]；Salrach [405]）とがあり，この点は第3章で再び論じなければならない。

　第3に農村開発の指標として，開墾以外の部面にも目が向けられている点である。この点ですぐに想起される水車については，ロールマンによるまとまった検討（[277]）があるが，もう一つ注目したいのは，ボナッシーらの指摘する教会堂の意味である。すなわちカタロニアにおいてもフランス南部でも，開墾を進めた自由農民の集団は，自ら小規模な教会堂を建設しこれに基本財産を寄進して維持しており，これら教会堂の検討によって開発の進行を辿ることができるという（[44]17-18, 29-30；Freedman [165]38-42）[9]。

拡大する耕地で栽培される作物についての検討も，一段と精密になっている。ことにドヴロワは89年のスポレート研究集会でフランク世界での穀物についての報告を担当して，領主直領地での粗放農業に対して農民保有地での集約農業が優勢になってくるという中世初期の大きな傾向の中で，全体として粒皮のある麦（→ blé vêtu）に対して裸の麦（→ blé nu）が進出して，小麦・ライ麦・大麦・燕麦という4種類が中心となってくる過程を，詳細に検討している（[117]）。ただしスペルト小麦は粒皮を持ちながらも，その強健性と保存性とによってカロリング国家で重用（例えば軍隊の携行食料）され，地帯的にかなりの広がりを保っていたという（[115]）。またツクトゥチによる論文は複数穀物の多様な保存法を検討して，中世初期農業研究の精密化を如実に示してくれる（[503]）。

　もちろん穀物以外の作物も検討の対象となっており，ピーニによればブドウとオリーヴとの栽培は，イタリアのフランク支配地域での荘園制の普及によって著しく拡延したという（[368]345-351）。またライン河からモーゼル河にかけての一帯を検討したイルジーグラーによれば，古代から中世までここで切れ目なく行われていたブドウ栽培では，一円的な栽培地帯は10世紀後半にならないと出現しないものの，中世初期には個別的にそれに特化した専門経営がある程度存在していた（[239] 50-56）。さらにアンドレオッリによる庭畑耕作とそこで栽培される豆類・野菜・果物・花卉などの検討（[8]）は，穀物に一方的な重点を置いて中世農業を捉える立場への批判となっている。

　穀物栽培技術としての輪作については，最近ヒルデブラントとデルヴィルとの仕事があり，いずれも西欧中世農業の精随をなすとされる冬穀→夏穀→休閑という三年輪作の存在を認めながらも，その進化と普及との度合については判断がかなり異なっているのが興味深い。すなわち著名な所領明細帳での賦役労働と貢租との対象となる穀物種類の言及を素材として，ヒルデブラントは9－10世紀を三年輪作の進出期と捉える。確かにそれまでの夏穀優勢の中に，冬穀がことに領主直領地を場として，しかし農民保

（9） 1988年フララン研究集会でダイヤーも，10-11世紀のイングランドについて，教会堂の普及が農村成長の印だと述べている。Dyer, Les problèmes ［前注（4）］, pp. 128-129.

有地にも確実に普及してきていた。だが中世初期において三年輪作は，冬穀の定住地近くでの集約栽培と夏穀のその外部での粗放栽培との組み合わせ（いわゆる infield-outfield-system。ライ麦を中心としたその1例は，Groenmann-van Waateringe / van Wijngaarden-Bakker [197] に紹介されている），及び夏穀を優先した不規則な輪作と併存しており，後者を犠牲としながら拡延しつつはあったが，なお圧倒的に優勢となったわけではなかったという。従って村域全体の耕圃への組織化（→ Zelgenwirtschaft）による三圃制度の成立も，中世盛期を待たねはならないとする（[229][230]）。これに対して，サン゠モール゠デ゠フォッセ修道院所領明細帳での賦役労働規定を検討したヘーゲルマン（[207] 73, 94）と，ワイセンブルク明細帳について同じ作業をしたデッテ（[102]60）は，むしろ完全な形での三年輪作が実現していたと見ている。そして中世後期の史料から遡及的に問題を追究し，中世初期については王領アナップの目録の他，サン゠ベルタン修道院とサン゠タマン修道院との所領明細帳を分析したデルヴィルとなると，三年輪作は所領の内部で広く行われていたのは確実で，かつそれを「三圃制度」assolement triennal と呼んでよいと考えている（[94]365-373）。中世初期農業への悲観説に対するデルヴィルの反発は，フランス北部での都市゠農村関係を扱ったその論文でも明確で，カロリング期を都市の機能衰退に対して農村に顕著な発展のあった時期と規定しながら，後者の基礎の一つとして三圃制度を考えているのである（[95]209-210）。このような発達した穀物耕作は，中世初期荘園制の役割を積極評価する場合にしばしばその構成要素と考えられており，西欧北西部の古典荘園制の描写のうちに，三年輪作のみならず開放耕地まで含めているトゥベール（[454]73）がその典型である。

　このような研究状況の中では，農業生産の水準を測る重要な指標とされてきた「収穫率」yield ratio についても，かつてデュビィによって提起されていた播種量1に対して収穫量2に近いような低い数字[10]は，受け入れられなくなっている。デルヴィルのように5以上という数字を提案する研究者もいる（[95]210）が，カロリング期の数字が確実な材料を提供してく

（10）収穫率に関するかつての論争については，森本『諸問題』[前注（2）] 247-248頁を見よ。

れないとするドヴロワ（[117]243-246）や，デュビィの数字は低すぎるが，近世の収穫率から出発する一部の研究者による数字は逆に高すぎるというトゥベール（[453]75-76）の意見を，代表的なものと考えてよかろう。

　ところでこのような農業成長において，体系的な知識が何らかの役割を演じたのだろうか。中世初期に独自の農学が存在しなかったことは確かだから，当然関心は古代農学の適用に向けられるが，それについてはゴーランによる面白い仕事がある。すなわち西欧中世初期には，確かに多数の古典古代の農書が伝来している。しかしそれらは，ことに修道院を場として行われた古典古代からの文献伝来の一部をなしており，手書本の状況から見て，農業実務のためよりは古典古代的教養としての修得に向けられていた。ゴーランはカロリング期の修道院領での荘園制の展開を実証してきた最近の研究動向を考慮に入れた上で，そこで古代農学が実践されていたわけではないとしているのである（[174]122-126）。また，ツクトゥッチは古典古代の農学者は穀物の保存法について論じていたが，この議論は中世後期になって再び取り上げられるようになり，中世初期にはその前後と同じ方法が経験的に用いられていたと述べて，これまた古代農学の貢献を否定している（[503]875-877）。さらにアンドレオッリは，修道院では庭畑地が修道士を最も進んだ農業に就かせることで研究と教育の場となり，古代技術の中世への適用に貢献したとしている（[8]192-195, 204-209）が，ここでもむしろ経験的な実践が当時の農業生活の基本だったとしているようである。

　以上のように，現在のヨーロッパ学界では中世初期における農村開発の進行を積極的に評価する傾向が強いが，それと並んで，この時期の農村生活を耕地での穀作のみに重点を置いて捉え，開発と開墾とをほとんど同一視してしまう仕方への反省も生じている。それは，1989年のスポレート研究集会『中世初期における環境としての植生』（[4]）にまとまった形で現れており，またボローニャ学派の論文集『中世における森林』（[7]）の中世初期に当てられた論文にも見られるが，未耕地，ことに森林が持っていた有用性を見直し，それと耕地との補完関係のうちにこの時期の農村の一つの特徴を求めようとする方向である。以前からフマガッリによって，中世初期での森林の大きな比重が強調されてきた（[168][169]）が，それを引き続いた時期における開墾の対象としてだけ眺めるのではなく，むしろ大

規模な開墾以前の独自な農村生活の重要な要素と考えようとするのである。
　まず前述のアンドレオッリによる庭畑地に関する論文が穀作中心の見方を批判して，庭畑地における多様な作物の集約的な栽培が農村住民の食料獲得にきわめて重要であったとする主旨であったが，同時に他方の極で未耕地も同じ役割を果たしていたと指摘している（[8]178-181）。この点を詳しく検討したのが，農業史と関連させた食生活研究という新しい境地を開いてきたモンタナーリ（[309]）である。それによれば，中世初期にはあらゆる階層にわたって，植物性と動物性との食物が均衡した多彩な食生活が見られたが，食料獲得のためには自然そのものに依存する部面が大きかった。また生産の体系においても，豚の放牧のように森林の用益を基礎とする分野が大きく，その資源に大きな関心が払われており，全体として採集と栽培との均衡によって食生活が維持されていたという。森林を中心とする未耕地の多彩な利用方法は，ガレッティがピアチェンツァ地方について（[171]），またグルーンマン＝ファン　ワーテルリンヘらがネーデルラント北部について（[197]）描いている。さらにラガッツィは境界のあり方を問いつつ，未耕地が重要な中世初期の境界は所有よりむしろ用益の観点から設定されており，非連続的な形をとっていたと考えている（[267]）。
　これらイタリアの研究者による仕事が，どうしても主としてイタリアの史料に依拠しているのに対して，西欧全体から素材を集めて最も本格的な議論を展開したのがウィッカムであり，その主張には二つの大きな論点が含まれている。第1に中世初期には王領としての広大な森林がしばしば言及されるが，これらはまったくの未耕地なのではなくて，そこには広範に自由農民が居住して用益と開発とに従事している。およそ現在まで中世初期の森林面積は，その内部での多様な人間活動を軽視することによって誇張されており，そもそも耕地と未耕地との区別はこの時期にはきわめて曖昧なのである（[483]481-501）。　第2に森林の利用形態は樹木の種類や所有形態に応じてきわめて多様であったが，原則として近隣の住民全体によって用益されており，紀元千年に至るまでは地中海周辺を含めて十分な森林が存在していた。開墾は確かに進行はするが，中世初期には森林と耕地との補完的利用が小地域を単位に行われており，この時期に特有の自給的な経済生活が組織されていたというのである（Ibid., 501-545）。
　ところでウィッカムは，第3章で検討するボワの「紀元千年の変革」説

を批判した論文でも，貧困ながらも農民の家族と共同体とが自己充足していた時期として，中世初期の社会経済に独自の規定を考える必要があると力説（[484]33-38）するが，耕地と穀作以外の部面もそれなりの仕方で豊かな農村生活を保証できたという主旨の以上の仕事は，開墾による経済成長の明白な中世盛期と区別して，中世初期社会経済の独自性を構想すべきではないかとのきわめて大きな問題提起となっているのである。そしてこうした点に注目するとき，未耕地と耕地との均衡という状況がどの時期まで維持されたか，逆に言えば，それを崩していく開発の起点と担い手をどこに求めるかについての判断が，ここに挙げた研究者の間でかなり食い違っているのに気付く。ことに，採集と栽培との均衡が維持されていた最後の時期を7－8世紀に求めるモンタナーリ（[311]299）と，森林の多面的な利用に基づく小地域での自給体制の崩壊を，11世紀以降に進行する地域ごとの特化を原因として説明するウィッカム（[483]536-540）との間では，9－10世紀という本書にとって最も重要な時期の捉え方が異なっているのである。この場合，中世初期の間にブドウや穀物などの有用作物の優遇が始まったが，それは農村開発を体系的に進めた荘園制によって推進されたとするフマガッリ（[169]31-32）と同様に，モンタナーリも修道院領における生産モデルの変更が穀作を推進して前述した均衡の破壊に導いた（[311]300-304）としているのに対して，ウィッカムはそもそも小地域的自給体制の担い手を自由農民層に求めており，しかも中世初期を通じて荘園制の拡延を大きく考えないところから，森林の多面的利用が遅くまで維持されたという見解に至っているのである。従ってこの限りでは，荘園制の進化は穀作のための開発を軸とするという，従来の見解に変更を迫るものではない。けれどもガレッティの所論の中には，大土地所有が拡延した後でも，所領外部での牧畜や狩猟が広く行われると同時に，所領内部で領主直領地に属しながら『共同森林』«silva communis» とされている場所を中心としての，農民による森林経営や牧畜活動の重要性が継続するという主張（[171]210-212）がある。庭畑地の重要性を主として論じながら，未耕地の多様な利用の意味を浮き彫りしたアンドレオッリの論文（[8]）も，荘園制の普及を前提として書かれている。またモンタナーリも，穀作への方向が規定的となった後でも，下級穀物の比重は大きくパンの形態もきわめて多様であった上に，パン以外の形での消費も重要だったと述べて

([311]305-318），主要穀物によるパン消費という図式にとらわれるのを戒めている。このように見てくると，ここで取り上げた未耕地の役割の再検討は，荘園制の性格を考える上でも見逃せない問題を含んでいるのである。

第 2 章　荘園制の諸側面

はじめに

　最近 6 年間における西欧中世初期農村史研究も，1970年代末からの傾向を引き継いで荘園制を軸として進められている。その中で対象となる地理的範囲について，従来からの研究の本場であるロワール＝ライン間地域を意識して越える努力が行われた。80年クサンテン (Janssen / Lohrmann [243])，83年ヘント (Verhulst [462]) と開かれてきた大所領をテーマとする研究集会は，引き続き 87 年にゲッチンゲンで行われたが，この会議録は『中世初期における荘園制の構造』(Rösener [388]) と題して刊行されたものの，会議そのものは『カロリング期＝オットー期ドイツにおける荘園制の構造』として組織されており (Ibid., 7)，そこでの報告の多くはライン河以東での荘園制の検討を含んでいた。またごく最近刊行されたレーゼナーとワイディンガーとのそれぞれ浩瀚な研究 ([391] ; [479]) は，いずれも東フランクの荘園制をテーマとしている。さらに88年のフララン研究集会は『中世初期の農業成長。年代・態様・地理』([81]) をテーマに掲げたが，ここでもライン河以東が視野に収められると同時に，フランス南部とスペイン北部とに重点が置かれている。他方イタリアにおける研究も第 2 部の「はじめに」で述べたように盛んであり，ヨーロッパ学界の共通財産になりつつある。こうした研究対象の地理的な拡大によって，一方では「荘園制モデル」の有効範囲が検討されると同時に，他方では荘園制の地域差が検出され，これら二つの営為が絡み合って中世初期における荘園制の多様な側面が解明されつつある。

　中世初期荘園制研究の根本史料である所領明細帳の検討が近年ますます進められ，いくつもの新版が刊行されるとともに，史料論的吟味にも力が注がれた。それを主たる基礎として明らかにされたのは，まず広域的な空間組織としての荘園制である。従来から遠隔地所領への関心は高かったが，最近では大土地所有・経営を広い地理的範囲で捉え，生産と流通が領主の

意図によって合理的に整備される過程として，観察する志向が強まっている．それと接合しつつ所領形態論は依然として盛んであるが，王領・教会領・世俗領という領主の区別から生じうる差異がことに注目され，その中で大所領と小所領との対比が一つの重要な論題となっている．所領形態に決定的な作用を及ぼすのは賦役労働であるが，これは所領明細帳への記載も多くて強い関心を集めており，しかもそれは，一方では中世初期の奴隷の存在形態への注目と密着しており，他方ではマンス＝フーフェを頂点とする農民保有地の多様な形態の検出に連なっている．荘園制と流通という最近になって開拓されてきた分野での仕事もあり，その一部は進んで荘園制と都市との関係を論じている．「荘園制モデル」の豊富化と並んで，古典荘園制の歴史的性格を規定しようとする理論的なアプローチも続けられており，そこから，第3章で扱うような荘園制の意義を低くみる批判的な見解との対話の可能性が，生まれてきているように見受けられる．

　本章では以上の諸点について最近発表された業績を検討するが，この期間には私の試み以外にも，研究動向の批判的な概括（Kuchenbuch [256] [258]；Rösener [389]；Toubert [454]）が行われており，いずれも中世初期における荘園制を重視する立場をとって，長い研究史を背景に置きながらも，そうした傾向の目立ってきたここ四半世紀くらいの仕事を視野に収めている．ここではこれらをも参照しつつ，ごく最近の研究動向を先行する時期のそれから切り放す愚を避けるよう努力したい．

1　所領明細帳の新版と史料論

A　新版の刊行

　19世紀に刊行された所領明細帳を新たに校訂する仕事は，この6年間にも活発に進められ，いくつかの所領明細帳の新版が世に問われた．伝来するカロリング期の大小の所領明細帳約30編のうち三分の一が，こうして新たに刊行されたことになるとクーヘンブッフは言っている（[256]304）が，まことに目ざましい成果である．

　まずファリップが新版を出したサン＝ピェール＝ル＝ヴィフ修道院所領明細帳（[367]）は，ロワール河以南の数少ない所領明細帳の一つとして，最近も議論の対象となってきた(11) 9世紀前半の史料で，サンス所在のこの

修道院がオーヴェルニュのモーリャックに所有する広大な所領を登録した記録である。古典的な史料集に収録されていたもの(12)は，国立図書館などパリに伝来していた諸写本を基礎としていたが，ファリップはむしろ在地における伝来に注目して，中でも一番完全なクレルモン=フェラン市立・大学図書館所蔵本を底本として用い，これを他の諸版によって補完して新版を完成した(Ibid., 573-586)。底本は近世の手書本を収めた書冊の中にあるが，その検討を通じてファリップは近世のオーヴェルニュでは，この所領明細帳を取り込んだクロヴィスの偽文書の複数の写本が出回っていることを明らかにしている(Ibid., 568-570)。この例は，すでにランスのサン=レミ修道院所領明細帳の新版をめぐって問題となったように（前掲107，113頁），近世における写本の探索がカロリング期所領明細帳の刊行のためにいかに重要であるかを再び如実に示しており，そうした努力によってサン=ピエール明細帳の場合には，従来の版よりも三分の二近くも長いテキストが再現されえたのである。なおファリップは，テキストの分析による社会経済構造の検討に多くの頁を割いていて(Ibid., 587-607)，これは第3章で取り上げることにするが，それに加えて，偽文書作成というこの記録の伝来過程の決定的な環についても，興味深い考察を行っており(Ibid., 671-675)，こちらは本節Cで扱うことになる。

　最近6年間におけるカロリング期所領明細帳の新版は，これ以外はすべてヘーゲルマンのグループによっている。デッテによって新たに校訂されたワイセンブルク修道院の所領明細帳（[102]）はきわめて著名なもので，1842年の旧版で多くの研究者によって取り上げられてきた(13)。これはシ

---

(11) この史料は G. Fournier, *Le peuplement rural en Basse Auvergne aux époques mérovingienne et carolingienne durant le haut Moyen Age*, Paris 1962, pp. 201-283 ; M. Rouche, *L'Aquitaine des Wisigoths aux Arabes 418-781. Naissance d'une région*, Paris 1979, pp. 183-248 などによって地域史研究に利用された上で，ポリィの南仏中世初期社会構造論（[370]）でも重要な材料となった。

(12) G. Pertz (ed.), in *Diplomata imperii* (MGH), I, Hannover 1826, Spuria, pp. 114-119, 132-134.

(13) C. Zeuss (ed.), *Traditiones possessionesque Wizenburgenses*, Speyer 1842. この所領明細帳に関する仕事としては，最も包括的な H. Dubled,

ュパイアーの文書館に所蔵されている1280年頃の書冊——その作成者である修道院長の名を取って，『エディリヌス本』*Liber Edilini* と呼ばれている——の大半を占め，複数の時点で作成された台帳系記録の集成であるが，その構成要素の大部分がカロリング期に由来する。デッテによる年代諸層の分析は十分な整理が施されているとは思われず，きわめて難解であるが，ともかく13世紀末の書記は，所領明細帳から封リストに至るまでの性格の異なる諸記録を，文書庫に保存されている秩序に従って十分念入りに筆写したとの理解（*Ibid.*, 28-30, 41-42）を前提にして，年代決定で従来からの見解とは異なる点を含む次のような主張をしている。すなわち，ワイセンブルク修道院では850年代後半に寄進文書を中心とした写本集が作成された(14)が，その直後に台帳系記録の集成も行われた。下敷には複数の先行する記録が用いられており，その中には集成の時点より著しく古いものもある。ことに最古の層である第1章から第25章までは，従来は860年頃に新たに作成されたと考えられてきたが，むしろ818／819年以前とすべきである。それはこれらの章には修道院に属する教会の記載がなく，これは十分の一税とともに教会が司教からワイセンブルクに移管された，この年代以降の状況ではありえないからである（*Ibid.*, 42-47）。最終的にデッテは，『エディリヌス本』に伝来された所領明細帳を異なった11層から成ると見ているが，それぞれの年代決定も，ごく一部を中世盛期とする他は，「10世紀初頭」というような表現を使って，9世紀になるだけ近い時点に位置づけようとしている（*Ibid.*, 171）。ただしテキストの刊行は，こうした考察とは独立に，各頁のレイアウトも含めて底本の物的体裁を再現する仕方で行われている（*Ibid.*, 93-160）。デッテによる執筆部分の約半分は，この所領明細帳のカロリング期に由来する諸章の分析である（*Ibid.*, 48-85）が，これは以下のいくつかの箇所で取り上げられることになろう。

ドロステが新版を出したモンティエランデル修道院の所領明細帳

Der landwirtschaftliche Großbetrieb im Rheingebiet hauptsächlich im Elsaß vom 8. bis 10. Jahrhundert, in *Zeitschrift für die Geschichte der Saargegend*, 14, 1964, pp. 11-55 を挙げておく。

(14) K. Glöckner / A. Doll (ed.), *Traditiones Wizenburgenses. Die Urkunden des Klosters Weißenburg 661-864*, Darmstadt 1979.

([135])は，この種の史料としては珍しく開墾についての記載が多いことで知られており，その点からも最近の荘園制研究の中で注目を引いてきた(15)。これは12世紀中葉に作成された同修道院のカルチュレールの最後の折に筆写されて伝来しているのみであるが，この所領明細帳の作成過程を解明するにはほぼ唯一の手がかりであるこの手書本の検討を，ドロステは半頁で片付けてしまっている (*Ibid.*, 10-11)。実はこの史料全58章のうちには，10世紀末から11世紀の作成にかかる7章（XXXVIII-XLIV）を除いて，前半の37章が修道院直轄部分に当てられるのに対して，後半の14章はプレカリアとして出されている土地を記載しており，しかもこれら両者の間には内容上の著しい相違がある。後代の諸章が真中に割り込んでいる点からしても，最近カロリング期所領明細帳の特質と考えられるようになってきた複層性という属性が，この所領明細帳にも備わっているのでないかと問うてみたくなるが，ドロステはそれにはまったく関心がないようである。そしてかつてのロットの論文(16)に全面的に依拠しながら，修道士団用財産の目録だとするカルチュレールでの標題に反して，この所領明細帳がむしろ845年の修道士用財産設定の直前に作成され，モンティエランデルの所領全体に当てられていたと考える (*Ibid.*, 15-16)。このように史料批判に聴くべきものは少なく，テキストの再現 (*Ibid.*, 19-46) にもさしたる特徴がないが，ドロステの仕事の重点はむしろ，ほとんど逐語的と言える程の史料解釈を施していることにある (*Ibid.*, 47-139)。そしてそれに基づいて，所領構造に関して今までにはほぼ唯一の仕事として森本の論文を批判しつつ (*Ibid.*, 12-14)，この修道院領の特質を探っているのである (*Ibid.*, 140-144)。

---

(15) Verhulst, La genèse ［前注（1）］, p. 147；森本芳樹「モンティエランデル土地台帳の分析——『古典荘園制』未発達の1形態——」『経済学研究』（九州大学），37-1～6, 1972年, 209-229頁。旧版は, Ch. Lalore (ed.), *Collection des principaux cartulaires du diocèse de Troyes*, IV, Paris 1878, pp. 89-115.［この史料については，森本芳樹「モンティエランデル修道院所領明細帳——研究史の回顧と展望——」森本『農村と都市』［前注（3）］第2章が，最新の情報を伝えている。］

(16) F. Lot, Note sur la date du polyptyque de Montierender, in *Le Moyen Age*, 34, 1924/1925, pp. 107-117.

こうした弟子達による努力に負けじと、ヘーゲルマンもサン゠モール゠デ゠フォッセ修道院の所領明細帳に取り組み、ほぼ同時に作成されたというパリ市内に同修道院が持っていた敷地の台帳をも校訂し、またもう一人の弟子ヘドヴィックにサン゠タマン修道院の所領明細帳を担当させて、これらの新版を併せて一冊の書物として刊行した（[207]）。いずれも上述の所領明細帳よりずっと短い記録であり、ヘーゲルマンはこうした小規模所領明細帳にも十分な注意が必要だと述べている（*Ibid.*, 1）。ヘーゲルマンが新版を出したサン゠モール゠デ゠フォッセ修道院の所領明細帳と敷地台帳（*Ibid.*, 91-102）は、ゲラールなどの版[17]によって知られており、言及されることはかなりあった[18]とはいえ本格的な検討の対象となったことはなかった。これらは同修道院に伝来しながら、『グランフーユの聖書』*Bible de Glanfeuil* と呼ばれている書冊（パリ国立図書館所蔵）のうちに記されている。そもそもグランフーユ修道院はロワール河畔に位置していたが、868年にノルマン人の侵攻を逃れてマウルスの聖遺物とともにパリのサン゠モールに移ってきて、この修道院と合体した（[207]4-10）。ヘーゲルマンはこうした二つの修道院の絡み合いを前提に、『グランフーユの聖書』の綿密な史料批判を展開して、この書冊がグランフーユで作成されたという従来の説を否定して、これを完全にサン゠モールの世界に引き戻す。そして868年の事件をその直後に生々しく描いた奉遷記に続けて書かれている所領明細帳の作成動機は、サン゠モール修道院がグランフーユの修道士たちを迎え入れるに伴って必要となった、物資補給組織の再編成に違いないと考え、従ってその年代も869年に近く、いずれにせよ今度はサン゠モールの修道士たちがノルマン人の侵攻のために逃避する、878年以前だとする（*Ibid.*, 14-15）。さらにヘーゲルマンは、所領明細帳でのランス市内の土地の記載と

---

(17) 所領明細帳：B. Guérard (ed.), *Polyptyque de l'abbé Irminon ou dénombrement des manses, des serfs et des revenus de l'abbaye de Saint-Germain-des-Prés sous le règne de Charlemagne*, 2 vol., Paris 1844, II, pp. 283-288. 敷地台帳：R. de Lasteyrie, *Cartulaire général de Paris*, I, Paris 1878, pp. 72-75.

(18) 佐藤彰一「9世紀末パリの教会と土地所有──Saint-Maur-des-Fossés 修道院土地台帳の分析を中心として──」『社会科学ジャーナル』（国際基督教大学）、16、1980年、133−159頁は、この史料の詳しい分析を含む点で例外的な業績である。

まったく同じ書式によっている点から見ても，それとほぼ同じ動機と年代に作成されたと思われる敷地台帳について，きわめて複雑な物的体裁の分析を加えて，所領明細帳が書冊の最後の折に書き始められる際にはすでに記されていた——従って作成年代は869年ということになる——ものが，明細帳の完成のために取り外され，その後何らかの経過によって書冊の先頭という現在の位置に移されたと説明している (*Ibid.*, 14-19)。ただし両者の起草という作業行程については，調査委員会を在地に派遣することなくサン゠モール所蔵の台帳系記録に基づいて進められたと，最後に簡単に触れているだけである (*Ibid.*, 77)。後にも論ずるように，ヘーゲルマンは所領明細帳と敷地台帳が法的性格を持っていたと繰り返し指摘しており，しかもそれが聖書を主たる内容とする書冊への記入によって確保されていたと考えているようである。その論証には別の議論がありうると思われる場合が多いが，ともかく所領明細帳と敷地台帳とがサン゠モールとグランフーユとの合体という状況の中でほぼ同時に作成されたとする点は，全体として受け入れてよいように思う。さらにヘーゲルマンは，サン゠モールに関わる39通の同時代文書の目録 (*Ibid.*, 20-28) を作成し，それらと所領明細帳及び敷地台帳とを突き合わせながら同修道院の所領を概観 (*Ibid.*, 29-52) し，かつ章ごとの詳細な分析を交えた所領明細帳の解釈によって，史料論と社会経済史の両面にわたってこの史料が提起する問題点を探っている (*Ibid.*, 53-76)。

　ヘドヴィックが新たに刊行したサン゠タマン修道院の所領明細帳 (*Ibid.*, 103-105) も，ゲラール版[19]によって広く知られており，かつこの修道院の所領についてはプラテルによる優れた研究があって，この史料も詳細に検討されている[20]。しかもベネフィキウムとされる土地について5章のみが残っているこの所領明細帳は，カロリング期にサン゠タマンで集成された2巻本の文法書のうちに，2冊目末尾の装丁用の1葉として伝来しており (*Ibid.*, 82-83)，サン゠モール明細帳の場合と違って書冊の内容との関連がなく，またこの場所に至った過程を窺わせる材料もない。従ってヘド

---

(19)　Guérard(ed.), *Polyptyque d'Irminon* [前注 (17)], I, pp. 925-926.

(20)　H. Platelle, *Le temporel de l'abbaye de Saint-Amand des origines à 1340*, Paris 1962, pp. 104-108.

第 2 章 荘園制の諸側面　　173

ヴィックは，格別の議論を展開することなくテキストを再現し，821年と872年の間という幅広い年代決定をした上で，この史料と同修道院領の特徴を探っている (*Ibid.*, 84-89)。

ワイディンガーによる新版が世に問われたフルダ修道院の史料 ([479]299-303) は，農民の負担が具体的に記されていないという特徴のために，通例は所領明細帳とは呼ばれていない。ワイディンガーもこれが主として土地を対象としており，しかも権利保全を目的とする記録 (→ Inventar) であることを前提として，それが領主直領地を記載する点では，農民保有地の登録に限られたいわゆる「フーフェ目録」Hufenregister より詳細だが，西フランクの本格的な所領明細帳には到底及ばないとして，「所領明細帳」Urbar の語を避けて「財産目録」Güterverzeichnis と呼んでいる (*Ibid.*, 8-16)。ここには後に述べる台帳系記録の多様性という問題が関わっており，フルダのこの記録はその分類の困難を如実に示すものと言えよう。いずれにせよワイディンガーによる新版は，12世紀中葉にフルダでそれ以前の記録を集大成した『エベルハルドゥス文書集』*Codex Eberhardi* に伝来されたものを，旧版(21)と同じ830年直前という年代をとり，レイアウトこそ手書本に近くなるよう工夫しているが，章番号には旧版のものを採用しており，史料批判の点での問題提起は小さい。

ところで先行する時期と同じように（第 1 部第 2 章 1 A），これらの所領明細帳新版にも直ちに批判が寄せられている。まずゴッケルは，デッテによるワイセンブルク明細帳の新版に厳しい目をむけ ([178])，これが研究史の現在の水準にまったく適合しないと極言している。すなわち，章番号の付け方から固有名詞の再現や句読点の打ち方に至るまで，無数と言えるほどの技術的な過誤がある (Ibid., 356-366) 上に，最も重大な点として，史料批判が専ら底本である『エディリヌス本』の内層に集中していて，ワイセンブルクで他に数多くあった，台帳系記録の検討がなされていないという欠陥があるという (Ibid., 366-377)。こうした不十分な考察の結果，多くの点にわたって間違った判断が下されているが，特にそこに修道院に属する私有教会が記されていないという事実を根拠に，最古の年代層を818-

---

(21) E. F. J. Dronke (ed.), *Traditiones et antiquitates Fuldenses*, Fulda 1844, cap. 44.

819年以前に位置づけたのは，例えば水車も森林も記されていないという，所領明細帳のこの部分での記載範囲の限定を考慮しなかったための誤りであり，他の研究者たちは相変わらず860年代説をとっているという (Ibid., 377-380)。その好例はレーゼナーであり，近著のうちでワイセンブルク修道院領を扱った章（[391]83-147）では，デッテによる新版を利用することを拒否した上で，最古の年代層を860年頃に位置づけ，さらにそれ以外の諸層も10世紀に由来すると，総じてデッテよりは新しい年代決定を行っている。

またビュールは，モンティエランデル所領明細帳第38章に記載されている所領ヴォーシエンヌについて，伝来されている史料11点を検討した優れた論文（[58]）で，この所領は修道士団用財産に入っているが，その描写が底本であるカルチュレールの中でこの場所に筆写されたということは，先行する37章もやはり当初の標題通り修道士団用財産をなしていたのではないかと，ロットに依拠したドロステの考え方に疑問を投じている (Ibid., 427-428)。そうなるとこの史料の年代も，修道士団用財産の初めての確認が行われる845年以後になるだけに，きわめて重要な問題提起となるが，それは同時に，カルチュレールでの伝来についての検討によるこの所領明細帳の史料批判を怠っているドロステへの，強い無言の警告となっているように思われる。

以上のように一部は強い批判を受けてはいるが，ともかくヘーゲルマン学派が第２部の対象となっている期間に達成した，カロリング期所領明細帳の新版刊行には目覚しいものがあったが，その頂点となったのが1993年になって実現した，ヘーゲルマン自身によるサン゠ジェルマン゠デ゠プレ修道院所領明細帳の新版（[210]）であった。言うまでもなくカロリング期所領明細帳のうちで最も代表的なこの史料は，従来は主として19世紀のゲーラール版によって利用されてきており，長い間その史料批判にも大きな議論がなかっただけに，その新版とそれに伴う新しい研究には大きな期待が寄せられた。しかしながらヘーゲルマンによる新版（*Ibid.*, 1-219）は，手書本から再現する通例の史料刊行とは異なって，かつてのロンニョンによる版(22)をコンピューター入力した上で手書本と校合するという，まこと

――――――――――――

(22) A.Longnon(ed.), *Polyptyque de l'abbaye de Saint-Germain-des-Prés,*

に現代風の仕方によっている。もちろん序論を付して手書本の検討は行っている (*Ibid.*, i-xxix) が，旧版と大きく異なる史料批判の大筋は，長い間カロリング期所領明細帳では唯一の原本伝来によるとされてきたこの史料が，確かに9世紀初頭の手書本ではあるが，サン=ジェルマン=デ=プレ修道院での所領管理の現場で作成された複数の台帳の合体であり，それ自体複層性を帯びていることを証明したドヴロワによる業績 ([116]. 後掲183頁を参照) を踏襲している。こうしてヘーゲルマン新版で最も斬新な部分といえば，データベース化されたテキストを存分に駆使して作成された索引 ([210]213-317) ということになってしまうのであり，この書物が学習版と銘打たれているのもそのためであろう。

　この新版とともに刊行された，エルムスホイザーとヘドヴィックというヘーゲルマンの二人の弟子による分析 ([147]) は，サン=ジェルマン修道院史と明細帳研究史を簡略にたどった序論 (*Ibid.*, 4-31) 以外は3部構成になっている。第1部は明細帳24章のそれぞれの詳細な分析であり，各章に記載された所領在地の地理的諸条件を考慮し先行する研究を参看して，およそ個別荘園を描写する際に考えられる諸側面に広く言及している (*Ibid.*, 33-337)。第2部は問題別分析にあてられ，穀物生産・ブドウ栽培・領主館・水車と四つのテーマを取り上げて，明細帳全体から漏れなく材料を引き出して考察を加えている (*Ibid.*, 339-511)。9世紀初頭での農業が一定の水準にあったことを強調する意図は，そうした主張の通例の場である穀物・ブドウ・水車の選択にも見えるが，「農業技術革新者としての領主館」という項もあり，また領主館による荘園市場組織化の役割が強調されている点にも現れている (*Ibid.*, 428-434)。第3部は統計で15葉の表と13葉のグラフを掲げているが，すべて農民経営と負担とに関わっている。一つの大修道院領の描写としても個別荘園の分析としても，これ以上は望みがたいほどな詳細な論述であり，個々の論点についてはいくつもの創意が見て取れはするが，現在における荘園制研究の方向に関わるような大きな議論は展開されていない。従ってこの書物の最大のメリットは，コンピューターによる現在の新しい研究技法を生かした網羅的な史料処理にあると言ってよいであろうが，本書でも以下でいくつかの論点をめぐって参照されること

---

rédigé au temps de l'abbé Irminon, 2 vol., Paris 1886-1895.

になろう。

B 多様性と複層性
(1) 多様性

　カロリング期所領明細帳の研究史において，その史料としての重要性の認識は，それが個々の領主によって様々な機会に作成されており，伝来しているものは同時代にはきわめて多く存在していたはずの同種の記録の，ごく一部にすぎないという見解と連なっていた(23)。この点は最近でも同様である。例えば所領明細帳の伝来のないサン゠ドニ修道院について，カロリング王権からの財産返還をめぐる一連の手続きを検討したストクレは，同修道院では8世紀中葉から9世紀前半にかけて，複数の所領明細帳が作成されたことを論証している（[434]131-134）。またシュタープはかの著名な『ロルシュ文書集』 *Codex Laureshamensis* のうちに，王領地関係の所領明細帳断片を伝来させているだけのロルシュ修道院の史料を綿密に検討して，ここでも800年頃に修道士団用財産の台帳が起草されて以降，次々と所領明細帳が作成されている（[426] 285-302）として，それらの一覧表を作成（Ibid., 327-328）しており，その中には開発に伴う小規模なもの（Ibid., 332）や，週に3日の賦役労働を目標にしたものまであった（Ibid., 326）と言っている。

　同じような認識は，所領明細帳の新版に伴う議論の中でも明瞭に現れている。例えばデッテは，ワイセンブルク修道院の初期に寄進は多かったが，その対象となった土地は通例プレカリアとして請け戻された上で特別の台帳（→ Prekarienregister）に記載され，また交換によって獲得された土地もそのための台帳（→ *Liber commutationum*）に登録されたはずだと考えている（[102] 18）。また『エディリヌス本』の作成に携わった書記の有能さを強調する際には，下敷として眼前にしていた9世紀ワイセンブルクの台帳系記録の性格を，所領明細帳的なものと封リスト的なものにわたって，この書記が十分に弁別していた点を根拠としている（*Ibid.*, 41-42）。これに

---

(23) E. Lesne, *L'inventaire de la propriété. Eglises et trésors des églises du commencement du VIIIe à la fin du XIe siècle*, (Histoire de la propriété ecclésiastique en France, III), Lille 1936 が，そうした考え方の典型を示している。

第2章　荘園制の諸側面　177

　ゴッケルの指摘するように，デッテの参照していないさらに複数の台帳，ないしその写本がある（[178]366-377）のだとすれば，ワイセンブルク修道院での台帳系記録の充実の程が窺われようというものである。

　ヘーゲルマンもサン＝モール修道院の所領明細帳と敷地台帳について論じながら，それらがともに，同修道院領のうち修道士団用財産に当たる部分しか記載していないことを強調しつつ，同じ時期に所領に関わる他の複数の台帳があって，院長用財産やベネフィキウムを登録しており，修道院所在地の施設を含めて領主屋敷などは，そちらに記載されていた可能性が大きいとする（[207]77）。なおヘーゲルマンが領主としての修道院長を論じた論文で，台帳作成がその所領経営の中できわめて重要な活動であったと強調している（[204]355-356, 369-375）ことも付け加えておこう。さらにシュワープは，ニーダーザクセンの荘園制を論じながら，コルヴァイ修道院を初めとする大土地所有者が所領に関わる多数の台帳を作成していたが，それらは相互に補完的なもので，発達した荘園制を記載するはずの所領明細帳と，そうでない場合の貢租徴収台帳（→ Heberegister）という学界で通例行われている区分も，厳密な適用はきわめて困難だと述べている（[419]156-157）。

　所領管理のための記録使用の問題は，従来教会領についてだけ論じられるのが常であり，大規模教会組織が中世初期からの史料伝来の主要な場である限り，それは当然のことであった。カステンによる論文（[246]）は，世俗領主のもとでも財産管理で文字使用が進んでおり，その中には台帳系記録の作成も含まれていると主張して，この点で珍しい貢献となっている。これはブルゴーニュの地域的有力者（大領主ではあるが，いわゆる「帝国貴族」Reichsaristokratie よりは下の層に属する）が，876年前後に作成した4文書の綿密な検討であるが，メロヴィング期まで広く見られたような遺言状は作成されなくとも，複数の文書による生前の措置と死後の贈与とによって，個人的遺言と同様な効果が生み出されて，サン＝ブノワ＝シュル＝ロワール修道院への寄進が行われたという。そしてもちろんこれらの文書はこの修道院に伝来したものであるが，これらの作成の主体となったのは世俗人であり，しかも一つの文書は土地財産の詳細な境界表示にあてられていて，世俗領管理にかなり詳しい台帳が使われていたことを示すとするのである（Ibid., 304-318）。

カロリング期における台帳系記録の充実というこうした認識は，大所領の自立した役割を否定するデュリアによっても共有されている。すなわち，ローマ帝国から連続したという国家財政機構をカロリング期について詳細に描写しながら，公共会計の様々な水準と範囲とに応じて，目的に合わせた動産・不動産の台帳（→ inventaire）が作成されていたというのである。その中で polyptyque と呼ばれるべきは，国家に提供される労務と収入とを生み出すすべての財産を，一定の地理的範囲にわたって記載したもの（[144]214-215）であり，そこからの抜粋（→ *breviatio*）が作成されることはある（[142]494）が，それ自体は統一的で包括的な記録である。そして従来ともすれば所領明細帳の多様性が強調されたが，これは polyptyque という語のもとに異質な諸台帳をまとめて扱ったためだとする（[144]273-274）。またトゥールのサン＝マルタン修道院の著名な会計記録(24)を扱った論文では，公租公課行政の諸水準に応じての記録の作成という事実を強調しつつ，そこから由来する多様な台帳整備という伝統は，この修道院ではローマ帝国末期からカロリング期に至るまで連続していたとする（[143]）。デュリアによる荘園制研究の批判は第3章で検討されるが，台帳系記録の豊富な作成という点においては，厳しい批判を加える相手たちと同じ認識を示しているのが，きわめて興味深い。

（2）作成意図

　このように，カロリング期において多様な台帳が広く作成されていたのだとすれば，個々の記録は特定の環境と動機を持っており，それに応じて記載の範囲を異にしていたに違いない。これらがそれぞれ「主導的観点」leitender Gesichtspunkt を備えており，場合によっては一つの所領明細帳の中にも観点の違った複数の部分がありうるとして，この点に迫ったのがヘーゲルマンであり，ゲッチンゲン研究集会での報告ではおよそカロリング期の所領明細帳とされるものはすべて取り上げて，それぞれの間の時には微妙な相違を浮き彫りしている（[206]）。その上で，これらは少数の指標に

---

(24) P. Gasnaut (ed.), *Documents comptables de Saint-Martin de Tours à l'époque mérovingienne*, Paris 1975；佐藤彰一「7世紀後半トゥールの『会計文書』——パリ国立図書館新収ラテン写本2654番について——」『名古屋大学文学部論集』13，(史学38)，1992年，41-56頁。

よる類型化には馴染まず，個々の記録が作成された具体的環境とそこで採用されている観点とを子細に考慮して，それぞれの証言能力にふさわしい使い方をすべきだと強調する（Ibid., 72-73）。こうした考え方に立てば，カロリング王権が王国内での所領明細帳作成を促進したとしても，それは個々の台帳編纂の細目に及ぶものではなかったということになる（Hägerman[205] 357-358）。

同じ研究集会でシュタフェルゼー教会の所領明細帳について報告したエルムスホイザーも，その点から出発する。これはアウグスブルク司教座教会の所領明細帳の一部をなし，かの『明細帳範例』Brevium Exempla [25]の先頭に配されて伝来している著名な記録だが，エルムホイザーによれば，従来は専ら『明細帳範例』をめぐって交わされた議論の中で，ことに荘園制の統一的な整備に向けての王権の役割をめぐって取り上げられてきた（[146]337-340）。しかし実際にこのシュタフェルゼー明細帳を範例としているとできるほどに，これと類似の書式や記載範囲を示す他の台帳は見当たらない（Ibid., 341-342）のであって，湖上の島に所在する教会と真向かいの本土に配置された所領が一組になっているという，特有な地誌的構造を持った記載対象（Ibid., 361-364）に即して，この記録をそのものとして分析することが重要だという。そこから教会堂に設置された什器のリストと所領に所在する農民保有地の記載というように，権利の保持と収入の確認という異なった観点で書かれた部分が，同じ記録の中に共存するという見方に至るのである。

モンティエランデル明細帳を扱ったドロステも，同様な見解を示している。すなわちこの史料前半の修道院直轄諸所領に宛てられた部分と，後半のプレカリアに出された土地とを記載した部分では，形式と内容にいずれにもわたって大きな相違がある[26]。現在の研究状況からすれば，当然

---

[25] この史料については，森本『諸問題』［前注（２）］，336-337頁を参照。

[26] 森本「モンティエランデル土地台帳」［前注（15）］は，修道院直轄部分では古典荘園制が実現しているのに対して，プレカリア地ではメロヴィング期型小所領が維持されているという観点からの分析である。ドロステは当然こうした見方には反対で，激しい批判を加えている（[135]12-14）。

伝来過程に遡った史料批判が必要となるはずだが，ドロステはこの複合的な構成をそれぞれが作成された観点の相違から簡単に説明する。そもそも直轄部分では，修道院への物資補給のための収入の確認が所領明細帳作成の主要な目的であるのに対して，プレカリアとしてあてがわれている財産については，それが修道院に返還される際に減少のないように，権利の保全を図るための記載が第一義となる（[135]140-141）。例えば前者で教区教会に賦与された財産が記載されないことが多いのは，それが教会と司祭との維持にあてられて修道院への収入とならないからであり（*Ibid.*, 48-49），後者でマンス種別が特定されないのは，修道院が一定数のマンスを権利として確保すればよいからである（*Ibid.*, 13）。このようにして直轄諸所領には登場しない奴隷的非自由人が，プレカリアには大量に記載されている事実は，両者の社会経済構造の差でもなく，それぞれの明細帳の年代差でもなく，所領明細帳作成者の観点の差から説明されてしまうのである。ベネフィキウムにあてられた若干の章だけが伝来している，サン゠タマン明細帳の新版を出したヘドヴィックが，ベネフィキウム登録が必要なのは権利保持という観点によるとしている（[207]84）のは同じ考えだが，この所領明細帳が形式も内容も，モンティエランデル明細帳のプレカリア部分にではなくてむしろ直轄部分に近いという重要な事実には，まったく関心がないようである。

　以上の叙述から読み取れるように，ヘーゲルマンとそのグループによる所領明細帳ないし台帳系記録の史料論には，「主導的観点」という視角からそれらの多様性を強調するだけでなく，この観点の両極として「権利保全」Rechtssicherung と「給付能力確認」Leistungsfähigkeitvorstellung を考え，前者が貫徹する記録としての「目録」Inventar と，後者が優先される場合の「明細帳」Urbar とを，台帳系記録の主要な類型として設定した上で，それらの組み合わせによって個々の史料の性格を判断しようとする方法が見られる。残念ながらヘーゲルマンによる総括的な論文（[206]）は，前述のように台帳系記録の多様性に力点がかかっていてこの方法を明確に論じていないが，カロリング期の20件を越える重要な史料を実際にそうした方法を使って分析しているのである。そしてこの方法を研究史上に位置づけてみると，次の点が指摘できよう。すなわち，メナジェ以来[27]所領明細帳を主として収入の台帳であるとして，そこから記載の部分性を説く研究

者が多かったが，ヘーゲルマンらはこれに加えて，権利確保のための対象列挙という性格をも浮き彫りにしているのである。そしてこうした方向が，おそらくこの学派による所領明細帳の法的能力の強調（本節C参照）へと連なっているのであろう。

ところで台帳系記録の一つ一つが特有な観点から作成されているという，こうした考え方を強く押し出す一つの利点は，個々の史料の記載範囲の部分性，逆に言えばそれぞれが記載していない諸要素の存在が，ますます強く自覚されることであろう。ヘーゲルマンがサン＝モール＝デ＝フォッセ修道院の所領明細帳を，農民保有地からの給付能力確認を主たる観点とするとした上で，他の文書から存在を認識できる領主直領地や領主屋敷が，この明細帳には記載されていないのを確認している（[207]74-76）のがその例である。また同修道院がパリに所有していた敷地の台帳については，やはり給付能力が主として問われていたので，修道院に収入をもたらすものだけが登録されており，それらはパリでの所有地の一部にすぎないと述べている（[208]358-363）。所領明細帳の記載範囲という大きな問題に対しては，研究史においても様々に論じられてきた[28]が，ヘーゲルマン学派の他にも，アンドレオッリがイタリアの所領明細帳で庭畑地が記載されていないのが通例だと指摘している（[8]183-184, 187-188）上に，森本自身も都市的性格を持った場所が記載され難いと論じており（[323]531），さらに大きな観点から取り扱われるべきであろう。例えばトゥベールは，領主直営手工業の過大評価を戒めている（[453]76-82；[454]76-82. Cfr., Andreolli [9]32-36）が，所領明細帳の記載範囲に領主屋敷が含まれていない点に注意すれば，この点についての違った考え方も可能なのではないだろうか。

ここで取り扱った仕事では，議論の対象を指すのに polyptyque と Urbar という通例所領明細帳と訳されている術語と，より広く台帳系記録を差す用語である inventaire, registre, Inventar, Register, Güterverzeichnis などを，ある程度の注意を払って使い分けている。所領明細帳の定義は相変わ

---

(27) L. R. Ménager, Considérations sociologiques sur la démographie des grands domaines ecclésiastiques carolingiens, in *Etudes d'histoire du droit canonique dédiées à G. Le Bras*, Paris 1964, pp. 1317-1335.

(28) Lesne, *L'inventaire* ［前注（23）］, pp. 31-71 などを参照。

らずきわめて大きな困難を含んでおり，その正面切った議論は見当たらない。むしろいわゆる所領明細帳を，カロリング期に様々な対象と範囲で作成された台帳系記録の一部と考え，前者の定義はしばらくおいて，史料類型の問題をより広く捉えていこうとするのが現在では一般的な仕方である。カロリング期の台帳系記録の中での所領明細帳の位置を見定めることによって，記録作成という営為を観察の場として，この時期の社会経済と国制における荘園制の地位を定める一助とできるのではないかと森本は提言した（[319]134. 前掲142頁）が，そうした仕事はなお現れていない。

(3) 複層性

ヘーゲルマンらが強調した主導的観点から由来する台帳系記録の多様性は，これらの記録が個々の比較的小規模な単位の集積であるという見方と結びついている。第1部で森本は先行する時期の研究史を，所領明細帳を大規模で統一的な記録とする伝統的な見方からの乖離と特徴づけた（前掲108頁）が，そうした傾向がなお強まっていると言えよう。またそこで森本は，この乖離を最もよく示すものとして，所領明細帳が複数の層位からなるという所見を挙げたのであったが，それは，プリュム，サン=レミ，さらにロッブの所領明細帳という，それぞれある時点でかなり大規模な単位で作成ないし集成されたことが確実なものが，80年代の前半に新版として刊行され，それらについての議論が中心となっていたからである。すなわち，それぞれの作成視角を備えた小規模な台帳として所領明細帳がそもそも成立しうるという認識は，大規模に作成・集成された記録の場合は，その複層性の検出へと連なっていくはずなのである。ヘーゲルマンのグループではこの点にそれほど関心がないようだが，デッテによるワイセンブルク明細帳の分析（[102]）は，重要な所領明細帳の複層性を事実上検出した仕事である。すなわち，13世紀の『エディリヌス本』という形での集成をまとめて見るなら，カロリング期に始まる複数の年代に作成された諸台帳がそこに積み重なっていることは，デッテ以前から明らかにされていた。しかしデッテはそれを越えて，中世初期にも様々な時点と範囲での集成があったことを，明らかにしようと努めたのである。その叙述は混乱していて論証のすべてが成功しているとは思えず，ことに最古の層を818-819年に位置づける前提となった，860年代後半の集成についてのデッテの見方は，この層の成立をまさに860年代に求める大半の研究者によって拒否されるこ

とになる(本節Aを参照)。いずれにせよデッテのワイセンブルク新版は,ヘーゲルマンのグループによる主導的観点の強調が,所領明細帳での複数層位の検出につらなるはずであることの好例なのである。

さて先行する時期に所領明細帳の複層性を最もよく浮き彫りにしたドヴロワ(第1部第2章1B)は,その後サン゠ジェルマン゠デ゠プレ修道院の所領明細帳に本格的に取り組み,その書冊としての物的体裁,書体及び書式を子細に検討して,次のような結論に達した。すなわち同修道院では所領明細帳の作成に際して,所領管理の異なった水準に応じて規模の異なった複数の台帳を作成し,それらをやはり様々な管理機関の必要によって種々な仕方で集成していた。伝来しているのは,主として在地での調査によって作成された作業版の集成だが,これらには1－2世代の間は小規模な補完や訂正が施されていた([116]443-455)。この史料が9世紀初頭の比較的短い時期に成立したことは認めた上で,所領管理機関の多様な水準に応じて複数作成された台帳が,改変を受けながら様々な機会に集成されることによって,そこに成立したまとまりに複層性を刻みつけていくというのである。なお,以前からサン゠ジェルマン明細帳の複層性を指摘してきたデュリア([141])も,最近この史料に記載されたマンスを検討しながら,その点に再び触れており([142]),また個々の構成要素がしばしば手直しを受けていたと述べている([144]270-271)。こうしてカロリング期所領明細帳の伝統的なイメージを象徴してきたサン゠ジェルマン明細帳の複層性が,ますます具体的に解明されつつあることは,そこで個々の台帳の改変という事実が検出され,所領明細帳の流動性というヘーゲルマン学派が具体的に手をつけていない問題が照射されているだけに,きわめて重要な成果であると言えよう。

C 法的性格と伝来
(1) 法的性格

第1部では,所領明細帳の研究が盛んになる中で再検討を要する問題の一つとして,その法的性格を挙げていた(第1部第2章2C(2))。ペランまでの研究史においては,カロリング期所領明細帳は法廷に証拠書類として提出されるなど,確実な法的能力を持っていたと考えられており,様々にその根拠が論ぜられたのであった[29]。しかしながら,一つの有力な

論拠であった村落共同体の判告との類似が,中世初期には住民の共同体が強力ではありえなかったとする最近の研究動向によって,受け入れ難くなっている。また,伝来する領民による宣誓供述の言及はそれほど多くなく,所領明細帳作成過程についての近年の細心な調査も新たな事例を検出していない。さらに最近強調されている中世初期農村史での領主の主導力は,所領明細帳の作成をも領主の恣意がより貫徹した行為と考えさせる方向にある。以上のような根拠から,所領明細帳の法的性格を再検討し,もってカロリング期国制史での荘園制の位置の,ことに荘園内部での領主・農民関係の解明を進めようとの意図だったのである。森本の提言が取り上げられるにはなお時間が必要であろうが,それとは別に,この問題については二つの異なったアプローチが最近示されている。

一方にはトゥベールの見解があり,所領明細帳をそれを作成した管理機関の実務に関わる内部記録と見て,公的役人による調査がもとになっている少数の台帳以外については,法的性格を否定しないまでもそれにまったく固執していない([451]293 [453]56-60)。他方ではヘーゲルマンが,『所領の法』«lex domanialis» と『慣習』«consuetudo» を記載する限り,所領明細帳は「法的性格」Justiabilität を示すとしており([205]361-362),ベネフィキウムやプレカリアの記載もそれを強めると述べている (Ibid., 358-359)。ただしその議論にはニュアンスが多く,農民保有地からの収入の捕捉が主導的観点であるサン=モール明細帳の場合には,領民や第三者への法的記録という性格は薄いとしながら,聖書を主たる内容とする書冊に書き込んだ(前掲172頁)意味を,やはり長期にわたって通用する法的記録を作り出すところに求めている ([207]53-56)。

ヘーゲルマンのグループは総じて所領明細帳の法的性格を強調する方向にあり,ワイセンブルク,モンティエランデル,及びサン=タマン明細帳の新版に付された議論で,それに言及している (Dette [102]30-42 ; Droste [136]10 ; Hedwig [207]84)。こうした議論の特徴として,ここでは次の3点

---

(29) Ch.-Ed. Perrin, *La seigneurie rurale en France et en Allemagne du début du IXe à la fin du XIIe siècle*, I, *Les antécédents du régime domanial. La* villa *de l'époque carolingienne*, (Les cours de la Sorbonne), Paris 1953, I, pp. 47-48.

を指摘しておきたい。第1に前述のようにこのグループでは，カロリング期の多様な台帳系記録の性格を，「目録」と「明細帳」との類型を組み合わせて個々に把握しようとしている（前掲180－181頁）が，これら類型のいずれにも法的能力が備わっていると見ているようである。第2にヘーゲルマンらによって強調される所領明細帳の法的能力は，当然領民に対しても発揮されると考えられているようだが，先行する時期に，所領明細帳が所領内部の社会的統制という機能をも与えられていたとしたドヴロワ（[108]）のように，まとまった議論を展開しているわけではない。第3に法的能力の浮き彫りとは裏腹に，所領明細帳が所領管理実務で用いられた度合いは，低く評価しようとの態度が見て取れる。モンティエランデル明細帳についてのドロステの指摘（[135]10）もそれだが，ヘーゲルマンはより一般的に，実務記録としての性格をせいぜい「個別明細帳」（→ «brevia»）のみに認めて，「全体明細帳」（→ «plenaria»）にはこれを否定している（[207]359-360）。いずれにせよこの問題についてはヘーゲルマンらの発言のみが先行していて，詳細な検討は今後の課題として残されている。

（2）伝来

所領明細帳の法的性格は，その伝来の過程や形態と密接につながっている。例えば所領明細帳の法的能力を低く評価するトゥベールは，イタリア中部の大修道院から所領明細帳が伝来していない理由は，法的能力を持った文書の系統的なカルチュレールが作成される際にこれらが筆写されないからであるとした上で，所領明細帳の伝来はむしろ，土地所有に関する紛争や調査，あるいは所領管理方式の更新などの記録の一部として行われたと述べている（[451]293）。

史料伝来の過程や形態が呼び起こしうる多様な問題関心が最近ますます注目されているが，所領明細帳についても例外ではない。この点を生き生きと示してくれるのが，プリュム修道院所領明細帳の伝来を取り上げたクーヘンブッフの書物（[255]）である。ここでは，893年に作成されたこの記録の中世における2度の筆写（1222年のカエサリウス写本とそれを底本とする14世紀の写本）と，近世から近代にかけての5回の刊行――かのライップニッツによる1702年『語源集成』*Collectanea Etymologica* での編纂，18世紀中葉トリアー大司教宮廷史への取り込み，1865年バイアー『中部ライン地域史料集』への再現，1925年ヴォプフナーによる農業専門教育用教科

書での部分的刊行，そして最近での所領明細帳研究盛行の中でのシュワープによる新版（[417]）が，1章ずつをあてられて個別に検討されている。放送大学のテキストとして文字使用の展開を例示するという特別な目的の出版であるために，カロリング期所領明細帳の研究への直接の寄与はそれほどないとしても，ともかく一つの有力な所領明細帳の「史料の生命」(30)が，見事に跡づけられているのである。なお森本も，1222年のカエサリウス写本に付けられた注釈を検討し，これが専ら13世紀についての史料であるとの通説を批判して，カエサリウスを取り巻く現在と過去の情報がその独特の心性を通じて注釈のうちに入り乱れて書き込まれているとの考え方を展開した（[321]）。また，そこで発掘できる13世紀以前の情報には中世初期に関わるものもあるとして（Ibid., 271-276），別の論文ではそれを利用して9世紀末から10世紀前半でのプリュム領運搬組織の維持を扱った（[320]275-284）。この仕事はカエサリウス写本を13世紀における伝来の問題として本格的に論じたわけではないが，それでもこの筆写が9世紀の所領明細帳を13世紀の所領管理実務に使用するために行われたとする，通説の批判が基礎となっている。

　所領明細帳の新版が刊行されるごとに，少なくとも底本となる手書本までの伝来過程が検討されなければならない。そうした作業として注目されるのは，サンスのサン＝ピエール＝ル＝ヴィフ修道院がオーヴェルニュでの所領について作成した台帳である。これを新たに刊行したファリップは，その伝来の最も重要な段階を次のように示している。11世紀に同修道院がこの地域に散在する所領を，当地の分院の独立傾向と周辺世俗領主の横領とから守るために活動する中で，これらの土地の所属を示す文書が必要とされ，そのためにクロヴィスがこの教会の権利を確認したとする偽文書を作成し，その中に9世紀初頭の所領明細帳を取り込んだというのである（[367]671-675）。この偽文書についてはすでにプルーによる研究があった(31)が，ファリップはその一部を補足しながらさらに詳しい展開を行った

---

(30)　現在の史料論で一つの柱となる「史料の生命」ついては，森本芳樹「史料の生命——L．ジェニコによる『ブーローニュ伯の系図』と『フリゼの記念裱設定簿』の研究——」L．ジェニコ（森本芳樹監修）『歴史学の伝統と革新——ベルギー中世史学による寄与——』九州大学出版会　1984年，第5章を参照。

わけである。紀元千年前後の社会経済的動向の中で，カロリング期所領明細帳の写本が権利保全のために使われたとすればきわめて興味深い事例であるが，伝来された形でのこの史料に登場する人名はむしろ11世紀のものだとする説(32)もあり，なお検討が必要なようである。

　新版の実現に大きな寄与をしたへーゲルマンのグループによる伝来についての議論は，残念ながらそれほど実り多いものではない。デッテによるワイセンブルク明細帳の新版（[102]）では，唯一使用が可能な手書本として13世紀末の『エディリヌス本』（本節A参照）が用いられたが，当時修道院の文書室に配列されていた台帳系記録の念入りな筆写が行われたとするだけで，この作業の同時代的な環境やそこから由来するはずの動機などは論じられていない。もちろんカロリング期から多くの機会に台帳系記録の筆写が行われたとする叙述は興味深いが，そこでは史料的制約のため個々の場合を論じることはできていない。ドロステによるモンティエランデル明細帳の新版（[135]）は，これも唯一の手書本として12世紀のカルチュレールを用いているが，その検討はまったく行われておらず，それがビュールの批判（[58]）を招く要因となっている（本節A参照）。サン゠モール明細帳を新たに刊行（[207]）したへーゲルマンはさすがに，同時に新版を出した敷地台帳と重ね合わせて，両者が書き込まれている『グランフーユの聖書』の綿密な検討を行っている（本節A参照）。ただし史料伝来という観

---

(31)　M. Prou, *Etude sur les chartes de fondation de l'abbaye de Saint-Pierre-le-Vif. Le diplôme de Clovis et la charte de Théodechilde*, Sens 1894.

(32)　1991年11月22〜24日にリル大学マニュー゠ノルティエの主催で，『中世初期西欧における公的管理』*Gestion publique en Occident pendant le haut Moyen Age* をテーマとする研究集会が開かれ，そこでルーシュによるこの所領明細帳についての報告があった。報告そのものは簡単で独自な貢献は認められなかったが，活発に行われた討論の中で，9世紀に作成されて11世紀の偽文書によって伝来しているというこの史料の独特な諸問題が提起された。そこで人名学に詳しい出席者から，ここに記載されている人名を全体として観察すれば，それらが9世紀の保有者集団を示しているはずがないとの強い主張がなされたのであった。[この研究集会の会議録に出されたルーシュによる論文（[403]）は，報告と比べて格段に充実しており，この明細帳の年代的構造の奇妙な問題点を十分に伝えている。後掲266頁を参照。]

点からするならば，この聖書への書き込みが所領明細帳と敷地台帳との最初のとりまとめであり，従ってサン゠モール明細帳は原本として伝来しているかのような議論となっている。この点は既存の台帳系記録からの編纂として行われたという，この所領明細帳の作成過程への見方と密接に関係しており，この論証が受け入れられるならば，伝来以前の記録作成の段階できわめて独自な形が提示されたことになろう。ヘドヴィックによるサン゠タマン明細帳の新版（*Ibid.*, 78-89, 103-105, 112-113）は，これまた唯一の手書本である9世紀の文法書の装丁葉を使用しており，そもそもより大きな所領明細帳の一部であったというベネフィキウムに関するこれら5章が，どのような過程でこうした場所に入り込んでしまったのか，考察の手がかりはまったくない。このように所領明細帳の法的性格と並んで，その伝来もまた今後の解明の努力が期待される分野である。

D 動態的活用

　いくつもの新版の刊行と史料論の展開は，カロリング期所領明細帳研究の繁栄の一つの証左であるが，同時にこの史料の様々な観点からの使用もきわめて頻繁になっている。それらは本章で項目別に検討される予定であるが，ここではカロリング期における穀物三年輪作の普及度合いの検討で，所領明細帳を大幅に利用したヒルデブラント（[229][230]），北フランスの所領明細帳を用いて水車の展開を描いたロールマン（[277]），イタリアの所領明細帳から賦役労働のあり方を探ったパスクアリ（[353]）などの仕事を，ほとんどもっぱら所領明細帳に頼っても興味深い成果のあがる例として引用しておこう。また中世初期の女性労働の研究展望を，利用可能な史料類型に即して論じたクーヘンブッフが，結局は所領明細帳が最も広範に素材を与えてくれると考えており（[259]154-163），アンドレオッリの女性労働についての論文も，実際に所領明細帳を主たる素材としている（[9]）ことを付け加えておこう。プリュム明細帳についてのヴィルヴェルシュによる1912年の学位論文が，初版よりも完全な形で再刊された（[496]）ことも，それがけっして画期的な業績だったわけではないだけに，現在における所領明細帳研究の盛行を象徴するものとして，特に記しておきたい。ここでは近年における所領明細帳使用の特徴が，先行する時期に引き続いてその動態的性格にあると考え，その点を浮き彫りしていきたい。

所領明細帳の複層性が検出されることの大きな利点は，そこからこの史料の動態的利用への道が開かれてくることにある。単一の所領明細帳と見なされている記録に複数の年代層がある場合と，同じ場所について複数の台帳が異なった時期に作成された場合とを問わず，ともかく最近の研究においては，特定対象の年代的な変化を所領明細帳によって追跡しようとする態度が，広く見られるようになっている。森本自身が「所領明細帳動態的使用の試み」と銘打ってプリュム修道院の所領明細帳を分析し，運搬賦役と貨幣貢租について本文と追加部分(33)とを比較して，9世紀末から10世紀前半にかけての同修道院領では，古典荘園制の解体が進む中で領主の運営している流通組織は維持，ないしは強化されると論じた([320])。またドヴロワはサン゠レミ明細帳の9世紀と11世紀との層を対比して，中世盛期に向けてのスペルト麦栽培の衰退を検証した([115]93-98)。さらに，ボビオとブレシアのサンタ゠ジュリアという二つの修道院が，それぞれ二つの時点で所領明細帳を作成しているのを利用して，フマガッリは中世初期における農村景観の流動性を描いている([169]27-31)。ドイツの歴史家による仕事としては，ロルシュ修道院での頻繁な台帳作成を浮き彫りした論文の随所で，シュタープが同じ所領についての異なった時点での記載を対比して，記録使用の進展を跡づけている([426])。年代の違ういくつもの台帳から構成されるヴェルデン修道院の所領明細帳を，まさに変動を追跡するのにふさわしい史料としているゲーツは，中世初期については890年頃の明細帳と，その内部にさらに二つの年代層を持つ1000年頃のそれとを対比して，賦役労働と現物貢租に代わる貨幣貢租の拡大を検出する([184]81-84, 87)。またワイセンブルク明細帳を素材としては，デッテとレーゼナーとがともに，複数の記述が伝来している所領の検討を軸として，

---

(33) プリュム明細帳追加部分の重要な要素として，いくつかの章に付された『合計』«summa» がある。合計は多くの所領明細帳に登場するが，そのかなりのものは本文とは異なった年代に記されている。先行する時期にはサン゠レミやプリュムの明細帳について，この点が詳細に検討された (Devroey [106]xxxix-xl ; Morimoto [318]271-272)。残念ながらヘーゲルマン学派では，そもそも原初テクストの改変という問題に関心がないようで，合計をその観点から取り上げようとしていない (Droste [135]139 ; Hägermann [207]57 など)。

古典荘園制の解体過程を描写（[102]72-85 ; [391]83-147）し，レーゼナーは続けてマルムーティエ修道院の三つの所領明細帳について，同じ作業を試みている（Ibid., 147-174）。こうして近年における所領明細帳複層性の動態的利用は，主として古典荘園制の解体をいろいろな側面から描くために進められてきた。先行する時期には所領明細帳を古典荘園制に向けての所領政策の道具とする見解が展開され（第1部第2章1D），最近でもトゥベールがその点を強調している（[453]56-60 [454]56）のを考えると，その方向での動態的利用の試みがさらに期待されたのであるが，そうした仕事は現れていないようである。

言うまでもなく，所領明細帳が中世初期農村史の史料という地位を独占しているわけではない。そしてこれと他の史料との併用も多くの場合は，先行する時期においてと同様に，動態的観点から進められている。その最もよい例が，モンティエランデル明細帳第38章に記載された所領ヴォーシエンヌについて，この所領明細帳以降の時点で伝来している文書11点を分析し，この所領をめぐる変動を追跡したビュールの論文（[58]）である。ビュール自身はこうした方法こそ所領明細帳の理解を前進させる唯一の道だと強調している（Ibid., 417-418）が，この修道院と伯とによる複数領主権力並立状況のもとで，領主直領地と農民保有地への分割がもたらす硬直性はありながらも，修道院が前者を編成替えしてブドウ畑直営を強化していく様相など，荘園制の柔軟性も描き出されている（Ibid., 422-423）。同じ文書史料との併用でも，ヘーゲルマンが試みたサン＝モール明細帳の場合には，中世初期に同修道院に関して作成された39通の文書を検討したが，この材料を所領範囲の確認のためだけに用いている（[207]20-28）ので，動態的な検討とはなっていない。しかしこうした素材が，先行する時期には所領明細帳の動態的利用の一環となっていたのであるから，やがてはこの方向での活用が期待できよう。

文書史料からの所見が所領明細帳との突き合わせによって補完されうる好例が，イタリアの歴史家による中世初期農地契約の研究[34]によって示

---

(34) この史料類型については，城戸照子「9世紀イタリア中＝北部の農地契約——中世初期イタリア農村社会解明のために——」『経済学研究』（九州大学）57-1，1992年，131-156頁を見よ。

されている。まずこの史料類型を利用してピアチェンツァ地方の賦役労働を検討したガレッティによると，この地方では農民上層による抵抗が強くて荘園制の拡延が抑えられたが，それでもボビオ修道院領では大土地所有の組織化がかなり進行した。その様相を見て取ることは，農民側の当事者としては上層だけが登場してくる農地契約からは不可能であるが，ボビオの所領明細帳を検討してみると，そうした上層が農地契約での規定と同様にごく軽い賦役労働しか負っていないのに対して，下層農民はかなり広範に重い賦役労働を課されているという（[170]87-88）。また保有地面積と賦役労働量とが個々の農民については反比例の関係にあるという，かつてから広く信じられてきた原則を，農地契約を素材とした論文で取り上げたモンタナーリは，領主による生産用具賦与の反対給付として賦役労働が増徴される規定が頻繁に現れるこの史料では，この原則は成り立たないとした上で，所領明細帳では自ずから異なった様相が見られようと考えている（[308]49-51）。それに応ずるように，所領明細帳を用いて賦役労働を取り扱っているパスクアリは，週賦役や不定量賦役のような過重な義務の場合を中心として，この原則が妥当する部面の大きいことを指摘するのである（[353]117）。

　もちろん，中世初期の荘園制を所領明細帳以外の史料だけから論じた例もある。ザンクト＝ガレン修道院領を著名な寄進帳を使って検討したゲーツの論文がそれで，大土地所有の古典荘園制に向けての組織化の努力にも拘わらず，この大修道院が結局はそれに成功しなかった様相が描かれている（[183]）。ゲーツは寄進文書系統の史料が持つ限界についても触れている（Ibid., 230）が，あれだけの史料を伝来させ，近年ではレーゼナー（[391]174-214）やニーダーシュテッター（[335]73-74）によってもその所領が検討されているサンクト＝ガレンに，台帳系記録の伝来がないこと自体が，意味深長と言わねばなるまい。イタリア史の専門家たちは，所領明細帳を荘園制の形成が相当に進んだ段階に特有の史料形態と考えている(35)。これに対して，所領明細帳が古典荘園制形成をも含みうる所領政策の道具と考えようとするのが最近の傾向（第1部第2章1D）で，これら二つの見方をどう折り合わせていくかは問題であろう。このあたりについ

―――――――――

　（35）　同論文，153-154頁。

てトゥベールは，所領明細帳は中世初期所領管理の証言であり，かつ所領管理合理化の道具であると考えられていると言い([454]56)，また所領明細帳はカロリング期に荘園制と同時に現れており，「この土地構造の確立の印であると同時に，その道具である」([454]59) と，微妙な言い回しをしている。所領明細帳の史料類型としての特質を考えながら，これまたそれぞれの特徴を持つはずの他の類型の史料と併用する努力が，なお続けられなければなるまい。

E　プリュム修道院所領明細帳作成千百年記念事業

　1993年はプリュム明細帳作成から千百年目に当たり，これを記念していくつもの事業が行われた。その様相はカロリング期所領明細帳研究の活況を象徴するかのごとくであったので，第2部の扱っている期間でのこの分野の棹尾を飾るものとして，ここに特に1項を設けてまとめておきたい。

　公式にこの事業を代表したのは，論文集2冊の刊行であった。それらのうち「プリュム地方歴史協会」 Geschichtsverein Prümer Land の委託によってノルデンが編纂した『「主の化肉893年に起草された」。プリュム明細帳千百年』([344])には，文献目録に収録したシュワープと森本との史料批判をめぐる論文([420]；[324])，及びクニッヘルによるプリュムの遠隔地所領の概観([251])の他に，ノイによる初期プリュム院長の考察とノルデンによるトリアー市立文書・図書館所蔵プリュム関係史料の紹介[36]とが収められている。しかしこの書物の一つの力点はプリュム明細帳を広い読者に紹介する点に置かれており，そのためにすでにシュワープ新版([417])の付録として流布しているファクシミレを再び付すとともに，そうした試みとしては初めてと思われる明細帳の全体的な独訳（Nösges [342]）を巻頭に置いているのである。実はシュワープの論文は，893年作成の原本がそのまま1222年のカエサリウス写本に再現されているとする新版序論で展開した新説を繰り返すのみで，その後の森本による批判をまったく考慮していない。また森本自身も，すでに複合的であった9世紀末のテキストがさ

---

[36] P. Neu, Zur Herkunft der frühen Äbte der Abtei Prüm ([344]137-156) ; R. Nolden, *Prumiensia* in Trier. Archivalien aus den Prümer gcistlichen Institutionen in Stadtarchiv und Stadtbibliothek Trier (*Ibid.*, pp. 157-204).

らに改変されてカエサリウス写本に至っているという自説を要約して，そうした複層性を持つプリュム明細帳が動態的分析に適合的である点にこそ，カロリング期所領明細帳研究の現在におけるその価値があると論じているのみであるから，この論文集ではプリュム明細帳の史料批判に関わる根本問題は，新版刊行直後の議論の段階で棚上げされているわけである。

プリュム明細帳千百年記念として出版されたもう1冊は，「ビトブルク地方歴史研究会」Geschichtlicher Arbeitskreis Bitburger Land による論集の特別号『史料としてのプリュム明細帳とビトブルク=ルクセンブルク地方へのその意義』([372]) であり，7篇の論文を収録している。これらのうち本書の文献目録には，ヘーゲルマンのこの史料に見える市場についての論文 ([209])，ペトリの古銭史料からの所見をも取り入れた仕事 ([363])，及びマルグとノイとによるプリュム明細帳と後代史料との突き合わせ([296]；[334]) とを採録した(37)。ヘーゲルマンとペトリとの寄稿には荘園制を流通の観点から考察しようとする最近の傾向がよく表れており，またマルグとノイとの論文はむしろプリュム領の濃密であった地域の中世後期から近世初頭の状況に主たる関心があるようだが，中世初期からの所見との突合せに心を砕いており，ともかく在地事情の綿密な解明という所領明細帳研究の現在の動向を示していると言えよう。

この他にも千百年記念として地方史の雑誌に発表されたヘアボルンの2篇 ([225][226]) があり，主として一般読者を対象としてプリュム明細帳の一部を分析してみせたものであるが，一方の副題である「在地連関的研究」という表現は，所領明細帳研究の進歩が在地の諸事情を他の類型の史料をも活用して十分に参照する作業にかかっているとの考え方が強まっているだけに，きわめて含蓄深いと言わねばならない。

以上のように千百年記念事業はプリュム明細帳をめぐる1993年時点での研究状況を要約するものであったが，史料批判の次元においては，新版の刊行をめぐって達成された議論がカロリング期所領明細帳の新たな段階を

---

(37) この他の3篇は，以下のようである。J. van Winter, Die Prümer Scharmannen ([372]7-16)；W. Haubrichs, Beobachtungen zur Prümer Scripta im *Liber Aureus* (*Ibid.*, 47-64)；E. Erpelding, Die Bannmühle von Holler in den luxemburgischen Ardennen (*Ibid.*, 79-102).

よく示している。またこれを用いた荘園制研究も，土地所有＝経営というその伝統的な次元を越えて，流通組織としての荘園制という新たなテーマに向かってきている。その上所領明細帳そのものの文言分析に飽き足らず，そこに記載されている対象と関連する他の史料をできるだけ渉猟して，在地事情の綿密な検討のうちで明細帳の文言を生かそうとする動向も目立ってきているのである。さらにこの著名な史料の独訳に象徴されるように，カロリング期所領明細帳研究が大学や文書館に属する研究者の枠を超えて，民間研究者を巻き込みつつ大衆化してきている様相も見逃せない。

2 空間組織としての荘園制

近年の農村史研究で新しく出てきた論点の一つが，荘園制を広域的な空間組織として描き出すことによって，カロリング期社会経済におけるその枢要な位置をさらに明確にしようとする志向である。その典型的な試みが中部イタリアでの領域組織で，ファルファ，モンテ＝カッシーノ，サン＝ヴィンチェンツォという3大修道院の所領が担っていた機能を明らかにしようとするトゥベールの論文（[451]）である。まず個々の所領の定住形態を見ると，教会堂を備えた領主屋敷の周囲にある程度濃密に領主直領地が集中し，そこから一定の中心性が働いて周辺を統合しているが，農民の定住はより散在的で，状況に応じて柔軟に展開している（Ibid., 280-288）。また修道院所在地を拠点として，«Terra Sancti Benedicti» とか，«Terra Sancti Vincenti» と呼ばれる一円的領域が，およそ500平方キロ以上にも広がっている。その内部には多少の自有地は存在しえたとしても，ともかくそれぞれの修道院による濃密な土地所有と免除特権による排他的な支配が繰り広げられている（Ibid., 288-290）。こうした巨大な中心と多数に上る個別所領との結合については，トゥベールの別の論文（[453]80-81 [454]80-84）を参照しなければならないが，それは大修道院が必要とする家産的な集中・再配分のための在地流通と地域間流通を担い，農村にも都市にも広がった大きな流通網として構想されている。当然そこにも，周辺に比較的濃密に所領群が広がっているいくつもの拠点があったはずで，個別所領の地誌的構造を示すのに用いられている「星雲」nebuloso という表現を，トゥベールが構想する中世初期大土地所有の空間組織のキーワードとしてよいであろ

う。

　サン゠テュベール修道院領に関する丹下の論文（[438]）も，同じ方向で議論を展開している。すなわちサン゠テュベールを取り巻いて一円的な領域が同修道院の排他的な所有と支配のもとに置かれており，丹下はこれを「サン゠テュベール空間」espace hubertin と名付けている。またその周辺では他領主の土地と入り混じりはするものの，なおサン゠テュベール修道院領が濃密である。そこから離れるに従って同修道院の土地は散在的になるが，しかしそれらはアルデンヌ地域の流通網と重なり合って重点的に配置されており，サン゠テュベールを遠隔の交通幹線・要衝と結び付ける役割を担っている(Ibid., 678-685)。こうした空間組織によって，サン゠テュベールで行われていた市場(38)に，アルデンヌ一帯での経済成長の効果が収斂して，それに明確な地域的性格を賦与したのだという（Ibid., 690-691）。

　トゥベールと丹下との構想を比べてみると，前者が大土地所有のいくつもの地域にまたがった散在性にも重点を置いて，こうした空間組織の遠隔地との連繋という機能を強調するのに対して，後者はその地域に密着した性格の浮き彫りを眼目としている。しかしながら両者の論文には，次の2点で強い共通性を持った主張がある。第1に，大領主の主たる拠点を中心としてその所有と支配がほとんど排他的である空間が存在したとする点であり，通例は中世盛期に認められているような領域的な支配が，カロリング期について強調されることになる。第2に，荘園制の空間組織が同時に流通網として捉えられている点であり，こうした見方では，生産だけでなく流通も含めたカロリング期の社会経済構造が，大所領によって規定されている度合がきわめて高く評価されているのである。

　ところで，まさに「中世初期荘園制における支配と空間」[180]を標題に掲げたゲーツの論調は，大きく異なっている。ヴェルデン，プリュム，サン゠ジェルマン及びサン゠レミの4修道院の所領について，管理組織，農民

---

(38)　これについては，G. Despy, Villes et campagnes aux IXe et Xe siècles. L'exemple du pays mosan, in *Revue du Nord*, 50, 1968, pp. 145-168（平嶋照子／森本芳樹訳「9－10世紀の都市と農村。ムーズ地域の場合」森本編訳『西欧中世における都市と農村』九州大学出版会　1988年，72－122頁）を参照。

負担，さらに教会・水車・竈への高権的支配の形態が，地理的に示す類似と相違とを検討しつつ，ゲーツは領主の力が空間形成にそれほど大きく働かないと論じるからである。それによれば，こうして検討されたあるゆる場所にわたって，修道院による所領組織とは対応しない小規模なまとまりが広く存在しており，それらは修道院領となる以前からの在地の慣習に根ざしていると考えられる。領主はそれらを一定の領域にわたって改変する力を持っておらず，既存の秩序の土台となっている空間構造を受け入れざるをえなかったというのである。こうしてゲーツは，土地所有の上に立ち個別的支配を特徴とする中世初期荘園制を，それとはまったく異なった権限から強力な空間把握を行うという中世盛期の領域国家と対比して，前者の空間創造力を否定している。ところで，特にサン=ジェルマン領における賦役労働を場として，荘園組織から独立の小地域単位の存在を示そうとした別の論文で，ゲーツはクーヘンブッフによる「地代形態から見た地域」Rentenlandschaft 理論(39)を，共感をこめて引用している（[182]506-507)。そしてプリュム修道院領での農民負担における荘園制形成以前からの地域的慣行の存続に力点を置いたこの理論こそ，80年代の前半に中世初期農村史の展開での領主の主導力をめぐって，議論の対象となっていたこと（第1部第1章2A参照）が想起される。してみれば，空間組織に関する見解の相違は，カロリング期農村での領主の役割，ひいては荘園制の地位の評価という，きわめて大きな問題に関わっていることが了解されるのである。

近年での荘園制の空間構造についてのこれら以外の発言は，かなり多様である。一方ではイグネやラガッツィのように，中世初期における空間観念を検討した研究者が，程度の差こそあれかなり緊密な領域形成に荘園制が貢献したと見ている（[228]262-263；[267]19-21)。他方でレーゼナーとツォッツとは，それぞれ大貴族領と王領での荘園制の比重を大きく考える立場にあるが，ドイツ学界の伝統に忠実に，これら大土地所有は空間的には「散在所有」Streubesitz をなしていたとしている（[391]167-168；[502]84-85)。この問題についてさらに豊富な像を得るためには，なお多くの仕事が必要

---

(39) L. Kuchenbuch, *Bäuerliche Gesellschaft und Klosterherrschaft im 9. Jahrhundert. Studien zur Sozialstruktur der* familia *der Abtei Prüm*, Wiesbaden 1978, pp. 195-244.

であろう。大修道院所在地周辺の領域についてさえ、トゥベールと丹下の問題提起が行われている現在でも、その内部構造についてはあまり解明されていない。確かにシュテルマーは、それぞれの所在地周辺で排他的な勢力圏を作ろうとしたバイエルン教会諸組織の努力を跡づけている。その結果として、10世紀には «marcha» と呼ばれる一円的な支配領域が形成されていたという（[436]398-402）が、この空間の経済的組織については何も語っていない。研究がなお十分に進んでいない点は、通例の所領についても同様である。パリ地方やブルゴーニュを舞台として、保有地の散在が原因で所領の地誌的まとまりがそれほど緊密ではなかった例が、考古学的な調査によって提供されており（Guadagnin [198]112-176 ; Toubert [451]283-284）、フランドルの1荘園を取り上げ、中世盛期以降の材料から中世初期の地誌的構造を再現しようとしたトゥーンの試みによっても、同じような緩いまとまりという像が与えられている（[443]12-16）。しかし東フランクのいくつかの所領について、トゥーンと同じ歴史地理学の遡及的方法を用いたニッツは、集村定住と周辺への耕地集中というまったく異なった結論に達している（[338]474-482）。ドイツの歴史家が文字史料から領主直領地の詳しい描写を行う例はかなりある（Dette [102]53-57, 75-77 [103]185-189, 194-196 ; Hägermann [207]74-76 ; Rösener [391]130-140, 167-175 ; Weidinger [479]78-102）が、農民保有地についてはほとんどない（例外として、Störmer [436]223-225 がある）のが現状である。

　荘園制の空間構造についてのこのような研究状況の中で、例外をなすのは遠隔地所領の検討であり、先行する時期にも何人もの研究者によって取り上げられた（前掲131-132頁参照）。今期ではプリュム修道院の遠隔地所領を一つずつ綿密に追究したクニッヘルの書物（[249]）が、その典型である。これらの研究者が強調するところでは、中世初期の遠隔地所領には二つの特質がある。第1は、その商業との密接な関係である。例えば、サン=モール修道院の所領明細帳を分析したヘーゲルマンは、その1章に記載されている遠隔所在の所領が商業に関与するのにふさわしい構造を持っていたことを強調する（[207]62-66）。またイルジーグラーは、ブドウ生産地帯に複数の領主に属する遠隔地所領があって、ワイン商業の舞台となっていたことを強調している（[239]51-54）。商業への関与という強調点は、遠隔地所領の存在理由を大規模家経済の自給的物資補給に求めていた伝統的

な見解から，現在の研究動向が大きく離れていることを意味している。遠隔地所領の第2の特徴としてあげられるのは，ことにその起源における政治的性格である。例えばシュテルマーがアルプス地方の東部に所在するバイエルン諸教会組織の所領について，フランク王国によってここに新たに拡延された支配を安定させるために，それらが設定されたことを示した（[435]）のが好例である。さらにシュテルマーは，もっと東に位置してより遅くにフランク支配に入った諸地域で，同じ教会諸組織がそれらの統治に活発に参加しており，そのための拠点として遠隔地所領が機能していたと述べている（[436]403-410）。同じような観点から，遠隔地所領の類型を構想したのがロンバウトである。それによると，フランク王国の中心部にあった遠隔地所領は一般に規模が小さく散在的であったが，ライン河以東においては所有者である教会諸組織が政治的役割を果たすためという，明確な意図をもって遠隔地所領が設定されており，それらはより大規模で戦略的な地点に集中していたという（[394]）。

3　領主と所領形態

最近ことによく研究されたテーマとして，王領，教会領，及び世俗貴族領の間での荘園制の構造比較がある。そもそも中世初期荘園制の研究は，教会領を主たる場として進められてきた。それは文字史料の伝来において教会諸組織が大きな役割を果たしたためであり，特に所領明細帳を伝来させている修道院領について，われわれの知識はかなり豊富である。これに対して，王領について活発な研究が行われてきたのは周知のとおりだが，多くはその地理的配置や歴史的経過についての検討であった[40]。当初王権に属した土地が，後にあれこれの修道院領で重要な位置を占める例が，最近も次々と検出されている（Helvétius [224]；Noël [340]；Ouzoulias [347]）。こうした検討の蓄積が，王権の地政学とでも言った観点からまと

---

(40) 王領の研究を王宮のそれと重ね合わせて推進したのが，ゲッチンゲンのマックス゠プランク歴史研究所であり，このプロジェクトの最近の責任者を務めていたのが，まさにここでその寄与を浮き彫りするツォッツなのである。なお森本『諸問題』[前注（2）] 337-338頁を参照。

められることも多い(41)。王領の社会経済的な側面が分析されることももちろんある。最近では，馬牧や森林経営に専門化した複数の所領が，半径数キロの範囲で有機的な所領群にまとめられていた場合を，東フランクの王領について検出したニッツの仕事が好例であろう（[337][338]）。また著名な王領アナップの目録を再検討して，そこに発達した三圃制度の存在を認めたデルヴィル（[94]367-369）や，やはりいずれも周知のいくつかの史料に新たな観点から取り組んで，王領の森林を周辺農民の活動に広く開放されていた空間として特徴づけようとしたウィッカムの論文（[483]）などもある。しかしながら，王領が中世初期に占めていた巨大な役割と比べて，荘園制という観点からするその研究は著しく立ち遅れていると言わざるをえない。そして世俗貴族の所領については，史料が分散しているのが主たる理由で，その土地所有・経営についてはほとんど手が付けられていないと言ってよい。

　こうした研究状況のもとで，1987年ゲッチンゲンでの研究集会『中世初期の荘園制』（Rösener [388]）の主催者であったレーゼナーとツォッツとが，自らそれぞれ貴族領と王領との検討を課題としたのは，まことに時宜を得たことであった。これによってわれわれは，従来手薄であった部面についてのまとまった叙述（[390]；[502]）を与えられ，領主の社会的所属に応じた荘園制の構造的な差異について，さらに検討を進める可能性を得たのである。その結果として現在のところ浮かび上がっているのが，世俗の小領主層による土地所有・経営の独自な形態なのであって，それは以下のような順序での考察によっている。

　伝統的に中世史の研究者は，教会領と王領との経営方式にさしたる差異はないと考えてきた。その場合，両者の間での寄進・封与・収公などによる頻繁な土地移動が，荘園制としての類似性の証拠とされることが多かった(42)が，近年の研究でもそうした例が提出されている。すなわちニッツとワイディンガーはそれぞれコルヴァイ修道院とフルダ修道院について，

---

(41) J. Barbier, Le système palatial franc : genèse et fonctionnement dans le nord-ouest du *regnum*, in *Bibliothèque de l'Ecole des chartes*, 148, 1990, pp. 245-299.

(42) 森本『諸問題』［前注（2）］341-343頁を参照。

王権によるこれら修道院への寄進が，対象となった土地の経営方式に変化を生じさせなかったことを明らかにしている（[338]474-482；[478]264-265[479]274-277）。そこへツォッツが教会関係の史料をも渉猟しつつ，王領と教会領との荘園組織には基本的な差異がないと論じたのである。確かにツォッツは，国王宮廷の所在によって規定される王領の独自な側面を指摘してはいる。すなわち絶えざる移動を繰り返していた君主とその側近とは，予期されない場所と時期に急遽人手を要することがしばしばあり，それを満たすために領民から徴収される不定量賦役の頻度が，王領地に特有な事情だったという。また宮廷を迎えている所領は，自己の領域を越えて周辺の教会領から多様な給付を徴収することができたが，これも王領以外にはありえない権限であった。しかしながらツォッツにとって，こうした点は決定的な重要性を持っておらず，王領と教会領との社会経済構造は相互にきわめて近いと結論するのである（[502]113-125）。しかもこの構造は，古典荘園制と暗黙のうちに前提されているようである。

　次の問題は世俗領が王領・教会領と比べて独自な荘園構造を示すかという点であるが，ここで取り上げるレーゼナーの論文は，働き手のあり方に特に注意を払いながら，興味深い論点を提出している。まず中世初期ドイツ南西部の有力家系をめぐる文書史料の分析から，大貴族所領の領主直領地に無保有の奴隷的非自由人（→ «mancipia»）が大量に存在したことが確認できるとする。そして隷属性の強い労働力を使役する領主経営を，中世初期についても「グーツ経営」Gutswirtschaft と呼ぶことの多い最近のドイツ学界の慣例に従って，世俗領にはグーツ経営の色彩が濃いと規定する（[390]141-148）。しかしながらレーゼナーは他方で，むしろ賦役労働に基礎を置く古典荘園制への変化が，大貴族の所領では目につくと考える。すなわち王領が世俗領での荘園組織のモデルとなっており，ことに王権から大貴族への土地移動に助けられて，グーツ経営からの構造転化が実現したというのである（*Ibid.*, 149-158）。この点に関してわれわれは，近年の研究の中からディーポルダーやカステンの仕事を，古典荘園組織を示す貴族領の内部にかつての王領を検出したものとして，引用することができる（[82]II；[246]312-315, 318-324）。こうしてレーゼナーにとっては，小貴族の土地においてこそグーツ経営が最も強力に行われていたことになる。そして，サン゠ベルタン修道院の所領明細帳に記載された巨大保有地——こ

れらはしばしば10マンス以上の規模で20人以上の奴隷的非自由人を抱えていた——を再検討(43)して，そこにも二分制的な構造への方向は見られはしたが，小所領は容易にこの進化を実現できなかったと結論するのである([390]158-167)。

このようにして，領主の社会的所属による土地所有・経営形態の規定が追究された結果，何よりも小貴族層の手中にある所領の構造的独自性が浮かび上がってきたのであるが，これは最近論争の的となっている小所領の問題と同一の論点なのである。カロリング期の小所領は，大所領型荘園制の役割を小さく評価するための論拠として最近取り上げられてきた。一部の歴史家にとって，大量の働き手を使役して集約的な耕作を行っている小所領——ここでもしばしば用いられる史料が，サン゠ベルタン明細帳である——は，大所領に特有な労働力の粗放な乱費と対照的に進歩的な性格を示しており，それだからこそ，カロリング期以降に見られる農村成長の最大の担い手となったというのである(前掲145-146頁)。最近の6年間では，ボワによる同様の問題提起が議論を呼んでいる。ボワにとっても小所領は農村成長の先端部面なのであるが，その主張にはさらに二つの新しい見方が加えられている。すなわち，一方ではカロリング期の小所領における働き手の主力は，紀元千年までを奴隷制システムとするその見解と対応して，端的に奴隷と規定されている。他方でボワは，この小所領が先頭に立っていたという農村成長の時期に，中世初期における農業成長を高く評価するその立場から，カロリング期そのものをも含めているのである([36]194-199)。こうしてボワに従うならば，まさに奴隷を使役する小領主層がそのことによって，封建システムを目指す社会経済的発展を主導したということになる。これは直ちに理解し難い主張ではあるが，ともかく中世初期に

---

(43) サン゠ベルタン明細帳に現れる巨大保有者を，荘園制に組み込まれたばかりのかつての小領主と捉え，そうした観点からこの史料を分析したのは森本であった。森本芳樹「サン゠ベルタン修道院所領明細帳（844-859年）をめぐる諸問題」（Ⅱ）『経済学研究』（九州大学），49-4・5・6，1984年，153-162頁。[この論文は，森本芳樹「サン゠ベルタン修道院所領明細帳の分析」として，森本『農村と都市』[前注（3）]第2章に再録。関係箇所は142-155頁。] なお，Y. Morimoto, Problèmes [317], pp. 132-141 をも参照。

おける賦役労働を用いた荘園制の重要性を考え，これに対してまさに奴隷的非自由人という労働力を用いていることを根拠に，同時代の小所領を遅れた形態と考えているレーゼナーを先頭とする歴史家たちの見方とはまったく異なっているのであって，両者の対比については第3章で再び取り上げることになろう。

4　奴隷・賦役労働・保有農民

こうして領主の社会的所属が問題とされたもう一方の極では，所領内部での労働が綿密な検討の対象となっており（Kuchenbuch [260] での全体的考察を参照），それによって奴隷の存在形態が解明されるとともに，それとの密接な関連のもとで賦役労働の諸形態についての考察が進められた。

A　奴隷

中世初期の奴隷制は1985年のボナッシーによる画期的な論文（[42]）以来，盛んに言及されるテーマである（第1部第1章2B）。誤った問題提起によっているとして，このテーマ自体を拒否するデュリアやマニュー=ノルティエによるような主張も，確かに強く押し出されている（[144]175-178；[290]）。しかしそれは例外であって，カロリング期に至るまでかなり多数の奴隷が存在したことと，紀元千年に向けてそれらが大きく減少したことは，一般的な認識となっている。

こうした動向を概観しながら，5世紀から9世紀までの奴隷の増加を，古典古代のローマ社会からの遺産ではなくてゲルマン人による寄与と考えるのが，新しい傾向であると森本は指摘した（[319]105）。少なくともその粗野な形態での奴隷制が，3－4世紀には実質上存在しなくなってしまったとする見解は，古代史の研究で広く見られるようであるが，中世史の研究者はそれを十分に心得た上で，中世初期には奴隷的な労働力が重要な地位を占めていたと考えている。この点ではウィッカムのような有力な例外はある（[484]28-29）が，ともかく中世当初に特有な事情のもとで，奴隷が増加したとしているわけである（Gauthier [175]74）。例えば前カロリング期における賦役労働についてのアンドレオッリの論文と，世俗貴族領についてのレーゼナーの論文という，まったく異なった対象に関する仕事を

取り上げてみると,両者ともに古代末期の労働力の主要形態を自立的なコローヌスだとした上で,それぞれのテーマの考察にとって大量な奴隷の存在を重要な与件としているのである([6]17-20;[390]130-140)。

　荘園制の研究においては,非自由身分の領民の中に史料で «servi» または «mancipia» と呼ばれている保有地を持たない多数の働き手がいたことは,すでに常識となっている。近年の仕事の中で,メロヴィング期についてこうした奴隷的な労働力の重要性を具体的に示したのは,7世紀ルーアン=ボーヴェ司教区の諸修道院が,アングロサクソン奴隷を導入して開墾を進めたことを明らかにした佐藤だけである([410]176-177)。これに対してカロリング期については,多くの指摘がある。例えばツォッツは,王領に土地を持たない多くの非自由人がいたとする([502]85-92)が,レーゼナーも同じ事態を貴族領,ことにほぼ12マンス以下の規模である小所領について見てとっている([390]141-148, 158-167)。またデッテとドロステとは,それぞれワイセンブルク修道院領とモンティエランデル修道院領に関して,領主直領地に大量の奴隷的非自由人が生活していたが,所領明細帳に登録されることはなかったとしている([102]54-56;[135]52-53)。しかしながら,このような奴隷的非自由人を検討した歴史家の多くは,それらの境遇が古代の奴隷とは大きく異なっていたと考えている。すなわち奴隷制の消滅に対する教会の役割を積極的に評価するホフマン([233])も,5世紀のガリアでの奴隷の状況を概観したサムソン([406])も,中世初期の «servi» と «mancipia» とが,古代の奴隷とは異なって人間と見なされていたことを強調する。従って,例えばラエティアという一つの地域を枠として考察したニーダーシュテッター([335])は,これらと他の住民——ことに史料で «coloni» と呼ばれている農民の主力——との接近を重視しているのである。また同じような考察からパネロは,8世紀以降イタリアの非自由人層に対して,「奴隷身分」schiavitù という概念を用いるべきでなく,むしろ「農奴身分」servitù とするべきだと言っている([349]379-380 [351]799-806)。さらに加えて,奴隷的非自由人が中世初期を通じて次第に減少し,ことに紀元千年に近付くにつれて奴隷制が事実上消滅することも,様々な論者によって指摘されているのである(Barthélemy [26];Bonnassie [46]40-41;To Figuera [445]48-49)。

　このようにして中世初期奴隷制の研究は,それをまったく独立に取り上

げて本格的な奴隷制と規定するのではなく，行論の関係から第3章で改めて検討することになるボワの立場は別として，それが社会構造の中では副次的な要因であることを認め，かつ衰退過程にあったとの観点を共通に押し出している。その上奴隷制衰退の具体的過程の検討は，荘園制研究の一部として行われているのであって，次にそれを詳細に見ていくことにしよう。

B　奴隷の社会経済的上昇

　中世初期を通じて多数の奴隷が保有地を獲得して一人前の農民の地位に上昇したことは，広く認められている。史料で«servi casati»と呼ばれることの多いこうした非自由人は，シュテルマーの研究したバイエルン（[436]398-402）から，ローランソン゠ロザスが描いたオーヴェルニュ（[270]389-396）に至るまで広く検出されており，イタリアについてもパネロがその重要性を指摘している（[349]374-379）。近年における議論は，奴隷への保有地賦与は純粋に経済的措置であって，人身において奴隷だというその本質をなんら変えるものではないとするボワの強い主張（[36]36-42）の検討に集中した観がある。家族経営の主人となったかつての奴隷は，その新しい地位にふさわしい自立性を獲得して事実上保有農民層に同化されていったと，多くの歴史家が反論しているのである（Gauthier [175]74-75 ; Panero [351]806-811 ; Verhulst [466]196-197 ; Wickham [484]28-29）。これらの論者にとって奴隷制の消滅は，保有地形成を通じてする奴隷の社会経済的上昇によって主として実現すると考えられているが，それとはまったく異なって，奴隷の逃亡こそが主要な過程だとする見解もある。こうした見解を典型的に示すのが，ヨーロッパ南西部の史料を主たる拠り所とするボナッシーである（[44]19, 28, 34 [45]150-153 [46]40-41）。いずれの過程も重要だったとするサムソンのような中間的立場（[406]225-227）もありうるが，ともかくこれら二つの見解の対立は，以下の点で荘園制研究ときわめて密接な関連を持っている。すなわち奴隷の社会経済的上昇を重視する見解は，奴隷制の消滅という歴史的過程を荘園制展開の一つの要因と見ることになるのに対して，奴隷が逃亡して自らを解放するという現象を決定的とする見解では，かつての奴隷は独立農民の隊列にいったん入り込んだ後に，紀元千年前後に再び新しい領主制のもとに支配されるとされて，

第2章　荘園制の諸側面　205

中世初期の荘園制は奴隷制の衰退と無関係ということになるからである。後者の検討はこれも第3章に譲って，ここでは前者による仕事を検討しつつ，奴隷の上昇と賦役労働の起源に取り組んでいこう。

　この問題についてはまず，近年活発であったイタリア学界での賦役労働の研究——それについては，なお次項Cで詳しく言及する——から，一つの特徴的な議論を取り上げてみたい。それは賦役労働負担が保有地規模とほぼ反比例する，すなわち保有地が小規模であれば賦役労働が過重であるという，かつてルッツァートが想定した原則をめぐってのものである。まず中世初期イタリアの農地契約を検討したモンタナーリは，そこにしばしば見られる土地所有者による農業資材の提供は，保有農民の経営規模拡大の方向に働きえたが，同時に新たな労働給付を代償として行われ，賦役労働増徴に導く多くの例があると指摘する。そうであれば，農地契約の通例の当事者であった比較的富裕な自由農民は，ルッツァート原則には当てはまらないということになる（[308]49-51）。これに対してパスクアリは，所領明細帳を史料として問題に逆の側から接近する。すなわちモンタナーリによるルッツァート原則の再検討は，賦役労働量が全体として限定されている場合には有効だが，不定量賦役や週賦役のような重い賦役労働についてはそうではない。なぜなら所領明細帳においてこうした形態を課されている保有地は，多くの場合非自由な資格を持っていたが，通例小規模だったからである（[353]106）。さらにアンドレオッリは同じ問題を年代的に検討して，ルッツァート原則が妥当しなくなるのは主として9世紀半ば以降であるが，それはなによりも，荘園制のもとである程度まで農民保有地の均一化が進行して，それまで過重な賦役労働を負担していた零細保有地が減少したからだという（[6]28）。イタリアの研究者によるこのような考察は，所領内部で上昇してきた奴隷的非自由人に当初課されていたきわめて重い賦役労働が，保有地の拡大にともなって減少していくという過程を，ある程度は具体的に検討しえた点できわめて興味深い。

　奴隷の社会経済的上昇のもう一つの要因をなす保有地の形成は，フルダ修道院の史料を分析したワイディンガーによって，興味深い仕方で検討の対象とされた（[478][479]）。それは近年の研究が，マンスないしフーフェという標準的保有についての一般的な叙述（Dette [103]58-60；Störmer [436]388-392；Toubert [453]66-69）以外には，農民保有地についての目立っ

た仕事をしていないだけに，貴重な成果だと言えよう。もっともデュリアによるマンスについての詳細な史料分析はある（[142]）が，これを国家による公租公課の単位と見る独特な視角を強く押し出していて，ここで取り上げることはできない。さてワイディンガーは古典荘園制への進化を軸として観察することによって，カロリング期農村史は最もよく理解できると確信して，フルダ領における二分制所領成立の諸側面を跡づけている。農民保有地についてはフルダの史料，ことに830年直前の台帳でマンスとフーフェとがともに言及されているのに注目して，東フランクでしばしば見られ，すでに何人もの研究者によって取り上げられたことのある[44]この現象を，説明しようとする。ワイディンガーによれば，ここでは «mansus» は «area» «curtis» «curtilis» などと同義に用いられていて，何よりも農業経営の拠点となっている屋敷を指しており，面積は多様だがたいていの場合かなり狭い耕地が，それに付属するものとされている（[479]23-57）。これに対して «hoba» は，まず一定面積の耕地を示す語であって，30ユゲラという農民家族を養うに十分な面積に標準化されている。同時にフーフェは，農業経営の構成要素をも含むものとされ，その中には『共同森林』«silva communis» の用益権も入っている（*Ibid.*, 57-78）。こうしてマンス＝経営拠点，フーフェ＝標準面積の耕地とする点で，一部の先行研究者の議論を受け継いでいるワイディンガーは，フルダ領における荘園制形成過程のうちに，これら二つの型の保有地をきわめて明快な仕方で位置づける点で，独自性を示している。すなわち古典荘園制の形成は，奴隷的非自由人を主として使役していた古い型の領主経営の解体と統合とを伴っていた（*Ibid.*, 38-96）が，この過程で奴隷的非自由人に小規模な経営を確保するために，マンスが作り出されたのだという。そして保有農民となったとはいえ，このようなかつての奴隷が領主直接経営の重要な労働力をなしていたことは，やはりワイディンガーによるならば，これら領民の修道院への強い人身的従属と，これらが負担する賦役の不定量性のうちに示されている（*Ibid.*, 46-

---

(44) 最もよく知られた仕事として，Fr. Lütge, Hufe und *Mansus* in den mitteldeutschen Quellen der Karolingerzeit, im besonderen in dem *Breviarium St. Lulli*, in *Vierteljahrschrift für Sozial- und Wirtschaftsgeschichte*, 30, 1937, pp. 105-128 をあげておく。

57）。他方でワイディンガーは，マンスに属する耕地が本格的な農民経営を支えるに十分な規模になったときに，それを標準的なまとまりとしてフーフェが成立したとして，フーフェをも荘園制形成過程に位置づけている。確かにフルダの史料でのフーフェは，形容詞を伴うことなしに言及されているが，ここで «servi» や «mancipia» が保有しているとされるフーフェは，他の場所でやはり奴隷に土地を賦与するために作り出された『非自由人マンス』 «mansus servilis» に相当すると，ワイディンガーは考えている。

C 賦役労働

最近賦役労働についての検討が前進したが，その功績はイタリアの研究者によるところが大きく，ことにこれについての研究集会の成果（Fumagalli [167]）が注目されねばならない。イタリアの歴史家は，賦役労働が領主権力の拡延の過程で社会的強制の手段としても働いた点に注目し，それを経済的観点からのみ眺めるのでは不十分であると強調する（*Ibid.*, 10-11；Montanari [308]38-39）。こうした立場は，確かに賦役労働が従来一般に考えられていたよりは濃密に存在したが，それでもヨーロッパ北西部と比べるならばずっとその普及度合が低かった中世初期のイタリアについては，荘園制の形成過程を検討する上でとりわけ重要であろう。またそれは，荘園制を単に経済的次元でだけ考察することを避けようとする，近年の研究動向の一端としても理解できる。けれどもここでは，アルプス以北の中世初期荘園制研究で主として問題とされている，賦役労働の経済的諸側面に集中して議論を進めていきたい。

近年における賦役労働の研究は，その継続期間と時間的配分とによって規定される諸形態にことに関心を払ってきた。確かに，その物的・技術的側面が注目されることもある。モンティエランデル，サン=モール=デ=フォッセ，及びサン=ピエール=ル=ヴィフ諸修道院の所領明細帳に見える，«carropera et manopera» という定式が実際にはどのような労働を含むかについて，ドロステ，ヘーゲルマン，及びファリップが検討を加えた（[135]12-14；[207]53-56；[367]595-597）のがそれである。クーヘンブッフも同じ定式を，より一般的な観点から考察している（[260]349-351）。しかしながら中世史の研究者は，賦役労働がどの程度まで農民経済を撹乱したかという問題にきわめて強い関心を示しており，そのためもあって賦役労

働の量とそれを実行する時点を定めるための様々な様式に，観察を集中しているのだと思われる。

　所領明細帳のうちに，『彼に命じられたことを』«quicquid ei jubetur» あるいは『彼らに命じられたときに』«quando eis precipitur» というような，特徴的な文言で現れる不定量賦役労働は，二つの異なった仕方で実行されたようである。一方でそれは，例えば荘園制の発達が見られないロマニアで言及される場合（Montanari [308]48-49）や，王領で宮廷の滞在に際して一時的に課される場合（Zotz [502]117-118）のように，比較的短期間の労働でありえた。しかし他方では一部の農民の主たる負担形態として現れ，まさに領主の恣意による過重な労働としても実現されえた。人身や土地の非自由な資格と結びついていることの多いこうした場合は，所領明細帳に記載されたものの大半を占めると思われるが，それ以外でも，レーゼナーが世俗領にそれがしばしば見られたと指摘している（[390]165-166）。またイタリアにも，アルプス以北ほどにではないが重い労働としての不定量賦役は存在していたようである（Galetti [170]87-88；Pasquali [353]114-115）。

　領主のために毎日労働するという日賦役の規定は，カロリング期にはきわめてまれである（Hägermann [207]62-66；Pasquali [353]113-114）。従って不定量賦役の次に問題となるのは，週に数日（通例は3日）という形で示される週賦役である。これも非自由との結びつきが強い（Pasquali [353]117-119；Rösener [390]164-165；Verhulst [464]44-45）が，自由人ないし自由保有地でこれを給付する場合も多い。この形態について関心をひくのは，農民労働の二つの部分への区分の実態である。一方ではレーゼナーの指摘するように，週賦役がその実行の過程で領主の恣意の作用を強く受けていた，と考えさせる史料がある（[390]138-140 [391]106-107, 160-161）。森本もプリュム明細帳に見える『週に彼に命じられただけ』«in ebdomada quicquid ei jubetur» という，不定量賦役と週賦役とを折衷した独特な規定が，両者の現実における近さを示すと考えている（[328]348-355）。領主の恣意に大きく依存するというその性格を考慮すると，週3日という規定は，現実に農民が領主のもとで3日間労働したという現実を描写したというより，むしろ当事者である領主と農民とが農民労働に対して等しい権利を持つ，という観念を表現したものと考えることが許されよう。そこから週賦役での現実の労働期間は，領主と農民との間の力関係によってかなりの程度に

変動した，としてよいであろう。サンタ゠ジュリア（ブレシア）修道院の所領明細帳に記され，パスクアリが引用している『半分賦役』«medietas operis»（[353]115）——ワイセンブルク明細帳にも同じような文言（Dette [102]113-114）がある——は，まさにそうした事態を印象的に表示していると言えよう。週賦役規定のこうした弾力性を考えるなら，それが実際にはかなり軽い労働であった場合も十分に想定できる。ことに一つの保有地に他の賦役義務とともに課されている場合には，そうした可能性が高い。しかしながらデュリアやマニュー゠ノルティエのように，週賦役の重さ一般を著しく低く評価する（[144]181-182；[288]669-673）のには，中世初期の賦役労働をも国家によって徴収される公課として，それほど重くないはずだとする理論的要請がそこに強く働いているだけに賛成できない。

　月当たりの日数，あるいは週数で賦役労働が規定されることは，カロリング期の史料ではきわめてまれであるから，次に問題となるのは，こちらはきわめてしばしば言及される年当たりの日数ないし週数による規定である。この項で取り上げているイタリア学界の仕事では，この年賦役が他の形態よりもずっと頻繁に現れるとしている（Galetti [170]83-84；Montanari [308]46-47；Pasquali [353]116-117）。ヨーロッパ北西部での年賦役は，『15日』«XV dies» ないし『15夜』«XV noctes» と呼ばれる2週間連続の労働を単位として，これを1回から数回賦課する形を典型としていた（Verhulst [464]44）。年賦役の場合には，むしろ自由人や自由な保有地との関連がより強くなっていることにも注意しておこう。

　領主直領地の特定の地条を農民に割当ててその耕作を全面的に委ねる定地賦役(45)は，多くの歴史家によって触れられているが，その詳細な検討が進んでいるとは言えない。ここで引用しているイタリアの研究者の中でこれに言及するのはパスクアリだけであり，イタリアの所領明細帳に定地賦役の明確な規定が登場するのはだた1度だという。ただし，そこにしばしば記載されている農民による特定地片の収穫全体の給付は，事実上定地賦役であったとの見解である（[353]120-121）。森本自身は9世紀末プリュ

---

(45) 森本芳樹「『定地賦役』考」高橋幸八郎／安藤良雄／近藤晃編『市民社会の経済構造』有斐閣　1972年，3-21頁を参照。［大きく補完を施した論文として，森本『農村と都市』［前注（3）］第6章に再録。］

ム修道院領で定地賦役が広く存在していたと考えるが，それは893年の所領明細帳の文言について，1222年に明細帳の写本を作成したカエサリウスが付した注釈の，新しい解釈によっている（[321]286-288）。なお農民による自立的な実行を前提としている定地賦役が，自由人との結びつきをより強く示していたのは当然である。

　このように賦役労働の規定と実行との間には距離がありえたし，また賦役労働の特定の形態とそれを給付する農民の身分，あるいは保有地の資格との間には，傾向的な関連はあっても必然的な結びつきはなかった（Hägermann [204]362-364）。さらに様々な形態の賦役労働が一つの保有地の上に重なりあって課されるのが通例であった（Elmshäuser [146]364-368）限りでは，図式化した考察には慎重にならざるをえない。しかしながら代表的な賦役労働の諸形態についての昨今の研究を見ると，すでに以前から存在していた次のような認識が確認されたとしてよい。すなわちカロリング期の賦役労働には，過重で恣意的でかつ非自由な色彩の濃い一方の極から，軽くて自立的で自由な色合いを示す他方の極との間で，きわめて多様な形態が存在していたのであった。そうなるとその形成に関しては，かつての奴隷が主人のためにほとんど連日行っていた労働と，かつての独立農民が従属化とともに行うこととなった労働給付という二重の起源を考え，これらが荘園制の内部で次第に合体したとする見方が有利になってくる。実際に近年この点を扱った3人の論者の中では，自由人の公的義務のみを中世初期賦役労働の起源とする見解を示しているのは，モンタナーリだけである（[308]44-45）のに対して，前カロリング期の賦役労働を研究したアンドレオッリも（[6]20-21），荘園制の展開をライン河以東について追究したフルヒュルストも（[464]44-46 [465]96-98），賦役労働の確立を荘園制のもとでの奴隷と独立農民との保有農民への転化に帰しているのである。

5　荘園制と流通・都市

A　流通

　荘園制に関する最近の研究できわめて積極的な傾向の一つは，それを以前のように農業生活の単位とだけ見なすのではなくて，生産と流通のいずれをも視野に含めて，社会経済生活全体の中に位置づけていこうとする志

向である(第1部第1章2C)。確かに本章の対象とする諸論文での手工業についての具体的な言及は，複数あった（Clemens / Matheus [75]16 ; Hocquet [232]98-100 ; Rösener [390]171-172）とはいえきわめて断片的である。しかし幸いにもトゥベールの二つの論文の中で，最近の研究成果を素材とした優れたまとめが行われている（[453]76-80 [454]75-80）。それによれば，中世初期荘園制における手工業の主要な形態は三つある。第1は自然資源の所在に直接依存している鉱山業，冶金業，製塩業などで，これには多様な経営形態が見られた。第2は農民のもとにも広く普及していた織物生産。そして第3が女性労働を使用する領主直営の仕事場で，これも繊維工業が主となっている。トゥベールはこの第3の形態が研究史上過大評価されてきたと考えているが，最新の仕事の中でも女性労働を扱ったアンドレオッリの論文では，領主直営の仕事場の役割は依然として高く評価されている（[9]32-36）。

　荘園制と流通に関しては近年にも多くの論文の中で詳しい言及がなされているが，まず領主によって組織された運搬組織が関心を引いている。森本もプリュム修道院の所領明細帳を素材として，二つの異なった性格を示す運搬組織を検出した。一方は重量運搬賦役を用いて穀物・ワイン・塩を修道院及び分院所在地に集中するもの，他方は軽量運搬賦役によって，むしろ所領外部の都市的集落との連絡を確保するものである（[320]）。しかし同じ史料を使いながらも，ヘーゲルマンはむしろ農民による市場参加の可能性を測ることを目標として，市場賦役に際しての自己生産物販売を評価したり，軽量運搬賦役の仕向地の商業的性格を検出したりしており（[209]），またペトリはプリュム明細帳に加えて古銭史料をも素材としつつ，農民負担のうちでの貨幣貢租を大きく見積もって，農民による市場での売買を当然のことと見ている（[362]）。また商品別の検討としては，ドヴロワが大領主による大がかりな穀物運搬を描写しており（[117]247-248），イルジーグラーもワインについて同様の作業を試みている（[239]51-52）が，こうした仕事はすべて領主による物流が商業と深く関わっている点を強調している。

　ところで，中世初期における荘園領主による商業の重要性を認識する点では歴史家の見解は一致しているが，それが当時の経済構造で占めていた地位については様々な議論があり，この論点が深められたことが近年の一

つの成果である。まず荘園組織によって行われる流通は在地商業ないし地域商業に限らず,しばしば遠隔地商業の形を取っていたことは,すでに他の論点をめぐって検討してきた仕事で事実上明らかにされている。すなわち荘園制を広域的な空間組織として描いた丹下([438])とトゥベール([451])との論文では,この空間組織の一つの側面こそが遠隔地間を相互に結び付ける流通網であり,その一部は商業化されていたと考えられていた(前掲194-195頁)。また遠隔地所領に関する研究が,その商業との関与を強調していることも,第2章2で見てきたとおりである。大領主の本拠地から遠く離れた場所を舞台として営まれる商業は,勢い遠隔地商業となったであろうことも確実である。しかしながら他方では,荘園制の商業的性格の過大評価に対する批判的な発言もある。ことに興味深いのは,サンタ=ジュリア=ディ=ブレシア修道院所領明細帳の1節 (46) の解釈をめぐって書かれたトゥベールの論文である([452])。すなわち同修道院による都市市場向け絹生産・販売の証拠として,先行研究者たちによって利用されてきた文言の厳密な理解によって,この所領明細帳からはそのような活動が証明できないとした論旨は,荘園商業の意味をかなり限定的に考える方向に働くからである。

森本もプリュム明細帳の何箇所かの解釈をめぐって,複数所領の間においても個別所領の内部においても,分業が一部の研究者の言うほどには発達していなかったと指摘した([320]273-275 [323]520-526)。また9世紀末プリュム領での貨幣貢租の役割に関するペトリの評価([362])が,過大であるとの批判をも加えた(Morimoto [323]522)。森本のこうした発言は,最近プリュム領をめぐって繰り広げられてきた荘園をめぐる商品・貨幣流通のあまりに楽観的な評価を,戒めるためのものである。

さて以上のような二つの方向での議論は,一方が荘園商業がおおっていた範囲を広く認めようとするのに対して,他方はその密度を限定しようとするものであって,一見対立しあっているかに見えるが,これらを矛盾なく統合する努力によってこそ,荘園商業が中世初期に占めた地位に迫りう

---

(46) G. Pasquali (ed.), «Brevaria de curtibus monasterii» : S. Giulia di Brescia, in A. Castagnetti / M. Luzzati / G. Pasquali / A. Vasina (ed.), *Inventari altomedievali di terre, coloni e redditi*, Roma 1979, pp. 43-94.

るであろう。荘園制がカロリング期経済構造の重要な軸をなしている限りは，荘園商業は同時代の社会のあらゆる構成要素に関わっていたはずである。しかしながらこれら構成要素の大半は，それ自体が商業目的を第一義とした存在ではなかったのである。いずれにせよ中世初期の荘園商業を近代的な経済学の諸原則だけに基づいて分析することを避け，伝統的社会における市場の意味という現代社会科学の焦点 (47) に合わせて，検討を進めなければなるまい。

B 都市

荘園制と商品・貨幣流通をめぐる以上のような議論は，荘園制と都市の問題に接続している。今日の学界ではカロリング期はもはや純粋に農村的な時期とは考えられておらず，歴史家の努力は農村における社会経済的発展が都市現象を生み出し，あるいは支えている筋道の解明に向けられている (48)。中世フランス北部における都市・農村関係を辿った論文で，中世初期には繁栄する農村ときわめて限定された都市現象とが相互に対立していたとデルヴィルは指摘している（[95]209-211）が，こうした見解はむしろ例外で，通例はこの時期についても，都市と農村との相互補完的な発展が想定されている。しかしその中でも，二つの異なった考え方が目につく。

第1は，1989年にクレーフェで開かれた研究集会『ライン下流地域における荘園制と都市』（Flink / Janssen [156]）での主たる論調である。中世都

---

(47) 現在の経済学界で市場が様々な視角から論ぜられているが，これを近代資本主義の属性として捉えるのではなく，人類史のほとんどあらゆる局面で機能していた交通の舞台と考え，そのうちに社会全体の仕組みと性格が凝集されてくる場として分析するという，きわめて奥行きの深い課題が市場史に与えられている。第19回市場史研究会は，『前近代の市場と都市——西欧の場合——』をテーマとして開かれた（1993年5月18日，於　熊本商科大学）が，そこでもそうした観点が打ち出されることができた。

(48) 典型的な論文として，M. Mitterauer, Von der antiken zur wittelalterlichen Stadt, in *Beiträge zur historischen Sozialkunde*, I, 1971, pp. 41-47. 藤田裕邦／森本芳樹訳「古代都市から中世都市へ」『都市と農村』（[前注(38)]41-70頁）を見よ。

市を周辺農村と領主制とから切り放して観察する傾向の強かった，伝統的な方法には批判的なこの集会に参加したドイツの歴史家たちは，かといって，中世初期の荘園制を都市現象の積極的な要因とするにはきわめて消極的である。確かにイルジーグラーは，カロリング期には荘園からの農業・手工業剰余生産物が，領主の手によって中心地にもたらされて販売され，そこで市場を作り出していたと指摘している（[237]57-65）。しかしこうした中心地も荘園制の拠点として強い領主制的色彩を帯びている以上は，都市的と形容することは難しいとする。そうした見方は研究史を検討したシュルツェによる冒頭報告（[416]）にも表れているが，さらに明確にはプリュム修道院領における都市形成を論じつつ，「プリュム修道院への広汎な特権賦与は，都市発展への永続的影響をほとんど持たなかった。手工業・商業・交通は領主制的に規制されていたのである」（[336]105）として，それを中世盛期に位置づけるニコライ＝パンターの論文に見て取れる。これらの論者に特徴的なのは，中世都市の伝統的な概念，あるいはむしろその構成要素（シュルツェにとっては市民的自由，ニコライ＝パンターにとっては共同体による自治）への固執であり，また中世初期のありうべき都市現象をそれ自体として描写しようとするのではなくて，あくまでもそれを中世盛期の都市を基準として捉えようとする態度である[49]。

　第2の考え方は，1968年のいまや古典的となっているその論文[50]によって，中世初期都市・農村関係の考察に先鞭をつけたデスピィに捧げられ，『中世における都市と農村』と題された論文集（Duvosquel / Dierkens [145]）に寄せられた3篇の論文に示されており，都市現象と荘園制とのいわば相互浸透を重視する立場である。まず注目すべきは，カロリング期修道院による都市での土地所有に関するヘーゲルマンの論文である（[208]）。ヘーゲルマンはサン＝モール修道院で作成された，パリで同院に所属していた敷地の台帳の新版を刊行している（前掲170-171頁）が，その他にもいく

---

(49) 伝統的な中世都市概念の問題性については多くの論者によって取り扱われてきたが，とりあえず，森本『諸問題』[前注（2）] 235-241頁を見よ。

(50) Despy, Villes et campagnes aux IX^c et X^c siècles.「9-10世紀の都市と農村」『都市と農村』（前注 [38]），72-122頁）。

第 2 章　荘園制の諸側面　215

つかの所領明細帳には，司教座都市における土地所有が記載されている。これらを史料としてヘーゲルマンは，こうした都市内部での敷地所有は，修道院による商業・工業活動の拠点となっていたと主張し，しばしば中世盛期について描写されてきた，修道院による商品・貨幣流通を含む経済活動の都市拠点が，先行する時期にも存在したことを強調するのである。なおヘーゲルマンによれば，こうした都市的土地所有は所領明細帳から直接に読み取れるよりはずっと広範な現象であったはずで，それはこの史料に備わった都市的集落での小規模な敷地を登録するに適しない，ある類型的な特徴のためだという (Ibid., 358)。ついでデスピィの教えを受けた立場から，師の先駆的な論文以降に蓄積された研究成果の上に立って，中世初期ムーズ地域の文字・考古・古銭史料を網羅的に再検討し，議論をさらに進めようとしたドヴロワ/ゾレールの仕事 ([118]) がある。それによれば，紀元千年に至るこの地域での流通と都市的集落には，なんらかそれらの地域間的・国際的な性格を示すような証拠がほとんどないという。従ってここでの都市生活の展開が，ムーズ河を経由する国際商業によるばかりではなく，同じ地域における農村成長にも多くを負っていたというデスピィの主張よりも，さらに強く在地的・地域的な社会経済的発展の意義を押し出さねばならないことになる。さらにドヴロワ/ゾレールは，当時この地域に存在した諸中心地は，いずれも同時に商業と手工業との拠点であるだけでなく，同時に有力領主による荘園制の拠点でもあり，そうしたものの典型が大修道院所在地であるロップに見られるとして，都市経済が荘園経済に内在していたと説くのである。最後に森本自身もデスピィ学説のいっそうの発展を目指して，1968年以降に発表されたプリュム領に関する諸研究と，最近における中世都市・農村関係についての研究動向とを参看して，所領明細帳を始めとするプリュム関係史料を再検討した ([323])。その結果，デスピィとともに都市を生み出し支えた力を農村にも求めるのは勿論のこととしても，都市的なものをデスピィのようにプリュム領の外部だけに求めるのではなくて，むしろその内部，ことに所領管理の拠点となっている修道生活の中心地にも求めるべきであるという，ドヴロワ/ゾレールときわめて近い結論に達したのである。

　ところで荘園制の内部にも都市を見出そうとするここに引用した 3 論文は，けっして孤立した試みを示しているのではない。例えばトゥベールも，

以下の点を強調して同じような立場を示している。すなわち一方では，荘園制が都市と農村とのいずれにも広がっていること。他方では荘園制の一部をなす流通網では，取り扱われる商品についても，流通担当者から見ても，都市市場と農村市場との間に本質的な区別はないことである（[453]80-82 [454]80-84）。こうした方向での仕事は，すべて中世都市・農村関係再検討の一環をなしており，従って旧来の都市と農村とを峻別する方法の批判が進むほど，中世初期荘園制での両者の密接な関連が浮き彫りされるであろうし，逆に中世初期荘園制の実証的な検討がさらに進めば，そこから都市・農村関係再検討の素材がさらに汲み出されうるに違いない。こうした問題関心の現在中世史学界での重みを印象的に示したのが，中世初期の社会経済構造についても活発な議論を呼び起こしたボワの書物（詳細は第3章を参照）が，都市・農村関係に関する1章を含んでいる（[36]115-150）という事実である。ただし，ボワが封建制に適合的な新しい都市・農村関係の定着を紀元千年前後に位置づけるのに対して，ここで取り上げている仕事の大部分では，それが中世初期に確立したと考えられているところに，大きな相違があるのではあるが。

6　荘園制モデルの検証

　この節では中世初期荘園制の歴史的・構造的地位をめぐる，いずれもかなり理論的な発言を検討するが，それらは何よりも，「荘園制モデル」——メロヴィング期の奴隷制的色彩の濃い小所領からカロリング期の古典荘園制への展開を軸として，中世初期農村史の動態を整序しようとする方法（Morimoto [319] 99-100, 111-113）——の検証と深化という形をとっている。

　メロヴィング期の領主経営については史料が乏しく，クーヘンブッフはこれを端的に「グーツ経済的奴隷経営」gutswirtschaftlicher Sklavenbetriebと形容している（[256]320）が，詳細な検討は進んでいない。7世紀北フランスに創建されたいくつかの修道院が進めた開墾活動が，アングロサクソン奴隷の大量な導入を伴っていたことを佐藤が指摘している（[410]）が，所領形態にまで立ち入った検討の素材はないようである。634年の著名なグリモ遺言状[51]を改めて分析したイルジーグラーは，メロヴィング期のモーゼル＝サール地域では早熟的に荘園制が展開したと考えている（[238]

が，この史料からも荘園構造の再構成は不可能である。こうした史料状況のために，荘園制モデルの深化を目指す議論は，どうしてもカロリング期の史料を主たる素材とすることになる。それに基づいて行われる提言が，カロリング期に見られる土地所有・経営の多様な形態が発展系列の諸局面を示すと解釈されることによって，中世初期を貫く通時的妥当性を与えられることになるのである。

　ドイツの歴史家たちのもとでは，中世初期の農村で古典荘園制（彼らがVillikationssystemと呼ぶ所領形態）への動向が強く見られたとの認識が，広く行き渡っている。それに先行する形態を問題とする場合には，それは「グーツ経営」Gutswirtschaft ; Gutsbetriebと表現されるのが通例で，奴隷的な労働力を使用するという特徴において捉えられている。ごく最近では，こうした一般的な規定を越えようとする二つの試みが見られた。まずワイディンガーは，フルダ修道院領について古典荘園制以前の形態を追求して，グーツ経営と並んでそこからの収入が主として貢租から成るような型をも検出する。ワイディンガーによれば，隷属性の強い働き手に賦与された零細保有地が領主拠点周辺に多数存在している点と，牧畜が農耕に優越している点から見て，これも古い所領形態であることは確実なのである（[478][479]167-229）。他方でドロステは，モンティエランデル修道院所領明細帳の分析から，古典荘園制への進化の出発点となる所領として，やはり二つの型を摘出する。一つは開墾活動の中心として設定され，耕地も農民保有地もほとんど付属させていない領主拠点であり，当面豚の飼育に専門化しているが，耕地の拡大に伴って古典型に転換してくる。もう一つをドロステはグーツ経営と呼ぶが，これは領主屋敷に所属する多数の奴隷的非自由人による領主直領地の耕作が特徴となっている。ドロステによればこの型は，新たに開墾された土地と解体される直領地とにマンスが設定されることを通じて，古典型へと展開していく（[135]143-144）。ここでは，

---

(51) W. Levison (ed.), Das Testament des Diakons Adalgisel Grimo vom Jahre 634, (1932), in Id., *Aus rheinischer und fränkischer Frühzeit. Ausgewählte Aufsätze*, Düsseldorf 1948, pp. 118-138. なおこの史料は，わが国の研究でも時折言及されてきたが，最も詳細なのは，石川操「グリモ遺言状とその所領について」『青山経済論集』27-2，1975年，37-58頁である。

ドロステが二人の先学の仕事から学んでいることを指摘しておこう。すなわち古典荘園制に先行するとされる前者の型は，開墾地帯での拠点を成す領主屋敷の役割が核となる所領を一つの重要な類型とする，トゥベールの所領類型論から発想されており，後者の型はフルヒュルストが荘園制モデルの出発点に置いたメロヴィング期小所領を想起させる(52)。

　ところでフルヒュルスト自身も，東フランクでの荘園制展開に関する二つの論文の中で，そこで古典型に先行した所領形態を規定しようと試み，西フランクについてかかるものと考えられているメロヴィング期小所領と同様に，それは奴隷的な労働力に基づいているという。ただしフルヒュルストは，メロヴィング期小所領については保有地に対する直領地の優越を強調していたのに，東フランクでの古典型への先行形態に関しては，むしろ領主直領地の狭小性を指摘している（[464]40-46 [465]96-98)。いずれにせよ古典荘園制に先行する農村構造については，なお多くの検討が必要であろう。

　荘園制の展開をめぐって関心が向けられたもう一つの論点は，そもそも異なった出自を持つ保有農民の均質化である。近年にあっては，賦役労働に関する論文の中でイタリアの歴史家たちがこの点を強調している。まずアンドレオッリは，カロリング期以前の賦役労働を論じながら，それがますます多数の農民に賦課されることによって，自由身分の保有者（→ «coloni»）と非自由身分の保有者（→ «servi»）との身分差を越えた接近が促進されたとする([6])。次いでガレッティはピアチェンツァ地方について，やはり賦役労働が農民を均質化する手段であり，その内部での呼称の多様性は続くものの10世紀には農民層の凝集性が確立されていたという（[170]88-89)。さらにポー平原を研究対象としたパスクアリによれば，所領明細帳に記載された農民の大多数は，身分と負担との多様性にも拘らず社会的には均質の層を形作っていた（[353]112-113)。このようにイタリアでの議論が保有農民層の均質化に固執するのは，古典荘園制に特有な領主

---

(52)　トゥベールの所領類型論は，P. Toubert, L'Italie rurale aux VIIIe-IXe siècles. Essai de typologie domaniale, in *Problemi dell'Occidente nel secolo VIII*, (Settimane, 20), 2 vol., Spoleto 1973, I, pp. 95-132. フルヒュルストのメロヴィング期型小所領は，Verhulst, La genèse［前注（1）], pp. 146-147.

第2章　荘園制の諸側面

直接経営がそれほど発達しなかった中世初期のイタリアについて，それでも領主制が体系的に定置されたことを主張しようとする志向が強いからだと思われる。古典荘園制がより普及していたヨーロッパの他の地域についても，保有農民の均質化についての指摘は多い。その代表としてクーヘンブッフをあげるなら，荘園制の社会構造を論じた箇所で荘園住民相互の接近過程を最も重要な現象の一つに数えている（[256]330-336）。しかしながら，クーヘンブッフも同時に指摘するように，農民層の均質化過程がどこでも一様に進行したわけではない。例えば王領農民の均質性と多様性についてのツォッツの叙述はきわめてニュアンスに富んでおり，これらの両側面のいずれに強調点があるのか分からないほどである（[502]98-113）。この点についても，奴隷の上昇と独立農民の没落についての様々な所見を十分に取り入れつつ，検討がさらに進められる必要がある。

　荘園制内部での領主と農民それぞれの役割についての指摘も，少なくない。一方では農村成長全般の中での，そしてことに荘園制の形成と展開とにおける領主の主導を重視する見解が広く見られる（第1部第1章2A）。近年のまとまった発言としては，カロリング王権による経済生活への介入が様々な分野で有効だったと繰り返し強調した，ドヴロワによるそれがある（[113][115]100-102 [117]240-243）。しかし他方では，ある程度までは均質化されていた保有農民層のうちに，当時の農業生産の主たる担い手を求めようとする見解もしばしば打ち出されている。それが一番明確なのはトゥベールの仕事であり，少なくとも中世初期のイタリアについては，領主直接経営が優越的でも先進的でもなかったとした上で，農民経営こそがカロリング期農業の水準を代表していたと考えている（[454]84-85）。本書の第1部では，こうした二つの見方は相互に排斥しあうものではないが，領主と農民という二つの社会的勢力の比重を問題ごとに見定めるのはきわめて微妙な課題だと述べた（前掲82頁）。研究の展望を探る次章で，その点はいっそう具体的に明らかになるであろう。

第3章　批判的学説と研究の展望

1　批判的学説の二つの潮流

　中世初期農村についての研究史を顧みると，荘園制にそれほどの重要性を認めない歴史家は多かった(53)し，第二次大戦後のフランス学界(54)でのようにそうした傾向が主流となることもありえた。私は研究史の現段階では，ヨーロッパ学界を全体として見る限り，荘園制の規定的な役割が再認識されたと考えているが，それを認めない論者ももちろん多数存在する。最近6年間で目立つのは，荘園制の役割を重視する学説への批判がことにフランスで改めて提出され，論争を引き起こさずにはおかない強い調子で主張されていることである。きわめて興味深いことに，この批判的な主張の中には明確に異なった二つの潮流がある。

A　「紀元千年の変革」論

　第1の潮流は，紀元千年前後での社会経済的変化——現在の学界では，ボワの論争的な著書の題名を取って，これを『紀元千年の変革』([36])と呼んでいる——の重要性を強調する立場である。それは荘園制・領主制を含む封建制がこの過程を通じて成立するとしており，従って紀元千年以前における荘園制の地位を著しく低く評価し，そこから古典荘園制を重視す

---

(53)　荘園制の役割を限定して考えようとしてきた，古典学説以降の研究史の概観としては，森本『諸問題』[前注(2)] 291-296頁。

(54)　第二次大戦後のフランス学界における中世初期荘園制の著しく低い評価は，次のような概説に明確に表れている。R. Latouche, *Les origines de l'économie occidentale (IVe-XIe siècle)*, Paris 1956 ; G. Duby, *L'économie rurale et la vie des campagnes dans l'Occident médiéval. (France, Angleterre, Empire. IXe-XVe siècles). Essai de synthèse et perspectives de recherches*, 2 vol., Paris 1962.

る研究者に対して激しい批判が加えられるのである。この立場ではバン領主制こそが中世盛期の開始時点で社会経済構造を確立した要だと考えられており，その意味でデュビィ(55)以来のフランス中世史学界での中心的な考え方を，純化した形で突き出していると言えよう。そして現在までのところでは，この潮流が主として依拠しているのは，ヨーロッパ南西部（ことにフランス南部とスペイン北部）の史料なのである。

中世初期ヨーロッパ南西部における社会経済構造の研究は，最近ことにボナッシー——すでに古典としての評価を得ているそのカタロニア研究が，最近再版されている〔[43]〕——を中心として活発に進められている。そこで刊行されてきた仕事の中で，荘園制を重視する学説と対比して最も独自な考え方を求めるなら，それは紀元千年までの農村における独立農民——その支柱は自有地所有者——の優越という見解であろう。確かにボナッシーたちは，同じ時期について奴隷制の重要性も強調するのであるが，これはヨーロッパ北西部の専門家によっても共有されている見方である。ただしこれまた両者が共通に認めている中世初期を通じて進行した奴隷制の衰退については，その主要な形態を前者は奴隷の逃亡に，後者は奴隷の保有地形成に求めるという点で，大きな差があるのではあるが（第2章4B）。

1978年にローマで地中海世界の封建制をテーマとする大規模な研究集会が開かれて研究史上の画期となったが，ここで冒頭報告の一つを担当したボナッシー〔[40]〕は，独立農民層が中世初期のフランス南部とスペイン北部で示した生命力を浮き彫りしてみせた（第1部第1章3A）。それは独立農民の大衆に基礎を置いた公的諸制度が，ほとんど衰退することなく紀元千年前後まで維持された後に，バン領主制の拡延を基礎として封建社会が一挙に成立するという，その構想の重要な環となっていたのである。それ以来ヨーロッパ南西部での独立農民＝自有地農民の検討は，精力的に進められた。ボナッシー自身が，カタロニアについてはオリジナルで伝来しているという文書史料を分析（[44]15-23 [45]149-169），またフランス南部については記述史料を活用（[44]23-34）して，生き生きとした描写を与

---

(55) G. Duby, *La société aux XIe et XIIe siècles dans la région mâconnaise*, Paris 1953.

えている。それによれば、小規模な共同体を組織して水車や教会を自分たちで建設し管理するこれらの農民は、同時に開墾を押し進める主体でもあった。貧窮して保有農民になった場合でも、軽い貢租を負うにすぎなかった彼らは、アプリシオやコンプランタティオ（[43]208-209, 228-229）[56]の制度を通じて、耕作する土地への所有権を確立して自有地農民の隊列に復帰することができた。ボナッシーにとって従来の奴隷が解放される主たる過程は逃亡であった（前掲204頁）が、自由な境遇に到達した逃亡奴隷も、やはり自有地農民の集団を強化することになる。ローランソン=ロザスのオーヴェルニュにおける封建社会成立に関する書物も、この地域での自有地農民についての同じような叙述を含んでいる（[270]387-407）。スペインの中世史家たちは、中世初期における領主制の役割をフランスの歴史家たちよりは大きく評価する傾向にある（第1部第2章3A）が、それでも近年では紀元千年までに独立農民が果たした役割を規定的とする仕事を、高アラゴン（Larrea [268]）、レオン=カスティリア（Pastor [357]）、そしてセプティマニアとスペイン北東部（Salrach [405]）について出している。確かにこれらの論者は、世俗・教会領主の一部がこれら地域の農村で果たしたいくつかの積極的な機能をも検出してはいる。しかし農村開発の主たる担い手ということになれば、躊躇なく独立農民だとされるのである。

　ボワによる古代から封建制への移行モデルは、まさにヨーロッパ南西部の史料によりつつ練り上げられた、こうした考え方に基づいている。ボワの書物（[36]）は、ブルゴーニュ南部に位置し、従ってフランス農村史の伝統によるならば南部農業文明地帯に属する一つの村落を観察の主たる場としているが、それについての所見から引き出された図式は、西欧諸地域の全体に適合するとされている。そこでボワは、紀元千年前後の「封建的」変革までの社会経済構造を、二つの構成要素をもって特徴づけている。すなわち一方では奴隷制であり、奴隷の人数は社会全体では少数であるが、

---

(56) アプリシオとは、本来公有地と見なされている空閑地を占有して30年間実効的に用益した場合、その土地が占有者に帰するという慣行。コンプランタチオは、一定期間（通例は7年）借主が貸主への義務（例えば分益借地料の支払い）を果たしながらブドウ畑を経営し続けると、その期間満了後に土地所有が二分されて、一方が借主に属するようになるという慣行。

社会システムの本質を規定しているという (*Ibid.*, 31-61)。そして他方が，数的にも優越的な地位を占めている独立農民である (*Ibid.*, 63-114)。これらと並んで奴隷的労働力に支えられた小所領をも，中世初期の農業成長で積極的な役割を果たしたものとボワは評価している (*Ibid.*, 96-105)。いずれにせよ，このような独立農民や小所領と比べて，荘園制の役割は微々たるものだということになる (*Ibid.*, 22-24, 199-203)。

　ボワの書物はきわめて論争的な調子で書かれており，多くの議論を呼び起こし，雑誌『中世的なるもの』がこれをめぐって特集号を出す (Bourin [50]) ほどであった。論点は多岐に及び，史料処理から理論的枠組みに至るまで総じてボワに対して批判的な見解が多かった (Bonnassie [46] ; Gauthier [175] ; Guerreau [199] ; Morimoto [322] ; To Figuera [445] ; Wickham [484] ; Zadora-Rio [498] ; Cfr. Verhulst [466])。ボワも反論を試みて，ほとんどの論点について全面的な対決姿勢を示しているが，荘園制の役割についてだけは，フルヒュルストや森本の立場に若干は歩み寄っているようにも見える ([38]101-106)。ともかくこの議論によって中世初期農村史の基本的構想が，荘園制を軸とするモデルと独立農民＝自有地農民を基盤とするモデルとの対立として改めて問い直され，西欧封建社会の成立過程という大きな問題の一環として，現在中世史学界の焦点となってきたのである。

B　ローマ的国家存続論

　中世初期における荘園制の役割を重視する見方への批判として，やはり近年フランスで明確な形を取るようになった第2の潮流は，以上に紹介した第1のそれとはまったく異なった肌合いをしている。というのも紀元千年の変革という断絶に重点を置く後者に対して，デュリア ([142][143][144]) とマニュ＝ノルティエ ([288][289][290]) が代表している前者は，カロリング期に至る長い期間にわたるローマ的国家の維持という見解を軸としていて，きわめて強い連続説となっているからである。こうした考え方の上に立って，デュリアとマニュ＝ノルティエは中世初期社会経済のあらゆる構成要素を取り入れた，古代以来連続しているという公的諸制度の一大体系を組み立てる。ここでは荘園制モデルとの対比において重要となる，次のような考え方を指摘しておけばよかろう。この二人によれば，中世史研究で一般に荘園と呼ばれてきたものは，国家に対する公租公課の

徴収単位である。従ってその頂点に立つ者も，領主というよりは公的負担の徴収役人である。所領明細帳に登録されている農民でさえ，デュリアとマニュー＝ノルティエとによれば，国家に対して租税徴収の責任を負う者なのであって，通例農民保有地の標準的単位とされるマンスも，公租公課管理のための単位なのである。となるとそもそも税務書類である所領明細帳によって農村史を研究することは，それが農村の現実を直接に記録していないかぎり，およそ不可能だということになる。

　この第2の潮流は，中世における公権力の存続という最近注目されてきた問題(57)を正面から取り上げた点で重要な意味を持ってはいるが，中世においても国家行政は健在であるとの確信(58)を極端なまでに押し進めていて，同じ荘園制モデルの批判としても第1の潮流ほどには論争の対象とはなっていない。ここで特に重要と思われるのは，このように肌合いが大きく異なり，また奴隷制の評価など多くの具体的な点でも相違を見せている二つの潮流が，独立農民の重視という点では一致していることである。すなわちデュリアとマニュー＝ノルティエもボナッシーやボワと同様に，カロリング期まで維持されていたというローマ的な公的諸制度の担い手は，自有地所有者であったと考えている。それと関連して，近年ではデュリアとマニュー＝ノルティエもヨーロッパ北西部の主要な史料を分析しているが，両者の研究の出発点は地中海世界にあり，従ってローマ的国家存続論の発想源と史料的基礎も，「紀元千年の変革」論と同様にヨーロッパ南西部

---

(57) 公権力の存続を論じた仕事の1例として，L．ジェニコ（佐藤彰一訳）「中世史学とコンピューター」ジェニコ『伝統と革新』[前注 (30)] 111－120頁を見よ。そこでは現在のベルギーの範囲での記述史料における «publicus» という語の使用状況を材料として，この問題に積極的に答えている。

(58) 現在のヨーロッパ学界でこうした確信を代表している一つの拠点が，「在パリ・ドイツ歴史研究所」Institut historique allemand à Paris であり，ことに中世から近世にかけての行政をテーマに研究集会を組織した1980年前後から，そうした傾向が目立っているようである。その会議録 W. Paravicini / K. F. Werner(ed.), *Histoire comparée de l'administration (IVe-XVIIe siècle)*, München 1980 が，そうした研究方向から出てきた初期の成果である。

に片寄っていることも見逃されてはなるまい。

2 対話的研究の展望

A 対話の可能性＝モデルの動態的性格

　西欧中世初期農村史をめぐる以上のような見解の相違が，あれこれの地域をそれぞれの専門領域とする歴史家たちが観察した，歴史的現実の多様性と密接に関係していることは明らかであろう。ヨーロッパ諸地域の間には，ことに北西部と南西部との間では紀元千年以前の社会経済構造に大きな差があったことは確実である。しかしながら何人もの中世史研究者が，それぞれの研究対象地域についての所見を基礎としながらも，中世初期西欧全体に妥当するモデルを提示しているのである。こうした状況のもとでは，これからの研究展望を異なった諸学説の間での，ことに荘園制モデルと独立農民＝自有地モデルとに依拠する研究者の間での対話のうちに探っていくことが有用であろう。森本自身は荘園制の動態モデルを信奉しているが，研究をより開かれた展望のもとで進めていくことがこの立場にとってはどうしても必要なのである。それはこの立場から行われた研究が相当な蓄積を見せたにも拘らず，それらの視角は依然として著しく定性的で，定量的な観点を取り入れて中世初期農村史の全体的な描写に進む道はなお取られていないからである。そして荘園制モデルと独立農民＝自有地モデルと表現されるかぎりでは，一見して互いにまったく相容れないかに見える二つの学説の間で，対話は十分に可能だと思われるのであって，それは両者のいずれもが農村史の動態的な構想の上に立っているからである。

　一方では荘園制の動態モデルは土地所有・経営の様々な形態の存在を前提としており，その中にはもちろん自有地農民も含まれている。このモデルを使うとしても，一定の状況下では，そして大土地所有が広範に存在する地帯についてさえ，荘園制が住民の過半を組織しえなかったことを認めてもよいのである。この点が明示的に論ぜられることは少ないが，フラフン研究集会でのフルヒュルストの発言（[465]185-186）はその珍しい例である。森本は第１部でトゥベールの表現を借りながら，荘園制モデルの使用は農村世界の恒常的な運動の能動的理解であると強調した（前掲101頁）が，ことに指摘したいのは，このモデルによる農村史の構想が農民による

主体的な動向を軽視していない点である。それが領主の主導性のうちに見ようとしているのは，多かれ少なかれ自立性を示していた働き手たちの活動を有効に組織していく機能なのである。最下層非自由人たちの粘り強い社会経済的上昇を不可欠の一環として荘園制モデルが組み立てられていることからも，そのことは明らかであろう。

　他方で独立農民の役割を積極的に評価する歴史家たちも，これらが常に安定的な集団だったとは考えていない。この点でボナッシーが，自有地農民が恒常的な流動性のもとにあり，その地位が不安定だったと強調しているのが興味深い。それらの独立と自由とは絶えず脅かされていて，没落して保有農民になる者も多かったが，同時に自有地農民を絶えず作り出してくるメカニズムもあって，逃亡奴隷も含めてそれらの隊列は常に補充されていたというのである（前掲221－222頁を見よ。Cfr. Duhamel-Amado [136]）。そうだとすればヨーロッパ南西部の独立農民も北西部のそれらとまったく同様に，保護を求める必要があったはずである。自有地モデルにおいては，そうした保護は農村共同体を含めた公的諸制度から得られたと考えられているわけだが，独立農民＝自有地農民を守るはずの組織が，時に領主制的色彩を帯びていたことが十分に想定されうるのではないか。森本は自有地モデルの提唱者たちも，中世初期農村史の再構成に領主制的，あるいは荘園制的な諸要素を考慮しうると信ずるが，それはそうした研究者たちが，この時期について奴隷制に重要な地位を認め，かつ上からの圧力に対する農民の抵抗を語ることが多いだけに，なおさらそうである。

　以上に見てきたように，対立する二つの学説のいずれもが動態的に柔軟であるところから，すでにブーランが言っている（[50]9-10）ように，両者の対話は可能でありかつ有用であると信ずる。それは異なった見解を示す研究者が，それぞれが依拠するモデルが直接には有効でないと見える部面を，従来以上に注意深く検討することを求めるであろう。ともかくそれによって，荘園制を重視して進められてきた研究が，さらに進歩しうる道が開かれうるはずである。これは動態モデルを豊富化しつつ近年にも著しい進歩を見せたが，モデルが中世初期農村史の全体の中で持ちうる有効性を測る努力は，なおほとんど始められていないからである。すでに指摘した通り，研究史の現段階にあっては明確により定量的な視角を採用し，与えられた地理的・年代的範囲の中で荘園制の比重を測り，他の土地所有・

経営諸形態との関連のもとでその機能を描写する努力が，要請されているのである。最後にそうした展望のもとで可能と思われる，具体的なアプローチを指摘しておきたい。

B 具体的諸課題

まず必要なのは，荘園制がそれほど発達していなかった領域に，従来以上に関心を向けることである。古典荘園制はそれが最も普及していたと考えられるセーヌ=ライン間地域でも，土地と住民との大部分を直接に包含しえていた訳ではない。前述のように大領主の手による空間組織がきわめて重要であったのだ（第2章2）としても，星雲的に配置されていた大土地所有の間に，荘園制的な組織化に入り込んでいない多くの空間がありえたこともまた確かなのである。森林が自由農民の活動に舞台を提供しやすかったことも，しばしば指摘されている（前掲163頁）。フランク王国の周辺部では荘園制の影響は中心部よりも遅くて弱く，農村生活の諸形態がどのように併存しえたのかを検討する絶好の場をなしているのである。中世初期農村史の研究において，このように荘園制の発達しなかった場面についての検討はすでに数多く行われている。その好例は，ヘントのシント=バーフ修道院の大土地所有・経営に関するフルヒュルストの大著(59)であろう。やがては荘園制動態モデルの提唱者となるフルヒュルストの最初のまとまった業績であるこの書物は，古典荘園制への進化は存在したが，それがけっして優越的な地位を占めない地帯における大土地所有の組織形態の検討なのであり，今日われわれはこれを共存する様々な土地所有・経営形態の描写として活用することができよう。近年の業績の中では，フルダ修道院領についてのワイディンガーの書物（[479]）が，同様な意味を持つ仕事である。またザンクト=ガレン領とウェルデン領についてのゲーツの論文（[183][184]）も，二つの修道院による古典荘園制を志向する所領政策の限界に力点が置かれており，同じ方向で利用できるはずである。さらに

---

(59) A. Verhulst, *De Sint-Baafsabdij te Gent en haar grondbezit (VIIe-XIVe eeuw). Bijdrage tot de kennis van de structuur en de uitbating van het grootgrondbezit in Vlaanderen tijdens de Middeleeuwen*, Brussel 1958. なお本書の内容は，森本『諸問題』（前注 [2]）298－306頁に紹介されている。

文字史料をも併用して行われたオランダ南部についての考古学的検討（Heidinga [220]；Theuws [440]）も，フランク王国辺境の研究が実り多い例としてここにあげておきたい。

　重要だと思われる点は，いずれも荘園制モデルの有用性を認める立場から書かれているこれらの業績が，自有地モデルによる他の諸地域の研究と，それほど異ならない社会経済構造を描き出している場合があることである。ローランソン＝ロザスによって研究されたオーヴェルニュ（[270]）と自らが熟知するフランドルとの間で，中世初期農村構造における類似が見られるとしたフルヒュルストの指摘（[466]202-203）は，その意味できわめて興味深い。あれこれのモデルによる概念的把握にこだわることなく，ともかくある程度詳しい描写の進められている複数の地域を比較していくことが肝要であろう。そうした地域としてすぐに考えられるのは，ルドン修道院の文書集(60)という例外的な史料群の存在によって，同修道院の周辺に進出しつつあった荘園制の影響が，強固な独立農民と農村共同体とを前にしてなおきわめて限定されている状況がかなり詳しく描かれているブルターニュ（Davies [84]；Tonnerre [446]）である。今後同じような例が，積み重ねられていくことが期待される。そうした中でこそ，80年代にはいくつもの検討の対象となり，その成果に基づいてクーヘンブッフが「グーツヘルシャフト的奴隷経営」gutsherrschaftliche Sklavenbetriebe，「保有農民への貢租による支配」Abgabenherrschaft über Kolonen，及び「自由農民による小規模経営」kleine freibäuerliche Wirtschaften との併存と表現している（[256] 320）メロヴィング期の農村構造にも，さらに行き届いた理解が可能となってくるに違いない。

　第2に荘園制と独立農民との中間的な問題領域として，小所領が今後の研究の一つの焦点をなしてよい。これはここ15年来明確になってきたテーマ（第1部第2章2D）だが，前項に述べたようにボワの問題提起によって関心がさらに高められただけにますますそうである。ただし現在までは小所領が主として古典荘園制と比較され，いずれが農村成長の主役であり

---

　　(60)　A. de Courson (ed.), *Le cartulaire de l'abbaye de Redon en Bretagne*, Paris 1863. ［後に刊行されたファクシミリによる新版が，Chédeville [69] に引用されている。］

うるかという形でだけ議論されたが，今後は以下のようにさらに広い視野が必要であろう。

まず，いくつかの所領明細帳に登録されている大規模保有地が，依然として検討の対象として重要である。サン゠ベルタン明細帳はすでにそのための分析対象となり，近年ではレーゼナーによって再び取り上げられた（[390]158-167）が，森本が比較的よく内容を心得ている他の二つの所領明細帳も大規模保有地を記載している。一つはプリュム修道院のそれであり，かつてドヴロワは，その１章で大量の重量運搬賦役の言及に先行して２名のベネフィキウム保有者が登録されていることに注目して，これら大規模保有者が修道院の組織する運搬組織を担う所領役人だった可能性が高いと指摘した(61)。森本は史料解釈の点での疑問を出しはした（[320]272）が，ドヴロワの鋭い着眼は高く評価しており，荘園制のうちに取り込まれた小所領の状況，ことにかつての小領主が果たしえた大領主の役人としての役割を解明すべく，この所領明細帳に多数見られる大規模保有地についての記述を分析することを期している。もう一つはモンティエランデル修道院の所領明細帳であり，領主直轄所領とは別の章にプレカリアとして大規模保有地が記載されている(62)。ドロステはこの所領明細帳の新版への序論の中で，これら大規模保有地は奴隷制的色彩の濃い小所領が大所領に併呑されたものだろうという森本の仮説を拒否している（[135]13-14）が，問題はけっして解決していない。いずれにせよ他の所領明細帳からも大規模保有地を検出し，それが小所領の問題に素材を与えうるかとの観点から子細に検討されねばならない。

次に一部の小所領は農民による土地所有と接続するものとして，観察されることができるであろう。ボワの書物について論評しながら，ボナッシーは小所領がしばしば自有地農民の最上層の手中にあると指摘している（[46]42）が，そうなると独立農民をその内部から支配・従属関係を生み出しうる層と捉えることが可能となり，そこに小所領についての新たな考察素材を見出しうる可能性が出てくる。そしてこの素材の有力な部分は，考

---

(61) J.-P. Devroey, Les services de transport à l'abbaye de Prüm au IXe siècle, in *Revue du Nord*, 61, 1979, pp. 555-558.

(62) 森本「モンティエランデル土地台帳」[前注（15）] 218－224頁。

古学によって提供されるであろう。クーヘンブッフは考古学は発達した荘園制の研究にはまだ直接には役立っていないが，領主的支配の成立については有力な所見を提供すると述べており（[257]352-354），またコサックによる「支配諸関係の成立についての考古学的所見」と題する考察（[253]）もある。独立農民のもとでの支配・従属関係成立についての素材が蓄積されてくれば，この関係が荘園制を生み出したり，少なくともそれと接合していった地域と，そうでなかった場所との比較が可能となってくることが期待される。

加えて小所領の通時的考察も，フォシエによって試みられた（[158]）ように有力なアプローチであろう。それは中世盛期の史料の中にカロリング期小所領の成り行きを探ろうとするものであり，小所領が中世初期において他の土地所有・経営形態より進歩的であったかについて，重要な判断材料を提供してくれるはずである。そしてドイツ学界でいろいろな機会に行われてきた「下級貴族」niederer Adel の研究史 (63) には，近年ではレーゼナーがウェストファーレンについて使用した（[387]）ような，参考となるデータや視角が多数含まれているはずである。

第3として農村共同体も荘園制と独立農民との間に位置する，もう一つの問題領域をなしている。中世における農村共同体は周知の通り長い研究史があり，ことに村落と荘園制との関係をめぐっては様々な見解があって，ごく最近でもフルヒュルストによる問題の整理（[468]）が行われている。しかし最近の中世初期農村史に限定すれば，荘園制と区別した上での住民の共同体は優先的な研究課題ではなく，詳細な検討は行われていない。ともあれこの問題について簡潔にではあるが表明される見解には，やはり多様な方向がある。何よりも目につくのは，発達した村落共同体が荘園制の内部に存在していたと想定するドイツの歴史家たち（Dette [102]79 ; Nitz [338]441-448 ; Störmer [435]394-395) と，農村共同体こそが独立農民の主たる組織であるとするヨーロッパ南西部についての専門家たちとの間の，一

---

(63) 最近の包括的な研究としては，J. Fleckenstein, Die Entstehung des niederen Adels und das Rittertum, in Id. (ed.), *Herrschaft und Stand. Untersuchungen zur Sozialgeschichte im 13. Jahrhundert*, Göttingen 1977, pp. 17-39.

見越え難いほどの懸隔である。しかし荘園制モデルに依拠するドイツの研究者のもとでも，荘園制と住民共同体との関係についてのきわめてニュアンスに富んだ発言もある（Kuchenbuch [257]354-355；Rösener [390]167-175）。こうした中でボローニャ学派の仕事は，意識して中世初期の農村共同体を荘園制の内部と外部に位置づけている（Fumagalli [168]；Galetti [171]210-212；Montanari [311]）点で，きわめて示唆に富む。こうしたイタリアの業績に含まれた具体的な描写——特に森林用益に関するそれ（Andreolli / Montanari [7]）——のうちから，豊富な考察材料を汲み出すことができよう。中世初期の社会的連帯の再検討が，ことにエクスレーの仕事(64)に触発されて現在学界の焦点の一つとなっているだけに，荘園制と農村共同体との関連がますます興味を引くのである。

　そして最後に，荘園制の国制史である。第1部ではことに荘園制を重視する学説とローマ的国家の連続を主張する立場との対比のために，この課題を深化させることが提唱された。その際考えられていたのは，カロリング期国制全体における荘園制の位置づけとともに，荘園制内部での農民統制の諸制度の解明であったが，所領明細帳の台帳系諸記録全体での位置を見定め，またその法的性格を再検討することを通じて，この課題に迫りうるとした（前掲138-142頁）。この提唱は現在でも意味を失っていない。それは近年の研究によって台帳系記録の多様性という認識がさらに深まり，また所領明細帳の法的性格についてもいくつかの所見が提示されただけに，ますますそうである。ただし，この史料の活用にも十分に配慮しなければならないのであって，その点ではイタリアの歴史家たちによる仕事の意味を，ここでも強調しなければならない。荘園制の社会的性格に絶えず注意を払う彼らは，しばしば，所領明細帳と他の文書，ことに農地契約とを巧みに併用しているからである（前掲190-191頁）。荘園制内部の国制史とい

---

(64) 代表的な論文として，G. O. Oexle, Gilden als soziale Gruppen in der Karolingerzeit, in H. Jankuhn / W. Janssen / R. Schmidt-Wiegand / H. Tiefenbach (ed.), *Das Handwerk in vor- und frühgeschichtlicher Zeit*, I, *Historische und rechtshistorische Beiträge und Untersuchungen zur Frühgeschichte der Gilde*, Göttingen 1981, pp. 284-354；Id., *Conjuratio* et *ghilde* dans l'Antiquité et dans le haut Moyen Age. Remarques sur la continuité des formes de la vie sociale, in *Francia*, 10, 1982, pp. 1-19.

う分野でそうした仕方の好例を示したのが，カロリング期ポー流域における領主裁判に関するパネロの論文である([348])。この論文は，荘園制が経済的次元ではアルプス以北ほどには定着しなかった地帯を対象とするだけに，逆説的に住民に対する領主権力拡延の重要な諸側面を検出するのに成功しているという意味で，まさにイタリア学界を代表する仕事なのである。

第3部　荘園制研究の浸透： 1994年－2004年

はじめに

　1970年代末から著しい活況を示したヨーロッパ学界での西欧中世初期荘園制の研究について，第1部と第2部とでその動向を追跡してきた。史料的基礎をなしていた所領明細帳に関わる仕事には特に多くの紙数を割き，また荘園制そのものの検討のみならずそれを取り巻く農村史の研究全体を視野に入れて，主たる論点を整理してみたのである。それによって，メロヴィング期の奴隷制的色彩の濃い小所領からカロリング期の大所領＝古典荘園制への発展を中世初期農村史の主要な局面とするという内容での荘園制研究が，70年代末から90年代初頭までの中世初期農村史の回転軸となっていたばかりではなく，それに対立する形で荘園制にそれほどの意義を認めない二つの立場も強力に自己を主張していたことを確認した。中世初期社会経済の基本的枠組がローマ帝国から直接に由来する国家組織によって形作られていたとの見解と，むしろそれが自有地に拠る独立農民とその共同体によって与えられていたとの学説である。
　第3部では最近ほぼ10年間での中世初期荘園制の研究動向を跡づけることを目標とするが，前2部と同様にそれを農村史全体のうちに位置づけることに努めたい。もちろん多産なヨーロッパ学界での成果を網羅することは不可能であるが，地理的対象を原則としてフランク王国の版図とした上で，荘園制そのものについての文献はなるたけ漏れなく取り上げ，広く農村史に関わる仕事のうちから荘園制に関係深いものを重点的に拾って文献目録を作成した。第3部全体を通じて明らかにするように，この期間の研究史ではそれ以前のほぼ15年間とは異なって，荘園制そのものの研究の深化というよりは，むしろ先行する研究活況のもとで蓄積された所見を，荘園制を包み込んでいるより広い世界の検討に役立てようとする仕事が量的には多くなってきている。従来と同じ仕方での荘園制研究の急速な拡充が

もはや見られないために，あるいはそれが衰微したかのごとき印象を受ける向きもあろうかとは思うが，むしろ中世初期農村史研究のうちに荘園制研究が拡延して多くの支柱を提供しており，ことにごく最近では全ヨーロッパ的な総合も試みられるようになっている。第３部の基礎が中世初期農村史全体を対象とする文献目録であるのも，そうした研究状況を浮かび上がらせるためである。なおここでは中世初期として10世紀までを考えているが，フランス学界を中心とする「紀元千年の変革」から「封建革命」をめぐる論争(1)に触発されて，紀元千年をまたぐ時期を対象とする荘園制（むしろ領主制）についての業績が多くなっている。これらには10世紀を含む標題が付されていることが多いが，紙数の関係から文献目録には収録せず必要に応じて注記することにした。

文献目録を一覧して気付くのは，中世初期農村史で最近活躍した歴史家の個人論文集がいくつも刊行されたことである。まずドヴロワの論文集がまさに『カロリング期荘園制研究』([120])と題して出版されたが，前年に刊行されていたフルヒュルストの論文集『中世初期北西部ヨーロッパの農村的及び都市的諸側面』([467])と並んで，ヨーロッパ学界での荘園制研究をリードしてきたベルギーの二人の仕事が出そろうこととなった。フランス学界からはボナッシーの『紀元千年の諸社会。二つの時代にまたがる一つの世界』([47])が出て，「紀元千年の変革」論のチャンピオンとしての面目躍如たるものがある。これに対して，フランスでは珍しく中世初期社会経済史の積極評価に努めてきたトゥベールの仕事も，『最初の成長局面におけるヨーロッパ。カール大帝から紀元千年まで』([455])という特徴的な題名で取りまとめられた。イタリアからの論文集は，ガレッティの『農村とその都市。８－10世紀におけるピアチェンツァと領域』([172])

---

(1) いわゆる「封建革命」をめぐる論争の起点となったのは，1989年刊行のボワの書物([36])であったが，その後現在に至るまで多くの研究者が参加して続けられている。ここでは，90年代半ばに『過去と現在』誌を舞台に繰り広げられた議論を挙げておく。Th. N. Bisson, The 'feudal revolution', in *Past & Present*, 142, 1994, pp. 6-42 ; D. Barthélemy / S. D. White, Debate : the feudal revolution : comment 1-2, *Ibid*., 152, 1996, pp. 196-123 ; Th. Reuter / Ch. Wickham / Th. N. Bisson, Debate : the feudal revolution : comment 3-4, Reply, *Ibid*., 155, 1997, pp. 177-225.

及びアンドレオッリ『領主の土地での農村住民。中世イタリアにおける農地契約文書に関する研究』（[11]）と，それぞれの研究領域を髣髴とさせる題名である。イギリス学界からは，イタリア史を専門としながらもヨーロッパ学界での中世初期農村構造をめぐる様々な議論を総括する地位に立つウィッカムによる，『土地と権力。イタリア・ヨーロッパ社会史研究（400－1200年）』（[487]）がある。これらと並んで挙げられるのは，やはり中世農村史研究で活躍した研究者に献呈された記念論文集で，いずれも中世初期に関する論文をいくつも含んでいる。フルヒュスルストに捧げられた『中世ヨーロッパにおける農民と都市住民』（[89]）とシェドヴィルのための『フランス西部の諸世界と世界の諸都市。中世社会への視線』（[307]）とは，題名からしても最近における都市史と農村史との近接を象徴している。フォシエ献呈の『中世農村。人間と空間』（[96]）は，フランス中世史学界の頂点に立ってきた歴史家に捧げられた論文集らしい構成である。これに比べるとトゥベール献呈論文集は農村史との関係は薄いが，それでも2篇（Bruand [54]；Noyé / Bougard [345]）を取り上げた。

　最近の学界で一般化した論文集の形態として研究集会での会議録があるが，80年代における荘園制研究の黄金時代には，1980年クサンテンでの『古代末期・中世初期・中世盛期の大所領。ローマ期から中世盛期までの農村経済』（[242]），1983年ヘントでの『メロヴィング期・カロリング期における荘園制』（[462]），1987年ゲッチンゲンでの『中世初期における荘園制の構造』（[388]）という三つの会議の成果がすぐに書物として刊行され，研究動向の活発化に大きな役割を演じた。この12年間でも研究集会の会議録は多数あるが，フランク世界中心地帯の荘園制を直接の対象とするものがなかったのが目立つ。すなわち標題からはそれに近い内容かと思わせる『古代大所領から中世大所領へ。ローマ期からの遺産か，中世あるいは近世の産物か』（[70]）も，もっぱら南欧世界を対象としている。論争的で目につくのが『公的管理の起源をめぐって』全3巻（[291]）で，存続するというローマ的国家機構のうちに荘園制の役割を解消しようとするマニュー=ノルティエが主宰する研究集会の成果である。メロヴィング期考古学協会による『中世初期における農村定住』（Lorren / Perin [281]）は，考古学への傾斜を深める現在の農村史の大きな潮流を示している。従ってこうした論文集で荘園制研究に直接関係するのは，『8－10世紀西欧における

土地財産の移転』([19])ということになるが、このように従来からの中世初期荘園制研究の流れにそった書物が見当たらないのは、その担い手の関心がかなりの程度で中世盛期に移行しているという事情も働いているようだ。すなわち前掲ゲッチンゲン集会の主催者であったレーゼナーは、似通った参加者による研究集会として1992年に『中世盛期における荘園制と農民社会』[2] を組織しており、またそれに近いメンバーがイタリアの研究者と組んで、1994年には『10－13世紀における農村領主制の構造と変容』([241]) を論じている。こうして、紀元千年前後への関心が強いフランス学界に引かれるように、農村史でも中世盛期への関心が強まっている様子は、この時期についての権威であるヴィオランテが中心となって、イタリア学界独自にも研究集会『中世イタリアにおける農村領主制』([10]) が行われていることにも見てとれる。また紀元二千年に開かれた紀元千年のヨーロッパ社会に関する研究集会の会議録にも、クーヘンブッフとドヴロワという中世初期荘園制研究の立役者たち[3] を先頭に、本書の文献目録に登場する研究者たちの論文がいくつも収められている。なお、最近全ヨーロッパ的に行われた研究プロジェクト『ローマ世界の変容』の成果が続々と出されており、そこから若干の論文を使ったので文献目録にも数巻は採録されている（[20]；[25]；[236]；[272]；[490]）が、農村を対象とするのはなお

(2) W. Rösener (ed.), *Grundherrschaft und bäuerliche Gesellschaft im Hochmittelalter*, Göttingen 1995.

(3) L. Kuchenbuch, Zwischen *familia* und *mancipium*. Ländliche Herrschaftsformen im ostfränkisch-deutschen Reich 950-1050, in P. Bonnassie / P. Toubert (ed.), *Hommes et sociétés dans l'Europe de l'An Mil*, Toulouse 2004, pp. 225-251 ; J.-P. Devroey, Seigneurs et paysans dans l'Europe du nord-ouest au coeur de l'ancien Empire carolingien de part et d'autre de l'An Mil, *Ibid.*, pp. 253-271. なお、これら二人が別の場所に発表している中世盛期農村史関係の論文も多いが、ここでは１篇ずつを挙げておく。L. Kuchenbuch, Vom Dienst zum Zins? Bemerkungen über agrarische Transformationen in Europa vom späteren 11. zum beginnenden 14. Jahrhundert, in *Zeitschrift für Agrargeschichte und Agrarsoziologie*, 51, 2003, pp. 11-29 ; J.-P. Devroey, Une liste des bienfaiteurs de Saint-Remi de Reims au début du XIe siècle : témoin d'un obituaire rémois perdu, in *Revue bénédictine*, 114, 2004, pp. 112-139.

1巻のみである。

　中世初期農村史の総合の試みはごく最近になって広がり始めており，そうしたものとしてはケンブリッジ『新ヨーロッパ中世史。第2巻（700－900年頃）』へのフルヒュルストとウィッカムの寄稿（[469]；[488]），及びオックスフォードからの『簡約ヨーロッパ史。中世初期』へのドヴロワとウィッカムの寄稿（[128]；[493]）を数えうる程度であったが，ごく最近になって，農村に最大のページ数をあてたフルヒュルスト『カロリング経済』（[471]）が『ケンブリッジ中世テキスト』の1冊として刊行されており，さらに続けてドヴロワ『フランクヨーロッパ（6－9世紀）における農村経済と社会。第1巻：物的基盤，交換，及び社会的絆』（[130]）が出たので，ベルギー学派によるこれら2冊が最新の総合ということになる(4)。地域を対象とした農村史の総合もなおあまり試みられておらず，確かに同じフルヒュルストに『中世フランデレンにおける農村景観と農業』（[470]）はあるが，中世初期については見るべき個別的な研究成果のあったテーマに限定した叙述となっている。例えば，マルタン『6世紀から12世紀のプーリア』（[300]），ドリュモー『715年－1230年アレッツォの空間と社会』（[90]），及びフェレール『中世アブルッツォ。9－12世紀中部イタリアにおける領域，経済，社会』（[150]）のような，フランス学界お得意の大がかりな中世地域史研究は最近では地中海圏について出されている (5) が，これらに含まれている農村史の記述をもって現在のところ達成された地域的総合としておかなければならない。アルプス以北についてのそうしたもの

（4）　確かに21世紀になってから総合への意欲が強くなっているようで，マッコーミックの次の問題作も中世初期社会経済史の総合として構想されている。M. McCormick, *The origins of the European economy. Communications and commerce AD 300-900*, Cambridge 2001. 地中海圏での流通に焦点があるので文献目録には入れてないが，農村成長を積極的に評価して，本書で取りまとめている研究潮流を取り入れている。

（5）　この他にポー川流域に関するムナンの研究は，中世盛期に重点が置かれているために文献目録には収載しなかったが，中世初期についての叙述も含んでいる。F. Menant, *Campagnes lombardes du Moyen Age. L'économie et la société rurale dans la région de Bergame, de Crémone et de Brescia du Xe au XIIIe siècle*, Roma 1993.

としては，アルベルトーニ『司教の土地。中世チロルにおける権力と社会（9－11世紀）』([3])とカイザー『中世初期におけるクールレティエン（5世紀末－10世紀中葉）』([244])という，山がちの地帯についての2冊が数えられるのみである。

なおここで特に指摘しておきたいのは，こうした成果の刊行状況からも明らかに見てとれる研究の国際化である。かつてはいわば西欧諸国での「国史」の総体という性格が強かった中世史学界で，国境の隔壁はかなり低くなってきている。これまで挙げた書物の中でも，ドイツとイタリアの中世史家たちによる荘園制・領主制の共同研究やフランスの研究者によるイタリア地域研究の達成などが目につく。この点で現在の西欧中世初期農村史で最も注目に値するのは，イギリスとアメリカの研究者によるヨーロッパ大陸を場とした研究である。それらのうちには，ハルサル『メロヴィング期メッス地域における定住と社会組織』([212])のような個別研究から『中世初期における土地所有と権力』([84])のような論文集まで，単行書の形で文献目録に登場しているものもかなりあり，またローゼンワイン([396])やウイッカム([490][492])の論文のように，研究集会や研究計画から生まれた論文集で総括的な役割を果たしている仕事もある。しかもこうした研究の国際化が比較史の進展と考えられていることは，ヨーロッパ中世比較史に捧げられた論文集へのゲーツによる寄稿([191])に見てとることができる。ただし中世初期農村史研究を比較史として進めようとする志向は西欧内部諸地域間のことであり，それにせいぜい隣接諸地域との比較が加わる程度であって，より広い世界に視野を広げようとする意図には今のところ連なってはいない。なにしろヨーロッパ以外での仕事で文献目録にあるのが，宮松([307])，森本([315]～[332])，佐藤([409]～[413])，丹下([438][439])と日本からの4人によるものに限られているのであって，世界史的な比較研究はなお先のことだと言わねばならない。

このように単行本を中心に出版状況を追ってみると，第3部の主たる材料も様々な場所で刊行された厖大な数の論文であることが了解できる。それらのすべてを十分に読み込むことはできないが，いかなる問題がどのような視角から論ぜられ，何を狙った結論が出されているかを中心に置いて，整理を試みていくことにしよう。

第1章　中世初期農村の物的基盤

　中世史研究の様々な分野で自然科学の研究成果や研究技法が活用されているが，農村の物的基盤の検討はまさにその典型的な場である。筆者の能力からして要領よいとりまとめをすることはできないが，ここでは最新の印象的な2例を挙げておこう。まずドヴロワによる最新の総合（[130]）のうちには，気象学や形質人類学などきわめて多くの分野の業績が参看されていて，こうした動向の幅の広さが随所に表れている。また中世史への科学技術の適用を主題とする研究集会で中世初期経済史を論じたマッコーミックの論文（[283]）には，人口動態研究へのDNA技法の応用など，真新しい分野がいくつも登場してきている。

1　定住と景観

A　村落の形成

　農村の物的基礎を全体的に捉える場となる定住史研究ではもちろん文字史料も有力な素材であり，歴史家による寄与を無視することはできない。例えばポワトゥー地方の文書での地名や術語の検討から，中世初期における活発な定住活動を浮き彫りしているカルパンチエの浩瀚な論文（[61]）がその好例である。ただし最近ことに顕著になってきているのが考古学者による寄与であり，環境史への関心も刺激となって「景観考古学」landscape archaeology という新たな視角が確立されている（Christie [74]）。また20世紀後半にはドイツ学界の「定住史」Siedlungsgeschichte がヨーロッパ学界をリードしていたが，これに北欧やオランダなど近隣諸国の研究者も加わり，イギリス学界も連係した「定住考古学」Siedlungsarchäologie として，ヨーロッパ北西部を対象としたまとまった研究成果が挙げられていることは，最近出たイギリスのヘイムロウの書物のうちに示されている（[215]）。そして20世紀末から21世紀に入ると，すぐ後で見るように村落生成の時点という明確な問題関心を持ったフランス学界が，ことに考古学者

の活躍によってヨーロッパ学界を先導しているように思えるし，イタリア学界にも同様な傾向が見てとれる。これら各国の成果によって，定住や景観という次元で多様な局面が浮き彫りされているだけでなく，中世初期農村を全体として成長過程にあったと捉える方向が確定しているとしてよいであろう。

在地に密着した考古学的研究からは定住や景観の多様性が印象づけられることが多く，ピカルディーでの発掘成果をまとめているバイヤールが中世初期に特有な定住形態の析出がいかに困難であるかを力説している（[27]）のを例として，きわめて多くの仕事がそれを強調している。しかしローマ期及び中世盛期と比べるならば，居住場所の移動的性格による定住の小規模性と不安定性，さらにそれに伴う定住地領域の整序不足（少数農業拠点の乱雑な配置）が目立つことが，共通の認識になっている。それも紀元千年前後に進行した小規模定住地の放棄と合体による再編を通じて実現したとされる中世盛期の定住形態と対比して，その点を以前から強調してきたフランスの一部の考古学者たち（Chapelot [67]；Pesez [360]）や，表面調査を中心とした10年間の作業によってピカルディー農村を検討した結果，同様な結論に達した英仏チーム（Haselgrove / Scull [219]）による発言ばかりではなく，中世初期にある程度はまとまった集落が存在していたことを前提に議論を進めてきた歴史家にも，そうした認識が見られるのである（Verhulst [470]127）。

しかし前後の時代と比べてのそうした不安定性の中でも，居住場所の定着，定住の集中，さらに定住地領域の構造化という方向で，村落形成は進行していたとの見解が強くなっている。その方向で議論を進めたのはことに考古学者であり，中でも歴史家への批判としてこの点を押し出したのがフランス中世農村考古学であった。明確な問題提起によって出発点となったのは，1995年のザドラ＝リオによる「歴史家の村落と考古学者の村落」という印象的な題目の論文（[499]）であり，中世初期農村経済の低位な水準を強調するフォシエによる問題提起（[66]）以来フランス中世史家の間に広がっている，「村落の誕生」la naissance du village を紀元千年以降に位置づけ，中世初期での村落不在を強調する見解への批判を意図しつつ，それが考古学的に証明できるかを問うている。そして，紀元千年以降での城塞の普及を除くならば，教会・埋葬場所・手工業・共同的空間組織のいずれ

についても，それらの規則的存在という点で中世初期と中世盛期との間に差違はないと論じたのであった。こうした発言はすでにフランスで活発に進められていた発掘調査に基づいていたが，その全面的な検討を意図して1993年にフランスメロヴィング期考古学協会の国際研究集会が開かれ(6)，会議録がやはり95年に刊行された（Lorren / Perin [281]）。そこでフランスでの成果をまとめて報告したのはペイトルマンであり，155遺跡の発掘に基づいて村落形成の方向が確認できるとして，中世初期定住についての悲観説は消滅しつつあると結論したのであった（[364]）。また同じ会議録にはピカルディーについての所見をまとめたバイヤールの論文も収録されており，7世紀後半から8世紀前半の集合墓地の形成を核に安定的な定住地が確立することを強調していた（[27]）が，97年にはボナンがイール＝ド＝フランスについての発掘成果を取りまとめて，ここでの農村定住は6世紀から古代の遺産を継いで展開し始めていたが，9世紀には定住集中の方向での顕著な飛躍を示したとしている（[39]）。また同じ頃パリ地方西部に目を向けたブルジョワとなると，明確に「村落」という語を使って，その網の目が紀元千年までには確立していたと述べているのである（[49]）。

こうした動向を受けて，2003年には二つの総合の試みが提出された。一つは後に詳しく取り上げる『変動する景観』と題する英語論文集（後掲247頁）へのペランの寄稿「中世初期ガリアにおける村落の起源」（[359]）であり，フォシエ説批判を意図して「歴史家の村落と考古学者の村落」という1節を設ける点でザドラ＝リオによる問題提起を明確に受け継ぎながら，中世村落の起源をメロヴィング後期に求めている。もう一つがペイトルマンによる『4世紀から12世紀までのフランス北部における農村定住の考古学』であり，ロワール河以北で発掘対象となった308遺跡についての一覧的素材提示を含む2冊からなる。そして第1巻の叙述は，「歴史家の定住地」

---

(6) フランスメロヴィング期考古学協会による論文集には，デンマークでの研究状況をまとめた報告があるが，居住場所の移動性に拘わらず定住地領域は安定していたとして，中世初期にも村落を語りうると考えた上で，三圃制度の導入による農業生産力向上に基づいて紀元千年前後に生じてきた変化は，主として居住場所の定着を意味していたと説いており，明快な論旨で注目に値する。A. Nissen Jaubert, L'habitat rural au Danemark vers 200-1200 : état des recherches, in [281] pp. 213-222.

と「考古学者の定住地」との2節から成る「研究史的接近」([365] I 25-101) という章を含んでおり，フランス以外での研究成果にも目を配っているこの学位論文が，現在ヨーロッパ学界における中世初期農村の考古学的研究での最高峰を示すとすることができよう。その論点は多岐にわたるが，定住地の成立と放棄の時点をまとめた「定住地の編年」(*Ibid.*, 257-273)，遺構の内容的検討による「定住地の構成諸要素」(*Ibid.*, 274-316)，主として遺構の分布から追究できる「定住地の地理と地誌」(*Ibid.*, 317-333)，そして遺物の分析から解明される「定住地の社会経済的機能」(*Ibid.*, 334-352)という四つの問題群を見据えつつ，年代的経過に意を用いて絶えず時期区分を設定する叙述となっている。結論でまとめられる時期区分は，「第1期＝4－5世紀：断絶と連続」→「第2期＝6－7世紀：農村復活と新型定住地の確立」→「第3期＝7世紀中葉－8世紀：農村世界の拡大と再編」→「第4期＝9－12世紀：連続と小規模な変容」となっており，メロヴィング前半期に再び活発となって新しい方向性を与えられた農村定住が，メロヴィング後半期からカロリング前半期に定住集中を重要な内容とする定住地の組織化を進めていくことが強調される (*Ibid.*, 353-359)。こうしてペイトルマンは中世初期に村落の形成が大きく進んでいたとするのであるが，考古学者によるこの研究成果によって歴史家の側から流布されてきたいくつかの見解——かかるものとしては「村落の誕生」と並んで「中世初期定住の流動性」や「紀元千年の変革」などが挙げられる (*Ibid.*, 353)——が根拠を失ったとして，いかにフォシエの問題提起が触発的であったとしても，それは中世盛期から近世にかけての完成した村落の像をそのまま先行する時期に持ち込むものだったので，必要なのはむしろ農村動態の追究によって長期にわたる漸次的変化を追究することだと述べている (*Ibid.*, 101) (7)。

---

(7) ペランとペイトルマンとによる総合のいずれもが強調している点として，フランスで発掘対象とされた定住遺跡のほとんどすべてが，メロヴィング期に成立しながら11世紀から放棄されてしまっているという事実がある ([359]267-268 ; [365] 262-267. Cfr., Bonin [39])。当然それらが中世定住地全体に対して代表能力を持ちうるかが問題となるが，この点は以下のように説明されている。確かに発掘箇所は中世初期に存在していた定住地のうちではきわめて少数であるが，それはそれらの大半が中世

考古学者が歴史家の立てた図式を批判して村落の成立を中世初期に求めるという同様な状況は，イタリア学界にも見られる。ここで批判の対象となるのはトゥベールによるインカステラメント論であり，10－11世紀に進行した領主主導による防備集落形成に定住集中化の決定的過程を見て，それ以前の中世初期を散在定住によって特徴づける仕方である(8)。2003年になってフランコヴィックは，イギリス人として中世初期イタリアの考古学的研究に業績の多いホッジスと連名で，『ヴィラから村落へ』と題する小著を刊行したが，これが考古学の立場からするトゥベールモデルの明快な批判として構想されていることは，ここでもまた「歴史家の村落と考古学者の村落」という項目（[164]22-26）が設けられている点から見て取れ

　　　　盛期以降の村落として現在まで存続してきたからであり，これらはまさに定住が続いているがために発掘の対象とはなりえなかったのである。それらの村域には必ずといってよいほどメロヴィング期の墓地があり，やはり中世のごく早い時期に定住地としての起点があると確信できる。紀元千年頃から放棄された地点が発掘されえたのは，中世初期に成立したこれらの地点でまさに後の時期に本格的な定住地がそこに存在しなかったからであり，放棄される時点までの状況を十分よく示してくれる（Périn [359]267-272）というのである。この点を確認するためには，現存村落そのものの発掘調査が必要なはずで，ペイトルマンはそれを今後の重点課題の一つに挙げている（[365]361）。またペイトルマンはこの定住放棄をペランよりは早めに10－11世紀と位置づけた上で，これを農村経済の停滞や危機の表現としてではなく，むしろ定住の統合と集中の過程で必然的に生ずる現象として，農村成長の印と見ているのである（*Ibid.*, 357-358）。

（8）　P. Toubert, *Les structures du Latium médiéval. Le Latium méridional et la Sabine du IXe à la fin du XIIe siècle*, 2 vol., Roma 1973. ただし，こうして考古学者による批判の対象としてフォシエとトゥベールが並べられているといっても，両者の間に決定的な相違のあることを見落としてはならない。すなわち前者が中世初期農村についての悲観論者であるのに対して，後者は9世紀の荘園制に結実する農村成長をむしろ積極的に押し出しているのであり，確かに10－11世紀のインカステラメントによる定住集中の意義を強調はしたが，中世初期荘園のもとでも星雲状の定住によって領主拠点を中心に一定の集中が果たされていると考えていることである。この点を最もよく示す論文が [451] である。

る。そして一連の政治的危機を通じて古典古代と訣別した6－7世紀には，独立農民の広範な層が当時の疫病からの生態的ニッチを求めて丘上村落を形成しており（*Ibid*., 61-74），これが領主勢力の進出にもかかわらずその後の定住形態の柱となっていくと主張している。こうした構想はすでにその前年に教科書的にも叙述されており（[163]），痛快な筆致には危うさを感じさせることも多いが，ともかく考古学的所見の蓄積によって文献史学の側からの図式が再検討される筋道がよく見える。ところでやはりイギリス人として中世初期イタリアの景観を論じたアーサーの同年の論文は「ヴィクスから村落へ」（[15]）と題されていて，ローマ帝国の解体後にいったん世俗有力者と教会が自立化してヴィクスと呼ばれる中心的定住地を形成していくが，農村経済の低落傾向のうちで間もなく解体してしまい，9世紀から10世紀にかけて農村に活況が戻ってきた段階で教会建設を触媒として定住集中が展開し，有核化による中世村落形成が進行したとしている。アーサーの所論は村落形成の筋道と編年においてフランコヴィックとは大きく異なっているが，紀元千年以降の農村開発に焦点をあてて中世初期を定住史の空白期と見がちな既存学説への批判では，軌を一にしているとしてよいであろう。

　ヨーロッパ北西部についても，中世初期に村落形成の方向を定住考古学によって確認しているのが，ヘイムロウ『中世初期の定住地。400年から900年までの北西ヨーロッパにおける農村共同体の考古学』（[215]）である。著名遺跡マッキングの発掘など，アングロ＝サクソン期イングランドの考古学で知られる著者は，独仏学界を参照するのはもちろん，最近進出の著しいオランダとデンマークとの中世考古学の成果を全面的に活用しつつ，建物→定住地→領域→農業→商工業と中心地という章立てで叙述を進めている。しかも各章の末尾でこれらの問題ごとにイギリス学界での所見との突き合わせを試みており，まさに現在の中世初期史研究で成立している全ヨーロッパ的学界の所産たるに相応しい書物となっているのである。すでにヘイムロウは雑誌『中世初期ヨーロッパ』での動向論文（[213]）で簡潔にまとめていたが，本書では詳細に630年頃から830年頃までを「長期の8世紀」と呼びつつ，この期間に農村で大きな変化が見られたことを力説する。定住考古学の範囲で言うならば，複数機能を備えた長大家屋から単機能の複数建築の有機的結合へと建物が変化する（[215]12-51）のと同時に，

第1章　中世初期農村の物的基盤　245

定住の濃密化を軸として空間利用の規則性が高まり，かつ葬制の定住地周辺での規格化が示すような共同体的小領域の形成も看取される（*Ibid.*, 52-124）というのである。ヘイムロウ自身は「村落」という語を避けて，書物の標題にあるように「農村共同体」（後に見るように，これも領主制と対立させた水平的結合のみを含意する術語とはされていないが）を用いているが，ここに検出された農村定住の変革は，まさにペイトルマンがやはり7－8世紀について浮き彫りした村落形成と同じ内容であると言えよう。

　以上のように定住形態については考古学による多くの斬新な仕事があるが，材料としては地図史料が重用される耕地形態に関しても，フランスである程度まとまった成果が出されている。もちろんここでもその多様性の強調が顕著であり，議論の大枠を見定めることは容易ではない。そこで本節では長期展望に立って問題を明確に提出しているいくつかの論文を参照してみたが，それらを通じて中世初期の耕地形態を積極的に捉えるのが難しいことがよく分かる。しかしそれでも定住形態におけると同様な研究方向を，見てとることはできると思われた。

　すなわちベリィ地方を対象とした地図史料分析であるケリアンの論文は，ローマ期における条里制的格子状方形耕地創出と11－12世紀領主制のもとでの同心円的放射状耕地形成を主要な画期と考え，中世初期の耕地形態は古代からの連続局面として捉えうるとの主旨である（[373]）。これに対してフランス全体を視野に入れたシュケールの論文は，ローマの格子状形態と11世紀以降の放射的形態をモデル化したケリアンが代表する時代区分の図式があるが，その枠にはまりきらない成果が多数蓄積されているとして，恒常性と変動の両者を考慮した研究のいっそうの推進を求めている（[71][72]）。これを受けてまさに「中世耕地形態の恒常性と変動」（[1]）を論じたアベは，古代の格子状耕地は現在まで重要な要素として存在し続けているが，中世に新たに作り出された形態——この典型としてアベは，城塞周辺集落（→ «castra»）の同心円的形態に加えて新設定村落（→ villeneuves）の碁盤状形態を挙げている——も同じく重要な要素であるとした上で，「中世初期における受容と創造」という項目をたてて，この時期に規定的なのは確かに古代から持ち越された格子状形態であるが，それでも小規模な同心円的形態があちこちに出ていることを強調する（Ibid., 224-226）。中世盛期に明確化する同心円的放射状形態は定住集中に対応するあり方である

から，こうしてフランス学界では，定住集中と耕地散在によって典型的に特徴づけられる中世村落が中世盛期に全面的に展開することを前提として，その形成過程を中世初期に探っていると言えるであろう。それでもなおシュケールが2003年に出した中世農村景観研究の問題性を論じた仕事には，「[中世史家への]論争開始宣言」という挑戦的な副題が付けられており，文献史学の側から提示されやすい断絶論的な見方を排して，中世人の永続的な自己組織化を「形態学」morphologie 的に観察することを求めている（[73]）ことを見ても，なお多くの仕事が必要だと感じられているようである。

以上のように，ことに考古学からの寄与によって中世初期に定住の集中と耕地の散在を特徴とする組織体としての村落の形成が確認されているが，これに伴ってしばしば取り上げられている重要な論点をもう二つ挙げておきたい。第1は，多くの仕事で指摘されている農村定住地における手工業の広範な存在であるが，最近それを最も意図的に打ち出したのがペイトルマンによるフランス北部についての総合である。すなわち，その叙述のうちには「定住地の社会経済的諸機能」という節（[365]334-352）を設け，中世初期定住地を「農業単一機能」，「農業・手工業機能」，及び「農業・手工業・商業機能」の三つに分類し，第2の型が半数以上を占めていたとして，繊維と金属（ことに鉄）とに関係した手工業がことに7世紀後半から8世紀にかけて農村に広く普及したことを強調している。ただし出土する古銭あるいは輸入財貨，まれには秤の部品によって見分けうる第3の型にペイトルマンはそれほどの力点を置いていない。これに対して農村における手工業の普及が交易の拡充をも伴っていたことを強調するのが，ヘイムロウによるヨーロッパ北西部についての総合である。ここには「農村中心地，交易，及び非農業的生産」と題する章（[215]156-190）が置かれており，「交易地」trading places を焦点として都市史研究のうちで展開される傾向のあった中世初期集落の考古学的研究を，交易地に備わった後背地の検討（この書物ではハイタブの例が具体的に扱われている。*Ibid.*, 170-172）を越えて，農村での手工業生産全般について概括し，鉄／非鉄金属の生産と加工，土器生産，石材加工，織物生産の項目を設けて，その重要性を浮き彫りしている。なおこのような農村手工業の重要性は，中世初期定住史の評価で悲観説に傾いている考古学者によっても認められているのが興味

深い。すなわちシャプロは手工業の場としての竪穴小屋の意義を強調しているし（[67]187-193），プゼも土器や金属関連の例を挙げて出土の濃淡は部門によって異なるとしながらも，定住地内部の手工業の検出を農村考古学の主要な成果の一つとしているのである（[360]325）。

　第2は定住と景観における古代から中世への移行の問題であり，大きく見てかつて支配的であったゲルマン民族移動期の断絶を強調する傾向から離れて，古代ローマからの継受を大きく評価する連続説が強くなっているが，その中でもかなりきめ細かい議論が進められている。それを最もよく示しているのが，イギリスの考古学者を中心に編まれた『変化する景観。古代末期と中世初期における農村の展開』であり，その序論でクリスチーはローマ期定住の完全で即時の放棄が行われたのでないことを強調している（[74]）。それを受けるようにアーサーは，ローマ帝国のもとでの都市と大所領に代わるように，6世紀までは農村の小規模中心地であるヴィクスが多数存続していったとしている（[15]105-113）。またフランスからこの論文集に参加したペランは，断絶説を批判しながらローマ期を生き抜いた原定住地の連続現象を指摘しているが，その基礎の一つが古代耕地の中世初期での継続的使用であると見ているのである（[359]272-275）。そしてこの耕地の継受こそが古代から中世への農村景観連続の主要な局面であることが，フランス考古学での強調点となっている。すなわちボナンはイール=ド=フランスについて，大農場中庭のようなローマ期定住地の拠点が中世初期定住の場として選好されたが，その新たな住民によって古代の既耕地が使用され続けていったとしており（[39]52-53, 59），ペイトルマンのフランス北部についての総合では，4－5世紀の農村景観を「断絶と連続」ruptures et continuités と包括的に特徴づけた上で，減少した人口が選択的にそれまでの農村拠点に集中して定住しつつ，従来の耕地を使用し続けたとまとめている（[365]354）。そしてこのような耕地の連続という認識においては，フランス定住考古学のうちでは耕地形態の研究者たちの議論が，最も古代からの遺産を大きく評価する立場を示していたことを想起しておこう（前掲245－246頁）。

B　村落の形成と荘園制の展開──考古学と歴史学の間──

　ところでこのように主として考古学的に明らかにされつつある定住・景

観動態は，中世初期における荘園制の形成過程とどのような関係に置かれているであろうか。まず一方には，定住動態を跡づけながらそれをまったく荘園制と関連させない仕事がある。例えば荘園制の発達がそもそもなかったとされやすいロワール河以南のフランスについての二つの論文が，10世紀以降が主要な時期とされる定住展開をもっぱら城塞と関連させる (Constant [80]; Poisson [369]) のは，当然の成り行きと思える。さらにイタリア中部のファルファ修道院領が広がる地域について，考古史料と文字史料を突き合わせて農村景観を論じた二つの仕事でも荘園制が言及されていないが，そこがファルファ領の中心地帯ではなく，また個々の所領を包み込んだ空間組織や領域構造が主たる関心となっているためであろう (Hubert [234]; Migliario [306])。しかしながら他方には，きわめて積極的な仕方で農村景観変動での荘園制の役割を押し出している仕事があり，その典型がトクサンドリア地方（ベルギー北部・オランダ南部）についてのテウスによる二つの論文である（[441][442]）。ここではオランダチームのプロジェクトによる発掘の成果をサン=トロン修道院領などについての文字史料と突き合わせながら，メロヴィング期からカロリング期に至る農村開発が世俗貴族と教会組織による荘園制の形成を枠組みとして進行したことを強調している。ただし論証の具体的な材料は，発掘地点が中世初期に大修道院領であったことが文字史料から確認できているという以外にはない。また，「考古学と歴史学との学際的協力の諸問題」という副題がつけられているレーゼナーの論文（[392]）は，ゲッチンゲン近くのベルンハウゼンでの領主館が村落定住の核となっていたと主張して，村落形成の荘園制のうちでの進行という見方を押し出しているが，地図史料を重用して荘園管理拠点が後代の集村の中心にあったことを示しているまでであって，領主館が定住集中の核となった過程を検出したわけではない。結局これら二人の仕事が定住と景観の動態の枠組みを荘園制としているのは，「荘園制展開モデル」からの理論的要請という性格が強いように思える。

注目すべきは，村落形成過程を中世初期に検出した考古学者たちが，それと荘園制形成との内的関連を具体的に描き出すことに成功しているわけではないが，定住の集中や村域の組織化が大土地所有の拡延や荘園制の伸張と同時に生じていることを，機会を捉えては指摘している点である。例えばボナンは9－10世紀のイール=ド=フランスで進行した墓地の新たな祭

祀中心への移動を修道院の大土地所有進出と関連させ，定住集中を貴族の存在と照応するとしており([39]54, 57)，パリ地方での紀元千年までに村落網が形成されたと説いていたブルジョワが，定住地間の階層序列は権力編成に応じて形成されており，その基礎には教会組織による大土地所有の拡延があったとしている ([49]66-67) のが好例である。またディジョンに近い小地域オシュレについて，「古代から中世の大所領」を論題として定住と耕地の変容を強調したシュケールも，こうした動態と荘園制との内的連関を論じているわけではないが，皇帝領と王領が濃密である場所には大所領の連続が認められるとして，景観変動の枠組みが荘園制でありえたことを示唆している ([70])。

さらに興味深いのが，2003年に出版された前述の二つの総合である。まず北部フランスを対象とするペイトルマンは，そもそも中世初期荘園制の意義をほとんど認めないフォシエ説の批判を事としながら，「荘園制展開モデル」の主唱者であるフルヒュルストをしばしば援用することからも，その著書で浮き彫りした中世初期における村落形成を荘園制の拡充と一体として捉える意向であることは疑いない。しかしそれについての直接の言及は，定住集中と村域組織化が決定的に進んだとされる7世紀後半から8世紀について結論でまとめながら，それが同時に土地所有の確立の時期だったと指摘しつつ，「より詳細な地域研究がなお必要であるが，定住地の物的諸要素を通じて看取できる土地再組織化が，荘園制の進出と関連していたかと問うことができる。実際本書での証明が基礎を置いている諸例の最も重要なものはイール=ド=フランスとピカルディーから由来しているのだが，フルヒュルストによればこれらの地域こそ，『古典』荘園制が生まれた故地なのである」([365]357) と述べている箇所に限られる。これに対してヨーロッパ北西部を対象としたヘイムロウとなると，定住動態の荘園制との関連の指摘はずっと多くなる。すなわち章の題目としても「定住構造と社会空間」([215]52-99) と「土地と権力：定住地と領域編成」(*Ibid.*,101-124) とがあるが，前者では空間利用での規則性と計画性の増大を「強力な領主」の出現と結びつけた (*Ibid.*, 87) 上で，「定住構造と身分」という節を設け，定住形態展開の担い手として領主説と農民説とが対立していることを前提として，階層分化の明確化と領主定住の拡充を強調している (*Ibid.*, 90-93)。さらに後者では，フランク王国北部の事例を明らかにした

オランダ考古学の成果を高く評価しながら、そこでの「所領形成と土地所有貴族出現の農村共同体へのインパクト」が、ピピン一族を先頭とするアウストラシア貴族の進出によって強化されていく様相をまとめている（*Ibid.*, 116-120）のであるが、その結果としての「荘園組織は、それが可能とする経済的利益と並んで、安定した社会秩序を確立する手段でもあったのだ」（*Ibid.*, 119）と述べている。

　このように考古学の進出によって確立した中世初期における定住動態の認識において、荘園制形成との関連がしばしば意識されながらも、両者が表裏の関係にあるものとして全面的に扱われることがないという学界状況を象徴するのが、かつてはヘント周辺地域を舞台に文字史料と地図史料に拠りつつ、中世初期の農村開発と修道院領での荘園制の形成を楯の両面として描いて見せたフルヒュルストの仕事である。すなわち、そうした描写を盛り込んだ名著フランデレン農村景観史 (9) を全面的に改訂した新著では、同じ局面を扱いながら荘園制への言及がずっと少なくなっている（[470]117-127）のであって、最近での考古学的所見の蓄積が必ずしも荘園制を枠とする定住構造の変化を押し出していないことを考慮して、以前よりは押さえた調子になったのであろうか。そしてこうした論調の中では、農村景観における荘園制の積極的な役割を最も強く打ち出している仕事が、開発のそれほど進んだ場ではないはずの森林を対象としている二つの論文であることは逆説的に思われる。すなわちメロヴィング期・カロリング期での王領森林を論じたロレンツは、国王の排他的狩猟権を軸に森林に設定され、王権からの譲与によって修道院など領主層の手中にも移って紛争の種になる特権領域をめぐって、それが7世紀ころからの荘園制形成と平行して生まれてきた制度であると強調している（[280]）。またメロヴィング王国北部のアルデンヌとシャルボニエールという広大な二つの森林を研究したノエルは、自然科学的な方法を駆使してそれらの景観と生態とを描いた上で、開発にあてられた論文後半では、道路の設定や開墾がロップとスタヴロ=マルメディという二つの大修道院の荘園を枠組みとして進んだと論じているのである（[340]）(10)。

　（9）　A. Verhulst, *Het landschap in Vlaanderen in historisch perspectief*, Antwerpen 1964, pp. 93-119.

第1章　中世初期農村の物的基盤　251

　このように,次章で見るように荘園制の役割が中世初期社会経済の多様な面で重要であったことが示されているのに,定住と景観を場としてはそれが具体化する度合がなお小さいという事情には,農村の考古学的研究がごく狭い地点の発掘に集中せざるをえず,しかもその選択が内発的な研究上の要請から出たものではないことが,大きく作用していると思われる。周知の通り現在考古学者のエネルギーが最も使われているのは緊急発掘であり,考古学の急速な発展が逆説的に遺跡・遺構の破壊を前提としており,調査地点も他律的に定まってくることがきわめて多い。前掲のフランスメロヴィング期考古学協会国際会議でもその点が強調され,所見が遺跡の一点に限定されてしまう難点が指摘されている (Lorren / Périn [281]xiii) [11]。たまたま発掘地点が所領の中心部であれば,ある程度は荘園制の構造に迫ることも可能であるが,周辺部の数ヘクタール程度の調査では,たとえそれが詳細であっても荘園と呼びうる機構があったかどうかさえも分からないであろう。この点で注目されるのは,イタリア中世初期考古学の研究成果を取りまとめた1994年の論文集へのバルザレッティの寄稿「領主拠点(→«curtis»)。権力立地の考古学」([18])で,そもそも荘園拠点の発掘が少ない上に,たとえ発掘が行われたとしてもこれを支配という観点から捉えていく方法論が確立していないために,荘園制研究への考古学からの貢献が制約されていると見ている。実際すでに挙げた定住と景観についての最近の様々な考古学的仕事には,領主館の調査によって荘園制の役割を具体的に明らかにしたものは見当たらない。確かにサン=トロン領を考古学的手

---

(10) こうした議論は,1992年までの中世初期森林に関する研究で目立った自由農民による森林の多様な形での用益の浮き彫りとは,大きく異なっているように思える(前掲162-163頁を参照)。

(11) 同じ論文集所収のドモロンによる論文は,緊急発掘に追いまくられて方法論の検討なしに仕事を進めなければならないフランス考古学者の現状を,ほとんど悲愴な調子で反省している。P. Demolon, L'habitat rural du haut Moyen Age dans le nord de la France. Réflexion méthodologique, in *L'habitat rural* [281], pp. 45-51. これに対して上掲のデンマークからの寄稿では,この国での農村定住地の発掘が長期的研究計画に基づいて進められていることを誇っている。Nissen Jaubert, L'habitat rural au Danemark［前注（6）］, p. 213.

法を大きく取り入れて検討したテウス論文は，定住展開への荘園制の役割を強く押し出しているが，発掘は荘園の中心部には及んでいないのである（[442]）。こうしてヘント周辺における荘園制の展開を前提として議論を進めながらも，発掘が農民保有地に限られていて領主拠点が対象となっていないことから，考古学的な荘園制研究が限界を画されてしまっているとするフルヒュルストの判断（[470]127）が，通例の事態を把握しているとできよう。

しかしながらこうして領主拠点の発掘調査が進んでいない状況が，考古学が大きな役割を果たすはずの定住・景観研究で荘園制の検証が直接的であるとは言えない状況の大きな原因となっていることは確かであろうが，さらに深い要因もありそうである。それは文字史料から検出される荘園制が考古学的に検証できないという指摘がしばしば行われているだけでなく，さらに進んで，この問題について考古学と歴史学との関係への理論的問いかけも見られるからである。トゥール地方のクールセイについて，文字史料からは二分制所領が検出できるが，考古学的調査では対応する領域での散在定住が明らかになるだけだという指摘（Lorans [279]）や，トゥールのグレゴリウスによる記述からは大土地所有者のもとで豊富な隷属労働力を抱えた所領（→ «villa»）が読み取れるのに，考古学的には中世盛期に向けて整理統合されていくなお小規模な定住地のみが明らかにされるとの見解（Lorren / Périn [281]109）は，前者の好例である。そしてピカルディーを対象とする論文で，7世紀以降のより構造化された定住空間は荘園制形成によるのではないかとの問題関心に考古学的に答えることは難しいとしつつ，「考古学と歴史学との対話の困難」を訴えるバイヤール（[28]276-277）や，村落成立については考古学者と歴史家との間に認識上の差異があるとした上で，「耕地形態と大所領とでは情報の次元が異なる」と指摘するシュケール（[71]24）を，後者の例として挙げることができる。

こうした考古学と歴史学との関係については，そもそも村落をめぐって問題提起したザドラ=リオが，歴史学で規定される村落を認識する力は考古学では限られていると，かなり悲観的に捉えていた（[499]）。これに対してヨーロッパ北西部についての総合としてしばしば引用してきたヘイムロウの書物では，定住地と上からの領域編成との関係を問う章の結論で，「所領の確立による在地アイデンティティの規定は，たとえ考古学がそれを解

決する手段を持っていないとしても，つねに念頭に置くべき問題である」（[215]124）と述べながら，全体の結論は，「発掘と考古学的調査の数が増すにつれて，定住形態と土地利用における大規模な発展を捉えるばかりでなく，それらを5世紀から10世紀までの変化しつつある権力イデオロギーと関係づけることも可能となっている。これが確実に，中世初期研究に対する考古学の最も重要な貢献のうちに位置を占めているのだ」(Ibid., 194)と締めくくっていて，考古学の可能性にもっと幅広い評価を与えている。そしてノワイエ/ブーガールとなると，「中世考古学と社会構造。もう一段の努力を」という印象的な題名の論文（[345]）で，文字史料と考古史料との対話からかつて物質文化にだけ集中していた考古学も社会関係を解明しうるようになっていると主張して，中世史の範囲でそれが進められたテーマとして，「メロヴィング期=カロリング期ガリアの領主と従属民」(Ibid., 339-341)と「荘園から城塞へ」(Ibid., 342-344)の二つを挙げており，これが現在では最も積極的な評価と言えるであろう。この点でさらに引用すべきなのが，メロヴィング期ネーデルラント南部を対象とする，ヴェルスリープによる二つの論文（[472][473]）である。ここでは考古史料から社会関係を読み取るための研究技法上の様々な問題を仔細に論じながら，そうした作業の難しさを詳しく述べている。しかし全体としては，それでも7世紀における新しい世俗貴族の進出は，葬制と定住とに関する考古史料から明確に読み取れると結論しているのである。そしてこうした動向は，農村経済成長を基礎とした王権や教会の勢力伸張と一体となっているとされ，そこには所領の形成も含めて構想されているのであるから，まさにノワイエ/ブーガールの挙げる第1のテーマをめぐる業績としてよいであろう。ただしヴェルスリープの仕事で，領主による土地所有・経営の実態について具体的に明らかにされている点はほとんどないと言ってよい。確かにカロリング期に向けての定住集中傾向と，集落内外での階層序列化された墓地の形成は浮き彫りされるものの，農村史研究が明らかにしてきた奴隷制的小所領から古典荘園制大所領への展開の動きが，多少とも跡づけられているわけではないのである。荘園制をめぐる文字史料と考古史料との補完的使用も，なおそれほど具体化しているわけではないというのが率直な印象であろうか。

　こうして，最近における中世初期農村史研究への考古学の寄与は確かに

都市史 (12) におけるほど顕著ではないとしても，定住と景観の動態を仔細に検討しながら荘園制の展開と同時に進行した村落形成を浮き彫りにしており，今後は歴史学と考古学との史料と問題関心における相違をむしろ補完関係として見究めつつ，さらに研究を進めていくことが期待できる。

2 農業成長

中世初期における農業生産の水準が戦後のフランス学界で主張されたほど低くはなかったとの見解が，今日では一般的であるが，それは農村開発の進行を前提として，農業の主要部面が穀物生産であったとの認識に支えられている。この点を印象的に示すのが，フルヒュルストによるカロリング期経済の概観で農業技術にあてられた章の大半が，三年輪作・重量犂・水車という穀作関係の叙述で占められていることである ([471]61-71)。またそうした見解は，コメットによって達成された中世農業技術についての大著 ([76]) のうちで強く打ち出され，その後いくつかの論文で敷衍された。まず主として農具と穀物に目を向け，農書と図像史料の分析を主として中世フランスでの穀物生産技術を全体として検討した書物では，中世初期に関する分析はあちこちに散在してはいるが，それでも農業生産力の著しい低位性という見方は完全に斥けられている。それが最も明確なのは多くの議論を呼んできた穀物収穫率の検討であって，カロリング期には播種量の3倍ないし4倍の収穫量が確保されており，かつてのように2倍程度という極端に低い評価は許されないとしている (*Ibid.*, 294-311)。ついで「歴史学から考古学へ」との副題を付して穀物収穫を論じた際には，もっぱら方法上の難しさに注目しているが ([77])，かつて中世初期収穫率の低位性を強く主張したデュビィの貢献を検討した号への寄稿のうちでは，その後の研究で中世農業技術の発展が漸次的・連続的過程であったとの認識が強まる中で，カロリング期の収穫率の数値も上向きに修正されていると述

---

(12) 中世初期都市史への考古学からの寄与をきわめてよく示す著作として，A. Verhulst, *The rise of cities in North-West Europe*, Cambridge 1994（森本芳樹／藤本太美子／森貴子訳『中世都市の形成。北西ヨーロッパ』岩波書店 2001年）を挙げておく。

べている（[78]）。そして古代末期から中世初期の穀物全体を扱ったごく最近の論文では，カロリング期農業においてこそ「穀物化」céréalisation（[79]172）が達成されて，食生活の主要な基礎が穀物になったと結んでいるのである。この他にエルムスホイザーとヘドヴィックによるサン＝ジェルマン＝デ＝プレ修道院所領明細帳の検討に穀物生産にあてられた章があり，そこでも9世紀初頭パリ地方を中心とした地帯の収穫率を3以上と見積もっている（[147]358-362）。

　栽培作物の種類と輪作をめぐっては，多様な穀物が出そろって三年輪作が普及したことを，中世初期農業技術の重要な達成とするのが一般的であり，共同研究『ローマ世界の変容』の最新巻である『封建的農業の成立』では，コメットの前掲論文（[79]）がそう論じているだけでなく，シゴーがライ麦と燕麦の普及に重点を置いて，その広い技術的連関を強調している（[423]）。またアグロエコシステムをキーワードに環境史を標榜するゾンレヒナーも，ライ麦と燕麦との一般化を中世初期の重要な達成としている（[424]46-47）。これらと並んで注意を引くのは，個別の文字史料を用いた2篇の論文が輪作をめぐって発表されたことである。ザンクト＝ガレン修道院寄進帳の農業史的研究はロシア中世史学で好みのテーマであったが，カヤーシンとセロヴァスキーによる論文が独訳されて新しい成果が久しぶりにわれわれの目に入った（[245]）。しかし内容的には史料解釈の問題が中心で，寄進文書にしばしば登場する土地単位である «zelga» を，耕地制度としてではなくて輪作の次元に位置づける必要があると力説している。耕地システムと輪作方式の区別という重要な点をついているが，農業生産力については三年輪作によるかなり高い水準を想定しているようである。森本自身の論文も三圃制度をテーマとしているが，材料は所領明細帳での穀物についての記載である。それぞれの国での主要な研究動向とは逆に，中世初期についてフランス学界で三圃制度の普及を主張しているデルヴィルと，ドイツ学界でその未発達を押し出しているヒルデブラントとの見解を背景において，三年輪作という次元では三圃制度の限定された広がりを認めて後者に左袒するが，所領明細帳の年代的複層性を活用してその普及が進んでいたことを強調する。加えて所領明細帳が作成された範囲では三年輪作は夏穀の導入によって成立したことを指摘して，その点ではヒルデブラントを斥ける。さらに冬穀と夏穀との均衡のとれた三年輪作が最もよく

行われたのが定地賦役地であり，かつこれが後に確立してくる共同体的耕地制度に特有な帯形地条を示していることを手がかりに，カロリング期には耕地制度の水準をも含めた厳密な意味での三圃制度が普及過程にあったと論じている（[326]）。従ってこの論文では，中世初期における穀物生産の水準がなお11世紀以降の水準に達することはなかったことを認めながらも，それを積極的に捉える試みが行われていることになる。

　穀物生産には以上のように楽観的な評価が加えられているが，ブドウ栽培についてはワイン生産地域をめぐってさらにそうである。ドゥブルークがブルグンド法典の分析によって，中世当初のブルゴーニュにおけるブドウ栽培の普及と展開を主張したのが典型である（[137]）が，9世紀初頭のサン＝ジェルマン明細帳に基づいて，エルムスホイザー／ヘドヴィックもブドウ栽培の活況を描写している（[146]365-399）。これらに対して，地中海圏フランスをめぐるここ20年間の考古学的研究を取りまとめたデュラン／ルヴォーは，ブドウ畑の考古学にまで至っている最近の研究では，古代最末期の生産縮小が相対化された上に，9－10世紀でのブドウ栽培の活発化が裏づけられているという（[139]207-210）。こうしたブドウ栽培＝ワイン生産の積極的評価はドイツ学界ではさらに目立ち，ライン＝モーゼル地帯についてシュタープが中世初期全体について修道院領におけるブドウ栽培とワイン生産を論じた長大な論文で，ローマ期の遺産を受け継いだその広い伝播と高い技術水準とを押し出している（[428]）。そしてイルジーグラーの論文となると，プリュム修道院所領明細帳第24章に記載されたモーゼル河畔の所領メーリンクにおいては，ほとんどブドウ単作と言えるほどの集約的な耕作が行われたとの主張に至っているのである（[240]）。森本はこのような判断を行き過ぎと考えているが(13)，ドヴロワもシャンパーニュのランス周辺地域について，中世初期におけるブドウ栽培の展開を強調しながらも，それは「農業を完全に支配することはなく，分化した農業経済のうちに統合されていた」（[126]90）と述べている。そして中世初期社会経済史の総合にあてられた書物では，専門技能を持つ生産担当者の特別

---

(13) 森本芳樹「9世紀末プリュム修道院領の在地性と広域性——所領明細帳第24章の分析——」田北廣道編著『中・近世西欧における社会統合の諸相』九州大学出版会　2000年，33-63頁。

第1章　中世初期農村の物的基盤　257

な地位と生産物の強い商業的性格によって，この生産部門が「別個の活動」activité à part であることは認めながらも，しばしば非自由人であるが土地保有者であった栽培農民に領主直領のブドウ畑の耕作も依存しており，ブドウ栽培も荘園制の通例の形態のうちに納まっていると見ているのである（[130]140-145）。

ブドウ栽培と並んで，中世初期農業成長を代表する分野と見なされているのが水車である。古代に発明されていた水車が豊富な奴隷的労働力の確保されていた中世初期まではそれほど使われることがなく，その本格的普及は11世紀以降であるとする従来の通説が批判されている様相は，『9－18世紀ヨーロッパ農村における水車と水車番』を取り上げたフララン研究集会の論調にも見て取れる（[138]）。また『封建的農業の成立』にもバルセロが長い論文を寄せて，現在の研究状況を「ブロック以降」post-Blochian と形容した上で，最近ではアイルランドとスペインとの学界での努力によって，ヨーロッパ外部（ことに北アフリカと中近東）での伝統的水車・水利技術が中世初期の西欧に大きな影響を及ぼしたことが明らかになっており，これが今後の研究状況を左右するに違いないと見通している（[25]）。他方でロワール゠ライン間の所領明細帳を史料として荘園制内部での水車の普及を検出し，中世初期農村停滞説を批判しようとしたのがシャンピオンである。ローマ期後半から12世紀まで大きな技術的変化を見せなかった水車が，カロリング期には主として領主直領地に付属して領主役人たる水車番によって管理されていたが，それ以外にも定住の展開に応じて広く設けられていた。その結果世俗領を含めてほぼあらゆる農民が10キロ程度の移動で到達しうる場所に，荘園施設としての水車が存在していたという（[64]）。なおこの仕事でも使われているサン゠ジェルマン明細帳の水車に関する言及は，エルムスホイザー／ヘドヴィックによってさらに詳しく分析されている（[147]436-465）。これに対して荘園制の影響が小さい地方については，同じように水車が広く普及していたことは認められながらも，その設置と使用の主体は領主に限定されていない。コーカナスによるルシヨンを対象とする書物は起点を9世紀としているが，実際は史料の多い12世紀以降が中心となっている。それでも起源にあてられた叙述の結論では，水車の建設や寄進は社会最上層によってのみではなく，スペイン北部と同様に自有地所有者によっても行われたと強調している（[63]29-31）。また

フララン集会で唯一中世初期に重点を置いたデュランの報告はラングドックを対象としているが，カロリング期に水車伝播が進んだことを強調して11－12世紀がその黄金時代ではないとしつつ，その主導者は有力な自有地所有者であったと考えている（[138]）。さらにルヴォーと共同の前出の論文では，水車の問題は潅漑と排水という水利施設・組織全体のうちで考察されねばならないと強調しつつ，そのようにして初めて従来のように社会上層からの大規模投資のみに注目するのではなく，農民による小規模工事が多数検出できるのだと述べている（[139]232-236）。

　農学という観点からは，アメリカの研究者たちが中世農業に捧げた論文集での中世初期に専門化した唯一の仕事であるブルンナーの論文が，ローマ農学の受容が広く行われたと論じてこの時期の農業水準を高く評価しようとしているのが一般的な指摘である（[56]）。より個別的にはシュタープが，中世初期修道院領でのブドウ栽培・ワイン生産の高度な水準を論じつつ，そこにローマ農学からの摂取の成果を見ている（[428]）。しかし中世農業の進歩が体系的な農学の応用によっていたのではなくて，むしろきわめて多数の経験的な工夫によって漸次的に成し遂げられたと考えるのが最近の傾向であり，コメットによる仕事にもそれがよく表れている（[78][79]）が，さらに典型的なのがレスペートの二つの論文である。すなわち，『アナール』誌で古代から13世紀までの農業技術全般の変化を論じた際には，繋駕法の変革や馬力導入などかつてもてはやされた変革の意味をすべて相対化して，技術進歩は手道具の無数の小さな改良の積み重ねとして実存していたと強調しつつ，それが目立つのは1－2世紀と10-13世紀だとしながらも，中世初期にもやはりそうしたものの蓄積が進んでいたと見ている（[374]）。ついで中世農業技術をテーマとする英語の論文集への寄稿は農具に重点を置いて同様な見解を述べ，結論としてかつてもてはやされた「中世農業革命」という考え方を，「想像上のもの」と切り捨てているのである（[375]61）。このように中世を通じての多数で多様な改良の集積を重視する態度は，中世初期の農具を「歴史と技術」という一般的な副題のもとに論じたレニエの長大な論文でも共通で，農民と鉄鍛冶の協力関係など様々な社会経済的絆がその担い手となっているという（[377]）。

　定住・景観を対象とする研究で中世初期について検出された農村開発は，前節でのようにかなり弱々しい姿を呈していたが，農業そのものについて

の検討では，このように生産力展開の積極的評価がより明確に現れてくる。その典型的な例が『封建的農業の成立』の巻頭に置かれた「技術の展開」と題するシゴーの広い射程の論文であり，中世初期農業についてはローマ農業からの連続説が以前よりはずっと強くなっていることを前提として，水車に代表される導入と重量犂の示す改良とを組み合わせた技術進歩が多くの分野で蓄積され，それらから生じる新たな技術諸連関（燕麦栽培の普及に伴う大鎌使用の増加が好例）のもとで，三年輪作に示されるような農耕と牧畜を有機的に組み合わせた農業がカロリング期までに作り出され，その後の展開の土台となっていったとの主旨である（[423]）。このようにして，荘園制の役割についての立場を越えて農業成長に一致して力点が置かれていた先行期の動向（第2部第1章）が継続しているのは確実であるが，中には行き過ぎた楽観論と思えるものさえも存在するのである[14]。

---

[14] なお第3部が対象とする時期に考古史料に基づいた中世農業生産に関わる2冊の大著が刊行された。まず Fries, *Vor- und frühgeschichtliche Agrartechnik* ([166]) は，先史時代から中世初期までの犂と耕地形態との全ヨーロッパ的な考古史料の収集に基づいて，例えば耕地表面の畝立てなど中世に見られる現象の多くは，その起源をきわめて古い時期に持っていると主張している。また居住場所の移動が頻繁な場合でも耕地の安定性が定住地の連続を保証する場合が多いという指摘は，中世初期定住史の研究においても参考にすべき考え方である。またフランスに限定してしかも犂を除いているが，やはり厖大な史料収集を成し遂げている P. Reigniez, *L'outil agricole en France au Moyen Age*, Paris 2002 は，それ以前には材料があまりに少ないとして10世紀以降を考察対象としており，本書の文献目録には採用しなかった。

第2章　荘園制研究の浸透

　最近約10年間の中世初期農村史研究では，先行する約15年間に所領明細帳を主たる史料とする荘園制研究が著しく進展したとの意識をもって進められた。それを示すのがいくつかの動向論文であり，森本自身による87–92年を対象とするもの（[325]）が代表である。創刊された『農村社会・農村史研究』誌に掲載されたアルヌー/ブリュネルによる中世農村史料論の考察でも，所領明細帳研究の進歩が強調されている（[14]16-18）。またクーヘンブッフもプリュム修道院所領明細帳千百年記念として行われた事業を総括して，この著名な史料の研究深化を強調している（[265]）。さらに特筆すべきはゲーツによる『中世学の現在。中世研究の現状と展望』で，社会経済史のうちで最近大きく発展した研究分野の最もよい例として「中世初期荘園制の研究」を取り上げ，成果を詳しく紹介しているのである（[189]251-261）。ただしクーヘンブッフが96年に書いている13世紀までを見通した動向論文では，この時点ですでに中世農村史の主たる関心が中世盛期に移っている様相が示されているが（[264]）。

　ところで，第2部で私が荘園制研究の中身としてまとめたのは，所領明細帳，空間組織としての荘園制，王領・教会領・世俗領での所領形態，荘園制内部の労働力（奴隷の上昇と賦役労働），荘園制と流通・都市，荘園制モデルの検証との6項目であった。最近でも同様なテーマが検討の対象となっているが，それぞれについての関心の強さと方向はかなり変わっている場合があり，またことに土地取引に対する研究の活発化に見られるように，新たに強い注目を集めた問題もある。そこで第3部でも第2部での諸項目を基本的には継承するが，必要に応じて組み替えながら研究成果のとりまとめをしてみたい。

1　所領明細帳と台帳系記録の研究

A　史料論

第2章　荘園制研究の浸透　　261

　第2部第2章1Eで述べたように，最近におけるカロリング期所領明細帳研究の盛況は，1993年に行われたプリュム明細帳作成千百年記念事業で頂点を迎えた感があった。ここではまずこの事業とそれに続けて生み出されたこの明細帳の研究成果についての検討から始めることにしよう。まずこの記念事業では前述のようにいわば棚上げされていた感のある史料批判について，それに関する仕事をまとめて論評したクーヘンブッフは，新版作成者シュワープの功績を所領明細帳作成過程の解明を一段と進めた点に求めて，それを現在中世史料一般について展開している文字使用という観点からの研究成果と関連させてさらに深めることが必要だとしながらも，やはり森本のように9世紀末以降での文言改変は認めるべきだとしている（[265]290-293）。またシュタープもドイツの歴史家がシュワープの議論を安易に認めてしまっている点を遺憾として，森本によるプリュム明細帳の複層性の強調を受け入れるべきだとしている（[429]44）。このような有力な二人の研究者による指摘はあるけれども，新版のおかげでこの史料の使用される場合は多くなっているにも拘わらず，第24章記載のメーリンクで単作に近いブドウ栽培の展開を検出した前述のイルジーグラーのように，シュワープ説に積極的な賛意を表する研究者（[240]301-302）はまれで，史料批判上の論争を不問に付したままプリュム明細帳のあれこれの文言が引用されているのは，残念だと言う外はない。そしてこの点は，やはり森本自身が提起したカエサリウス注釈の史料論についても同様である。それもこの間クーヘンブッフによってカエサリウス写本作成の動機と手続がさらに綿密に検討され，その13世紀所領管理での実務性が大きく相対化されて（[261]），カエサリウス注釈のうちから先行する諸世紀についての情報を見出しうる条件がいっそう整ったのに，その史料批判を顧慮することのないままこれが史料として引用されている。この場合も典型的な例はイルジーグラーであり，カエサリウスによる明らかに13世紀ブドウ栽培に関する言説を，9世紀末の事態を説明するために使ってしまっているのである（[240]302-303, 312）。

　他方で森本は史料批判において複層性を強調した結果として，プリュム明細帳の動態的使用を進めることとなった。9世紀末以降プリュム領における流通関係の展開についての2論文は第2部の対象とする期間に発表されていた（[320][323]）が，94年以降には前述した三圃制度についての仕

事（[326]）に続けて，不定量賦役と週賦役とを場として賦役労働形態の変動を考察（[328]）し，また複数者保有マンス・分数マンスを検討して農民保有地規模の流動性を浮き彫りした（[329]）上で，それらを総合した叙述をも発表した（[331]）。そしてプリュム明細帳千百年記念をめぐる研究動向への前掲の書評論文で，クーヘンブッフがこれらを逐一取り上げて紹介しつつ，こうした動態的使用こそが豊かな成果をもたらす道だとしてくれた（[265]293-297）のは，まことに有り難いことであった。なお2002年になって森本は，1980年代初頭の邦語論文2篇に付されていた仏語レジュメ（[315][316]）を拡充して，プリュム明細帳の史料批判に関する新たな論考を刊行した（[332]）。そこではカエサリウス写本の13世紀所領管理における実務的性格の有無，カエサリウス筆写の底本への忠実性の度合，原本への追加部分の年代規定という三つの問題を論じた後に，この著名な史料の研究史そのものが所領明細帳の動態的使用への道であったと結論している（Ibid., 209-213）。

　動態的使用と並んで，最近のプリュム明細帳研究のうちで打ち出されている論点がもう一つある。第2部で述べたようにこの史料のあれこれの部分をそれぞれが描写する小地域の歴史的状況の解明に役立てようとの志向が強いが，そればかりではなく，所領明細帳の解釈を在地史料の総動員によって深めるべきだとの主張がそれを基盤として出てきたのである。最近の所領明細帳研究では，この史料類型の内部に沈潜して文言解釈に専心しがちであった従来の方法ではこれ以上の飛躍が望めないという意識が強まっている（前述193頁）が，それを背景としてシュタープは，「プリュム明細帳についての最近の仕事の大きな短所は，その地域史・在地史からの乖離である。……最初から地域史・在地史的連関を打ち立て，つねにそれを確保していないような中世初期所領明細帳との科学的取り組みは，厳密に言えば大幅に無効になってしまう」（[429]45）と述べている。この発言が含まれている論文でシュタープはこの史料記載の地名比定を論じており（Ibid., 58-62)，またラヴィチュカはプリュム明細帳第114章に出てきて従来は地名とされてきた «fausgina» の語が，実は川岸の低湿地に多い柴を束ねた護岸用資材ではないかと論じている（[231]）が，こうした仕事はそれぞれの場所に関する深い知識に裏打ちされた，細かいながらもまさに「在地連関的」考察の例であり，こうした努力を通じて研究が前進していくので

あろう。それはこの史料からの文言解釈に重点を置いているルナールの論文 [380] が，現在までの様々な所見の整理としては優れたものでありながら，創見的な議論をほとんど示していない点からも感じられる。

　1990年代後半から研究が目立って発展したのが，モンティエランデル修道院の所領明細帳であり，この場合には1998年に開かれた同修道院教会堂聖別千年記念の研究集会がきっかけとなっている。その会議録にはこの史料を対象とした2篇の論文が収められている。まずルナールの仕事は，モンティエランデル明細帳にしばしば登場する«mancipia»がいかなる階層を指していたかの検討であり，後にもう一度詳しく取り上げる（後掲288頁）が，史料批判の面でも重要な指摘をしている。それは従来十分な議論なしに9世紀中葉の同じ時期の作成にかかるとされていたこの明細帳の第1章－第37章（修道院の直接管理する諸所領を記載）と第45章－第58章（プレカリア地を記載）とのうち，後者は若干遅い年代に別途作成されたこと，しかもその記載方式が一貫していないところから見て，一時点の作業の結果とは考えられないことである（[381]179）。これは所領明細帳に複数の層位を見出す努力をしてきた最近の研究動向が，モンティエランデル明細帳にも及ぼされてきた点で重要だと言わねばならない。もう一つの論文は森本自身によるこの史料の研究史の回顧と展望であるが，主たる内容は以下のようである。モンティエランデル明細帳は，唯一利用可能な手書本からヘーゲルマン学派の一員によって新版（Droste [135]）が刊行された点でも，荘園制展開の観点から綿密な分析の対象となった点でも，最近活況を呈してきた所領明細帳研究の一角をなしてきた史料である。しかしそれにしては，その記載範囲（修道院領全体か，修道士団用財産か）や作成年代（845年以前か，以後か）という根本的な問題について，見解の対立が見られる。こうした状況から研究を進展させていくには，この研究集会で打ち出されるはずのカロリング期モンティエランデル修道院の新たな像を考慮に入れつつ，二つの方向を目指す必要がある。第1は修道院直接管理部分とプレカリア地との記載にあてられた二つのまとまりの間での年代差をも考慮しつつ，所領明細帳の複層性についての検討をさらに掘り下げて，いっそうの動態的分析を図ること(15)。第2はプリュム明細帳についても構想され

---

　(15)　研究集会で発言した際には，森本はモンティエランデル明細帳再現

たと同様に，明細帳以外の素材をも総動員して記載された個別所領の状況を，地誌的構造の深部にまで遡って再現する作業を進めることである（[330]）。

ところでルナールは数年の間にさらに新たな論文を発表して，モンティエランデル明細帳の史料批判をさらに前進させた。それは9－10世紀のこの修道院から伝来した文書史料全体の丹念な分析によって，以下のような重要な所見に至っている。まずこの史料の記載範囲と作成年代については，従来は845年の修道士団用財産設定文書が最大の拠り所として論じられてきたが，ルナールはこれをもっとずっと広い史料的基盤に置き直して修道院領全体の台帳であるとした上で，その作成年代は院長ハウドの在職期間（832－836年）の末期である可能性が高いが，修道院直接管理部分にあてられた第1章－第37章が845年であるのに対して，プレカリア地にあてられた第45章－第58章が857年を最終年代として，より遅い時点でもありうるという。そしてこのような年代差に加えて，前者が所領からの給付能力の描写であるのに対して後者が所領内部の資産の確認であるという，二つの部分の作成目的の差異も強調される（[382]55-66）。さらにきわめて興味深いのは，11世紀初頭にまでに行われたこれら部分での改変の検出であり，この修道院は伯権力の進出など周辺からの脅威に対抗して積極的な文書使用を実践していたが，その一環として明細帳の標題と流通税に関する条項が改変された上で，刊本の底本となっている12世紀のカルチュレールに筆写されたというのである（Ibid., 66-75）。

このようにルナールと森本の仕事は，ドロステによる新版で使いやすくなったモンティエランデル明細帳の研究を，新版刊行者による分析に満足せずに，複層性の確認を中心としてさらに前進させようとするものであった。きわめて興味深いのは，この史料についてもプリュム明細帳の場合と同じように，カロリング期所領明細帳研究の大衆化を示す書物が刊行され

のための唯一の手書本である12世紀カルチュレールの検討が，第1章－第37章と第45章－第58章との間の関係を解く鍵となるのではないかと考えていた。しかし同じ会議でのカルチュレールに関する報告からは，そうした可能性は結局小さいように思われる。L. Morelle, Des moines face leur chartrier : étude sur le premier cartulaire de Montier-en-Der (vers 1127), in [330], pp. 211-258.

たことであり，在地の歴史家リシャールによる『モンティエランデルの所領明細帳』([384])がそれである。その水準の高さはビュルによる序文によっても知られるが，そのうちにはテキストも細心に再現されており(*Ibid.*, 15-30)，また底本である12世紀カルチュレールのファクシミリも付されていて(*Ibid.*, 159-182)，新版と呼んでも差し支えない。なかでも詳細をきわめた地名比定の考証は，先行研究者たちによる比定をすべて並べた後に，ときには異なった提案をするという形で自己の見解を披露しており，その総括表は今後の研究者にきわめて有用であるに違いない(*Ibid.*, 75-118)。

この外に史料論を含む仕事が出された所領明細帳がいくつかある。まずサン=ベルタン明細帳についてルナールが3篇の論文を発表した。年代的に最初に出たのが「カロリング期所領明細帳の再読・三読」という題目の長大な仕事([378])で，多岐にわたる論点を扱っているがいずれもが所領明細帳の内在的文言解釈に重点を置いており，そのうち最も重要な «mancipia» という語の解釈については後に触れることになろう。第2はこの史料で言及されている «herescarii» を，王権によって修道院に軍事的要員として譲与されたベネフィキウム保有者だったと論証する短い文章([379])である。所領明細帳の史料論として注目すべき仕事が第3の論文([383])であり，10世紀中葉の修道士フォルクイヌスの筆写によるテキストでの標題によって，従来は修道士団用財産の台帳とされてきたサン=ベルタン明細帳を，アダラルドゥス院長期(844-859年)の修道院全体を対象とする明細帳の一部が，修道士団用財産の構築を狙って改変・集成されたものだとしている。その論証はきわめて難解であるが，一方には9-10世紀サン=ベルタン修道院史料の仔細な再検討があり，他方には修道士団用財産をめぐる同時代における諸概念の分析があって，この修道院では修道士団用財産が9世紀の前半と後半での2度にわたって設定されたが，アダラルドゥス期には存在していなかったと考えるのである。ここでもモンティエランデル明細帳の場合と同じように，現在われわれが手にしているテキストを，しばしば異なった意図と手続きを含む一連の複合的な作業の結果として説明しようとしており，この込み入った叙述がこのままの形で受け入れられるかには疑問があるが，従来手薄であった所領明細帳の伝来のうちで，ほとんど作成の同時代と言えるその当初段階に注意した最初の本格的な試

みとして,高く評価されなければならないであろう。またカロリング期までローマ期の国家制度が基本的に維持されてきたというその独特な観点から,マニュー=ノルティエがサン=ベルタン明細帳が公的会計記録であったとの議論を展開している([293])が,農村史の史料としてこれが役立つはずがないという前提を受け入れない限りは,広く役立つ論点を引き出すことは難しい。

　サンス所在のサン=ピエール=ル=ヴィフ修道院がオーヴェルニュに持つ所領について作成した所領明細帳にも,先行する時期に新版が出されていた(Phalip [367])が,ルーシュがその分析を行った際に史料論についてもきわめて興味深い指摘をしている([403])。ルーシュの論文はマニュー=ノルティエ主宰の研究集会への寄与であるだけに,通例所領明細帳と呼ばれてきたこの記録が記載しているのが領主の大土地所有ではなくて,広大な土地からの公課収入だったとの論証が目標となっている。けれども多数の地名と人名を貨幣・現物支払とともに列挙しているこの記録が,1068年－1078年の偽文書に挿入された貢租リストとして,新版の底本となる最終的な形を受け取るまでに辿った複雑な来歴を示すことによって,その複合的な性格を強調している点が重要である。すなわちそれはそもそも707年－818年に作成された所領明細帳の一部であったが,この明細帳自体がそれ以前から作成されてきた記録の手直しであったばかりでなく,その後も何度にもわたって作り直されたようで,それに応じて人名と地名とが更新されていった。そして新版としてわれわれが手にしている形での人名・地名は10世紀のものであるが,40カ所近くが記されている教会は教会守護聖人名から見てほぼメロヴィング期のものであるのに対して,15カ所近い城のほとんどは10世紀に建設されたと考えられるのである。こうして長期にわたる作成・筆写・改変の積み重ねとしてサン=ピエール=ル=ヴィフ修道院の所領明細帳を描き出すことによって,ルーシュはこの史料類型にしばしば見られる複層性の顕著な例を提示しえたのである。

　イタリアについては,サンタ=ジュリア修道院(ブレシア)明細帳のパスクアリによる検討がある。すでにその新版(16)を出していたパスクアリは,

---

(16) G. Pasquali (ed.), S. Giulia di Brescia, in A. Castagnetti / M. Luzzati / G. Pasquali / A. Vasina (ed.), *Inventari altomedeivali di terre, coloni e redditi*,

それが在地での調査による領民の陳述に基づいて作成された複数の小規模台帳を基礎として編纂されたこと，さらにかつては905-906年とされていた作成年代を10年から20年引きあげるべきこと，これら2点を強調している。実はこの明細帳の一部とかつては考えられていたミリアリナという所領に関する台帳が，現在では先行する独立の小規模明細帳であるとされている(17)が，パスクアリはこれについても10世紀とする従来の年代規定を訂正して，およそ1世紀は遡った813-814年以前のものとした上で，それが所領明細帳でも最古のものの一つであると主張している([354]136-137)。さらにその後パスクアリは，中世初期イタリアの所領明細帳を一つずつ検討する中で，ミリアリナの台帳をサンタ=ジュリア明細帳の第1版とする古い立場に戻るとともに，その年代も780年頃まで遡らせている([356]20)。

さらに印象的な仕事が出されたのは，ヘントのシント=ピーテル修道院で作成された記録である。これは従来端的に所領明細帳と呼ばれることが少なかったが(18)，デクレルクはカロリング期所領明細帳との強い類似性を考慮してそのように呼びつつ，詳細な分析の対象としている([87]70-95)。この史料は10世紀中葉に同修道院で作成された最古の著名なカルチュレールである『古寄進帳』*Liber traditionum antiquus* のうちに収められて伝来したが，デクレルクは最近におけるカルチュレール研究活況に棹さしてこの

Roma 1979, pp. 41-94.

(17) イタリア所領明細帳の新版でも，この台帳は独立の章を与えられている。*Ibid.*, pp. 199-204. ただしその編者であるカスタネッティは，それが問題を含むことを認めながらも，10世紀という年代規定を維持している。

(18) この史料について最もよく知られている仕事であるガンスホーフの論文は，分析の対象を"descriptio"と呼んでいるが，これは史料そのものに使われている文言ではない。F.-L. Ganshof, Le domaine gantois de l'abbaye de Saint-Pierre-au-Mont-Blandin à l'époque carolingienne, in *Revue belge de Philologie et d'Histoire*, 26, 1948, pp. 1021-1041. なお森本はかつて，このガンスホーフの論文に依拠しつつシント=ピーテル修道院周辺所領を検討したが，デクレルクの仕事が出た今では多くの点で訂正されなければならない。森本芳樹「中世初期における領主制の諸形態――ベルギー諸地方の場合――」（1）『経済学研究』（九州大学），34-5，1968年，3-9頁。

寄進帳を改めて検討し，その一部として所領明細帳を分析したのである。それによれば10世紀中葉にシント゠ピーテル修道院は長い危機から立ち直って，フランドル伯の援助のもとに復興を進めていたが，寄進帳が作成された944－946年は，俗人院長として所領を簒奪していた伯からある程度の財産の返還を受けた後に，さらに修道士団用財産の拡充を狙っていた時期であった。また当時この修道院は，7世紀にやや先行してやはりヘントに創建されたシント゠バーフ修道院との対抗関係を強烈に意識しており，後者の再建を阻止しようともしていた。寄進帳の作成にはそうした二つの事情が実際的な動機となっており，収録文書の選択・配列・改変のうちにそれが明確に見て取れるという。所領明細帳ももちろん例外ではなく，それを9世紀初頭に院長であったエインハルドゥスによる修道士団用財産設定文書の直後に置いた上で，以下のような文章を題目として新たに挿入して，所領明細帳がエインハルドゥスのもとで作成された修道士団用財産の台帳であることを明確にしているのである。『尊ぶべき修道院長エインハルドゥス殿が創設した様子を伝える覚書を，この作品に挿入するのが相応しいと考えた。修道院に隣って修道士が持っているマンスについて』(19)。デクレルクはこの台帳の作成年代を考証して830－892年とすることによって，それが840年に死んだエインハルドゥスの在任中に作成された可能性は小さいとしている（*Ibid.*, 77-78）が，その点がどうあれ寄進帳作成者にとっては，所領明細帳はエインハルドゥスの作品でなければならなかった。というのも所領明細帳には先行する文書よりも広範な所領が記載されており，これら二つの記録がかつてシント゠ピーテル修道院を治めていたこの有力人物の事績として並んでいることによってこそ，彼が修道士団用財産を設定しただけでなくさらにそれを拡充したとの印象を強く与えることができ，

---

(19) «Memoratorium qualiter domnus ac venerabilis Einhardus abba instituit commodum, arbitratus sum huic operi inserere. De mansos quos iuxta monasterium habent fratres.»(M. Gysseling / A.C.F. Koch (ed.), *Diplomata Belgica ante annum millesimum centesimum scripta*) 2 vol., s.l. 1950, I, p. 128. なおデクレルクはこの文章が，10世紀中葉にシント゠ピーテル修道院に所蔵されていたことが確実な，『サン゠ワンドリーユ修道院長事績伝』*Gesta abbatum Fontanellensium* からの借用であったことを証明している（[87]71-72）。

同じことを当時のフランドル伯アルヌルフ一世に期待する根拠を作り出すことができたからである。さらにデクレルクは，寄進帳作成者による所領明細帳の筆写が意図的に不完全になされており，それも修道院に隣る中心所領をめぐってそうであったと考えて，その根拠をあれこれと挙げて，そうした削除も同じ意図から行われたはずであると強調する（*Ibid.*, 81-84）。また所領明細帳の内部には三つの小題目があるが，これらをも寄進帳への収録に際しての挿入だとしていたガンスホーフを批判して，デクレルクはそれらを所領明細帳に本来付されていたとしている（*Ibid.*, 81-84）が，これはむしろその独特な所領形態論の前提となっているので，後段（280頁）で見ていくことにしよう。

そして2004年になると，70年代末から所領明細帳研究の先頭に立ってきたドヴロワがさらに2本の論文を発表して，この史料類型をめぐって興味深い論点がなお多いことを示してくれた。その一つは，1990年にヘーゲルマンによって新版が出されていたサン＝モール＝デ＝フォッセ修道院の所領明細帳（[207]）を対象としており，ことにシャルル禿頭王の寄進によるランス近隣の所領フロリアクスにあてられた章を中心に据えて，その作成の背景と手順との解明に力が注がれる（[131]）。すなわち一方でこの修道院は，明細帳が書き込まれた聖書写本のもともとの所有者であったロワール河畔のグランフーユ修道院ときわめて密接な関係を持ちながら，ヴァイキング進攻を避けて複雑な道程での逃避行を経験したのであったが，他方でフロリアクスには，王権・大貴族・教会組織三者の土地と権利との輻輳のうちで8世紀に «curtis» を設けるなど，サン＝モール修道院による荘園制形成の志向も表れていた。こうした所見の上に立って，明細帳の作成についてヘーゲルマンとはかなり異なる次のような構想を提出している。もともとこの修道院では個別所領を場として在地的に複数の台帳が作成されていたが，修道士がフォッセに定着していた867年と885年との間かあるいは921年以後になってから，これらのうちの必要な部分を集成して筆写したのが伝来する明細帳であり，この修道院の土地と権利の一部のみの描写だったというのである。

もう一つの論文は，フランス南部には珍しい台帳系史料として著名なマルセーユ司教座教会の所領明細帳を扱っていて，ことに作成手順に関してはサン＝モール明細帳についてとよく似た議論が展開されている（[132]）。

この史料に記載されていた地帯では，農耕用の保有地である«colonica»と牧畜用の保有地である«bercaria»との散在という定住形態のもとで，同じ«villa»のうちに複数領主の土地と権利とが混在しているだけでなく，マルセーユ司教領からはサン゠ヴィクトル修道院を先頭として複数の聖職者共同体が収入をあてがわれているという複雑な関係が支配していた。そこでは8世紀から9世紀にかけて何度も所領の台帳が作成されたとの言及があるが (Ibid., 443-444)，マルセーユ教会明細帳として最もよく知られている司教ワダルダの名を冠した813－814年の明細帳(サン゠ヴィクトル明細帳とも呼ばれている) は，それまで在地的に作成されてきた複数の台帳を下敷きにした集成であり，マルセーユ教会領の全体明細帳ではなくて，そこからの収入を複数の共同体に配分するために必要な部分の抜粋であった (Ibid., 453-461)。従ってその文言がそのまま所領の総体的な描写とできないのはもちろんであるが，それでも多くの保有地が『空いている』«apsta»と形容され，領民がしばしば『探索すべし』«ad requirendum»と記されている事実が示す変動的な農村での大土地所有が，少額ながら地代と放牧料とを規則的に徴集する形での支配を実現している様相を読み取れるのであって，こうした「領主制」seigneurie の実現こそワダルダ司教の明細帳が『領民台帳』 *descriptio mancipiorum* と題されていた根拠なのだという。

　土地と領民に加えて領民の諸義務が列挙された台帳を所領明細帳と呼ぶとすれば，同じく台帳系統に属しながらも記載の範囲がもっと限定された多くの記録がカロリング期に作成されており，それらの検討が所領明細帳研究の深化に貢献するところが大きいことは言うまでもない。最近でもそうしたものがいくつか検討の対象となったが，まず所領明細帳にかなり近いものと意識して取り上げたのが，ハイドリッヒによるマコン司教座教会の「所領目録」Güterverzeichnis の検討 [221] で，従来具体的には修道院のみを場として示されてきた教会組織による台帳作成を，司教座教会を対象として描き出した点で重要である。この記録は同教会で12世紀末ないし13世紀初頭に作成されたカルチュレール（近世のコピーによってのみ伝来）にピピンによる不輸不入特権文書（743年）に続けて筆写されている比較的短いものであるが，当初に12所領がそれぞれの規模を領民数で表示する形式で列挙され，続けて漁師や豚番など所領下級役人数名が記され，最

後に国王が同教会領から手元に留保している所領とベネフィキウムに出している所領（こちらはマコン教会に年貢租を支払う）との存在が，所領名を記さないままに指摘されている。これは刊行されてはいたが偽文書と考えられたこともあり，十分な分析の対象となってこなかった。ハイドリッヒはこの史料の新版（Ibid., 21-22）を作成した上で，それが751–768年に年代規定できる真正の記録であることを，主として歴史的・地理的な状況証拠から論証する（Ibid., 24-31）。そして代表的な所領明細帳を引き合いに出しながら，マコン教会の記録がカロリング王権が教会組織を動員して作成を促進していた台帳系記録の典型であり，それらのうちで最も古い伝来にかかることを強調している。また，確かにそこには農民保有地としてのマンスが言及されないなど，荘園制の古典的形態は見て取れないが，それは記載対象が主としてブルゴーニュ南部にあって古典荘園制未発達の地帯に属しているからであって，その点ではマルセーユの司教座教会に属するサン＝ヴィクトル修道院で9世紀初頭に作成された明細帳と同様の記録としてよいとしている（Ibid., 35-36）[20]。

マコン教会の史料と同様に古典荘園制の普及が限られていた地帯からの台帳系記録として，イタリアの比較的短いリストも検討の対象とされた。まずマルタン「8世紀南イタリア農民の2通のリスト」（[301]）では，703年ノラ教会司祭の作成にかかる訴訟関係文書への付録として書かれたリス

---

(20) なおマコン教会領での古典荘園制不在を象徴する事実として，ハイドリッヒはこの史料で所領規模がマンスによってではなく，«manentes»と呼ばれる領民数によって示されていることを指摘する（[221]26-28）。ただし «manens» は農民保有地を指すこともあり，ニールメイヤーもこの史料での解釈としては領民説をとってはいるが，その語義の一つとしてマンスを挙げている。J. F. Niermeyer, *Mediae latinitatis lexicon minus*, Leiden 1976, p. 636. またこの語はアングロ＝サクソン期イングランドの史料で広く農民保有地を指しており，森本はこの点を大陸とイングランドでの土地文書比較のポイントとして指摘したことがある。森本芳樹「イギリス中世初期社会経済史への新しい視角——ヨーロッパ大陸との比較から——」『久留米大学比較文化研究』，20，1997年，53頁。[森本芳樹『比較史の道。ヨーロッパ中世から広い世界へ』創文社　2004年，第4章に再録。]古典荘園制の発達しなかった地帯での農民保有地表示の問題として，さらに検討されてよいのではないかと思われる。

ト（11件の個人ないし集団による穀物給付量と，«curtes» と呼ばれる 4 単位の保有地からの豚による貢租との列挙）と，8 世紀後半モンテ＝カッシーノ修道院への寄進文書に含まれる 7 «curtes» の保有者家族のリストが分析される。ここではそれぞれの古文書学的な説明が詳細に行われており，古典荘園制の発達しなかったイタリア南部でも所領明細帳を想起させる台帳系記録が作成されていた点を結論としている。ただそうしたものの現存が少ないのは，ここで中世初期文書の大多数を伝来させている修道院のカルチュレールにそれらが収録されなかったからだとする説明（Ibid., 276）には，台帳系記録とカルチュレールとの関係をめぐってさらに詳細な検討が必要であろう。またフェレール「8－10世紀中部イタリアにおける自由と隷属」（[153]）も，3 通のリストを取り上げている。最初のものは，ファルファ修道院がアブルッツォ地方所在の所領について790－820年に作成した土地保有非自由領民の記録，他の 2 通は，サン＝ヴィンチェンツォ＝アル＝ヴォルトルノ修道院で770年以降目立ってきた非自由領民の反抗に関わる訴訟文書のうちにある，おそらく判決の対象となっていた非自由人たちの記名リストである。また同じくフェレールによる「8－9世紀中部イタリアにおける隷属の人名学」（[154]）は，加えてサン＝ヴィンチェンツォのカルチュレールに筆写されている 9 世紀中葉の自有地農民リストをも考察している。これらの仕事は奴隷制・農奴制の問題をめぐって後にもう一度取り上げる（後掲284頁）が，詳細な古文書学的な分析を含んでいるわけではない。しかしこれらリストの社会的性格には鋭利な発言をしており，所領明細帳類似の台帳系記録の重要性への関心を喚起している点で重要である。

　所領明細帳に関連する史料の検討としてもう一つ重要なのは，それに時期的に先行する台帳系記録としてしばしば言及される，7世紀第 4 四半期にトゥールのサン＝マルタン修道院で作成された会計記録の特質が，佐藤によって英語論文としてまとめられたことである（[412]）[21]。数奇な経路によって伝来した30葉近い羊皮紙は，個人として記名された多数の農民からの穀物貢租（→ «agrarium»）徴集のための実務記録の断片であるが，それらは台帳・集計台帳・未納者リストなどと組になって全体としての会計

---

[21] この論文のもとになったのは，佐藤彰一『修道院と農民。会計文書から見た中世形成期ロワール地方』名古屋大学出版会　1997年である。

文書を形作っている。こうした複合的な所領管理記録システムが用いられている点からも，従来カロリング期の本格的な所領明細帳とともに展開すると考えられがちであった文字使用による進んだ所領管理が，実はメロヴィング期にすでに存在していたことが明らかになるという点が，この論文の結論となっている。同時にこの論文全体を通じて浮かび上がってくるメロヴィング期修道院領の国家的な性格は，同じ佐藤による «agrarium» に関する論文（[411]）でも論じられている。

　以上のように，所領明細帳とそれに類似の台帳系記録の史料論的検討を取り上げられた個別史料ごとに見てきたが，先行する時期に比べてこの史料類型の一般的な考察はほとんどなかった。例外とも言えるのがパスクアリによる論文「6－11世紀［イタリア］の荘園制と農村経済」で，荘園制の地域差を論じた節（[355]19-33）の先頭に「イタリアの所領明細帳」（Ibid., 19-20）という1項を設けて，伝来したすべての明細帳に触れながら叙述を進めている。さらに興味深いのは，続けて荘園制が不在の地帯を取り上げる際には，「所領明細帳のないイタリア」（Ibid., 33）との項を先頭に置いて，荘園制研究とこの史料類型との深い結びつきを表現するとともに，他方ではそれによって生ずる認識の過誤がありうることも指摘している点である。すなわち整った所領明細帳がある場所については現実に存在していた所領の散在性が隠蔽されがちであるし（Ibid., 23-24），逆に明細帳がないからといって，開発拠点のような初期的形態を含めた荘園制の不在を結論してはならないというのである（Ibid., 34-41）。

B　活用の方向

　このように最近約10年間での所領明細帳の研究にはかなりの進展があったと言いうる。モンティエランデル，サン=ベルタン，そしてサン=ピエール=ル=ヴィフという，先行する時期にも取り上げられていた史料がさらに綿密に検討され，最近の研究が所領明細帳の特徴として浮き彫りしてきた複層性の例がさらに加えられた。以前には厳密な史料批判の対象にならなかったシント=ピーテル修道院（ヘント）のそれとマコン司教座教会の台帳とが取り上げられ，少なくともそれぞれの研究者の目からすれば，いずれもが所領明細帳と同じほどの価値がある記録とされた。そしてここで特に

強調しておきたいのは，中世初期における所領管理での記録使用の恒常性がますます意識されていく中で，所領明細帳の作成と改変を含めたその使用とが有力な部面として浮き彫りされるに至っていることである。ことにベルギーの研究者たちによっていくつかの修道院における 9 世紀から10世紀にかけての文書使用の実態が綿密に検討された（サン＝モール Devroey [131]；マルセーユ Id. [132]；モンティエランデル Renard [382]；サン＝ベルタン Id. [383]；シント＝ピーテル Declercq [87]）のに応じて，所領明細帳の作成過程と重なるようにその伝来の当初の様相が明らかにされてきたことは，伝来の問題がこの史料類型の研究においてなお十分に取り上げられてこなかっただけに，きわめて重要な意味を持っていると考えられる。

確かにここで取り上げている期間にはもはや明細帳新版の刊行は見られず，史料論としてもこの史料類型を動態的に使用するための方法論が確立された80年代のように，全体として強力な新たな論点が提起されたわけではない。かつてブームと呼ばれたほどの所領明細帳研究の活況は，明らかに終息したと見てよかろう。最近の研究状況はその次の局面に入っており，先行する時期の研究成果を様々な研究対象に生かしていっている点に特徴がある。それを象徴するのが，新たなテーマに取り組もうとする研究者が，所領明細帳についての蓄積を体系的に活用するために払っている手続きである。例えば中世初期イタリアでの裁判を研究したブーガールのように，台帳系史料の目録を作成する場合（[48]378-388）さえあるが，そこまではいかなくとも，カロリング期の流通に関するブリュアンの書物（[53]57-64）や非自由女性についてのオーベルマイヤーの仕事（[346]27-28）では，素材となっている史料の説明のうちで所領明細帳に 1 項目が与えられているのである。

所領明細帳研究の成果があれこれの問題領域で活用されている様相は，1970年代末からこの史料類型の検討において主役であった研究者たち自身によっても示されている。例えばドヴロワが明細帳を人口動態の史料とした以前の仕事はよく知られている（代表的な論文が [105]）が，最近ではそれを継続しながらもジェンダー問題という新たな領域への議論へと展開させている（[124]81-84 [125]238-243 [127]17-28 [130]41-78）。またクーヘンブッフは作成過程の複合性や個別記録ごとに相違しうる記載基準といった所見を生かしながら，中世初期における文字使用というやはり新しい領域

を検討しているし（[262][263]），中世初期における互酬関係を農民による領主への贈り物のうちに探った論文でも，台帳系史料を総動員している（[266]）。この他にも，ヘーゲルマンによる下層命名の検討（[211]）や三圃制度に関する森本の論文（[326]）なども挙げることができる。

さらに従来は外側にいた研究者が，所領明細帳に関する成果を活用して新たな問題と取り組んだ例として目立つのが，ブーラン/シャレーユ「イルミノン所領明細帳でのコロヌスとセルヴス：人名のどのような差異があるか？」（[51]）である。ブーランが中心になってここ10年以上進めてきている中世人名研究の最新の計画として，非自由身分差別の人名への表出をめぐって中世全体を通じてフランス，イタリア，及びイベリア半島からの相応しい諸史料の分析が行われたが，これは中世初期の代表的な人名史料とされる所領明細帳の代表的な例を対象とした仕事である。その内容は後段本章3で取り上げるが，領民のうちで自由身分のコロヌスと非自由身分のセルヴスとの間には人名に関するさしたる相違がないことを，綿密な問題設定と史料処理によって論証し，多くの表を使って説明している。

もちろん中世初期農村史の文字史料の地位を，台帳系史料が独占しているわけではない。より厳密な意味での文書史料も広く用いられていることは言うまでもなく，中には『[カール大帝の]御料地令』を対象とする2篇の長大な論文のように，農村史で伝統的に著名であった史料が再び注目された例もある。一つはデッテによる「歴史学と考古学」という副題をつけた仕事で，御料地令から読み取れる所見を考古学の成果に照らして検証しようとしている（[104]）。またマニュー゠ノルティエも，この史料の新版を仏訳と解説を付して出している（[294]）が，それはカロリング期にまで継続しているというローマ的な国家機構を再構成しようとする努力の一環をなしている(22)。また荘園制研究で台帳系統の史料を補完するために文書

---

(22) ただしこれらの仕事は，MGHでのフランク期勅令新版の刊行に向けて進められている史料論的研究にはまったく注意していない。これについては一例として，現在のフランク期勅令の研究と編纂との中心人物による次の論文を見よ。H. Mordek, Kapitularien und Schriftlichkeit, in R. Schieffer (ed.), *Schriftkultur und Reichsverwaltung unter den Karolingern*, Opladen 1996, pp. 34-66. またこの研究動向に基づいた新たな刊本として

史料が使われる場合もしばしばあり、例えば9世紀のバイエルンで荘園制が奴隷制に基づいているという独特な主張をしているハンマーの仕事では、文書のうちに取り込まれた人名リストなどの台帳的な部分を巧みに利用している（[216][217][218]）。けれども農村史での文書史料としてこの約10年間にきわめて重要だったのは、土地取引文書への関心の高まりである。すでに農村景観を扱った第1章1では、ポワトゥーのそうした文書を中心とした史料にある地名と術語の検討から活発な定住活動を描いたカルパンチエの論文（[61]）を引用した。しかし土地取引文書の収集と分析とが一番大きな役割を演じているのが、本章5でまとめて検討する土地取引への政治史的・社会史的関心による一連の業績であり、ことに共同研究『8－10世紀西欧における資産移転』（[19]）においてである。中でも教会組織をめぐる土地取引についての一連の論文への序論でローゼンワインが、伝統的に軽視されてきた土地取引文書がデュビィ以来重用されるようになってきたが、ことにイギリスとアメリカの研究者によってその系統的な検討が行われるようになったと言っている（[396]563-564）ことを指摘しておこう。そうした方向の印象的な表現としては、第3章1Ｂ（4）で詳しく検討するイネスによるライン中流域の研究で、所領明細帳を先頭とする台帳系史料を偏重して荘園制の過大評価に陥っていたこれまでの研究史が、「所領調査記録を文書史料で包み込むように読む」（[235]78-79）ことで修正されうると述べている例を挙げておこう。

2 　所領の配置と形態

A　大土地所有の広域的配置

　個別の大領主に属する所領が空間的にどのように配置されていたかという問題は、荘園制に関する叙述ではしばしば言及されている。例えばレーゼナーがフランク勢力の東漸の象徴ともいうべきフルダ修道院の広大な所領が、本院所在地であるチューリンゲンを中心としながら、北のフリースラントから南のバイエルンまで分布していたことを強調しているように

は、G. Schmitz (ed.), *Die Kapitulariensammlung des Ansegis*, (MGH, Capitularia regum Francorum, Nova series, I), Hannover 1996 がある。

([393])，しばしばその広域的な分布が強調される。トゥールのサン゠マルタン修道院領に関するノワゼの検討では，本院から半径約50キロの範囲に大半の所領が位置しているが，いくつかの所領は150キロから200キロも離れている様相が図示されている（[343]19-20）。これと比べれば，バルビエが検討した9世紀中葉モンティエランデル修道院領は，所領明細帳を始めとする史料から比定できる約70カ所の地名が，修道院から半径25－30キロ以内にあるとのことで（[24]62-63. Cfr. Richard [384]78-113, 124-138），より狭い範囲にあったことになる。より一般的には，ルベックが8世紀フランク世界での修道院の役割を積極的に評価した論文でも，所領の広域分布が一つの重点となっている（[272]）。さらに，『中世初期における人間と空間』を論題とする2002年スポレートでの研究集会へのドゥロワの寄稿「経済交換の空間。9世紀フランク世界における商業，市場，交通，物流」（[129]）は，きわめて込み入った空間論に終始しているが，サン゠マルタン，サン゠ジェルマン゠デ゠プレ，そしてプリュムの広域的な所領配置図を掲げながら，修道院所在地を拠点とする放射的空間把握の重要性を浮き彫りしている。こうして広がりの差はあれともかく広域的な配置に対して，先行する時期に目立ったような領主本拠周辺での所領集中を押し出す仕事（前掲194－195頁）は少なく，エノー地方でメロヴィング期に創建された5修道院のいずれもが，所在地周辺に数教区に及ぶ巨大な所領を構えていたことを実証して印象的な地図を作成しているエルヴェシウスの書物（[224]56, 66, 83, 101, 113）が目立つ程度である。

これに対してイタリアについては，サン゠ヴィンチェンツォ゠アル゠ヴォルトルノ修道院の発掘を基礎とした総合研究のうちで出された仕事のうちで，広域配置と拠点への集中とのいずれもが強調される。中でもマラッツィの長大な論文は，ファルファとモンテ゠カッシーノを含めての三つの大修道院領を検討して，それぞれの本院周辺での巨大な一円的支配領域と並んで，政治的拠点である諸都市と中心領域を機能的に補完しうる諸地域にも広く所領が配置されており，しかもそれらを連携させる要衝にも所領が設けられていた様相を描き出している（[297]39-56. 地図は44-45）。またウィッカムはサン゠ヴィンチェンツォのみを対象として8世紀，9世紀，及び10－11世紀についての所領配置を図示して，山がちの修道院所在地周辺での300平方キロに及ぶ拠点領域を白抜きの範囲で印象づけた上で，中部

イタリアでローマから東と東南に当たる辺りに集中しながらも，点々とアドリア海に沿って南イタリアにまで配置された多数の所領を三角や丸で指示している（[480]141, 143, 150)。

きわめて興味深いのは，先行する時期に所領配置が「空間組織としての荘園制」（第2部第2章2）として，主として社会経済史的に論ぜられていたのが，最近ではむしろ政治史的な観点が強くなっていることである。確かに8世紀フランク世界の「生産・流通システム」での修道院の役割に集中しているルベックは，所領の広域的配置が展開しつつある商品・貨幣流通と有機的な関連を持っていることを強調しているし([272])，ノワゼのサン゠マルタン領の検討も修道士への物資補給組織という視角が強い（[343])。けれどもここで取り上げているうちで最も詳細なマラッツィの論文では，前述の論旨で所領配置を扱った第1節に続く所領拡大過程を論ずる第2節（[297]56-71) で，ランゴバルド王権による寄進に基づく初期財産の形成期から，寄進主体がより下の有力者層に移って，王権が流通や裁判での特権賦与に当たるようになるカロリング期までの経過を，きわめて政治史的に論じている。そしてこうして形成された所領配置が確かに経済的な流通網と重なり合っていることを認めながらも（Ibid., 63-71)，中部イタリアの諸修道院の所領配置はその大土地所有・経営という側面からよりも，君主権力との「共棲」sinergia (Ibid., 70) によって決まってきたと述べている。またこれらの修道院のうちサン゠ヴィンチェンツォを扱ったウィッカムの論文も「修道院の土地と保護主たち」（[486]) という題名で，その所領の消長がカロリング王権の進出と衰退によって政治的に規定されていた点が強調されている。さらに前述のバルビエのモンティエランデル修道院についての論文（[24]) も，この修道院がメロヴィング王権が強力であった地方でその親族でもある貴族勢力によって支えられ，ついでカロリング王権の庇護を受けたという政治的経過を重視しており，エノー地方のメロヴィング期創建修道院の初期所領に関するエルヴェシウスの検討（[224]43-151) も，これら修道院の成立事情を政治史的に解明する作業の一環なのである。

こうした所領配置への政治史的関心は，遠隔地所領の研究にはいっそう明確に表れている。遠隔地所領は荘園制研究での特別なテーマとして以前から論ぜられ，古典的には大領主家計現物経済の一翼を担うとされていたものが，最近ではむしろ領主経済の商業との関連を示していたと考えられ

るとともに，それが果たしていた政治的機能が注目されるようになっていた（前掲197頁）。この10年間に遠隔地所領を専門に扱った論文は文献目録に6本あるが，それらのうちの3本はクニッヘルによるプリュム修道院領に関するもので，遠隔地に所領を獲得し保持する要因として経済的なものを否定するわけではないが，むしろカロリング家の家修道院から帝国修道院となったその政治的地位を重視すべきだと説いている（[250][251][252]）。プリュムに近いエヒテルナッハ修道院についても，ベイステルフェルトらが遠隔地所領の中世盛期までを見通した詳しい調査を行っているが，カロリング王権の庇護による拡大と領邦君主のもとでの縮小という政治史的な説明に終始していて，それが主として存在していたネーデルラントでの商品・貨幣流通活況との関連はまったく語られていない（[32]）。その点はシント=バーフ修道院がゼーラントに持っていた遠隔地所領を考察したデッケルも同様で，ヴァイキング進攻に加えて王権と在地貴族層との錯綜した政治的状況を，その継続的な保持が困難であった理由としている（[89]）。最後にデブスは，ライン中流左岸でのランス，ヴェルダン，メッスを始めとする司教座教会によるメロヴィング期からの遠隔地所領を検討して，王権の寄進によって成立したそれの成り行きは，ネウストリアからのアウストラシアの自立という政治過程のうちで決められたと説いているのである（[86]）。

B 個別所領の形態

　第2部第2章2「空間組織として荘園制」と3「領主と所領形態」とでは個別所領の形態（規模と構造）に関わる仕事が中心となっていたが，それは1988年からの6年間には，ことに王権・教会・世俗貴族という領主の社会的区分に応じた所領形態論も含めて，奴隷制的色彩の濃い小所領から賦役労働に基づく大所領へという，個別所領を場として「荘園制の展開モデル」を措定する材料が広く求められていたからであった。最近の10年間ではこうした関心がそれほど見られなくなっており，それを象徴するのが荘園制の経済的機能を包括的に論じたイルジーグラーの論文で農業生産を扱った部分に，所領形態への言及がまったくないことである（[241]169-174）。またかつては端的に所領と理解されることの多かった«villa»に対する綿密な検討が進み，その語義がきわめて多様でありうることが意識され

てきている点も（Carpentier [62]；Declercq / Verhulst [87]；Devroey [132]；Heinzelmann [222]；Linger [276]；Lorans [279]；Poisson [369]），荘園制モデルによる所領形態論を安易には手がけられない雰囲気を醸成しているのであろうか。いずれにせよこうした状況であるので，本節では個別所領の形態論をこうしてその所領配置論の後半で扱うことにする。

まずデクレルクによるシント゠ピーテル修道院の所領明細帳の分析（前掲267－269頁）は，修道院所在地に隣接する所領を領主直領地と農民保有地とから成る二元的構成を示していたというかつてのガンスホーフ説を訂正して，25マンスの農民保有地を含むアーイヘムをそこから切り離して独立の所領と見ることによって，領主直領部分を主たる部面とする中心所領のすぐ側に，農民保有部分だけの別の所領が存在していたという主張を含んでいる。後者を導入する小見出しを明細帳本来のものとする史料解釈に基づいて，古典荘園制はもちろんその基礎となる二分制所領の普遍性を，ヘント周辺についても相対化しようとする議論である（[87]84-91）。同じように著名な史料に基づいて所領形態論を展開したのがデルヴィルで，『明細帳範例』第3部のうちに付属3所領の一つとして登場するソマンの地名比定を訂正するとともに，これが領主直領地からだけで成っていたと主張している（[97]）。また丹下はサン゠ドニ修道院領の所領構造を文書史料から探って，賦役労働が体系的には存在せず領主直領地の耕作が僕婢や奴隷的非自由人の労働力に頼っているここでは，発達した古典荘園制は実現していなかったと見ている（[439]947-949）。

こうして古典荘園制の本場であるはずのロワール゠ライン間地帯についての数少ない所領形態論は，むしろその存在を小さく評価する方向の仕事ばかりであるが，逆にそうではないイタリアについては古典荘園制の存在を強く押し出す仕事が見られる。すなわち，確かにラティウムにおける教皇領管理についてのマラッツィの書物では，直轄領で9世紀に荘園制が普及したかとの問題提起に否定的に答えている部分（[298]261-266）が，所領形態論と呼べる唯一の部分ではあるが，1980年代からイタリア北部における古典荘園制研究の一翼を担ってきたパスクアリが，サンタ゠ジュリア修道院領を舞台に次のような議論を展開しているのである。まず文書史料によって見ると，ランゴバルド期には自生的に荘園制形成の方向が打ち出されているが，所領の二元的構成は明確に現れてはいるもののなお領主直

領部分に決定的な重要性が置かれている。これに対してカロリング期になると，パスクアリ自身が9世紀初頭，さらには8世紀末に年代規定を遡らせたミリアリナについての明細帳（前掲267頁）では，ランゴバルド期の用語法が維持されているとはいえ，週1日の賦役と運搬賦役とを負担する農民保有地にも重点が置かれるようになっている。そして9世紀末の所領明細帳となると週に4日の賦役さえ記されていて，古典荘園制的に所領を整序しようとの意図が明確となっているという（[354]133-137）。さらにパスクアリは中世初期イタリア農村をより一般的に論じた仕事で，荘園制が不在だったり劣勢であったりする地帯が大きく広がっていたことを十分に認めながらも，領主直領地／農民保有地／賦役労働という三つの要素を備えた所領が中軸的な役割を果たしていたことを確信した叙述を，展開しているのである（[355]）。パスクアリはフルヒュルストを先頭として展開したロワール＝ライン間地帯での荘園制・領主制に関する研究動向をしばしば参照していて，第3部が対象とする期間ではそれを最もよく代表する議論となっているが，そうした所領形態論がイタリアを対象とする仕事だけであることに注意を促しておきたい。

3　労働力の諸形態

A　奴隷制か，農奴制か？

荘園制内部での働き手の存在形態は最近大きな注目を集めてきたが，それは古代末期から中世初期にかけての奴隷制という古くて新しい問題関心と深く関わっている。ごく最近出版されたロトマンによる端的に奴隷制を標題とした書物（[397]）は，ビザンツを舞台とした古代末期から中世にかけてが中心的な舞台となっているためにここでは詳細には取り扱わないが，いずれにしてもこうした関心をよく示しており，11世紀に至るまで奴隷が遍在していたことを認めた上で，経済的，法的，及び社会的な奴隷の定義が相互に食い違っていたこともあって，奴隷の実態が多様であったことが強調されている。

ところで先行する時期には，一方では「荘園制モデル」による論者たちが奴隷制の漸次的消滅を考えていたのに対し，「自有地モデル」を信奉する歴史家のもとでは，紀元千年までに奴隷制システムが支配しているとの

強い主張があった（第2部第2章4）。ここ約10年間でも，ともかく史料が絶えず言及する非自由人のうちに奴隷と規定できる働き手が無視できないほどに存在しているという認識は一般的であり，それが社会にとってどれほど規定的であるかが絶えず問われている。それをきわめてよく示してくれるのが，中世初期の史料で主として «servi» と表示されている非自由人が奴隷と農奴のいずれであったかとの端的な問いから始めて，法典・勅令・教会法・国王文書・私文書・書式集・所領明細帳・歴史記述類と広範な史料類型から材料を整理したゲーツの論文（[186]）である。ここでは古代末期にも中世初期にも奴隷から農奴への転化は広く観察できるので，古代奴隷制から中世農奴制への転化という図式が成り立ちえないと結論されており，個々の場合の綿密な議論の勧めに至っている。またこの問題を検討する主たる枠組みとして，中世初期における荘園制と領主制との展開が取られている点にも注目しておこう。

ところで中世初期の非自由人＝隷属的労働力という問題に取り組むには，古代の奴隷制がローマ帝国末期にはほとんど消滅してしまっていたとする古代史の認識が，中世史にも共有されていることにまず注意しておく必要がある。従って中世初期に奴隷制が実質的な意味を持って現れてくるのなら，それはゲルマン諸民族進攻に伴って生じた新たな形態だったことになる。この点は先行する時期にも確認されていた（前掲83-84, 202-203頁）が，最近ではアンドレオッリ（[12]554-556），パスクアリ（[355]8-10），ヴェラ（[458]）と，イタリアの研究者によって指摘されてきた。こうした見方と例外的に対立しているのがグリーサー『古代末期と中世初期のガリアにおける奴隷制』で，社会下層の主たる構成要素として奴隷の重要性を確認しており，その中では農業におけるその使役についても触れている（[195]72-78）。ただしこの書物は，考察の主たる素材が教説であるだけでなく，中世初期とはいっても7世紀までしか扱っていないし，ローマ帝国内部の奴隷制が末期には大きく衰退したという現在の通説にまったく触れていないのであって，ここでは大きく取り上げるには及ぶまい。

さてゲーツによる問題提起を参照して中世初期隷属民の性格規定に進むと，一方には，これが主として奴隷であったとする強い主張がある。ただしその中には，その社会全体に占める割合をそれほど大きくは考えない立場があり，例えばアルベルトーニのチロル農村の研究では，9-10世紀の寄

進文書に現れる領主の土地を耕作する «servi» と «mancipia» を奴隷と規定している（[3]119-213）が，これは自有地農民が支配的であったというその社会でのごく一部を成すにすぎない。またラペッティは9世紀ミラノ地方を対象に，領主直領地の労働力が奴隷であったばかりでなく，あらゆる種類の土地所有者のもとでも奴隷が充用されていたと論じている（[376]27-34）が，それも根幹が自有地農民によって構成された社会構造の構想の一部なのである。これらに対して，ハンマー『中世初期の大規模奴隷制社会。中世初期バイエルンにおける奴隷とその家族』（[218]）となると，カロリング期を主たる対象とした農村史の研究で荘園制が奴隷制社会だったとしているのであって，本格的な検討が必要である。

B 中世初期奴隷制論とその批判

ハンマーは本書に先立って，すでにザンクト＝エメラム修道院への820年の寄進文書での約240件に及ぶ «mancipia»（これらをハンマーは奴隷と規定している）の名前を分析して，それらの家族生活に荘園領主が強く介入することによって，一人前の農民として成年期を送る以前の若年期と以後の老年期に領民が単身で領主館で過ごしており，そうした形で，農民保有地と領主直領地とを一体としたライフサイクルが確立していると主張していた（[216]）。2002年になって出た新たな書物の半分近くは8世紀後半－9世紀前半バイエルンでの文字史料（法史料・文書史料・記述史料に大別されている）の集成と英訳にあてられている（[218]75-137）が，「歴史的解説」と題された議論の部分（*Ibid.*, 3-71）は従来の通説を中世初期奴隷消滅論と性格づけて，それが土地保有者となった非自由人を安易に一人前の農民と見なすことによって成立しているとして，強い疑問を表明する。その上で，制度的に奴隷身分を本質的な要素として組み込んでいるこの社会では，内外に恒常的な奴隷の供給源が十分に確保されており，解放されたり個別的に取り立てられたりする場合もあって全体的な境遇は多少は改善されているとしても，人口の多数が実際に奴隷的生活を強いられていたのであって，それはまさに「大規模奴隷制社会」large-scale slave society と呼ばれるに相応しいと強力に主張するのである。ハンマーの議論の特徴は，主として «mancipia» と呼ばれている非自由身分の領民が完全に領主に統御されたライフサイクルを示していることを浮き彫りしつつ（*Ibid.*, 26-34），安

息日の労働・暴力行使からの被害・保有地の相続不能などの印象的な例を随所に挙げて，社会全体の奴隷制的性格を押し出していることである。興味深いのは，奴隷の定量的検討（*Ibid*., 65-66）では大所領でこそ領民の65％にも及ぶことがあるとしながらも，社会全体の奴隷制との規定には量的比重のそれほど高い見積りが必要ないと考えている点（*Ibid*., 65-66）であり，わが国では「奴隷包摂社会」という表現を使って主張された，世界史のあらゆる局面で奴隷制を発見してその社会全体への規定性を大きく評価する動向(23)と通じていることである。さらに荘園制研究の観点から注意されねばならないのは，ハンマーがこの時期のバイエルン農村では二元的構成と賦役労働によって特徴づけられる古典荘園制が普及していると考えて（*Ibid*., 17-25），それ自体を奴隷制の基盤としている点であり，荘園制の重みを否認した上でなお中世初期に奴隷制システムが支配していると考えていた，いわゆる「紀元千年の変革」論者たちの見解（第2部第3章1A）とは，大きく異なっている点である。

　現在のヨーロッパ学界でハンマーの中世初期奴隷制論自体への批判が目立っているわけではないが，最近約10年間の農村史研究のうちには内容的にそれと対立するものがいくつもある。まず中世初期非自由人の奴隷あるいは農奴への規定の問題に地域的に答えようとしたのが，「8－10世紀中部イタリアの自由と隷属」と題したフェレールの論文（[153]）であり，「隷属」servitude のうちに「奴隷制」esclavage と「農奴制」servage との両者が含めて論じられている。ここでは全体としては自由人の没落と奴隷の上昇による荘園制形成が進行したとされ，従って所領経営への賦役労働の確保を主眼として隷属が農奴制の方向をとることが強調される。それでも裁判文書の分析を通じて，修道院の陳述のうちに領民の家族構成に対して領主として介入する権利を持つという主張を析出して，そうした形で奴隷制もなお現実であったことを示している。フェレールはさらにイタリア中南部を対象とした論文で，自有地創設の目立つ（[155]222-228）この地帯でも，やはり奴隷の上昇による農奴制の成立を看取しうると論じているのである（Ibid., 230-235）。さらにイタリア全体にわたって働き手の状況を考察

---

　　(23)　「歴史における『奴隷包摂社会』。1994年度歴史学研究会大会報告」
　　　　『歴史学研究』，664，1994年，2－36頁。

したパスクアリは，中世初期の史料に大量に登場する «servi» は，家族構成，動産所有，身分的解放，保有地形成などの点で，古代の奴隷よりは格段に自立的な地位を確保しており，従ってローマ期の「奴隷身分」schiavitù とは異なった「農奴身分」servitù と呼ばれるべき存在であったとしている ([356]79-82)(24)。

こうして中世初期について奴隷制よりも農奴制を大きく評価する見方の基礎には，何といっても，ハンマーが批判している土地保有による奴隷の農民への上昇という見解が，依然として広く分け持たれている。それは先行する時期にも何人かの研究者から出されていたが（前掲84-87，204-205頁），その後ドヴロワによって再び擁護された。奴隷制の中世を通じての存続は女性奴隷の存在のうちに典型的に見て取れると主張したスチュアード(25)を批判した論文([127])で，ドヴロワは奴隷制が基本的にはやはり古代末期に終焉すると主張しているが，そこで特徴的なのは，中世奴隷制を論じる場合に常に引き合いに出される自由人と奴隷との法的区分を「客体的法」objective law と呼んでその存在を否定しないが，同時に進行した家族形成と保有地獲得とが非自由人にも「主体的諸権利」subjective rights として認められていることを強調している点である。それはきわめて強い動向として社会の底辺で作用していたので，確かに9世紀にも土地を保有していない非自由人は多かったが，それらの境遇も農民となっていた者たちと同様に改善されていた。この論文での議論は多岐にわたっているが，「家族形成とマンス獲得とが，西欧においてはかつての奴隷の農民社会への参入を明確に示している。……夫婦という社会的存在が古い奴隷制

---

(24) パスクアリによれば，中世盛期・末期のイタリアにはこれとはまた区別された servaggio と表示される身分が広がるという ([356]79)。おそらくこれとの区別を明確にするために，フランス語の servage より英語の serfdom に近い servitù を，中世初期の隷属民に対して用いているのであろう。なお中世盛期・末期の非自由や隷属をめぐっては，最近のヨーロッパ学界でまとまった研究が進められており，例えば後注 (27) に挙げた文献で「新農奴制」nouveau servage を副題とした最後の書物のうちに，その一端を見ることができる。

(25) S. M. Stuard, Ancillary evidence for the decline of medieval slavery, in *Past & Present*, 149, 1995, pp. 3-28.

を打ち倒した」(Ibid., 30)という結論が，その主張の根幹を示している。またヴェラ「農村労働の諸形態。古代末期から中世初期にかけてのラテン的ヨーロッパ変容の諸側面」([458])も長い展望をもって書かれた論文であるが，古代最末期にゲルマン人などによって導入された奴隷制のもとでは，奴隷たちが村に住んで家族を構成していることが多かった（Ibid., 313-321, 324-328）が，中世初期に入るとこれらが土地保有を拡大して従来の奴隷労働を賦役労働に転化させていくことを通じて，荘園制のもとでの農民となっていくとの構想を示している（Ibid., 321-324）。そしてパスクアリとなると，奴隷の社会経済的上昇の規定的な一環として「世帯構成」accasamentoを挙げ，これが「事実上の解放」emancipazione di fattoの第一歩であったとして，これら二つの表現を合わせて項の題名としている（[356]92-95）が，保有地形成を含むこの過程によってこそ奴隷が自由人であったコロヌスと同列に置かれる方向をとり，やがては非自由人マンスの耕作者となっていくというのである。

C 荘園労働力の諸相

ところでこのように奴隷の社会経済的上昇を重視する中で，イタリアでことに目立つ労働力の形態としてパスクアリが注目するのがプレベンダリウスであり，かつて荘園制形成過程の一齣として関心が向けられたが十分に考察されることのなかったこの層(26)に，久しぶりに論及している。主人ないし領主から与えられる食料，衣料，住居などの『給養』«prebenda»

---

(26) 中世初期荘園制で奴隷に近い存在であったプレベンダリウスに注目したのは，ことに第二次大戦直後にドイツでの事情を検討したフランスの二人の碩学であった。Ph. Dollinger, *L'évolution des classes rurales en Bavière depuis la fin de l'époque carolingienne jusqu'au milieu du XIIIe siècle*, Paris 1949, pp. 231-232, 264-280 ; Ch.-Ed. Perrin, *La seigneurie rurale en France et en Allemagne du début du IXe siècle à la fin du XIIe siècle*, (Les cours de la Sorbonne), 3 vol., Paris 1953, II, *La consolidation de la seigneurie rurale du IXe au Xe siècle. Immunité et servage*, pp. 193-198. なお，森本芳樹「polyptyquesにあらわれた『週賦役』に関する考察——労働地代段階における農民層の存在形態との連関において——」『土地制度史学』，2, 1959年，46頁をも参照。

によって名付けられたこの層に対して、荘園制史料としての所領明細帳を扱った際には、この史料類型のイタリアでの特徴がプレベンダリウス記載であるとして、すでに強い関心を向けている（[355]20-21）が、直接に労働力の諸形態をめぐる論文となると、「古代奴隷からプレベンダリウスへ：ランゴバルド期」（[356]81-84）と「カロリング期のプレベンダリウス：周辺的でない階層」（Ibid., 84-87）との、二つの項目を設けて論じている。パスクアリは本質的には「家内非自由人」servo domestico o familial であったプレベンダリウス層も、領主屋敷の外部に住居を確保するなど（Ibid., 115）、古代の奴隷と比べれば顕著な地位の改善を示していた。そして、ランゴバルド期の法典がその規定に強い関心を示していた領主直轄労働力の主力がプレベンダリウスであり、また9世紀にはサンタ゠ジュリア修道院（ブレシア）の所領明細帳がこれを系統的に記載していて、その他の史料所見も合わせるならば、9－10世紀荘園領民の10～25パーセントをこの層が占めていたとするのである。また所領明細帳のない地帯でも、やはりプレベンダリウスが相当な数で存在していたと指摘している（Ibid., 90-91）。

　パスクアリによるプレベンダリウスの描写は、ことに領主直領地耕作への参加の態様をめぐって、われわれの望むほどの具体性をもってはいない。その点はパスクアリが奴隷からプレベンダリウスへの上昇という過程のいっそうの進行のもとに位置づけて、一つの項目を設けて論じている賦役労働（Ibid., 105-108）についても同様である。そして同じことは、古代末期から中世初期にかけての「農村労働の諸形態」を扱ったヴェラによる論文（[458]）にも言える。かつての奴隷が土地保有を拡大していくとともに、その労働が賦役労働という形をとるようになり、後者が荘園制での基軸的な労働収取の形態となっていくとヴェラは論ずるが（Ibid., 321-324）、この論文はこうした過程を基本線として確認することに重点があって、賦役労働の詳しい考察となっているわけではない。このように、おそらく強い史料的制約のために古代末期から中世当初という早い時期についての描写がほとんど不可能な賦役労働を、9世紀の荘園制史料を素材として検討したのが森本の論文（[328]）であり、基本的には一人前の農民による負担であるそこに奴隷労働の痕跡を見出しうることを、一つの論点としている。すなわち、領主の恣意を前面に押し出した不定量賦役と週日の半分程度の奉仕という週賦役との関係を主たる考察対象として、賦役労働量を前者が賦役

負担者へ保有地耕作を保証するために一定の限界に止め，また後者が領主の都合に応じて伸縮させることによって，両者はきわめて近似した形態となって古典荘園制に典型的な賦役労働を構成していると論じている。このように一人前の農民となっていた領民も，不定量賦役のような一見奴隷制的な搾取に服していたのであって，そこから領主直接経営の円滑な進行のための大量の奴隷の必要性という議論（Hammer [218]19-20）も大きく相対化される（Morimoto [328]360-361）とともに，中世初期の荘園制が奴隷制解体の所産であることが印象づけられているのである。

さらに中世初期荘園制内部労働力を奴隷とする傾向にきわめて批判的なのが，働き手を指してしばしば用いられる «mancipia» の語を取り上げたルナールで，モンティエランデル明細帳を主たる史料とする論文は「カロリング期の «mancipia» は奴隷か」と題されている（[381]）。その主旨は，特定の身分や負担と結びついていた «servi» とは異なって，この語は所領管理で領民一般を把握するために広く使われていたというにあり，サン=ベルタン明細帳を分析した別の論文でも同じ論旨を展開している（[378]419-425）。«mancipia» が領民一般を指す場合のあることは従来から忘れられていたわけではないが，ルナールの仕事はこの語がそのような意味で用いられる度合いが従来考えられていたよりずっと大きかった可能性を示唆している。それが中性名詞でそもそも人よりも物という含意が強いとされ，また男女区別という人間性を欠いた表現でもある（Devroey [127]10-11）として，中世初期における奴隷の大量存在を主張する史料的基礎になっている（Hammer [218]12-13）だけに，重要な問題提起であることは間違いない。

また労働力の形態という観点からも取り上げておきたいのが，人名学的手法による領民家族の検討という研究分野であり，ここでも中世初期奴隷制論とは異なった考え方に立つ論文が主流である。一つはルジャンの9－10世紀ロタリンギア農民家族についての論文（[274]）で，文書史料にある人名リスト36件が含む900余りの名前を分析して，これらから単名方式の時代にありながら命名要素の伝達という形での家族内部継承関係が明確に検出できるとして，その単位となる安定的な単婚家族を枠組とする若くて動的な人口が基盤となっていたとしている。確かにルジャンは農民命名法の階層序列化をも語っているが，それはハンマーの唱える領主による農民のライフサイクル統御というほど強烈な支配関係を意味するのではな

く，むしろ家支配内部での領主による一部領民の命名を指しているのである。もう一つはヘーゲルマンによるカロリング期社会下層の命名についての論文（[211]）で，サン゠ヴィクトル修道院所領明細帳など台帳系史料での領民人名リストが，荘園制と領主支配との構造の研究に有用でありうることを一般的に論じたものであるが，所領明細帳が領民による自立性の確立を写し出しているとされていて，その奴隷的性格などはまったく考慮していない。

　これらに加えて，ブーランを中心に組織されて最近めざましい成果を挙げてきた研究プロジェクト『近代人名の中世的起源』(27) の最新のテーマが『社会的統合と排除：人名史料を読む』とされ，その成果が2002年に刊行されたうちに中世初期についての興味深い2篇の論文が収められている。中世全体を貫いて非自由身分と自由身分との間に人名における基本的相違がないというのが，この書物で主張されている最も重要な論点であるが，ここで取り上げる仕事もその線に沿って多くの議論を展開している。第1はフェレールによる8－9世紀中部イタリアを対象とする仕事で，前掲の論文（[153]）と同様に修道院が作成した複数の人名リストを作成目的に留意しつつ分析して，次のように主張している。すなわちなお少数の名前に集中していないためにきわめて多様である命名そのものにおいても，ゲルマン名が80％以上を占め，これに若干のラテン名とキリスト教名が加わるという構成比率においても，自由人と非自由人との命名法における基本的な差異は見出すことができない。身分関係で紛争中の領民のリストにはキ

---

(27) このプロジェクトによる成果は，以下のように刊行されている。
M. Bourin / P. Chareille (ed.), *Genèse médiévale de l'anthroponymie moderne*, I, Tours sd. ; II, *Persistance du nom unique*, 1, *Le cas de Bretagne. L'anthroponymie des clercs*, Tours 1992 ; 2, *Désignation et anthroponymie des femmes. Méthodes statistiques pour l'anthroponymie*, Tours 1992 ; III, *Enquêtes généalogiques et données prosopographiques, avec Fascicule de tableaux généalogiques*, Tours 1995 ; IV, *Discours sur le nom : normes, usages, imaginaire (VIe-XVIe siècles)*, Tours 1997 ; V, 1, *Intégration et exclusion sociale : lectures anthroponymiques. Serfs et dépendants au Moyen Age (VIIIe-XIIe siècle)*, Tours 2002 ; 2, *Serfs et dépendants au Moyen Age (Le "nouveau servage")*, Tours 2002.

リスト教名が多いなど，修道院側から命名への影響を受けている痕跡は見えるが，それもきわめて狭い限界のうちにあった。そしてフェレールによれば，こうした名前のあり方は，ここでの非自由人がもはや奴隷ではなく農奴であったことと対応しているのである（[154]）。第2はこの研究プロジェクトで中世初期の最も重要な人名史料とされている所領明細帳のうち，一番多くの人名を含んでいるサン=ジェルマン明細帳から，厳密な統計的処理の対象となりうる4896男性名と3556女性名を取り出して分析した，ブーランとシャレーユによる仕事である（[51]）。これによると，農民のうち自由身分と目される«colonus»に対して非自由身分の«servus»の数がずっと少なく，また用いられている名前がきわめて多い（ことにピエールやジャンのような聖人名への集中は11世紀以降に目立ってくる）ところから，統計的な不確実性が多少はありうるが，ともかく，「サン=ジェルマン明細帳でのコロヌスとセルヴスとの人名比較の支配的特徴は，二つの集団の間でのきわめて大きな類似である」（Ibid., 126）と結論することができる。これらの名前の90％以上を占めるゲルマン名を構成する語根と語尾とは，自由人と非自由人との間でまったく同一の範囲から選ばれており，それも統計の基礎をサン=ジェルマン領全体，小地域，個々の所領のいずれにとってもそうなのである。また保有地規模の大小によっても，そのことは変わらない。狭い年代幅に納まっているこの史料で世代間での名前の変化が著しいところから見ても，サン=ジェルマン領での人名が全体として硬直的であったわけではないのに，身分間での相違は基本的に存在しないのである。その中で唯一の系統的な差異は，明白に検出できる領民家族内部での語幹と語尾との伝達において，非自由人家族でその頻度が自由人家族のそれよりもより高い点であり，ことに非自由人を親に持つ長子が親の名前から語幹・語尾を受け継ぐ頻度が最も高い。そしてこの伝達は母系的にも父系的にも行われているが，«servus»が非自由人マンスを保有する場合に，一番目立っているという（Ibid., 100-125）。以上のようにこの論文が，人名学的検討を通じて9世紀初頭サン=ジェルマン領の農民のもとでの非自由身分の劣等性を大きく相対化しており，また人名伝達の分析において非自由人による家族の凝集性を強調することになっているのであるから，ブーランとシャレーユにとって，古典荘園制に包摂されている非自由領民はまったく奴隷だとは考えられていないのである。

ところでヘーゲルマンは，領民自立性を最もよく反映しているのが所領明細帳における自由人マンスと非自由人マンスとの系統的記載だとしているが（[211]107-108），古典荘園制での非自由領民を奴隷とするハンマーの仕事がマンス制度にまったく言及していないのは，議論としてきわめて不十分なものを感じさせる。というのも上昇したかつての奴隷が確保した土地が，『非自由人マンス』«mansus servilis» という形で事実上の世襲保有地となっていたばかりでなく，中世初期の標準的保有地であるマンスが農民経営に安定的な土地基盤を確保していたことは，最近の荘園制研究での一般的な認識だからである（前述82－83頁）。確かに最近10年間でのマンスに関する仕事の多くは，それが現実にはこうした認識とは背馳するという方向で出されてきた（Brunterc'h [57]；Fossier [160]；Magnou-Nortier [292]；Miyamatsu [307]）。荘園制内部での農民経営の安定的土地基盤という見解を取るはずのルナールの論文でも，やはりマンスについては主として多様性が強調されている（[380]139-142）。けれども，森本自身がプリュム修道院所領明細帳を素材に複数者保有マンスや分数マンスを手がかりに農民保有地の動態を検討した論文では，非自由人マンスが9世紀末のプリュム領では古い型の小規模保有地として高負担を課せられてはいたが，それでも奴隷的非自由人の系譜を引く小規模経営に土地基盤を確保するという積極的な役割を演じていたとの主張を展開している（[329]612-613）。また«mansus» の語がシント＝ピーテル修道院（ヘント）領について用いられるのはもっぱら，荘園制を定着させる政策を進めていたカロリング王権の直接的な影響のもとで作成された文書（その中では «villa» は荘園を意味していた）であったという主旨のデクレルク/フルヒュルスト論文（[89]）にも，標準的農民保有地としてのマンスという考え方が生かされている。さらにごく最近になってゾンレヒナーが「カロリング期における新生産単位の確立」と題する論文（[424]）で，史料分析としての綿密性にはやや問題が感じられはするが，ともかくこうした考え方を全面的に押し出している。それによれば，8世紀末にカロリング王権の強い影響のもとでザルツブルク教会領を対象に作成された台帳である *Notitia Arnonis* が，«mansus» という標準の保有地によって «villa» と呼ばれる荘園制を整序しようとの志向によって作成されており（Ibid., 29-34），さらに9世紀初頭のサン＝ヴィクトル修道院（マルセーユ）の所領明細帳は «colonica» という単位で統一的に記載

されているが，これはマンスの在地用語による表示であって，やはり標準的農民保有地を一般化しようとの意図によっていたという（Ibid., 34-40）。その上でゾンレヒナーは，サン＝ベルタン修道院の所領明細帳によるマンスの系統的使用が，上昇しつつある奴隷的非自由人への標準的保有地の賦与を一環とする古典荘園制の拡延政策を示しているとした森本の論文（[317]）を引用しつつ，ザルツブルグ教会領とサン＝ヴィクトル修道院領とでも同じ方向の所領再編が試みられたと結論するのである（[424]45-48）。

　最後に荘園制のもとでの労働力を論じるこの項では，中世初期にジェンダー研究を押し広げた二つの仕事を逸することはできない。というのもオーベルマイヤーの書物は『非自由女性』«ancilla» をその「基礎社会」Basis-gesellschaft のもとで検討することを標榜しているが，それを整序するのは荘園制であると考えられており（[346]40-48），またドヴロワの論文は「所領明細帳の鏡に映した女性」（[125]）と題されているからである。確かに両者の主張の間には，かなりの隔たりが見て取れる。すなわち非自由という境遇の中で男女間の区別が少なかったこの時期には，両性間の分業と差別はそれほど発達していなかったと考えるオーベルマイヤー（[346]180-217, 263-264）と異なって，ドヴロワは史料で農耕が優れて『男性労働』«opus masculine» とされるのに対して，『女性労働』«opus feminile» として言及されているのは繊維関係の労働のみであって，女性は主として史料に出ない家内労働に押し込められていると考えており（[125]228-235），また領主が正式の相手として把握しようとする保有者世帯主を中心に組み立てられている所領明細帳から見るかぎり，荘園は男性優位の社会となっていると考えているからである（Ibid., 238-241）。けれどもいずれもが多様な側面を詳しく論じている荘園内部での女性労働について，これを奴隷的と形容することはいっさいない。この点は女性の典型的なあり方を経済的自立性を確保したマンス（＝フーフェ）保有家族での妻と捉えるオーベルマイヤー（[346]94-102）でも，この論文でも奴隷の土地保有による上昇の意味を強調するドヴロワ（[125]246-247）でも，基本的な考え方となっている。両者ともにかなり詳しく触れている繊維関係労働について具体的に見るならば，いずれも女性によるこの労働が領主館の仕事場でも農民保有地でも行われていたとして，ことにドヴロワはそれらの間の比重を慎重に論じている（[125]230-233）。しかしともにマンスで行われる部面が相当な部面を

占めていたと考えており,ことにオーベルマイヤーは領主館の仕事場専従の単身非自由女性を論じながら,社会的侮蔑の対象になることもあったそれらをも奴隷と呼ぶことはしていないのである ([346]217-230)。

4 流通と都市

中世初期の所領が単なる農業生産の組織ではなく,広く流通部面にも深く関わっており,それを通じて当時存在していた中世都市の初期的形態を支えていたことは,荘園制研究での最近の主要な論点の一つであったが(第2部第2章5),ここ約10年間でもかなり多数の仕事が発表された。それらのうちでは,もともと商業史に属する特徴的な二つの書物の紹介から始めよう。一つはベルガマスキー『中世初期における絹と染料。サン=サルヴァトーレ修道院(ブレシア)のシリクム』([29])で,標題の修道院(通例はサンタ=ジュリアの名前で知られている)の所領明細帳で一部の所領から給付されている«siricum»をめぐって,所領名の比定から始まる綿密な考証を展開している。これは研究史上は著名な問題であって,最近でもトゥベールが絹とする説を斥けて荘園手工業・商業の過大評価を戒めたのであった([452])。ベルガマスキーの結論はその同定が不可能であるというにあるが,興味深いのは分析全体を通じて修道院領での商業的生産のあれこれの側面が解明されていることで,最後にはこの文言が中世初期経済史研究に対してもつ意味に1章が与えられ,その中には「荘園制と商業」という項がたてられているのである (*Ibid.*, 342-346)。もう一つはブリュアン『カロリング期における旅行者と商品。8－9世紀ロワール=ムーズ間の流通網』([53])であり,最近の研究動向にそってカロリング期商業の多様性と活性を浮き彫りにしているが,それらが領主の主導下に行われていたことを様々な箇所で強調している。例えば在地的事例研究としてパリ南方地域を取り上げている章では,サン=ジェルマン領を始め多くの荘園が所在して稠密な人口を養っていたここでは,パリに連なるように階層序列化された多くの市場が存在して,穀物,ワイン,木材を始めとする多様な商品の取引が行われていた様相を生き生きと描いており (*Ibid.*, 273-290),荘園制と流通との密接な関連の典型的な叙述となっている。

農村史の系列に属する研究で流通という観点から最もよく検討されたの

は，やはりプリュム領であった。所領明細帳千百年記念前後での研究の高まりを総括したクーヘンブッフは，流通がその重要な分野であったとしているが（[265]295-296），記念論文集には簡潔ながら主張の明確な二つの論文があった（第2部第2章1Ｅ；5Ａ）。さらにイルジーグラーは所領明細帳からモーゼル河畔の所領メーリンクを取り上げ，これを「ブドウ作りの村」Winzerdorfと規定して描写を試みており，ほとんどブドウ栽培に専門化していたここの農民が当然にもワイン販売に従事していたと見ているのである（[240]321-324）。森本自身は中世初期の農業でこれほどの特化が行われたとは考えていないが，それでもプリュム領農民の市場参加をその経営の本質的な要素と考えている（[331]615-618）。

所領明細帳の欠如という異なった史料状況にあるサン=ドニ修道院領について，文書史料を活用してその流通面を概観したのが丹下である。確かに修道院からの需要は所領生産物によって現物的に満たされている度合が高かったが，所領でかなりの量が生産されながらもより良質なものが外部から購入されていたワインが象徴するように，修道院経済は恒常的に市場と関わっていた。そして所領生産物剰余の販売と多様な必要品の購入はサン=ドニ大市のみでなく，いくつかの所領に設けられた在地市場でも行われていたが，それらで徴集された流通税も重要な収入源となって，修道院自体による活発な造幣活動が促進する貨幣経済の基礎となっていたという（[439]）。

このように荘園制と流通・商業・市場との深い関連は，史料の豊富な修道院領を場として語られることが多いが，より一般的な叙述としては，8世紀フランク王国での「生産と流通」とにおける修道院の役割を積極的に評価したルベックの論文があり，「修道院と交通」（[272]127-129），「運搬設備・組織と経済活動の修道院中心地への収斂」（Ibid., 136-139），「市場と修道院による大市」（Ibid., 139-145），「遠隔地市場における修道院」（Ibid., 145-147）といった項目が設けられている。さらに注目すべきがドヴロワ「ロワール=ライン間フランク経済における流通と流通網」（[121]）であり，主として荘園制を基礎とする修道院経済の流通面を論じている。これは『中世初期における市場と商人』を論題とするスポレート研究集会での報告であるが，この集会は都市のみではなく農村での市場をも取り上げ，流通担当者のうちに専門商人だけでなく領民的存在をも含めているだけに，多く

の報告が荘園制と関わっていたのであるが，その点で代表的なのがこのドヴロワ論文なのである。領主による流通と商業との促進と組織化とを前提として多岐にわたる論点に及んでいるが，ここでの議論の展開を考慮して最も特徴的なものだけに触れるとすれば，荘園制と流通という部面でのプリュム領とサン゠ドニ領との比較であろう。もともと主要な遠隔地商業路から離れて立地しているプリュムの所領で代表的なのは，長期にわたる所領形成の中核として成立し，荘園制集荷市場の典型としてしばしば引用されるミュンスターアイフェル分院に隣る市場であり，ライン河沿いのザンクト゠ゴア分院の側にも市場はあったが，こちらはたまたま人的繋がりでプリュムに寄進された財産が遠隔地商業の幹線に面していた場合であった。流通担当者も圧倒的に修道士ないし領民であって，流通税免除も修道院の用務のために獲得されている。これに対してパリ近郊にあって国際的な影響範囲を備えた大市を領内に持つサン゠ドニは，絶えず接触している遠隔地商業に触発されて流通に乗り出したのであり，当初から専門的な商人が修道院が確保している流通税免除を受益しようとして，修道院による流通活動の担当者になっている（Ibid., 338-340, 370-383）。こうした議論は流通税免除特権の分析をきっかけとして提起されているが[(28)]，後に触れる中世初期教会組織の経済的動機についてのドヴロワの分析と密接に関連している。なお同じスポレート研究集会が『中世初期の人間と空間』を取り上げた際のドヴロワによる報告は，「経済的諸交換の空間。9世紀フランク世界における商業，市場，交通及び物流」[129]という多彩な論題で，本書と関係の深い多くの論点を扱っているが，中世初期経済の構造理論とも言うべき根本的な次元に関心が向けられているために，後に取り上げることにしよう（第3章1C）。

　このように荘園制を流通組織とするだけでなく，中世初期の流通と商業とを主として荘園制を枠組みとして見る仕方が広く行われているが，これに対して中世初期の市場をあまりに荘園制に引きつけて理解することへの

---

(28) 流通税免除特権に関する最新の成果として，A. Stocklet, Immunes ab omni teloneo. *Etude de diplomatique, de philologie et d'histoire sur l'exemption de tonlieux au haut Moyen Age et spécialement sur la* Praeceptio de navibus, Bruxelles / Roma 1999 を見よ。

警告もある。それがスポレートの市場に関する研究集会から本書の文献目録にもう一つだけ収録しているセッティアの論文（[422]）であり，8世紀から11世紀のイタリア北部で農村市場が広がっていたことを主として国王文書から明らかにした上で，それらが開催場所の権力把持者によって支配されていたことを強調しながらも，荘園よりは城塞との結びつきの方が強かったと見ている。もちろん「荘園市場」mercato curtense の存在を認めないのではなく，また「城塞市場」mercato castellano が10世紀以降にことに目だつことを前提としてではあるが，それ以前にも優勢だった後者を中世初期市場の典型とすべきだと考えているのである（Ibid., 212-222）。

荘園制を基礎とする流通と密接な関連を持つはずの手工業については，先行する時期（前掲210頁）と同様にここ10年間でも，しばしば言及はされるが目立った議論はなかった。確かに考古学者による仕事には，手工業の遺構や遺物についての発掘成果がしばしば登場する。例えば『中世初期農村共同体』という観点から，ヨーロッパ考古学界の最近の傾向を取りまとめたヘイムロウの書物には，手工業についてのかなり詳しい叙述がある（[215]172-185）が，その素材の大半はフランク王国外部を対象とする研究であり，また荘園制に関心を示すこの著者も手工業の項目ではそれを論じているわけではない。他方文字史料の検討としては，婦女労働に関連して領主直領地の繊維関係仕事場が取り上げられた（前掲292-293頁）他には，デッテによる『御料地令』の分析が建設関係の労働や道具に注目しつつ，領民に課された建築労働賦役とそれを管理する手工業者の役割を強調しているくらいであろうか（[104]56-72）。ただし2002年になって刊行されたフルヒュルスト『カロリング期経済』のうちに手工業にあてられた章が設けられていて，これが荘園手工業についても有用な見取図を提供してくれる。というのもこの章は冒頭近くで，手工業の都市的性格の強かったメロヴィング期とは異なって，カロリング期の手工業は「農村的・荘園制的環境」rural and manorial context で行われたと指摘し（[471]72），また末尾近くでは，移動手工業者を除けば「職業的で自由な手工業者は例外的であったに違いない」（Ibid., 84）と述べているように，この時期の手工業に対する荘園制的・領主制的規定性を重視しているからである。ここでは繊維工業，鉄工業，土器製作，製塩，ガラス工業と部門別の叙述が行われているが，そうした規定性が最もよく見られる部門としては，隷属性の強い働き手を

集中している修道院内部での手工業や，領主直領地に設けられた仕事場に非自由人女性労働力が集中している繊維工業が挙げられている (*Ibid.*, 72-75)。また叙述の重点の一つは，カロリング期の手工業が高品質の製品を大量に市場に送り出すという意味で「産業的」industrial 性格を示すことが多い点に置かれているが，その例として土器を挙げる際には，それが荘園制のもとで製作されたからこそ産業的でありえたと述べている (*Ibid.*, 79)。ただし同じく産業的な色彩の強い部門として製塩を描く箇所では，海岸での塩田による生産と並んで内陸部での塩井によるそれが重要であったと指摘しつつ，そこでは領主から保有地を譲与された手工業者の自立性が目立つとしている (*Ibid.*, 82)。またこの章は総じて農民副業としての手工業を重視していないが，それでも最後になってそれに言及する際には，その製品の貢租としての領主による収取を指摘していて (*Ibid.*, 84)，荘園制内部での手工業にも働き手の隷属度に応じた多様な形態があったことが浮き彫りされている。

　興味深い点としてここで指摘しておきたいのは，荘園制による流通がどの程度商業化しているかについては，先行する時期にもそうであったように (前掲211－212頁)，研究者の間にかなり異なった評価があることである。例えば所領配置という観点から流通組織としての荘園制の性格が強調される際にも，サン゠マルタン修道院領についてのノワゼの論文では商業と市場の言及がほとんどない ([343]) のに対して，中部イタリアの大修道院領の広域配置が主として政治的契機で決定されたと考えるマラッツィは，流通税免除特権の獲得が示すようにそれが深く商業と関わっていたと見ているがごとくにである ([297]63-71)。荘園制を枠とする流通と商業・市場との関わりについての異なった評価は，プリュム領の研究にも現れている。ヘーゲルマンによる農民市場参加のきわめて積極的な評価 ([209]) とペトリによる貨幣貢租比重の高い算定 ([363]) とは，農民経済の次元での市場の役割を強く押し出しており，加えてイルジーグラーが想定するメーリンクでの多数のブドウ単作農民による販売 ([240]) も，ワインの遠隔地商業の重要性を結論させずにはおかないであろう。これに対してクーヘンブッフは，こうした強い楽観論への森本の批判に同調しており ([265]296)，森本自身も市場を荘園制の構成要素としながらも，農民経済を市場経済的に理解しすぎることへの警戒を再び表している ([331]618)。

この点で注意を引くのがドヴロワの議論であり，その論文集に付された後書きではプリュム領運搬組織の商業的性格に関するかつての積極的な見解へのクーヘンブッフや森本による批判を紹介しつつも，「それでも荘園のカロリング期商品・貨幣流通への深い関わりという考え方は維持してよい」と述べている。しかし同時に，プリュム修道院による所領経営への「最大限利潤の追求」という表現は，荘園制の商業的機能を誇張してはならないという森本の批判を受け入れて，行き過ぎだったとして撤回しているのである（[120]Addenda et corrigenda）。この点は，ドヴロワが展開している修道院経済運営の動機に関する議論と密接に関係している。それによればカロリング期の教会は国家機構の一部として社会の安定に尽力することを求められており，そこから修道院の経済生活は『修道士の必要』«necessitas fratrum» を満たすという直接的な目標だけではなく，『教会の有用性』«utilitas ecclesiae» という大義の自覚によって動機づけられていたという。そしてそのためにこそ，自給原理を理想としては保持するものの市場と商業の存在は積極的に認めて，これを活用した修道院領の効率的な経営によって社会の物的安定に寄与しようとしていた（[119]）。こうした主張は教会組織に禁止されていたのは利潤追求であって，商業には警戒感はあってもむしろそれを利用する態度が一貫しており，所領余剰の販売という行為が修道院経済の基本的理念と背馳することはけっしてなかったという，スポレート報告での指摘と符合しているのである（[121]356-358）。いずれにせよこの辺りには，荘園制と商業との関係を積極説と消極説との単なる対立を越えてさらに深めていく，興味深い論点があると思われる(29)。

　流通と接した問題領域としての都市は，先行する時期の農村史研究では

---

(29)　なおフランク王国の範囲での農村史の具体的な成果になっていないために，ここで取り上げることのできなかった論点として，ヨーロッパ学界では中世初期における商品・貨幣流通の展開がますます高く評価され，それが都市史と農村史とを繋ぐ新たな環となっていく潮流があることに触れておきたい。それはイギリス古銭学界を起点としているが，「埋蔵貨」hoard という従来の中心的史料よりも「個別発見貨」single-find ＝「遺失貨」coin-loss の方が同時代の貨幣活性を忠実に反映しているとの認識のもとに，金属探知趣味による後者の大量の収集を組織的に史料

重要なテーマであり,荘園制が都市現象を生み出す度合については見解の相違が目立ちはしたが,ともかく中世初期史に一角を占めるようになった都市・農村関係についての根底的な議論が行われた(第2部第2章5B)。これに対して最近約10年間には,この問題についての深い議論はほとんど見られなかった。確かにフルヒュルストに献呈された論文集は『農民と都市住民』([89])と題されているが,都市と農村がそれぞれ舞台となった興味深い論文の集成で,先行する時期のデスピィへの論文集『都市と農村』([145])とは違って,中世初期都市・農村関係を本格的に論じた仕事は見られない。その点は,都市と農村を唱った魅力的な標題の論文や書物でも同様である。ビュール「所領オロンヌから都市サン=ディジエへ。8-13世紀シャンパーニュでの都市化過程の研究」([59])は,モンティエランデルに属した所領住民の活発な共同体が小都市となる教区の母胎であったことを示しているが,都市化は城塞建設を契機として進行した12-13世紀の過程とされている。ガレッティ『農村とその都市。8-10世紀におけるピアチェンツァと領域』([172])も,淡々とした叙述で多くの材料を含んでいるが,都市・農村関係論と直接に関わる議論をほとんど展開していない。

確かに中世初期の流通を扱った仕事では,農村ないし荘園における活発な商品・貨幣流通の結節点として都市が描かれる例がいくつかある。本節の先頭に引いたベルガマスキーの書物([29])では,サン=サルヴァトーレ

として活用するところから展開した。その結果農村の予期できなかったような場所で古銭と金属遺物が大量に出土する遺跡が突き止められ,それらが「古銭・金属遺物頻出地」productive site と名付けられて検討の対象となってきているのである。これによって,農村での商品・貨幣流通の考古学・古銭学的研究が,従来はともすれば交易地を代表とする都市の後背地に限定されて,都市史の陰に隠れながら行われていたのが,それ自体として自立した研究分野となってきて,新たな都市・農村関係論に導いていくことが期待されている。本書の文献目録に採録されている仕事のうちでは,ヘイムロウの書物での交易と手工業に関わる章([215]156-190)がこの研究動向と最も関係が深いが,ここでは最近の最もまとまりのよい文献として,T. Pestell / K. Ulmschneider (ed.), *Markets in early medieval Europe. Trading and "productive" sites 650-850*, Macclesfield 2003 を引用しておく。

領を代表とする農村での流通の結節点としてのパヴィアが，これを国際的商業と繋げていたとの構想が見られるし，またブリュアンの書物でも，パリがその南に広がる農村での流通の核となっていたとされている（[53]273-290）。さらにドヴロワのスポレートでの報告でも，都市が農村と切れ目のない流通の中心となっていたことが強調され（[121]382-389）ており，その点は最近の中世初期経済史の動向をまとめた論文でも繰り返されている（[122]188-189）。このように見てくると，農村成長を原動力として都市が存在していたという認識がすでに中世初期社会経済史に定着した論題となっていると確信できるが，そこで最近新しい論題を提示したものとしては，わずかにバルザレッティによる二つの論文を挙げることができよう。第1は絞った検討である「サン=タンブロジオ修道院と中世初期ミラノにおける紛争解決」（[17]）で，所領リモンタに関わる著名な紛争についての史料を分析して，大都市所在の教会領主による文字使用によって農村住民が都市化される局面に光をあてている。第2は「修道院，都市，農村。ミラノ大司教区（614－814年）における相互関係」（[20]）で，主として土地取引文書に依拠した検討によって，イタリア北部に多い都市立地型の修道院が農村に土地を獲得しその上に諸権利を集成して積極的に経営していく過程で，修道院領が社会生活の拠点となって都市との密接な関係を作り出していくという論旨が展開されている。いずれも次節で引用してもよい仕事であるが，大土地所有を通じて都市から農村へという方向での関係形成を浮き彫りしている点で興味深いので，ここで取り上げておく。

5　土地取引・紛争解決から所領の国制史へ

A　土地取引の展開と諸形態

　中世初期農村の変動を示す現象として，社会諸階層の間で行われた土地に関わる諸権利（所有と保有，用益，収益確保など多様な形態を含む）の取引が重要であったことは言うまでもないが，これをめぐる研究がごく最近顕著な進歩を示した。それを典型的に示すのが，在ローマ・フランス学院など4研究機関の共同プロジェクト『8－10世紀西欧における資産移転』であり，王権，教会，及び貴族の三者間での土地取引に関する成果がまず刊行された（[19]）。ここに所収された諸論文を見ると，多様な形態が絡み

合って頻繁な土地取引が行われたことの確認を基礎として，土地取引をめぐって取り結ばれた様々な社会的・政治的関係に関心が向けられており，それが現在学界における荘園制への視点を著しく社会経済史から社会史・政治史，そして国制史に傾斜させているように思われるのであって，ここではこうした問題領域に新たな節をたてて論じてみたい。

　まず従来はことに法制史家によって形式的な区別に重点を置いて扱われることの多かった土地取引の諸形態が，むしろそれらが絡み合って実質的に果たしていた機能に注目して論じられることが多くなっている。確かに 8 - 9 世紀バイエルンの法典とフライジング修道院などの文書を材料に頻繁な土地売買を検出したハンマーは，同時代人にとっては経済的要因からも行われる売買は寄進から区別された行為であったと結論としている（[217]）。しかしこのように特定の形態を取り出してその意義を押し出そうとする仕方はむしろ例外で，ハンマー自身も土地売買が寄進と補完しあいながら類似した社会的性格を示していたことを認めているように，土地取引諸形態間の相互関係と絡み合いの方に注目が集まっているのである。この点で典型的なのが，本節でいくつもの論文を引用することになるフェレールであり，土地売買は確かに市場と呼べる場を創り出してはいるが，それさえも土地取引の一環として社会関係のうちに埋め込まれていることを主張した論文（152]）と，イタリア中部から南部について土地取引諸形態間の近似を指摘した仕事（[155]210-214）を，ここでは引用しておこう。前掲論文集での教会領に関わる総論に当たるローゼンワインの論文となると，文書形式学的に考えられた文書の理想的形態とその現実的使用との間には大きな差異があり，文書による措置としての土地の譲与と保持との区別は実際には曖昧であり，総じて中世初期の土地取引が大きな「創造性」creativity と「適応性」opportunism を発揮していたと，印象的な表現を与えている（[396]）。

　土地取引形態としては一番よく論じられたプレカリアも，もっぱら他の形態との関連において検討されている。その代表的なものが，ゴルズ，サン=ベルタン，モンティエランデルという 3 修道院の文書群によって 8 - 11 世紀のプレカリアを分析したモレルの論文で，教会領を譲与するこの形態が寄進受納と表裏の関係で活用され，寄進によって獲得された土地のプレカリアによる世俗貴族への譲与によって，三つの修道院領に対する後者

の強い権利が生み出されていった様相を描き出している（[314]）。同じような関連は，ザンクト＝ガレン修道院領（Depreux[93]），エヒテルナッハを始めとするロタリンギア諸修道院の所領（Kasten[247]），パッサウ司教座教会やザンクト＝エメラム修道院などバイエルン東部大教会組織の所領（Bührer-Thierry[60]）についても，寄進文書系統の史料を用いて浮き彫りされている。またプレカリアとイタリアに特有な土地取引形態とされるリヴェッロとの関係についてもフェレールが，定期土地貸与として共通な両者は，どちらかと言えば前者がより垂直的，後者がより水平的な社会関係を示しはするものの，相互代替的に広く用いられて多様な層を異なった従属度で教会領に統合する機能を果たしたと論じている（[151]）。

　注目すべき点は，こうした多彩な土地取引に関する研究が，荘園制での領主・農民関係をめぐって社会経済史的に進められるというよりは，むしろ所領をめぐる王権と教会と貴族の間での社会的・政治的関係に主たる関心を向けて行われていることである。この点を典型的に示すものとして，8－10世紀ルッカ司教領に関するマイユーの論文を取り上げてみよう。この教会に伝来する大量の文書の半分以上を占めるのはリヴェッロであるが，これがランゴバルド期には在地貴族層と密着していたルッカ教会が，寄進された土地を寄進家系に請け戻させてさらに一体化を図るために用いられていた。しかしフランク王国に統合されてアルプス以北出身の司教が任命される820年ころから寄進は減少して，リヴェッロは司教が所領の一部を譲与して在地貴族を掌握するための手段となる。さらに10世紀には司教によるリヴェッロを用いた譲与が土地の交換と結びついて，司教座教会と世俗貴族の双方に所領での領域形成を促進させたという。このようにリヴェッロがルッカをめぐる政治的変遷に対応して教会と貴族との間の関係を調整する役割を果たしたのに対して，それが司教座教会と農民との間の農地契約として用いられた度合は低く，確かに9世紀前半までは居住や賦役労働の義務を伴うリヴェッロも散見はされるが，860年ころ以降には義務は名目的な貨幣支払のみになっていく。また10世紀における交換と結びついたリヴェッロは，形成された小領域での防備集村創出という社会経済史での特筆すべき現象を生み出すのに貢献したが，そこでの領主・農民関係を規制したわけではけっしてない（[295]）。

　もちろん土地取引についての検討が，まったく社会上層部の政治的関係

という観点だけから行われたわけではない。今しばらくイタリアを見ていくなら，ここで古典荘園制が果たした役割を解明するのに寄与してきたアンドレオッリが農地契約について出していた仕事が集成されたばかりでなく ([11])，イタリアとアルプス以北での土地所有・保有関係とそれについての文書 (これが全体として「農地契約類」contrattualistica agraria の語で表現されている) 作成との比較を試みた論文をも発表した ([12])。ここでは貴族的・領主的な動向に主として関心を向けるドイツとフランスの学界と，農民による勤労に親近感を示してきたというイタリア学界との対比を強く意識しつつ，前者ではゲルマン法起源のゲヴェーレ概念によって耕作者が「保有者の地位」situazioni possessorie に留まるとの理解が一般的であるのに対して，後者ではローマ法的所有概念に助けられて中世初期から農民が「所有者の地位」situazioni proprietarie を確保しえた局面を，農地契約の検討から析出しえたことが強調されている。それは実際に，中世初期のアルプス以北では人身的支配が優越して荘園制のうちに隷属的労働力が確保されていたのに対して，古代以来の奴隷制の残滓を清算しえていたイタリアでは，農民層も土地所有に近い地位に置かれていて，荘園制の発達した北部と中部でも勤労成果の少なくとも半分までは確保できるような契約が行われていたからだというのである。けれどもアンドレオッリ論文のような視点はやはり例外的と言うべきで，そのことを印象的に示すのが，カサウリア修道院9世紀末の土地取引文書によって自有地所有の解体を浮き彫りしたフェレールの論文である ([149])。というのもそれが，9世紀後半中部イタリアでカロリング王権によって創建された修道院による支配の拡延を跡づけつつも，これを領主と規定することなしに「保護主」patron と呼んでおり，世俗の土地取引当事者たちは農民ないし領民ではなくて「庇護者」clients とされているからであり，土地取引の検討は荘園制拡充への関心からではなく，その上に立つ王権・教会・貴族間での階層序列形成の解明を目指していることが明らかなのである。

　このように土地取引を社会上層での政治的関係という水準で研究しようとの視角は，王権による土地譲与をめぐっても明白に現れており，その典型がチャンドラーによるカタロニアのアプリシオをめぐる論文である。これによると，イスラム進攻から逃れてスペイン北部とフランス南部に定住したヒスパニへのカロリング王権による有利な条件での土地譲与形態であ

るアプリシオは，従来はもっぱら戦後の再開発という経済的観点か，イスラム勢力に対する防備という軍事的観点から論じられてきたが，実はもう一つ，王権が拠点地区に直属領民を定住させてカタロニア辺境伯と対抗するという政治的観点が，研究方向としては決定的に重要であるという ([65])。ただし王権による土地取引に関する発言はそれほど多くなく，わずかに『資産移転』論文集でロワール河以北での王領からの寄進を考察したバルビエが，それが量的に圧倒的な重さを示しているのではないが，寄進を受納する教会組織の王権による重点的な選択によって，フランク王国統治で大きな役割を果たしたことを確認しているくらいである ([23])。

これに対して研究者の関心を強く引いたのが，寄進をめぐる教会組織と世俗貴族との関係であり，ことに寄進とそれに結びついた土地譲与によって個々の教会組織と周辺の貴族家系との間に作り出される永続的な相互依存関係である。すなわち寄進は土地財産の教会組織への引き渡しで終わってしまい，せいぜい受納した教会組織による年禱などの形による寄進家系への精神的慰めが確保されるだけではけっしてない。この点で中世史学は人類学での贈与行為研究から大きく学んでいる。それを最も明確に述べているのが『資産移転』論文集で結論を担当したル ジャンであり，中世初期には私的土地所有の正式な文書による移転が法的に認められていたにも拘わらず，伝統社会で土地に重層的に積み重なっている親族や隣人の権利が，他者への贈与や譲渡によって直ちに消滅しないという原理も他方で強く働いている。そこから生じる両者の相克のうちで，寄進財産への寄進者及びその親族による権能が教会側からの圧力にも拘わらずしばしば存続していったというのである ([274])。さらに前述のように，寄進地がプレカリアやリヴェッロによって寄進家系に請け戻されることが多いのであるから，世俗財産に特有な分割相続と嫁資や寡婦産の設定による家産分割の危険を回避するためには，むしろ土地財産の一部を寄進して形式的に教会領とするのが有利な場合もしばしば生じうる。このような諸条件を通じて寄進が特定の教会組織と周辺の大小貴族家系との永続的な相互依存関係を作り出していたことは，一方では 5 － 10 世紀中部ライン地帯という大きな対象を主題としたイネスの書物でも ([235]13-50)，他方では 9 世紀ミラノのサンタンブロジオ修道院と小貴族アンセルミ家という個別事例を取り上げたバルザレッティの論文でも ([17])，生き生きと描写されている。またバイエ

ルン東部の司教座教会と修道院の文書を分析したビュレール゠ティエリィ ([60]), 著名なザンクト゠ガレン修道院寄進文書集を検討したドプルー ([93]), カサウリア修道院カルチュレールによるフェレール ([149]), そしてルッカ司教座教会の大量の文書を処理したマイユー ([295]) と, 個別教会領を検討した研究者は必ずそうした局面に言及している。

B 紛争研究との接合

ところでこのような相互依存関係の維持には必然的に多くの紛争が伴っており, それを解決するための機構が必要とされてくる。すぐ前に引用したル ジャンの論文は,『不当に占拠する』«malo ordine tenent» という同時代文言を副題として, まさにこの問題に重点をかけている。すなわちカロリング期には寄進者に続く世代の相続人たちが, 寄進者の死去に際して寄進地への権利を主張して占拠に及ぶことがきわめて多く, 教会がそれを排除しようとして紛争が頻発した。ル ジャンによれば,『世襲権』«hereditas» は自由人の根本的な資格として, 前述の寄進財産に対する寄進家系の権能を基礎づけており, その侵害は容易に暴力をも辞さない土地占拠に導きえたのであった。こうして惹起された紛争は交渉の場に持ち込まれるが, その一齣として裁判が組み込まれることも多く, 私的な交渉と公的な裁判の間を行き来する過程のうちに教会と寄進家系成員との間の妥協が成立して, 新たな条件のもとで次の紛争を待ちつつ両者の相互関係が継続していくというのである ([274])。

こうして土地取引の研究はそれが必然的に生み出す紛争とその解決過程の解明に向かっていくのであるが, この点で重要なのが英語圏の中世史家による寄与である。ことに対象を大きな地域に取った2冊の書物のいずれもが, 在地紛争解決をフランク王国という枠組のうちに位置づけている点で注目に値する。その一つが『不当な占拠』というル ジャンと同様な副題を選んだブラウンによる仕事であり, フライジング修道院文書集などを主たる史料として, 8－9世紀バイエルンにおける王（大公）権・教会・貴族間の紛争解決を検討している ([52])。ここでは寄進などの土地取引がこれら三者間で盛んに行われていたことを基礎に置いて, その結果形成されてくる教会組織と世俗貴族家系との間で土地とそれに根ざした権力をめぐって多発していた紛争の解決は, やはり裁判による裁決と裁判外での交

渉と和解との絡み合う過程で進められたことが確認されている。その上で，アギロフィング期にはすべて在地貴族出身であった紛争当事者のうちで，大公と教会が仲裁者として行われる交渉が有力であったものが (*Ibid.*, 30-72)，カロリング王権の支配下に入った8世紀末からは，国王巡察使の主宰する裁判集会が前面に出るようになる (*Ibid.*, 73-139)。しかも王権の実効的な支配力が衰えてくると，カール大帝のもとで導入された制度が形式的には生き続けながらも，再び裁判集会を折々は組み込んだ裁判外部での交渉過程が地歩を得てくる (*Ibid.*, 140-185) というように，紛争解決過程に対するバイエルン政治史の深い影響を強調しているのである。もう一つの書物は，前掲のイネスによる『中世初期における社会と国家。400－1000年のライン中流地域』([235]) であり，ことにロルシュ修道院の著名な文書集 *Codex Laureshamensis* を活用しつつ次のように論じている。中世初期には教会組織（ことに大修道院）による寄進受納を通じての土地集積が進むが，それは教会領を場とする聖俗エリートによる在地支配の拡延に他ならず，この過程を通じて教会組織は保護主としての地位を確保してくる (*Ibid.*, 13-50)。こうした支配関係では教会組織と世俗家系との絡み合いが顕著であるが，同時にそこでは紛争の多発に対処しなければならず，その主たる形態が住民の公的集会における調整と解決であった (*Ibid.*, 51-104)。そしてこうした中小世俗貴族を含む在地住民の共同的な機構が，王国の方々に所領を構えながら王宮の構成員となっている有力貴族を仲介役として，カロリング王国の中央集中的な制度に結びつけられていたというのである (*Ibid.*, 141-164)。

こうしてカロリング期の紛争解決機構として重視されているのが在地住民が組織する集会なのであるが，イネスには『ローマ世界の変容』シリーズの1冊である論文集『中世初期における権力の地誌学』に収められた論文 ([236]) もあって，それに光をあてている。すなわち農村有力者たちがロルシュやフルダという大修道院との相互依存関係によって在地に作り上げている「小さな世界」small worlds [30] が，カロリング国家に統合され

---

(30) これは中世初期に自由農民の共同体が基軸を構成していたとの観点から進められた，ブルターニュ社会研究の嚆矢を成す Davies ([83]) から借りてきた表現である。

て王権の基礎となっていく（→ royal landscape）構造を描写するのがこの論文の主旨であるが，中心に置かれているのは，ロルシュ修道院がカール大帝からの寄進によって獲得した隣接所領ヘッペンハイムで大帝の名によって795年に開かれた集会なのである。そこではロルシュ周辺で入手したはずの森林の境界をめぐって周辺住民との間に生じた紛争を契機として，37人の在地住民の代表者たち（同時に国王役人である複数の伯を含む）が集合して境界を確定している。その記録が様々な改変を受けた結果複数の層位を含む文書となり，これもロルシュ修道院文書集に収められたところから研究者にもよく知られているのであるが，そこから見ても，国王による修道院への寄進から始まっている長期の紛争が王権を含めて在地に作り出されている利害関係の一環であり，その重要な一齣が住民集会だったのである。ところでイネスは史料に «illustres viri» とある集会参加者を一括してエリートと表現しているが，「その最高の者たちには貴顕の知縁があったり，国王奉仕による出世の見込みがあったりする，ともかくも社会的地位のある土地所有者たち」(Ibid., 401) とも書いており，そこに通例の農民が含まれているとは考えていないようである。

　やはりこうした集会を重要な素材とした仕事として，ゲアリィ「ヨーロッパにおける土地，言語，記憶：700－1100年」([176]) がある。これは標題にある通りきわめて広範な問題関連を追った論文であるが，寄進によって教会組織と貴族家系との間に永続的な関係が生ずるという認識 (Ibid., 170-173) を，ここで引用している多くの仕事と共有した上で，寄進された土地をめぐる紛争過程での文字使用と口頭伝達との複合的な関連を議論の中心に据えている。その具体的な場が集会であり，800年前後の境界確定のための二つの集会（一つはカール大帝の寄進によるフルダ領ハンメルブルクで，もう一つはヴュルツブルクで開かれている）を記録している文書の分析によって，在地で共同記憶の対象となっている重要な境界が住民の誰にでも理解できるように日常語で朗唱されるとともに，集会参加者がその境界を巡行して確認するという手続きが踏まれていた様子を再現しているのである。その記録は当時の慣行に従ってラテン語による文書とされるが，境界の描写がドイツ語となっているのはそのためであり，しかもそれは再び境界が問い直されるたびに取り出されて朗唱・巡行の材料となり，必要に応じて改変されていくという。こうして記憶と文字使用という最近

注目を集めているテーマを追究したゲアリィも，寄進→紛争→集会という過程を具体的に描き出しているのであるが，ここでも集会に証人として利害関係者である在地住民が広く参加していることが強調されるものの，そのうちで通例の農民が相当の部分を占めていたと考えられているようではない(31)。

この関連で指摘しておきたいのは，最近では農民による運動や反乱についての仕事がほとんどないことで，文献目録には例外として2篇を採録しえた。そのうちザクセンのシュテリンガを扱ったゴールドバークの論文([194])は，カロリング王国の分裂に伴う君主間の対立とそれと結びついた貴族層内部の抗争という混乱によって，初めてこの著名な農民反乱が可能となったという論旨である。もう一つのウィッカム「中世初期農民紛争における空間と社会」([495])は，この時期には自由への全体的危機感を抱いた農民層による反乱がまれであったばかりではなく，緩やかに形成されつつあった村落共同体による反抗もなお本格的にはなっておらず，在地的な紛争としては数カ所の定住地にまたがって共同地となっている森林・放牧地をめぐる争論が目に付くくらいだとの主旨である。広い目配りの論文で，紛争研究が荘園制での領主・農民関係に及んでいかない要因を衝いているように思われる。

このように中世初期にも頻繁に行われていた土地取引への最近の強い関心は，恒常的な紛争とその解決を軸とする社会的・政治的諸関係を前面に押し出しているのであるが，そこでは所領の内部に目を向けて領主と農民との対立と結合を研究対象とするよりは，所領を外部の世界に繋げていく関連に注意を集中して，王権・教会・貴族三者間の対立と結合によって形成される構造を浮かび上がらせようとの意図が強い。本章2Aで所領の空間的配置についての研究動向をまとめた際にもそうした傾向を指摘したが，

---

(31) その後に出ている中世前期の集会に関する論文集でも，集会参加者としての農民はほとんど登場していない。P. S. Barnwell / M. Mostert (ed.), *Political assemblies in the earlier Middle Ages*, Turnhout 2003. イギリスの研究者が主力になっているこの論文集には，ヨーロッパ大陸での特定地域を舞台にした論文がいくつもあるが，僅かにスペイン北部を対象としたコストの仕事が，農民に多少言及している程度である。A. J. Kosto, Reasons for assembly in Catalonia and Aragón, 900-1200, *Ibid*., pp. 133-149.

土地取引の検討も荘園制の社会経済史よりは，むしろこうした意味での所領の国制史を志しているのである。こうした志向を象徴するのが，ペーテルス『メロヴィング期・カロリング期におけるサン=ドニ修道院領の展開』([361])である。フランク王国で巨大な役割を演じたこの大修道院が台帳系記録を伝来させなかったために，もっぱら国王文書を中心として土地取引とその確認を記載した文書史料に依拠した研究となっているが，この書物には標題が期待させるような荘園制の検討はまったく含まれておらず，もっぱら王権との関係でサン=ドニが果たした王国規模での政治的役割に視線を向けている。

C 荘園制における領民支配

ところで荘園制研究という立場からすれば，このような所領の国制史を農民の水準まで押し広げることが望まれるが，そのための中心的なテーマとなるのが領主による農民支配であり，ことにそれを明確に制度化した領主裁判権であろう。カロリング期の荘園領主が農民に対して土地所有・保有関係の次元を越えた支配を及ぼしていたこと自体は一般的に認められてきたが(32)，その具体的な様相の検討はきわめて手薄であり，その理由としては直接的な史料の不足が常に引き合いに出されてきた。この点は先行する時期にも同様で，わずかにイタリアの歴史家による発言が注目されたくらいである（前掲231－232頁）。中世初期荘園制における領主による農民支配をめぐる具体的な検討は，第3部で対象としている期間にもほとんどない。例えばアルトワの領主制を中世初期から盛期まで見通して論じたデルヴィルは，カロリング期の荘園制は土地所有・保有関係による強制と一部領民への直接的な人身的拘束に加えて，在地住民にバンに基づく領域的支配を行使しているとして，領域的支配の成立を11世紀に位置させる傾向の強いフランス学界の大勢に批判的な姿勢を示している([96])。しかし荘園領主がバンを行使していた史料的根拠として挙げられるのは勅令の一節のみで，「領主が指揮し強制し罰する権利を持たなかったなどと，実際どのようにして想像できようか」(Ibid., 487-488)との，理論的要請を述べてい

---

(32) 森本芳樹『西欧中世経済形成過程の諸問題』木鐸社 1978年，344－345頁．

るに留まっているのである。またフランス中部と西部を舞台に8－11世紀における在地権力の実態解明を目指した論文集で，ブリュアンとピショとの仕事が，カロリング期における所領の基盤が土地所有のみではなく権力行使であったことを，文書史料に依拠してきわめて説得的に論証している（[55]104-122；[366]92-99）が，領主の農民に対する挙動の実態が解明されているわけではない。

　こうした中で例外をなすのが，イタリアについて出されている領主裁判権についての二つの仕事である。その第1はアンドレオッリによる「中世初期ルッカ地方における領主裁判権」[10]であり，イタリア特有のリヴェッロを代表とする農地契約文書についての該博な知識（これについてのアンドレオッリの仕事は[11]として集成された）の上に立って，次のように論じている。ルッカ地方などトスカナの農地契約できわめてしばしば登場する«justitia»という語は，当初は耕作者による土地所有者への支払の総称として用いられていたが，9世紀初頭からは領主による強制権能を示す語と等置され，しかも司教座都市など教会領主の本拠地，在地の領主館，教区教会のいずれかに年に3度まで出頭するという義務規定を伴うようになって，明確に領主裁判権を意味するようになってくる。その重要性は，司祭など聖職者が保証人となって教会領主と農民の間で集団的に交わされるいわゆる「仲介リヴェッロ」livello intermedio で，地代収取が保証人に委ねられるのに対して，裁判権の行使は常に領主の手中に留保されていた点に明白に表れている。また農地契約にある条項への違反が罰金によって取り締まられるのが通例であった点からも，この領主裁判権が土地所有・保有関係を大きく越える広い範囲での強制権力であったことは明らかであるという。こうしてアンドレオッリの論文は，ルッカ司教座教会など大教会領主の所領が備えていた領主裁判権の意義を高く評価しているが，それが中世盛期領主制に捧げられた論文集への寄稿であることからも予期できる通り，11世紀に世俗領主が進出して確立する在地領主制の根元を，その孵化期である9－10世紀に探るという視角が何としても強い。これに対して第2の仕事であるブーガール『8世紀末－11世紀初頭イタリア王国における裁判』[48]は，同じ時期での裁判制度の一環として領主裁判権を論ずるという視角に立っているが，カロリング王権のもとで十分に機能していた公的裁判の研究が書物の大半を占めていて，領主裁判は刑事裁判とい

っしょにして「二つの陰の部分」deux zones d'ombre に入れられており，わずかな紙数を与えられているにすぎないのである (*Ibid.*, 253-269)。そこでは領主裁判権が実存して行使されていたことは農地契約文書からも確実であるとして，アンドレオッリと同様な文言をより広い範囲から引用しているが，その実状が把握し難いのは，公的裁判での審理で領主が主要な決定参加者となる形で領主裁判権が行使されたためであろうとしている。

領主裁判権と並んで荘園制での農民支配に密接に関連するのが，不輸不入特権の実態である。これについても英語圏の歴史家による鋭い問題提起もあって最近盛んに議論がされているが(33)，中世初期の領主・農民関係に注目されることはほとんどなく，それもあって文献目録には，フォーエーカーによるフランク王国での不輸不入特権展開についての論文（[161]）を収録するに留めた。ここでは不輸不入特権授与が公権力を解体させたという伝統的な見解と，それがなお全面的に機能している公権力機構の整備であったとする最近の主張とを両極に置いて，その中間で実態を探ろうという意図のもとに，次のように論じている。7世紀から広がる不輸不入特権授与は王権に属していた裁判収入を教会に帰属させるという内容で，権力行使という点では限定された射程のものであったが，この収入は特権を与えられた教会組織によって絶やすことなく維持されなければならない灯明の費用にあてられるとされていた。灯明維持という教会の公的義務は当時の経済状況では相当な支出を意味しており，従って不輸不入特権は王国の権力編成にとってはそれほどの影響を及ぼさなかったが，教会経済のためにはきわめて有利に働いたのだという。こうしてフォーエーカーによって不輸不入特権が突如として経済史の分野に登場してきたのであるが，それは農民層をも視野に入れた所領の国制史とは程遠い地点なのである。

---

(33) 最近話題を賑わした書物として，B. H. Rosenwein, *Negotiating space. Power, restraint and privileges of immunity in early medieval Europe*, Manchester 1999 がある。

第3章　荘園制の地位と研究の展望

1 「対話的研究」の進展

　先行する第1部と第2部とでは，最近における中世初期農村史研究盛況の最も重要な要因を，メロヴィング期の奴隷制的小所領からカロリング期の古典荘園制的大所領への展開を主たる内容とする「荘園制モデル」が練り上げられて，それを軸として農村世界の動態が解明されてきたことに求めていた。ただしそうした方法がヨーロッパ学界を席巻しているというには程遠く，ことに領主制を急速に確立させたという「紀元千年の変革」以前の農村では，独立農民とその共同体が基本的構成要素をなしていたという，私が「自有地モデル」と呼ぶまったく対極的な見方も強く主張されていることをも確認していた。そして特に第2部末尾では，異なったモデルによる二つの潮流の間での対立が時として堅実な作業の進行を阻害する傾向があることに鑑みて，両者の間の対話を通じての研究を推進するよう提唱したのであった。それは「荘園制モデル」を主たる道具とする研究者は，その典型的な舞台であるヨーロッパ北西部について独立農民とその共同体とが活動した局面に従来よりも強い関心を向け，逆に「自有地モデル」を使う研究者は，その主たる研究対象であるヨーロッパ南西部において紀元千年以前の領主制・荘園制にもっと注意を払うべきだというのである。その後の研究動向の中でこの提唱が生かされたなどと言えば，まったくの我田引水であろう。けれども最近での研究の進展のうちで，二つの見方の間での不毛な対立が客観的には陰を潜め，いずれのモデルもが生かされる方向で研究成果が蓄積されてきているように思われるのであって，以下ではそうした様相を見ていこう。

A 領主制説と共同体説の対立
　ここ第3部で扱っている時期での中世初期農村史研究で生み出された成

果のうちには，まさに百家争鳴とも言うべき多様な観点が表れているが，伝統的な領主制説と共同体説との対立という点から見ると，確かにその一方を強く押し出した仕事も多い。ことに中世社会経済史のあれこれの問題を扱いながら，領主の主導力を重視してそれが最もよく発揮される荘園制という場の重要性を，議論の余地なく前面に押し出す場合がしばしば見られる。例えば前掲の奴隷制に関するハンマーの書物（[218]）と女性非自由人についてのオーベルマイヤーの書物（[346]）とが，荘園制をほとんど唯一の考察の場としているのは，隷属的労働力の研究としては当然のことであろう。しかしカロリング期の社会保障という珍しいテーマを取り上げたシェルナーも，勅令という王権による施策を示す史料を用いながらも，視野を荘園制に集中してしまっているのである（[415]）。

　けれども農村史における伝統的な学説対立を意識して書かれた仕事もあり，それらで目立つのはむしろ，領主制説に反対する立場から荘園制の役割を相対化しようとする論文である。シュタムの二つの論文がそうしたものの典型であり，まず土地所有・保有関係に目を向けて農民経営が強い独立性を確保していたことを強調し（[430]），ついで領主経営に視野を移して賦役労働による荘園制が非合理的な組織であったと主張している（[431]）。さらによくある議論は，あれこれの場所を対象としてそこに荘園制が発達していないことを検証しようとするもので，典型的なラペッティの論文は９－10世紀ミラノ地方の教会関係文書史料を分析して，これらで言及される約60カ所の定住地で荘園と呼べるのはおよそ四分の一程度だと断じている（[376]19-27）。また佐藤はサン゠マルタン（トゥール）修道院領での８世紀末－９世紀初頭の土地貸借文書から７世紀末の会計文書に遡る史料分析によって，この修道院領が荘園制的構造を示していなかったとしている（[413]）。ラペッティの論文ではそれでも領主直接経営の労働力を扱って，奴隷的非自由人による保有地形成の不在を検出する（[376]27-34）など，「荘園制モデル」との対話の素材は見出されるが，こうした型の仕事はたいていの場合には，荘園制と呼びうる土地所有・経営に重点を置いた領主制の単位が量的に限定されていたという確認に留まっている。

　さらに以前から共同体説の論客として注目されてきたフォルラートによる「共同体的法形成における荘園制の役割。ヴェルデン修道院領とルペルツベルク修道院領の例による分析」（[476]）となると，通例は「荘園制モ

デル」を支えてきた所領明細帳を使ってこれを批判する強い論調であるだけに、より詳しく紹介する必要があろう。中世初期の古典荘園制から中世盛期の地代荘園制へという図式で、中世西欧農村の展開をもっぱら荘園制の動向から説明しようとしてきた伝統的な学説への疑問から出発するフォルラートは、実際に農民生活がどこまで荘園制によって規定されていたかを考察すべく、9世紀末と12世紀末の台帳系記録を分析している。そのうち前者がドイツ北西部に広く分布する所領を記載したヴェルデン修道院所領明細帳であり、その中から従来の研究史で重用されてきた古典型所領のフリーメルスハイムの章(34)を取り上げるのではなくて、ドルトムントに住むアルノルトと呼ばれる自由人に関する記述を手がかりとしているのである。それによればこの人物は何カ所にも散在していた保有地から若干の貨幣貢租を納付しているだけで、ヴェルデン修道院の領民ではあるが他の領主からも土地を保有している可能性が大きく、その生活圏はヴェルデンの荘園制とは大きく食い違っていたはずだという。そうした状況はこの史料で四分の一フーフェ程度しか保有していない者の場合にはことに確実で、これらは別の所領にも所属するばかりでなく、自有地を保持していたことも十分に考えられる。こうして明細帳に記載されているヴェルデン領とは、250マイル平方という広い範囲の内部で450カ所くらいに分散した雑多な土地の総体であり、その保有農民たちはそれとはまったく異なる生活の枠組を持っていたとフォルラートは主張する (Ibid., 190-193)。ついでこの枠組は何かと問う彼女はイギリス学界の研究成果に目を向け、ことに中世初期における共同体の役割を前面に押し出したレイノルズの業績(35)に注目して、これを「隣人共同体」Nachbarschaftであると規定する (Ibid., 193-197)。そしてそれを最もよく分析した例が、W. デイヴィス『小さな世界。中世初期ブルターニュにおける村落共同体』([84])であるとして、これを参看しつつ隣人共同体の機能を外部の権力が原則として立ち入らない口頭の世界での紛争解決機能というように規定していく (Ibid., 199-205)。こうして

---

(34) R. Kötzschke (ed.), *Die Urbare der Abtei Werden a.d. Ruhr*, A. *Die Urbare vom 9.-13. Jahrhundert*, Bonn 1906, pp. 15-20.

(35) S. Reynolds, *Kingdoms and communities in Western Europe 900-1300*, London 1984.

フォルラート論文では，中世農村における荘園制の支配という領主制説に真っ向から自己の共同体説が対置されているだけで，残念ながら「対話的研究」の方向はほとんど考えられていない。

　こうした論戦的な共同体説の主張は，考古学者にも見られる。例えばすでに第1章1で取り上げた定住・景観考古学の仕事のうちには，フランコヴィック／ホッジェスの書物（[164]）のように，歴史家によって取りまとめられている領主制説的な描写と説明に反撥して，6－7世紀からイタリアでは定住形態展開の主導力が独立農民の共同体であったと強く主張しているものさえあり，ヨーロッパ北西部について中世初期における定住の集中と組織化を強調しつつ，それが領主制・荘園制の展開と一体となっているという考え方をとりながら，けっして論争的にはなっていないヘイムロウの書物（[215]）とは，肌合いが大きく異なっているのである。

　こうして共同体説の側からは領主制説の拒否が目立つのに対して，特に注目したいのは，中世初期農村の領主制的規定性を前提とする立場から，領主による支配が具体化する形態の多様性を強調しつつ，古典荘園制がその必然的な形態であったと考えないばかりでなく，領主支配が必ずしも土地所有・経営のまとまった単位としての荘園制を主たる基盤としない場合があったことさえも認める，そうした柔軟な議論が展開されていることである。まず中世初期における荘園制の優越が議論の余地なく前提とされやすいドイツ学界で研究の中心に位置してきたゲーツの場合を見てみると，東フランクでの社会経済構造を封建制と捉える論文では，その基礎が荘園制によって与えられていると当然のように考えており，それが封建制の「国家的性格」の基礎となっていたという表現のうちには，その領主制説的な立場が端的に表出されている（[190]）。しかしドイツ学界でこのゲーツこそは，最近における荘園制研究の隆盛のうちで，ザンクト＝ガレン修道院領など古典型を示さない所領形態の解明（[183]）に尽くしてきた第一人者なのであり，中世初期荘園制の全ヨーロッパ的な比較史の可能性を探った最近の論文（[191]）では，「荘園制」Grundherrschaft の備えている支配関係，組織形態，及び経済様式などの諸側面に留意して比較検討が行われるべきだとしている。しかもそうした観点からすればフランス南部やスペイン北部のようなしばしば独立農民の世界とされる場所でも，荘園制の特有な形態があったのではないかと問うことができるというその見解（Ibid.,

74-75）からしても，ここでゲーツの理解する荘園制が土地所有・経営の次元に限定されない広がりをもっていたことは明らかである。他方で中世初期における荘園制展開の限界が広く認められてきたイタリア学界で，それでも古典荘園制の歴史的意義を最も強く主張する立場にあるパスクアリは，領主直領地・農民保有地・賦役労働という三つの要素をもって明確に定義できる荘園制が優越的であったと確信しながらも，イタリア全体としてはその不在地帯も広く存在したことを認めている。しかも，荘園制の中でも多様な形態が識別しうるだけではなく，通常それが形成されなかったとされる場所でも実は開拓所領のような萌芽形態が検出できると考えているのである（[355]）。そしてこのような「荘園制モデル」のきわめて柔軟な適用という態度は，中世初期における農村住民の多様な存在状況を論じたその論文（[356]）にも，同様に表れている。

　さらに中世初期史料での «villa» の語義についての最近の議論のうちにも，多くの研究者が領主支配の形態的多様性に留意することによって，実質的に「対話的研究」の方向に進んでいる様相が見て取れる。この約10年間では，ローマ期国家の中世初期への連続という強い主張を持つマニュ＝ノルティエとそのグループによる論文集（[291]）に，«villa» についてのいくつもの論文があったばかりでなく，多くの仕事で «villa» が必ずしも荘園を示さないばかりではなく，領主支配の場を意味しない場合も多いとされてきた。ごく最近では「荘園制モデル」の創始者であるフルヒュルストもデクレルクと組んで，シント＝ピーテル修道院（ヘント）領についての史料で «villa» が荘園を指すのは，その普及政策をとっていたカロリング王権のもとで作成された記録に限るとしており（[88]），またアルプス寄りの山岳地帯においてさえ荘園制が上から強力に創り出されていったと見るゾンレヒナーも，«villa» が荘園を指示するのは王権と教会領主がその形成政策を促進するために作成した記録においてのみであったと考えている（[424]）。さらに興味深いのは，特定の場所での «villa» の具体的な意味を探ってそれが古典型の荘園制ではないことを強調しながらも，9−10世紀にそれでもこの語が領主支配が行われる場を指示していたとするブリュアンの二つの論文である。まず「カロリング期のヴィラは所領か」（[54]）という印象的な題名の論文では，フルダ修道院領ハンメルブルク，サン＝ブノワ＝シュル＝ロワール修道院領ペレシィ＝レ＝フォルジュ，及びサン＝マルタン（トゥール）

修道院領クールセイという，もともと王領に属した三つの大所領を土地取引文書によって検討する。その結果，«villa» がこれらの大きな単位ばかりでなくより小さくて下位に位置する在地領主たちの支配領域をも指しており，それぞれにおいて修道院以下複数の領主が土地領主制とバン領主制のいずれにも属する多様な権限を行使していることを確認する。取り上げた3所領ともに古典学説で言われたような荘園でもなければマニュ=ノルティエ流の行政区域でもなく，きわめて多様な土地と領民を内包する支配領域であったというのである。もう一つの論文は，オータン地方のロワール河寄りの一帯に8世紀から一貫して多数存在している土地取引文書を対象としており，前半部が「カロリング期文書でのヴィラ」（[55]114-122）の分析にあてられている。ここで «villa» が指しているのは先行論文でのような大所領ではないが，比較的小規模なそのように呼ばれる多数の領域を舞台に，修道院などの上級領主から聖職者を含む在地の有力者，さらには領主役人までも含み，裾野は自有地農民に連なっていく多様な構成の社会上層部が，土地と権力を分け持って支配を繰り広げている状況が描写されている。ここには古典荘園制の姿が見られないばかりでなく，土地経営に重点を置いた荘園制の影も薄いけれども，土地所有を重要な基盤とする領主制は広く存在しているとされるのである。ところでブリュアンの第2論文は，『8-11世紀フランス中部=西部における在地諸権力。確立と行動手段』という論文集に収められ，中世初期から盛期への移行過程を在地社会構造の深部から解明しようとする研究計画の一環を成しているが，同じ書物にはメーヌとブルターニュとの境界地帯を舞台に8世紀から12世紀までの «villa» の性格を論じたピショの仕事も収められており，そこでは「中世初期における権力行使」（[366]92-99）と題される項目で，土地所有を基礎とするが荘園制と呼べるほどの土地経営の実態を示さない «villa» が，それでも多様な層を成す領主支配の場となっている様相が示されているのである。ピショには中世フランス西部の散在的定住形態（→「破砕村落」village éclaté）を検討した書物がある (36) が，この論文では教区教会を中心に進行する定住展開に領主層が適応したことが強調されており，その考え方を

---

(36) D. Pichot, *Village éclaté. Habitat et société dans les campagnes de l'Ouest au Moyen Age*, Rennes 2002.

色分けすれば共同体説ということになろうが、それでもこのように中世初期における領主制の浸透とその多様な形態を十分に認識しているのである。

B 地域研究の進展

以上見てきたように、ここ約10年間の中世初期社会経済史研究では領主勢力主導的観点がそのまま表出されている仕事も多く、また農村史研究で農民層規定的な視角を強調する論者のもとで、「対話的研究」からは著しく離れた一方的な論調が見られたことも事実である。しかし領主制説に拠る中世史家たちは領主支配の形態的多様性を強調するのが通例で、古典荘園制がそれほど普及していなかったり、あるいは不在である場所が検出されうるのはもちろん、およそ荘園制の名に価する組織が欠如する場合さえ描写されているのである。こうして1990年代初頭まで目立った領主制説と共同体説の真っ向からの対立は、最近の個別研究では後景に退いてきていると感じられるが、そうした傾向をさらに明白に示しているのが、領主と農民とのいずれにも配慮しなければならないはずの地域を枠組とする総合的な研究であり、「荘園制モデル」と「自有地モデル」との共存の可能性はそこではより大きく表れているように思われる。

(1) アルプス・ピレネー山岳地帯

出発点として、アルプスとピレネーの山岳地帯についての三つの地域研究を見てみよう。まず取り上げるのはカイザー『中世初期（5世紀末－10世紀中葉）のクールレティエン』([244])で、社会経済史にあてられた章が「中世初期における定住、荘園制と社会構造、経済」(*Ibid.*, 173-228) と題されていることからも察せられるように、ライン河最上流のこの山岳地帯を荘園制によって基調を与えられていたものとして描いている。ことに興味深いのは、司教テロによるディセンティス修道院への765年の遺贈文書による所領の地誌的再現であり、いかにも荘園制の発達がありえないような渓谷沿い山並みの中腹で、中心的な領主館の他にも小規模城塞や私有教会堂を含めて複数の所領拠点を持ち、耕地やブドウ畑など多様な地目を含む領主直領地と農民保有地を道沿いに散在させている様相を図示しているのである (*Ibid.*, 215)。加えて842-843年作成の「王領明細帳」Reichsurbarを素材に、王領にも同様な所領構造が支配していたと見ている (*Ibid.*, 208-211, 214-216)。ここで用いられる「徹底的に構造化された経済組織を伴う

複合的所領」Grundbesitzkomplex mit einer durchstrukturierten Wirtschaftsorganisation というその表現からは，カイザーがドイツ史学に根強い領主による上からの主導という見方をとって，ここに荘園制の支配をごく自然に想定していることは明白である。もしそうでなかったら，「王領や教会領と並んで，疑いもなく様々な規模の自有地も存在したが，それについての史料はもっとずっと希少である」(*Ibid.*, 211) として，現在の学界で焦点となっている問題について 3 行で済ませてしまうことなどはありえなかったに違いない。

　これに対して対象とする地域こそ北部スペインにあってイスラム圏と境を接する離れた場所ではあるが，同じような山岳地帯を完全に「自有地モデル」によって描こうとしたのが，ラレア『5 世紀から11世紀のナヴァラ。定住と社会』([269]) である。著者はスペイン人であるがボナッシーの序文が付されており，その指導によるフランスでの学位論文となった大著である。広い時代幅を取って 4 篇構成で書かれているが，「ローマ帝国末期から 8 世紀まで」から「前封建期（9 世紀から11世紀初頭）」を扱った後に，「旧秩序の解体（1035年ころ－1076年ころ）」と題して，短期間に進行した変動で封建制が成立したという観点を強く押し出し，続けて「封建制ナヴァラの二面（11世紀中葉－12世紀中葉）」において，その成果として生まれた社会構造を旧来からのキリスト教徒支配圏と新たに征服された領域とに分けて論じている。このように「紀元千年の変革」論のチャンピオンである師の考え方を受け継いでいるのは，かつてスペイン学界で唱えられていたバスク人種族社会から封建制への直接的移行という議論と，最近しばしば主張される繁栄したローマ的古代末期から中世への連続という主張とのいずれをも返上して，ナヴァラ封建制の形成をヨーロッパ学界の現在の水準のもとで跡づけようとの意図であり，メリハリの利いた筆致によるフランス的な地域研究の優れた例となっている。ここで重要なのは当然前封建期とされる第 2 篇（*Ibid.*, 161-337）だが，そこではまずこの時期に進行した農業成長と農村開発が描かれた後に，王権・貴族・農民三者の諸関係として社会構造が再構成される。9－10世紀の国王は古代的な仕方で軍事と裁判とを統括して公権力を有効に行使しており，«seniores» と呼ばれる高位者はまったく公職を委ねられた存在であった。これに対して社会の基礎は大半が自有地農民によって形作られており，それらの共同体が開発の主

体となって成長の果実を享受していた。農民上部には «boni homines» と呼ばれる有力者層が析出されていたが，これらも王権が農民共同体との直接関係において行使する公権力の末端に参与していたのである。そして世俗貴族は王権と農民共同体との間にあってある程度の大土地所有を広げてはいたが，農民からは軽少な貢租を徴集しうるのみで，これを労働力として動員することなどはまったく不可能だったここでは，荘園制が存在する余地はなかったという。

ここでラレアの書物が優れた業績であることを認めるのに吝かではないが，本書の課題に即して見る限りでは，それが「荘園制モデル」の全面的な無視（文献目録にはフルヒュルストもドヴロワもなく，ドイツ語文献も見当たらない）を当然とする観点を貫いていることが，9－10世紀ナヴァラにおける荘園制の全面的不在というその結論に導いたのではないかとの疑問を禁じえない。著者が少しでも積極的に荘園制的・領主制的な要素を追求していたならば，それがここで優勢だったということにはならなかったであろうとしても，少なくともそうした方向を示すいくつかの事象を検出しえたのではないか。というのもこの書物では，中世初期農村構造の分析が実質的に教会領を考慮することなく行われているからである。すなわち9－10世紀を扱った第2篇での大土地所有を論じた部分は，「紀元千年前後での貴族による土地所有とその諸問題」という章 (*Ibid.*, 281-301) に入っており，「大土地所有拡大の阻止要因」(*Ibid.*, 295-296) という一般的な標題の項目はあっても，教会領は完全に無視されているのである。もちろん中世初期ナヴァラにはアルプス以北と同様な教会組織があり，本書でもパンプローナ司教座教会やレイラ修道院などの有力な教会組織がしばしば登場する。例えばピレネー寄りの渓谷地帯での開発の舞台としては，修道院領が頻出している (*Ibid.*, 183-199)。しかもこの書物で史料を総覧している箇所では，9－12世紀における文字史料の大半は，教会組織に伝来してしばしばカルチュレールに収録されたものだと書かれている (*Ibid.*, 24-25)。フランク王国中心地帯では荘園制研究の主たる舞台である教会領を，史料が存在するにも拘わらずそのものとして考察していない点からしても，ラレアによるナヴァラでの荘園制不在という議論は割り引きして聞かれなければならない。例えばレイラ修道院への所領寄進を伝える991年の国王文書には，農業賦役が他の諸賦課と並んで記載されているという事例も言

及されており（*Ibid*., 240-241），ますますそうした感を深くする。ラレアは研究史を振り返りながら，スペイン北部における封建制をロワール＝ライン間で形成されていた典型的形態からの大きな偏倚を含む特殊型とする見解と，むしろそれこそが典型的形態として早くから全面的に展開していたとする見解との対立を止揚すべく，ナヴァラの史料を精査して対話を組織していくことを自らの課題としている。しかしながら，「それはイベリア封建制の独自性という問題を，南欧全体での比較という展望のもとに置くことである」（*Ibid*., 22）と述べて，古典荘園制の本場となっている地帯との比較を排除しているのであって，そのために対話の射程が大きく限定されてしまっているのは残念である。

このようにアルプスとピレネーにかかる山がちの地帯で，それぞれ領主ないし農民の優先という観点のみを押し出すところから生み出されたこれら二つの対立的な農村像のみであれば，「対話的研究」の進展という私のここでの強調点は不可能であろう。しかしながら，やはり山岳地域の研究であるアルベルトーニ『司教の土地。中世チロル（9－11世紀）における権力と社会』（[3]）が，これらのいずれとも異なった見方を提示してくれているのである。これはカイザー同様アルプス東部を扱っているが，クールレティエンより東南にあってブレンナー峠を南に越えたイタリア＝オーストリア国境地帯が対象で，扱われている時期にはバイエルン大公領に入っていた。政治的帰属の変遷によっていくつもの観点から歴史が描き直された地域であり，それもあって著者が研究史に大きな注意を払っていることが本書の最大の長所であろう。主たる史料はブレッサノーネ司教座教会の寄進帳であるが，その史料論にもアルベルトーニは独自な貢献をしており，10－11世紀にわたって各司教の死後すぐに在位期間中の寄進文書がまとめて一つの小冊子に筆写され，それぞれに様々な改変が加えられていたものが17世紀になって年代順に2冊に装丁されたという，作成と伝来の珍しい形が明らかにされている（*Ibid*., 62-79）。そしてこうした史料によって司教領を主たる対象としたこの書物は，中世初期のチロル社会で荘園制の展開が始まってはいたが，なおそれは著しく弱かったと特徴づけているのである。すなわち世俗有力貴族の勢力が弱かったここでは，カロリング朝とオットー朝の帝国政策に忠実な司教座教会を初めとする教会組織の大土地所有が9世紀以降顕著に拡大する。しかしそれが古典型をモデルとして経営

されるのは例外的で，広範に存在していたマンス＝フーフェも大半が独立農民に属しており，自有地保持者が自己の土地を耕作する形態がなお優勢だったというのである。

このように同じような山岳地域を検討しながら荘園制に関してはカイザーともラレアとも異なる中間的な像が描かれえたのは，アルベルトーニが最近の荘園制・領主制の研究動向に十分注意を向けているためであるに違いない。すなわちその書物には「曖昧な概念：領主制」という節（*Ibid.*, 115-127）が設けられており，フランス，ドイツ，及びイタリアにおける19世紀まで遡った学説史の検討に捧げられているのである。アルベルトーニの理解では「紀元千年の変革」論の評価が著しく高く，その代表者であるボワをフルヒュルストの学説を極端な形ではあるが継受したものとするような，森本の研究史把握とは大きく異なった点が見受けられる。しかしともかくフルヒュルストの寄与を「コペルニクス的転回」と呼びながら，中世初期農村を「領域の用益と支配との多様な諸形態が並存し，常にいっそう効果的な相互諸関係を模索して，連続した変革のうちにあった動的世界」（*Ibid.*, 123）として描き出したことをその最大の功績としており，そうした認識の定着こそが現在の研究水準であると説いているのであって，それこそがカイザーの静態的見方とも，ラレアの動的展開を紀元千年以降に押しやっている議論とも，異なったイメージを打ち出すのに力あったに違いないのである。確かにこの書物の現在の内容では，「荘園制モデル」が古典型の例外的・過渡的性格という点に力点を置いて理解されているため，それを中世初期チロル農村に適用する手がかりがなお明白ではない。しかしアルベルトーニは同時に «servi» あるいは «mancipia» として言及される非自由人労働力に注目しており，前述の通りこれらを奴隷と規定しつつ実態を追究しようとしているのであって（*Ibid.*, 209-213），小所領と在地共同体についての素材が見出されるならば「荘園制モデル」との接点も大いにありそうである。

（2）ブルターニュ

他の地域を枠組とする研究に目を向けると，荘園制の規定性がほとんどないか，あるいは著しく弱いとされる場所をめぐる業績が目を引く。その典型として最近の農村史研究で一つの焦点となっているのがフォルラートも引き合いに出していた（前掲314頁）ブルターニュであり，本書第2部第

第3章 荘園制の地位と研究の展望　　323

　3章2での展望においても，中世初期に荘園制形成がほとんど見られない地域としてこの地方を比較研究の対象とすることを期待していた。そしてこの約10年間にはトネール『ブルターニュの誕生。8世紀末から12世紀末までのブルターニュ南部の歴史地理と社会構造』([447])が出されたのであるが，空間組織と社会関係に関する豊富な記述にも拘わらず，残念ながらここで直接に役立つ度合はそれほど大きくない。それはこの書物がブルターニュをカロリング世界に編入した9世紀の変化を積極的に捉えながらも，土着支配勢力としてのマシテルンや伝来的土地単位としてのランなどが代表する古い農村構造が頑強に存在することを強調するのみで，「凝集力を持った荘園制は形成されなかった」(*Ibid.*, 131)との簡単な指摘に留まっているからである。

　幸いなことに中世初期ブルターニュ農村史にとってきわめて重要なルドン修道院のカルチュレールがファクシミレ版で刊行され，それに付された解説と分析のうちに社会経済史を対象とするシェドヴィルの論文([69])があって，荘園制の不在という同じ結論に至る筋道がより綿密に論じられている。11世紀後半のこの文書集成にはカロリング期(大半は9世紀後半)の文書約280通が含まれており，その多くが寄進など土地取引に関わる史料として，ケルト的世界へのフランク文化の進出拠点であったこの修道院が，不輸不入特権に守られながら行った土地集積を跡づける貴重な素材となっている。しかしその所領内外の住民の大半は自有地を保持する独立自由な農民であり，それらはランと呼ばれるマンスよりはずっと広い土地単位を耕作していた。定住は散在的であったが，これら農民はプレブスという明確な境界を持つ共同体を形作っていて，それは同時に教区共同体としても機能していた。司祭とは別に共同体はそれぞれマシテルンと呼ばれる首長を持っており，これは裁判を主宰し公租公課を徴集するなど公的権能を果たしていた。マシテルンのうちには複数のプレブスを統括したり，それらにまたがって土地を集積する者もいたが，なお軍事的権能は備えておらず，あくまでも共同体の第一人者であるにすぎなかった。こうした自有地農民とその共同体がブルターニュ大公との直接関係のもとで社会の骨格を形作っている限り，9世紀末になってもルドン修道院周辺で見られる荘園制・領主制は，まったく萌芽以上のものではなかったというのがシェドヴィルの見解である(Ibid., 27-38)。そしてルドン修道院のカルチュレール

には10世紀の史料がきわめて少なく，990年代から1150年代にかけてはおよそ100通の文書が含まれているのであるが，後者のうちには世俗貴族を担い手としてバン領主制が発達した姿を見せてしまっている (Ibid., 38-47)。こうしてこの貴重な文書集成は，9世紀末からブルターニュで領主制が拡延していく過程を追跡する材料を含んでおらず，残念ながら今のところでは「荘園制モデル」を参照した検討の余地がないということになっているのである。

(3) イタリア (プーリア, アレッツォ, アブルッツォ)

　第3部が対象とする期間で地域研究の成果がことに目立つのがイタリアであり，いずれもトゥベールが指導した学位論文3篇が，それぞれ「荘園制モデル」を活用しながら荘園制の限定された存在を検証している点で注目される。これらのうち最初に出版されたのはマルタン『6世紀から12世紀までのプーリア』 ([300]) であり，イタリア半島最南部のアドリア海側の地域を対象としている。ここは中世初期にはランゴバルドからビザンツの支配に移ったので，厳密にはフランク王国の版図という本書の範囲に入らないはずであるが，トゥベール学派の有力な作品として取り上げておきたい。この書物は10世紀から12世紀の間に生じたという防備集落の形成を軸とした社会経済全体の構造転換に主たる関心を向けているが，それに先行する時期での農村構造にも注目している。それによれば9世紀になお公権力が優越していた社会体制の基礎としては中小土地所有が支配的であり，活発な土地取引によっても君主と教会のもとで一体性を備えた大土地所有が広がることはなかった (Ibid., 176-192)。この点を確認した上でマルタンは，「土地経営諸構造。所領類型論の試み」 (Ibid., 193-210) という項目を設けて，《casa》と呼ばれる農民保有地単位の成立，奴隷の上昇に伴う賦役労働の存在，海岸部教会領での賦役労働や遠距離運搬を伴う荘園制の成立などの現象を検出しながらも，君主領でさえも未開発地が圧倒的であったここでは荘園制の重みがずっと弱い上に，その最も発達した形態は欠けていたと述べている。なおマルタンは本書の直後に「ランゴバルド支配下南部イタリアにおける荘園制」 ([302]) と題する論文を出して，同じ結論を確認しているが，その理由としては，北方のマンスに当たる農民保有地の成立が遅かったこと，奴隷制がより遅くまで存続していたこと，さらに未開発地が広大で荘園制が果たしうべき経済的役割が限定されていたことの

3点を挙げて,「荘園制モデル」をいわばネガの形で使っているのである。

ドリュモー『715年－1230年アレッツォの空間と社会』([90]) が取り上げたのはトスカナの都市であるが,広く周辺農村部を包含する視野によって本格的な地域研究となっている。時代幅はここで取り上げる3冊のうちでは最も広いが,やはり関心は11世紀からの包括的な構造変化としてのインカステラメントに向けられており,ただここではその過程でコムーネとして確立された都市アレッツォが中心に据えられている点が特徴である。けれどもドリュモーは,防備集落によるバン領主制の拡延が一挙に封建制を作り出したとは考えておらず,それ以前にも社会全体を捉える階層序列が存在したことを強調する (*Ibid.*, 1406-1407)。その検討の重要な部分が「農民,土地,領主」と題される章 (*Ibid.*, 79-187) であり,そのうちには「«curtis» と荘園制」という節 (*Ibid.*, 133-161) が設けられている。けれどもそこで材料となる史料の大半は11世紀以降のもので,確かに領主直領地と農民保有地との比率とか貢租形態での現物と貨幣との関係といった荘園制をめぐる典型的な問題の検討はあるものの,インカステラメントの歴史的前提となる荘園制が土地所有に加えて人身的支配をもって構成されていたという重要な指摘以外には,中世初期に関する言及が見当たらない。ここでの考察は9世紀大土地所有・経営の描写というより,むしろ中世盛期領主制の構造分析である。

フェレール『中世のアブルッツォ。9－12世紀中部イタリアにおける領域,経済,社会』([150]) となると,序論で分析の有力な道具として所領形態論を挙げ,そこで措定されている荘園制の理念型からの偏倚をもって現実を測ると述べている (*Ibid.*, 3) だけでなく,実際そうした諸問題についての具体的な言及に富んでいる。この書物が取り上げるのはアドリア海側に向いた山がちの地域であるが,ロンバルディアなど北部と比べて遅れていたフランク王国への統合を完成させるべく9世紀末に創建されたカサウリア修道院で,きわめて多数の中世初期文書を含むカルチュレールが12世紀に作成されており,この貴重な史料群が柱とされている。中心的な関心はやはり10世紀からの防備集落形成による構造転換だが,それに先行する9世紀にも詳細な考察が加えられていて,まずこの時期のアブルッツォでは農村開発が強力に進行しつつあったが,なお未耕地が優越する景観のうちで散居定住が支配的であったことが指摘される。その中で土地の大半

は有力者から農民に至るまでの手中にある自有地であったが，ファルファ修道院など外部の有力教会組織による大土地所有も確立されており，9世紀後半にはこれにカサウリア修道院領が加わる。土地所有をめぐる動向は自有地解体の流れのうちにあり，活発な土地市場を通じて自有地保持者下層が領民化することによって，上層のもとで形成された世俗領と規模を拡大した教会領とを含めた大土地所有が確立したのがこの時期である。インカステラメントはまさに，こうしてすでに階層序列化の骨格ができ上がっていた段階で，一部の貴族に先導されつつ行われることになるというのである。

　所領経営の叙述はそれほど多くはないが，荘園制の形成という観点からしていくつもの興味深い論点が示されている。まず労働力の形態では，前述のようにフェレールには中部イタリア全体について8－10世紀における奴隷制の衰退を主張した論文もあり（[153]），この書物でも奴隷の解放は進んでおり，自有地保持者が分解してもその最下層が奴隷化されるわけではなく，所領経営は自立的な農民労働力を組織する方向を取っていたと何度にもわたって指摘している（例えば [151]208-209）。また農地契約文書の分析を通じて，土地を貸与された農民の負担のうちでは貨幣・現物と並んで賦役労働が目につくとも述べている（*Ibid.*, 321-323）。その上でカウサリア修道院所在地の周辺では堅固な荘園制が構築されたと見ているが，これは領主直接経営を主体としていて保有農民の広い基盤の上に築かれてはいなかったとして，その要因をアブルッツォがフランク王国の先進地帯と比べてなお遅れた地域だったことに求めているのである（*Ibid.*, 353-354）。こうしてフェレールの構想する9世紀アブルッツォの農村構造では古典荘園制の存在と役割は限られているが，そこで描き出されている土地所有・経営の諸形態の動向には，荘園制がなぜ普及しなかったかを考えていく多くの材料が含まれていると感じられる。その点は小所領への度重なる言及（*Ibid.*, 181-184, 333-342）のうちにも見てとれるのであり，フェレールはこれを農村開発で主体的な役割を果たしつつあったと積極的に捉えていて，小所領をむしろ遅れた形態と捉える「荘園制モデル」での構想とは逆の方向での把握が，ここでの荘園制未発達の説明の一つになっていると思わせる。

（4）ライン中流地域

荘園制の農村社会への規定性が低いとの印象を与えようとする地域研究は，従来から荘園制の影響がもっと大きく考えられていた地帯についても出されており，それがすでに第2章5Bで取り上げているイネスによる中部ライン右岸地域に関する書物（[235]）である。これは『国家と社会』というその標題からも分かるようにむしろ国制史に属する業績であるが，それでも土地所有・経営についての叙述をかなり含んでいる上に，荘園制を捉える観点についてもきわめて重要な特徴を示しているので，最後に詳しく取り上げてみよう。イネスによる研究の素材はロルシュ修道院とフルダ修道院との約3000通の文書であるが，7世紀以降個別化された土地所有が文書使用によって社会的に公認されていて（Ibid., 68-77），活発な土地取引を通じて「修道院領からの影響」（Ibid., 47-50）が拡大することが確認できる。大土地所有の拡大に伴う「土地経営と所領組織」（Ibid., 77-82）について見ると，そもそもこの地域における土地所有はきわめて散在的で相互に錯綜しあっており，多少とも一円的な傾向を示すのは王領と教会領のみであった。そしてここで特徴的なのは所領形態の多様性であって，しばしば王領に起源を持つ所領が古典荘園制に組織されることはあったが，それは自由農民保有地や非自由領民を使役した経営と並存していたのである。これに対して世俗領は主として非自由領民を使役して経営されており，家族を構成して保有地も与えられていた«mancipia»と呼ばれるこうした労働力は奴隷ではないが，それに近い領民を使役していた世俗領では荘園制はまれだったとイネスは考えている。なにしろ俗人による寄進文書を抜き出して荘園的構成の所領が寄進対象に含まれている場合を数え上げてみると，その比率は1％に及ばないというのである。こうして世俗領に力点を置いてライン中流地域で荘園制が普及していないと主張するイネスは，「農村定住地」（Ibid., 105-111）の項では«villa»と呼ばれていた農村の基本的領域は荘園というよりはむしろ村落であったと述べて，別の面からそのことを裏打ちしている。

　きわめて興味深いのは，イネスが「荘園制モデル」の材料となった農村史の事実を，ライン中流地域についても見出していることである。すなわち，「カロリング期の世俗領の構造は教会領及び王領と比べてより保守的であった。大半の貴族領は常に«mancipia»とのラベルを貼られた非自由隷属民によって耕作されていたのである」（Ibid., 79）と述べているように，

自分自身がライン中流地域社会の中核に置いている所領形態を、イネスは大所領型古典荘園制より遅れたものと考えているのである。「荘園制モデル」には古典荘園制形成に先行するメロヴィング期小所領という一齣が含まれており、これこそ奴隷的非自由人によって耕作される領主直領地を主たる部面とする所領として、イネスが王領と教会領よりずっと小規模で遅れた所領形態を取っていたと考えている世俗領ときわめて近い。事実イネスはこの辺りの叙述には、フルヒュルストやレーゼナーなどを先頭とする「荘園制モデル」論者の仕事を多数引用している。ところが古典荘園制の普及度合の評価となると、それらとはまったく異なった印象を与える言説となってしまう。この書物で扱われている地域はレーゼナーのフルダ領についての論文（[393]）と部分的に重なり合っているが、古典荘園制を含めてやはり多様な所領形態の並存を描いている後者と比べれば、イネスは荘園制の展開がずっと低かったと受け取れる叙述を繰り広げている。修道院領だけを論じる論文と農村社会全体を分析する書物との間に生じるはずの現実に根ざした相違を、それは大きく越えていると思われるのであり、われわれはむしろイネスの言説の基礎に二つの特有な観点が存在していることに注意せねばならないであろう。

　第1は、カロリング期社会の主要な担い手についてである。「荘園制モデル」を使用してそれを描こうとする研究者は、確かに教会領の史料に主として依存はするけれども、それは司教座教会や修道院が王権とともに当時の社会的・文化的波頭に立っており、それらの大所領で現実化していた古典荘園制こそ領主制が志向していた理想的な所領形態を示していたと考えてのことなのである。これに対してイネスの研究しようとする中世初期ライン中流地域は、一方では王権や教会組織と結びついてカロリング王国のうちに統合されてはいくが、他方では在地に深く根を下ろし勢力を確立した中小貴族層が根幹を成している社会である。イネスの仕事の魅力は中世初期在地世俗エリートに向けられた従来よりもずっと生き生きとした関心であり、カロリング期の『国家と社会』とはまさにそれだという観点こそが、全体としての古典荘園制の低い評価に導いたと考えられる。

　第2は領主制の捉え方そのものが、イネスにあっては「荘園制モデル」論者よりはずっと政治的である。荘園制の普及には否定的な叙述をするイネスも、カロリング期の農村を自有地農民の共同体を根幹とする水平的な

社会と見ているわけではなくて、その点では「自有地モデル」によってフランス南部とスペイン北部について提示されている像とは大きく異なっている。それを明確に示すのが在地の社会関係を凝集する機構として重視される裁判集会であり、第2章5Bで見た通りこれは地域のエリートたちが主導する場として構想されていて、イネスの考えるライン中流地域の農村社会が領主による多様な支配・従属関係を含んでいることを象徴している。そしてこのように土地所有・経営の単位としての荘園制の普及していない場で領主制が広がっていたと考えることができるのは、まさに後者が経済的水準での労働力の組織化をではなく、社会的強者が与える保護とその見返りとしての奉仕を内容とする政治的関係を根幹として捉えられているからなのである。事実イネスの書物では農村での支配者が patron と、従属者が clients と書かれることが多い。ライン中流という荘園制が相当に展開していたと考えられてきた地域についてまったく逆の結論に導かれたのは、イネスに特徴的なこうした二つの観点によるのであって、それらを相対化してみれば、荘園制の展開を基調に置くがその古典型への到達度合を限定的に考えているレーゼナーなどと、農村社会の現実の認識としてはそれほど異ならないと思われるのである。

C 総合の試み

地域研究に見られる「荘園制モデル」にも「自有地モデル」にも片寄らない農村史の叙述は、最近試みられた全ヨーロッパ的な総合にも見て取れる。確かにほぼ一方の立場のみを押し出している書物もある。それはデペイロ『メロヴィング朝とカロリング朝のもとでの富と社会』([92])で、支配層による富の蓄積に関心を寄せた概観として貨幣史に重点が置かれているが、農村史の部分は「カロリング期荘園制」(*Ibid.*, 50-62)という項目を中心として完全に「荘園制モデル」によって叙述されており、逆の考え方は、「たとえ土地の売却や寄進の文書には自有地がかなり登場しているとはしても、自有地が経済面で周辺的にすぎなかったことは事実である」(*Ibid.*, 50) といった文章で片づけられてしまっている。

これに対して他の概観は農村史の専門家によって書かれていて、もっと目配りの届いた描写を行っている。まず刊行の始まった『新ケンブリッジ中世史』の第2巻として、8-9世紀にあてられた巻が1995年に出版され

たが，そこには農村史に正面から取り組んだ二つの章がある。第1はフルヒュルスト「経済組織」([469])であり，まず人口の増加傾向と農業成長とを確認した後に，「構造と経営」(Ibid., 488-499) という節を設けて，750年から850年にかけて王領と教会領に明確に姿を現してきた古典荘園制を中心に置きつつ，所領明細帳を引用しながら農村構造を叙述している。しかしそこではこの古典荘園制が現実化する局面が時間的・空間的に限定されていることが強調されており，一方ではメロヴィング期の小所領がカロリング期に古典荘園制に成長するが，すでに9世紀末に後者は衰退を開始するとされている。他方ではフランク王権の支配に遅れて入った地帯は大きく異なっており，10-11世紀に初めて本格的に形成される領主制が古典型モデルに合わない領域的支配であったことが指摘され，そうした地域としてフランスの西部と南部やスペイン北部（特にルシヨンやカタロニアではカロリング期に農村人口の80-90％が自有地農民であったとされる）とブルターニュが挙げられ，またフランク世界の外部にあったイングランドも引き合いに出されている。

　このように明らかに「荘園制モデル」に拠りながら，その適用範囲が限定されていることを意識して農村史の多彩な描写を心掛けているフルヒュルストに対して，第2のウィッカム「カロリング期ヨーロッパにおける農村社会」([488]) はそうしたモデルに依拠することはなく，750年ころから増加する土地取引に関する文書に注目して，それらのことに豊富な四つの地域を選んで素材としている。それらはウルヘル司教座教会の他に二つの修道院の文書を使えるカタロニアピレネーの山岳地域，ルドン修道院文書集が検討されているブルターニュ東部，ロルシュとフルダの大量の文書があるライン中流のディーンハイム，そしてサン=タンブロジオ修道院文書が多数伝来するミラノ近辺のコローニョである。いずれの場所でも史料を伝来させている大教会組織が勢力を扶植しつつあるが，その度合いはそれぞれで異なっており，ウィッカムは「カタロニアとブルターニュでは在地農民社会に相対的に重点がかかっていて，その点で地域の貴族がもっとずっと明確に表れているディーンハイムとコローニョとは対照的である」(Ibid., 535-536) と述べている。けれどもこの論文の後半はこれら四地域の共通性を検出する作業にあてられており，(1) 土地が細分化され変動が多くて大土地所有の一円化が困難なままに，公的権利・義務を把持する農民

の隣人関係が規定的な土地所有・保有関係，（2）散在的・移動的な複数定住核から成るが領域を確立している村落共同体，（3）教会組織を初めとして有力者が行使している公的権限と裏腹に，それらの手によって周囲に広げられている「保護関係」patronage に基づいた「支配」lordship，（4）これらの諸関係のすべてを通じて，社会的交渉の通例的な形として染み渡っている暴力，これら四つをカロリング期農村の目立った側面として描いている (*Ibid*., 526-535)。以上を総合してウィッカムは，中世初期農村では公的制度と私的関係の独特な絡み合いが社会秩序を形作っていて，なお封建的な階層や身分が横断的に確立されていないことを強調するのであり，その一環として領主制も未確立だというわけである。しかしそれが進出しつつあったことは十分に認めており，ことに貴族的な規定性が強いとする地域について与える描写は，フルヒュルストの農村像と実際上それほど違わない。ただその叙述に荘園制が前面に出てこないのには，領主による支配の性格をウィッカムが土地所有・経営という経済的次元でよりは，保護関係という政治的水準に重点を置いて捉えている仕方が強く働いていると思われる。

　このように表立って領主制説的あるいは共同体説的立場を取る論者の間で，結局はそれほど異ならない農村構造が描写されているという構図は，2001年に刊行された『オックスフォード簡約ヨーロッパ史。中世初期』に並べて発表されている，ウィッカム「社会」（[493]）とドヴロワ「経済」（[128]）との間にも見て取れる。前者の冒頭ででウィッカムは，「この章では土地所有貴族と農民とのそれぞれの歴史が対置される」（[493]59）と述べて，中世初期社会を何らか平等関係に規定されるなどとは考えていないことを明確にする。その上でまずローマ帝国末期から中世当初にかけて，国家官職を基盤とする文民的貴族から国王奉仕と結びついた軍事的貴族へと変化した社会上層は，土地所有をさらに拡大するがそれは散在的で，周辺に個別的な保護関係を広げる場となっていたと指摘する（*Ibid*., 60-72）。これに対して農民層は村落共同体を成して在地の社会政治生活で主要な役割を果たし続けていたが，内部から上下の分解を起こしつつあるばかりでなく，「強力な外部の土地所有者が在地政治を支配するようになると弱化した」（*Ibid*., 87）という。ただしウィッカムの叙述は荘園制形成に触れることなく，土地所有を基礎とする支配も必ず政治的な保護関係という形を

取るとされているのである。またここでは,「最も貧しい自由人から最も富裕な貴族まで,社会的資格の細かな段階付けから成る連続体があった」(Ibid., 90) という重要な指摘があって,紀元千年以降に制度化される封建的階級構成確立以前というウィッカムによる中世初期の特徴付けが,印象的に表現されている。

これに対してドヴロワによるカロリング期経済の章で農村史にあてられた部分は,「荘園制の展開」([128]117-120) という項目を軸に組み立てられている。しかし「中世初期の農村成長を何か一つの社会組織(荘園制,小土地所有,農民自治)と結びつけることはできない」と強調しつつ,ブルターニュやカタロニアでは農村社会の「中心軸は,自分たちの土地を持ち,大小の差はあれ自治とより緩い従属による階層序列を特徴とする農民層に置かれていた」(Ibid., 123) と指摘する。同時にフランク王国中核地帯に1世紀の間普及していた古典荘園制の有効性を疑うことはできないとして,カロリング国家の担い手である王権と聖俗大領主の政策的意図を実現する場となっていた点に,その歴史的意味を求めているのである。

最後に2002年になって出版されたフルヒュルスト『カロリング経済』([471]) となると,「農業生産」に向けられた章の前半 (*Ibid.*, 31-49) では,「古典型二分制荘園の起源」「古典荘園制への展開」「所領明細帳と台帳系記録」「領主直領地」「農民保有地(特にマンス)」「マンスの負担(特に賦役労働)」という項目を連ねて,自らが始祖となった「荘園制モデル」による叙述が進められる。しかしすぐそれに続けて「非古典型の荘園制諸形態」(*Ibid.*, 49-57) と題する長い項目を設けて,「古典型モデルから乖離する荘園制の形態と構造との年代的・地理的に規定された類型論」を展開している。ここで検討されるのは,森林の多い地帯で開発を進めながら荘園制が進展していく東部フランスのモンティエランデル修道院領,穀作地域に典型的とも見える荘園制を展開しながら古典型モデルに適合しない大規模保有地や非保有領民を抱え込んでいる北部フランスのサン=ベルタン修道院領,「進歩的・保守的経営の矛盾した諸側面」(*Ibid.*, 55) を示すライン=ムーズ間のプリュム修道院領,さらに古典型への方向は明白であるが他の諸形態の荘園制が広く見られるライン河以東とイタリアというように,一方にはともかく荘園制を中軸に置いた描写が与えられる諸地域がある。他方ではこれらと混じって自有地の優越する地帯としてのフランス南部,スペイン

北部及びブルターニュとが登場しているのである。そしてこれに続けて9世紀末には荘園制の頂点が過ぎていたとの説明が続くことも考慮するなら，カロリング期農村史を荘園制の展開を軸に据えて眺めながらも，その頂点にあった古典荘園制の普及度合を限定的に捉えるとともに，自有地の広範な存続をもそうした展開と一続きの現象と考えようとするフルヒュルストの視角が，明白に浮かび上がってくるのである。

2 研究の展望

A 小所領への新たな視角

　第2部末尾では中世初期荘園制研究を進めるべき重点的な方向として，荘園制の発展と普及の度合，小所領の機能，農村共同体の存在形態，さらに荘園制の国制における位置の四つを挙げた。そうした部面こそが，「自有地モデル」によって荘園制の役割をきわめて小さく評価しようとする見解と，荘園制をローマ期以来中世初期まで連続した国家機構の一部で公租公課の徴集単位だと見なす見解，これら二つのフランス学界でことに根強い傾向と対抗して，中世初期農村における荘園制の諸相を明確にしていく舞台となると考えたのである。幸いにもここ約10年間で，こうした部面の大半で従来よりはずっと具体的な成果が蓄積されてきた。大土地所有が進出して荘園制の拡充が進みながらも，自有地農民も含めて土地所有・経営の多様な形態が絡み合っている様相が多くの地域について描写された。ただし多様な形態のうちで小所領についての検討はそれほど進んでおらず，いくつかの仕事でその役割が注目されたに留まる。これに対して農村共同体については，考古学による定住・耕地形態の検討，在地での裁判集会への注目，領主制の発達していない地域での境界と社会組織の解明などを通じて，具体的な所見が積み重ねられている。また先行する時期の社会経済史的な荘園制研究と比べれば，大きく政治史に傾いてはいるが，土地取引が多くの仕事の対象となる中で，カロリング期における所領の国制史とでも呼べる分野が開拓されているのである。

　もちろんこれらいずれの部面においても，全ヨーロッパ的にはもちろん，それぞれの地域を場としても総合的な叙述が行われるには程遠く，そうしたものを目指して研究はあらゆる分野でさらに進めていかれなければなら

ないが,その中で最近でも解明が進んでいない小所領こそが,研究対象として戦略的な重要性を帯びてきているように思われる。そもそも小所領が,荘園制と共同体という中世初期農村史研究の二つの磁場の中間にあって,農村社会を全体として捉えようとする研究の結び目でありうることは当然であるが,最近そうした役割がますます強くなっているように見える。アルプス以北での荘園制研究ではもともと,大規模保有地やしばしば所領役人を務める有力領民の検討を通じて小所領への関心が具体化されていたが,最近では所領の国制史が展開する中で在地の有力者層が様々な形で検出されている。そして境界確認のための裁判集会への参加者の主要な部分はこうした層から構成されていた可能性が大きく,現在の研究水準では,農村共同体が水平的な連帯の場としてだけ捉えられているわけではけっしてないのである。こうした在地有力者層の存在基盤を成しているはずの小所領の解明は,「対話的研究」をさらに進めていく有力な道となるであろう。

　ここで特に注目したいのは,「自有地モデル」による南欧世界の研究のうちにも,小所領の研究対象としての決定的な重要性を示す議論が出始めていることである。まず注目したいのは,ベルトとキュルサントの編集によって2001年に刊行された『ピレネーの村落。山岳地帯定住の発生形態論』の結論を担当したボナッシーの発言である (37)。これは1997年に開催されたフランス南部とスペイン北部の研究グループによる研究集会の成果であるが,収録された諸論文の時代的対象がほぼ10世紀以降であるために,本書の文献目録には採録されていない。この書物を貫いているのは,ピレネー山岳地帯の定住形態を少数の家が寄りそった「家村落」village maisons, village casalier という類型によって把握しようとする志向 (38) であるが,

---

(37) P. Bonnassie, Conclusion, in M. Berthe / B. Cursente (ed.), *Villages pyrénéens. Morphogenèse d'un habitat de montagne*, Toulouse 2001, pp. 283-297.

(38) こうした関心から生まれた仕事として,以下のような著作がある。R. Viader, *L'Andorre du IX{^{e}} au XIV{^{e}} siècle. Montagne, féodalité et communauté*, Toulouse 2003. また以下の学位論文も2003年にキュルサントを指導教員としてトゥールーズ大学を通過しており,刊行が待たれている。E. Bille, *Seigneurs, maisons et vacants. La Cerdagne du X{^{e}} au XIV{^{e}} siècle*, Cfr, *Annales du Midi*, 250, 2005, pp. 259-262.

そうした試みの結論のうちで「自有地モデル」の始祖であるボナッシーが，特有の領主支配が存在することを強調しているのである。すなわちピレネーの渓谷でも遅くとも9世紀から人口増加と農業成長が見られるが，その成果として形成されてくる定住地は，領主によるインカステラメントによって城塞の周辺に，あるいは住民の主導力のもとで教会隣接の平和区域に生まれる集村とは異なっていて，数戸の家が集まった小規模定住であった。ここでは従来から存在していた定住地が存続して，城塞や教会がその周辺に建設されるのが常であり，定住構造化の要因はまさに家であった。しかしながらボナッシーにとってこの家とは，建物であり住居であるとともに農業経営であり，同時に国家や教会による公租公課の徴集場所でもあって，全体として一つの法人を成しており，通例の表現を使って maison と呼ばれるよりは，むしろ casal という語をあてたほうがよいという。その上でボナッシーは，「この家はこうして『家領主制』seigneurie de maison として現れるのであるが，それは首長（農民身分でも貴族身分でも，どちらでもよいが）のもとに置かれていて，この首長が同輩である他の首長たちとともに，一般に遠くに所在している公権力に直接繋がっている」と述べ，さらにそれが封建制以前からの古い存在だとしつつ，「家はそのうちに小社会全体を包み込んでいるが，それはきわめて不平等なもので，支配的な一つの家族と支配される諸家族，大きな一つの家と小さな複数の家から成っている」(39) と指摘しているのである。第2部末尾の研究展望で森本は，フランス南部とスペイン北部の自有地農民のボナッシーによる動態的把握は，そこに絶えず支配・従属関係が生み出されていたことを含意すると考え，それに注目することによって「荘園制モデル」による研究との接合を図ることを慫慂したのであったが，ここに引用したボナッシーによる発言は，「自有地モデル」の故地とされてきた場所で古くから構造的に支配・従属関係が存在していたことを強調していることになる。

　しかもその「家領主制」という規定は，太古から存在してきたという「豪族支配体制」Adelsherrschaft の基礎を家支配と捉えて，第二次大戦以後のヨーロッパ中世史学界に大きな影響力を振るったドイツの歴史家たちの言説を想起させるのであり，まったく異なった研究史の二つの流れがここ

---

(39) Bonnassie, Conclusion〔前注 (37)〕, pp. 295-296.

に接点を見出しているのである。その点でドイツにおける最近での荘園制研究の立役者の一人であるゲーツが，今後の研究を展望する中で荘園制の規定を多様な形態を包含しうるように柔軟化する必要があると力説しながら，「中世初期のフランス南部とスペインについて荘園制的構造が否認されているが，それならば，そこで『荘園制』Grundherrschaft，あるいは『領主制』seigneurie の他の諸形態が支配していただけではないかとの問いが出てくる」（[191]75）と言っているのが，きわめて興味深い。

B　若干の論点

このように，中世初期農村史研究は小所領により大きな関心を向けることで，荘園制の地位をさらによく見究めることができると思われるが，以下では今後の研究展望に関わる重要な論点をいくつか指摘することで終わりたい。

第1は研究対象としての小所領の戦略的位置とも深く関わってくるが，中世初期農村の実相に迫るためには，社会上層と下層とが貴族身分と農民身分とに分断されていて，両者の間ではまったく異なった社会意識と行動規範とが働いているという，中世史家を容易に捉えがちなイメージからますます離れることが必要であろう。中世初期には貴族層と農民層との厳密な区分が存在せず，社会の最上層から最下層に至るまでが連続体を成していたというウィッカムの議論を本章でもすでに紹介しているが（前掲332頁），さらにここではやはりボナッシーによるごく最近のもう一つの発言に注意を払っておきたい。

それはボナッシー編『南部ヨーロッパ（10世紀から13世紀のイタリア，フランス南部，イベリア半島）における封と封建制度』（この書物も同じ理由で文献目録に採録していない）への序論である [40]。これはほぼ同じグループが，かつては不完全な封建制しか存在しないとされていた南欧世界が，中世盛期にはきわめて発達した封建制によって規定されていたことを封＝知行の検討によって論証しようとした野心的な論文集であるが，ここ

---

(40)　P. Bonnassie, Introduction, in Id. (ed.), *Fiefs et féodalité dans l'Europe méridionale(Italie, France du Midi, Péninsule ibérique) du XIIe au XIIIe siècle*, Toulouse 2002, pp. 7-21.

でボンアシーはまず研究史の批判から出発して，封を示す術語を «feodum» に限定する態度，貴族である家臣による保有地のみが封であるとした見方，および封は土地財産からだけ構成されるとした視角，これら三つが絡み合って封と封建制の誤った理解を生んだとする。そして，（1）初期についてはことに «feovum» という語が重要で，これが表示する公権力による役人への職務の譲与が封の起源において重要な役割を果たしたこと，（2）11世紀中葉から12世紀末までの封建制の古典期には，確かに城塞封を典型とした貴族と騎士への譲与がきわめて重要だが，それでもその周辺にはより下層が担う職務への対価として，司祭，家人，さらには農民に与えられた封が広く存在していたこと，（3）封は土地ばかりでなく広く多様な形態の収入源を含んでおり，封与によって収入とともに権力と義務とが配分されたこと，以上3点を強調しているのである[41]。

ボンアシーのこうした議論は，社会上層での契約関係である封・家臣制度と下層での領主制的支配・隷属関係とを峻別する封建制論から離れて，社会全体を貫く譲与関係に共通な性格から封建制を規定しようとしており，実はウエーバーなども含めて以前からかなり広く行われてきた封建制を社会類型として捉える見地を，南欧をめぐる中世史研究に具体化しようとしたものである。きわめて興味深いのは，このように封建制の中世史における意義を確認しようとする議論のうちばかりでなく，最近目立つ封建制概念からの乖離のうちでも，中世社会での上層と下層との区分を相対化しようとする動向が見られることであり，そうした考え方が封建制概念無用論を唱えるレイノルズにも色濃く現れている点がそれを象徴的に示している[42]。このようにしてますます多くの史料が綿密に読み直されてきた現在の学界で，きわめて広く分け持たれるに至った貴族層と農民層との連続的把握をさらに深めることによって，小所領をめぐる研究を強化して中世初期荘園制の輪郭をさらに追究していくことが期待できるであろう。

---

(41) Ibid., 12-21.
(42) 森本芳樹「封建制概念の現在――レイノルズ女史の所説をめぐって――」『久留米大学比較文化年報』，7，1998年，55-57頁。[この論文は，森本芳樹『比較史の道。西欧中世から広い世界へ』創文社　2004年，第10章として再録。]

第2に中世農村史研究で領主支配への視角が著しく政治史的になったこと，ことにそれがここ約10年間にきわめて盛んになった土地取引の研究のうちに現れていることが，第3部の強調点の一つであった。その結果として姿を見せてきた所領の国制史という分野も，森本が第1部と第2部とで展望し期待した荘園制の国制史よりは，社会経済史的内容を著しく薄めたものになってしまっている。こうした大きな傾向自体は，そもそも経済的要因の自立性が薄い中世社会を対象とする研究において，また物質的現実の規定性にますます懐疑を強めている現在の歴史学において，必然的な現象と言うべきであろう。森本を含めて社会経済史の徒が取るべき道は，そうした傾向を拒否あるいは忌避することではなく，そこで実現されてくる多くの新しい認識を受け入れた上で，その成果をさらに社会経済史的次元で読み替えていくことであろう。荘園制が単なる農業生産の組織であるだけではなく，流通組織でもあり都市にも関わっていることが先行する時期に明らかにされているだけに，土地所有・経営組織というに留まらない荘園制のさらに別な側面が見えてくることが期待できる。もちろんそうした側面を，学界の大勢は荘園制という概念では捉えない可能性が大きいが，それならばそれで，本書ではあえて厳密な規定を施すことなく使ってきた荘園制と領主制という二つの概念の関係を検討しつつ，それぞれの柔軟化をさらに図ることが期待できよう。現在の歴史学界は全体として経済的要因の評価を著しく下げてきており，それはこのように中世農村史にまでも及んできているのであるが，領主制のいかなる形態も土地に根ざした経済的基礎を持っているはずであることを強調しておきたい。

　第3に最近のヨーロッパ学界での荘園制・領主制研究は，少なくとも量的には中世初期よりは中世盛期により大きな力を注いできている。これには「紀元千年の変革」という中世史研究の要となった大きなテーマの存在によるところも大きいが，それだけでなく文字史料の伝来量が圧倒的に大きい中世盛期に目を移すことによって，何としても史料数の少ない中世初期荘園制研究で解明できない諸点を，もっと詳細に検討したいとの志向も働いてきたに違いない。第3部での冒頭で10世紀以降に重点を置いた論文と書物は原則として文献目録に採録しないと断ったが，中世盛期を対象とする仕事ではそうしたものに中世初期最終段階の状況が解明されているばかりではなく，テーマによっては11世紀以降を検討しているもののうちに

も，中世初期農村史に深く関わる論述があることが期待できる。例えば農村景観は伝統的に遡及的方法が重視されてきた分野であり(43)，また問題の小所領も中世盛期・末期の小貴族や騎士領の研究が有力な材料を含みうる (Morimoto [319]70)。中世初期荘園制の研究は中世盛期農村史の成果を絶えず注視することによって，多くのことを学びうるであろう。

　第4として，ヨーロッパ学界における比較研究が，「対話的研究」の継続として今後ますます実り豊かなものとなることを指摘しておきたい。何としても近代国家別の隔壁が大きかった中世史研究も，最近では各国間での交流がきわめて盛んになってきており，それは中世初期荘園制の研究にも及んでいる。ごく最近この点を論じたのがゲーツの論文「中世初期の荘園制とそのヨーロッパ規模での比較研究」([191])であり，ドイツ統一後にベルリン大学に創設された比較ヨーロッパ中世史研究所が主宰した第1回の比較中世史国際研究集会で，比較中世史の対象として現在焦点となっている20のテーマを取り上げたうちの一つとなっている。ここでは最近きわめて盛んであった中世初期荘園制の研究のうちで諸国間での対話が促進されたとしながらも，一方でそこから明らかになったそれぞれの国での荘園制の現実があまりにも多様なために，全ヨーロッパ的比較は当面なおきわめて困難であること (Ibid., 66-75)，他方で中世史の国民的伝統がなお強く働いていて，問題関心の共有が十分に進んでいないことが確認されている (Ibid., 75-85)。その上での結論として，荘園制の概念を多角化して一括的な対立を避けつつ，比較研究を進めることが求められているのである (Ibid., 85-87)。国別の研究史を比較する際に，ゲーツはフランス学界での理論志向とドイツ学界でのモデル忌避とを対立させていて，後者における中世初期荘園制の規定的性格への素朴な確信（ゲーツ自身もなおそれを抱いているように見える）に気付いていないようである。それもあって，慫慂されているのが荘園制に備わる多様性の自覚による柔軟な態度での研究となっていて，かなり茫漠たる印象を与えてしまう。その点はともあれ，各国別研究史の狭隘性を自覚して対話を求める有力な発言が，ヨーロッパ学界の内部から出てきている（これがそこでは強く比較史と意識されてい

---

(43) A. Verhulst, *Le paysage rural : les structures parcellaires de l'Europe du Nord-Ouest*, Turnhout 1995.

る)は,「対話的研究」を提唱してきた森本にとってはまことに心強いものがある。

その際ゲーツの提唱する比較史の奨めにおいて今後有力となるべき一つの環が,イングランド荘園制成立過程の研究であることを指摘しておきたい。第2部第3章2においては,「対話的研究」の有力な場が,中世初期に荘園制が一定の役割を果たしていたことが最近ボローニャ学派やトゥベールの仕事によって実証されながら,それでもその普及度合がフランク王国中心地帯ほどではなかったイタリアであろうと示唆していた。最近におけるイタリアに関する研究(第3部第3章1B(3))は,そのことの妥当性をある程度までは示してくれた。もちろんイングランドはフランク王国の版図に入ったことがなく,当然本書の対象からは除かれているのであるが,ここが中世初期からフランク世界と密接な関係にあったことは言うまでもない。そしてここでも19世紀以来荘園制に関する研究が盛んに行われてきた中で,その起源をアングロ=サクソン期早くにまで遡らせる見方と,むしろそれをノルマンコンクェスト前後に位置づけ,中世初期を自由人を基軸とする社会と見ようとする立場との対立があったが,最近久しぶりにこの問題について刊行されたフェイスの問題作は,7世紀には緒についたイングランド荘園制の形成が中世盛期まで続く長期にわたる過程だったと主張している(44)。明らかにここには,イタリアと同様に荘園制が構造的に存在しながら支配的になれなかった状況が長く続いたのであり,アングロ=サクソン期の農村史は大陸のそれを大いに裨益しうるに違いない。しかもフェイスがフランス領主制の研究からおおいに摂取しているばかりでなく,イギリス学界でのイングランド中世初期農村史が大陸学界の研究史から学ぼうとしている例はごく最近他にもあり(45),さらに本書文献目録で多数

---

(44) R. Faith, *The English peasantry and the growth of lordship*, London / Washington 1997. なお本書については,森本芳樹「中世荘園制の形成におけるイングランドと大陸——フェイスの新著をめぐって——」『久留米大学比較文化研究』,23, 1999年, 1-27頁 [森本『比較史の道』[前注(42)] 第5章として再録]; Y. Morimoto, Pour une étude à l'échelle européenne. A propos d'un ouvrage récent sur la formation du manoir anglais, in *Revue belge de Philologie et d'Histoire*, 77, 1999, pp. 1079-1091 を参照。

(45) D. M. Hadley, *The Northern Danelaw. Its social structure, c.800-1100*,

引用しているイギリス中世史家たちによる大陸に関する成果には，しばしばアングロ゠サクソン期の研究からも想を得ている様子が見て取れる。第1章1で詳しく取り上げたヨーロッパ大陸北西部を対象とした定住考古学の優れた総合が，ヘイムロウというアングロ゠サクソン考古学の専門家による（[215]）ことを想起しておこう。このように，中世初期農村史における大陸学界とイギリス学界との交流の進展は，荘園制の研究を大きく促進してくれる可能性が大きいのである。ヨーロッパ統合の進展に伴って現実に研究者の移動と交流とは格段に進んでいる。バーミンガムに滞在したスペイン人の研究者が，なお荒削りな作品に見えるがハンプシャーとカスティリアでの封建制成立過程の比較研究を出すという例(46)さえ生まれており，ヨーロッパ学界統合の進展がわれわれの研究をさらに促進してくれると確信できる。

　第5に1980年代の初めから明確になってきた中世初期農村における経済成長と社会変化をめぐって，その年代的展開が最近になって重要な論点となっている。そもそも本書にまとめられた3回にわたる研究動向の追跡は，支配的であった中世初期社会経済の過小評価への反撥を原動力としてきたためもあって，もっぱら成長あるいは発展という積極的側面の検出に努力が注がれてきた。そのためその具体的な展開過程については，ことにヨーロッパ北西部と南西部との際だった相違を先頭とする地域差には注意が払われたが，年代的には7世紀を経済成長と社会変革の起点とする認識が共有されながらも，その後の消長についての共通の関心が形成されてこなかった。その中で中世初期農村史の活況がなんといっても所領明細帳の研究を基礎としていたためもあって，それが集中して伝来している9世紀が焦点とされてきたのである。これを二人の大家による最近の言説に見るならば，フルヒュルスト『カロリング経済』では末尾の「長期展望」（[471]132-135）という節で，8世紀第4四半期からの9世紀第3四半期までの1世

　　　London / New York 2000 は，ことにドイツでの領主制説と共同体説をめ
　　　ぐる研究史を参看している。
　　(46)　I. Borge, *Comunidades locales y transformaciones sociales en la alta Edad Media. Hampshire (Wessex) y el sur de Castilla. Un estudio comparativo*, Logroño 1999.

紀間を最も成長の進んだ時期としており，またトゥベールは『最初の成長期におけるヨーロッパ』と題するその論文集が対象としている主たる時期を，「カロリング期とオットー期における長期の9世紀」le long IXe siècle carolingien-ottonien と表現している（[455]23）。これに対して最近でのヨーロッパ学界で最も多数の中世史家を結集した研究計画『ローマ世界の変容』では，成長の最も目立つ時期にあてられた巻を『長期の8世紀』[272]と題して，680年頃から830年頃を対象としているのである。このように典型的な成長期を8世紀に求める見方の進出に与って力があったのは，考古学と古銭学との研究成果であったようだ。ヨーロッパ北西部を対象とした定住考古学の総合を果たしたヘイムロウが，農村に最も大きな変化が生じた時期を630年頃から830年頃として，これを「長期の8世紀」the long eighth century と呼んでいた（[215]191）が，さらに古銭学では個別発見貨という新たな史料群の活用が貨幣活性のより精密な測定を可能とすることによって，8世紀の商品・貨幣流通がきわめて高く評価されるようになり，他方で9世紀末からのその衰退も浮き彫りされるに至るという新たな研究動向が見られたのである(47)。もちろんフルヒュルストの「9世紀」に8世紀末が含まれているように，問題は典型的な成長期の8世紀と9世紀とのいずれかによる命名というような次元に単純化されてはならないが，ごく最近浮上してきた中世初期経済成長の年代規定も，これからの重要な論点となっていくであろう。

　最後に第6として，中世初期社会経済構造の特質という根本的な論点がある。中世初期の社会経済が経済成長と社会変化がさらに顕著となる中世盛期の母胎であるだけの水準にあったというに留まらず，前者を後者から質的にも区別しうる特質を明らかにしなければならないのではないか。こうした論点の重要性は，他方ではローマ国家が中世初期にまで存続したという見解が強力に主張されているだけに，逆の方角からも強く感じられている。「対話的研究」の継続を願ってきた本書では，「紀元千年の変革」を強調しすぎる学説との擦り合わせはある程度できたとしても，中世初期を

---

(47) 代表的な論文として，M. Blackburn, "Productive" sites and the pattern of coin loss in England: 600-1180, in Pestell / Ulmschneider (ed.), *Markets*［前注（29）］, pp. 20-21 を引用しておく。

古代後期に飲み込んでしまおうとするこうした見解との架橋の可能性は，ほとんど見出すことがなかった。中世初期社会経済の特質に迫る努力は，そのローマ末期社会経済との相違の解明にも通じており，この点での一歩前進を意味しうる可能性を秘めている。

　この論点を最後に強調するのは，本書で何度も引用してきた二人の優れた研究者がごく最近中世初期社会経済史の根幹に触れる議論を展開していて，そのための機が熟していると感ずるからである。一方でドヴロワが2003年に世に問うた中世初期農村史の総合は，『物的基盤，交換，及び社会的絆』と題された第1巻（[130]）しか出されていない(48)が，ここ四半世紀における研究成果を細部に至るまで駆使して実にきめ細かな議論を展開している。その中で特に注目したいのは，中世初期社会経済の根底的な説明に至ろうとの思考である。ことにそれぞれ生産と流通とを扱っている二つの章の間に配された「交換の諸価値」Les valeurs de l'échange と題する長い章（*Ibid.*, 147-214）では，通例の経済学的思考なら流通の後に置かれてよい消費についての項目（*Ibid.*, 199-214）を含めながら，「贈与と交換」Dons et échanges（*Ibid.*, 175-193）という項目で中世史研究での人類学の活用に注目しつつ，家経済内部での調達，互酬関係による入手，それに購買の三者を合わせて「交換」と規定して，再生産全体の把握に工夫をこらしているのが見られる。人類学的中世史学への志向は以前から見られたが，中世初期社会経済についてそれが正面切って論じられるようになったのは最近であり，本書の文献目録にもモアランド「中世初期経済の考え方」（[313]）を採録している。ただしモアランドは，中世初期の商品・貨幣流通を経済学的思考によって近代の先駆とだけ見なすことを拒否しながらも，今度は人類学的にそれを完全に贈与による互酬関係と規定することを戒めて，中世初期社会経済が多層的な構成を持っていたと主張している。他方でクーヘンブッフも中世初期社会経済構造の根本的な再検討を企てている

---

(48)　なおドヴロワは2005年1月に来日して以下のような講演を行ったが，これは出版が待たれている総合の第2巻が対象とするはずの社会経済組織をも含めた簡潔な論述となっている。ジャン゠ピエール・ドヴロワ（丹下栄訳）「西欧中世初期の経済と社会——史料の動態的解読，社会の動態的理解——」『九州歴史科学』，33，2005年，41-64頁。

ようであり,2004年には自らが長く研究の中心に据えてきた概念の忌避を企てて,「荘園制との訣別」と題する長大な論文 (49) を出している。これは950年から1050年までの東フランク史料群を基礎としているため,本書の文献目録には採録していないが,クーヘンブッフは前年にも「«porcus donativus». 8－12世紀の領主制史料に見る用語法と贈与行為」([266])との論文を発表している。これはプリュム修道院所領明細帳にある『豚の贈り物』という農民負担の検討を出発点として,台帳系史料の動詞と名詞を系統的に検討した後に,勅令,教会巡察の教本,奇跡伝,年代記といった史料群をも分析して,中世初期から盛期にかけての社会における贈与の役割を論じようとするもので,結論においては領主制の形成と維持において互酬関係に枢要な地位を認めることに批判的であるが,ここにも人類学の研究成果を摂取してこの時期の社会経済構造を根底から考え直そうとの意図が見て取れる。こうした議論が現在歴史学の潮流と反響しながらいかなる方向をとるのか,私には予想もつかないが,ともかくこのきわめて基本的な辺りにも今後きわめて重要となる論点があることを指摘して,擱筆することにしたい。

---

(49) L. Kuchenbuch, Abschied von der "Grundherrschaft". Ein Prüfgang durch das ostfränkisch-deutsche Reich 950-1050, in *Zeitschrift der Savigny-Stiftung für Rechtsgeschichte. Germanistische Abteilung*, 121, 2004, pp. 1-99.

結　論

　3部にわたって詳細に見てきた，ほぼ1980年から2004年の四半世紀におけるヨーロッパ学界での西欧中世初期農村史の研究動向をとりまとめ，それが変革と呼ばれるに相応しい大きな変化を示していることを明らかにして結論としたい。本書各部の多数の論点と典拠を仔細に注記するのはあまりにも煩瑣となるので避けて，ことにヨーロッパ学界成立を象徴する文献のように，なお説明が必要となるいくつかの事項について典拠をあげるに留め，必要に応じて詳細に作成してある目次の参照して下さるようお願いしておきたい。なおここで中世初期というのは，ローマ帝国崩壊の時期から紀元千年頃までの約5世紀間であるが，農村史研究の対象となってきたのは主としてメロヴィング期の後半からカロリング期にかけてであり，本書においても古代農村との関連がことに問題となる場合以外には，叙述は7世紀以降に，ことに文字史料が豊富な9世紀に集中している。また地理的範囲としては，当時のヨーロッパで経過的にではあるが核となる政治的統一を実現したカロリング期フランク王国の版図が考えられている。

　最近大きな見方の転換が実現した前提は，先行する時期のヨーロッパ学界において中世初期農村史を停滞と捉える特有な見方であった。本書では20世紀第3四半期までの研究史についてまとまった叙述をしていないので，ここでその要点のみを押さえておこう。考古学におけるメロヴィング期の墓地とか，歴史学におけるカール大帝による王領での農村政策とか，本書の扱っている範囲で19世紀以来研究者の関心をかきたててきた主題は少なくはなかった。けれども中世初期の社会経済史全体については，これが低い水準で停滞していたという見方が絶えず底流となっていたとしてよいであろう。ことにそうした見方を明確に体系化して，第二次大戦直後のヨーロッパ学界，ひいてはわが国学界でそれを支配的な地位につけたのは，ピレンヌの巨大な業績であった。この偉大なベルギーの歴史家の場合には，ローマ帝国の発達した貨幣経済と都市生活とがメロヴィング期まで持続するとされ，中世初期はほぼカロリング期に限定されていたのではあるが，

ともかく紀元千年以降にまず外部で展開した遠隔地商業が「商業の復活」Renaissance du commerce として浸透してくるまでは，西欧は動きの少ない農業社会をなしていたと考えられていた。その主著の一つである西欧中世社会経済史の概観は第1章「商業の復活」から始まっており⑴，やがて都市と商業を場として古代の栄光を復活させるからこそ価値のあるピレンヌの中世経済史にとって，所詮中世初期農村は本質的な意味を持たないと考えられていたのである。

中世初期農村を貶める底流に与かって力のあったもう一つの動向は，第二次大戦後のフランス中世史学界における紀元千年前後の社会変動をきわめて高く評価する考え方であった。これはブルゴーニュ南部のマコン地方に関するデュビィの優れた研究⑵を出発点とするが，11世紀のバン領主制確立を基礎とするこの変化は「封建革命」と呼ばれるほど根底的な性格を示して，その後中世盛期を通じて見られた発展の出発点をなしたとされる。従ってそれに先行する中世初期には，きわめて低い水準の農業生産に依存した停滞的な社会経済生活が営まれたとされてきたのであった⑶。多産なヨーロッパ学界の長期にわたる営為をこのような図式的な把握で片付けてしまう危険は十分に承知しているが，少なくとも本書が取りまとめた新たな研究動向に参与した研究者たちが絶えず意識して対決しようとしてきたのは，典型的にはこのように低水準で停滞的な社会経済を基礎とするという中世初期像だったのである。

もちろんこうした見方への批判は以前からあり，ことに20世紀の後半ともなれば中世初期にも商品＝貨幣流通と都市は構造的に存在していて，農

---

(1) H. Pirenne (ed. H. van Werveke), *Histoire économique et sociale du Moyen Age*, (1933), Paris 1963, pp. 13-32.（増田四郎／小松芳喬／高橋幸八郎／高村象平／松田智雄／五島茂訳『中世ヨーロッパ社会経済史』一条書店　1956年。）

(2) G. Duby, *La société aux XIe et XIIe siècles dans la région mâconnaise*, Paris 1953.

(3) 私は過去の研究史のこうした整理をいくつもの箇所で行ってきたが，最新のものとして，森本芳樹『中世農民の世界。甦るプリュム修道院所領明細帳』岩波書店　2003年，2-10頁を見よ。

村にもそれと対応したダイナミズムが備わっていたのではないかとの考え方は、いろいろな部面で噴出してきていた。しかしそれが支配的な潮流となってきたのは1970年代の末からであり、ことに農村史においてはそうであった(4)。その舞台となったのは、ヨーロッパ諸国の間での多様な水準における交流の濃密化を基礎として、名実ともに姿を現してきたヨーロッパ学界であった。中世史研究の現場における枠組みは最近に至るまでむしろ国民国家であり、各国ごとの教育制度やイデオロギーの現実と結びつきながら、中世史研究のそれぞれ特有な問題関心とそれに相応した用語法の体系を作り出していた。近代国家としてのフランスやドイツの前身がなお存在していなかった中世初期については、中世盛期以降と比べれば諸国間での議論が成立する余地はより大きかったが、それでも研究の国民的枠組みは頑として実存していた。その中心はフランス学界とドイツ学界であり、少し離れた位置にあるイタリア学界の成果が前二者に摂取される頻度は低く、中世初期をアングロ＝サクソン期と呼び習わしていたイギリス学界からは、フランク世界の目立った研究が出てくる余地があまりなかった。ベルギーやオーストリアのような中世史研究の盛んな小国の学界は、ごく自然にフランス学界とドイツ学界の一部と考えられてしまっていた。ヨーロッパ内部での研究者の交流が格段に進んだ最近ではこうした隔壁を低くする努力が系統的に行われ、フランス学界とドイツ学界との間で系統的に議論を交わすための研究集会が定期的に行われるようになったのを好例(5)

（4） 西欧中世初期社会経済史の新たな動向を素描した森本芳樹『西欧中世経済形成過程の諸問題』（木鐸社　1978年）が出されたのは、まさにこうした潮流を構成する諸要素が出揃ってはいたが、史料に基づいた多数の仕事によって学界全体の潮流が転換していく動きが始まりかけていた時点であった。その意味でも本書は、この前著の姉妹編をなしている。なお私がヨーロッパ学界での荘園制研究活況の出発点を象徴すると考えている次の書物も、くしくも同年に発刊された。L. Kuchenbuch, *Bäuerliche Gesellschaft und Klosterherrschaft im 9. Jahrhundert. Studien zur Sozialstruktur der* familia *der Abtei Prüm*, Wiesbaden 1978.

（5） 中でも両国での中世史研究の傾向を対比しようと、フランスとドイツとの中心的な学術機関が連続2年にわたって両国で次々と開いた研究集会の会議録が、以下の大冊である。J.-C. Schmitt / O. G. Oexle (ed.),

として，本書にもいくつも引用されているような複数の国の研究者が参加する研究集会や研究プロジェクト(6)は引きも切らない様相となってきた。主要国家がイタリアに置いている研究所を拠点として，イタリア中世史に携わるアルプス以北の研究者が格段に増加するとともに，イタリア語で出された仕事も西欧中世初期史の共有財産となってきた。フランス語を母語とする中世史家ばかりでなく，オランダ語を母語とする研究者も含まれているベルギー学界の，フランス学界とドイツ学界のいずれにも偏らぬよう努めている特長が広く知られるようになる。さらにオランダ語で発表される仕事が格段に増えるとともに，中世考古学に強く，その立場から文字史料を読み込むオランダ学界の重要性も認識されてきた。現在オーストリア学界が，中世初期研究では「エトノス起源」Ethnogenesis 問題(7)で枢要な地位を占めているのには，なにか近代におけるこの国の状況が影響しているのであろうか。さらに重要なのは，フランク世界の研究に従事するイギリス人とアメリカ人の歴史家がきわめて多数出てきたことである。それはそれぞれの国での人文社会科学を背景として，西欧中世史研究に独特な視角を持ち込んだばかりではない。英語の国際語としての地位の強化とあいまって，西欧中世初期史研究における英語の地位をいっきょに高めることになり，それを通じて北欧や東欧という，従来は何人かの優れた研究者が西欧に出て仕事をするという形で貢献してきた地帯が，在地での独特な

Les tendances actuelles de l'histoire du Moyen Age en France et en Allemagne. Actes des colloques de Sèvres (1997) et Göttingen (1998), Paris 2002.

(6) その最も大掛かりなものが，欧州連合の機関である「ヨーロッパ科学財団」European Science Foundation が組織した『ローマ世界の変革』であり，その成果である論文集は W. Pohl (ed.), *Kingdoms of the Empire. The integration of Barbarians in late Antiquity,* (The transformation of the Roman World, 1), Leiden / New York / Köln 1997 を先頭に現在まで15巻が刊行されていて，そのうちの論文は本書にも多数引用されている。

(7) ウィーン大学でこの問題の研究の中心になっているのが前注引用の書物を編纂しているポールであるが，ここでは批判的な論点整理として，ヨーク大学から出ている次の書物を見よ。A. Gillet (ed.), *On Barbarian identity. Critical approaches to ethnicity in the early Middle Ages,* (Studies in the early Middle Ages, 4), Turnhout 2002.

研究動向をもってヨーロッパ学界の一角を形作り始めたのである。その北部が中世初期にはフランク王国の一部を成していたスペインでは独特の中世史学が行われていたようだが，例えばサンチェス アルボルノスのようなヨーロッパ学界で名の通った学者は例外であった。けれども現在では，フランスの研究者が中世初期スペイン北部の研究で優れた成果を挙げるのに呼応するかのように，スペイン人による仕事がピレネー以北でも知られるようになり，ヨーロッパ学界形成の一翼を担っている(8)。本書で対象とした研究動向の母胎は，まさにこのようにして真の意味で形成されつつあるヨーロッパ学界なのである。

　研究技法の点で言えば，最近における中世初期農村史の革新は，考古学の本格的な導入と文字史料処理の新たな展開によって可能とされた。自然科学と工学の急速な展開が人文社会科学でも直接に活用されている様相は知られているが，本書の対象とする分野で圧倒的に重要なのは，それが考古学（ここでは古銭学も含めて考えたい）の研究技法を格段と前進させて，年輪年代決定法の洗練などを通じて中世初期史への確実で広い適用を可能としたことである(9)。社会経済史では農村史より都市史が先行して，しばしば都市不在とされていたこの時代に都市史が一つの明確な分野として確立された(10)のが印象的であったが，やや遅れて本書の対象とする四半世紀の間に農村史での考古学の活用も本格化した。ことに重要なのは，従来

(8) 以下の書物はサンチェス アルボルノス生誕百年を記念して開かれた研究集会の会議録であるが，フランスとスペインとの中世史家の交流の様相が見てとれる。J. Pérez / S. Aguadé Nieto (ed.), *Les origines de la féodalité. Hommages à Claudio Sánchez Albornoz. Actes du colloque international tenu à la Maison des Pays ibériques les 22 et 23 1993*, Madrid 2000.

(9) 中石器時代から中世初期に至る期間について，年輪年代決定法の応用が多くの地方における観察結果をつき合わせた参照体系の確立によって，フランス北部を対象にどのようにして可能となっているかについて，V. Bernard, *L'homme, le bois et la forêt dans la France du Nord entre Mésolitique et le haut Moyen Age*, (BAR, int. series, 733), Oxford 1998.

(10) 中世初期都市史の確立によって，以下のような概観も可能となった。A. Verhulst, *The rise of cities in North-West Europe*, Cambridge 1999. （フルヒュルスト著・森本芳樹/藤本太美子/森貴子訳）『中世都市の形成。北西ヨーロッパ』岩波書店　2001年。

の花粉堆積分析による植生の研究や炭化穀物分析による栽培穀物の検証なども包み込むように，定住考古学や景観考古学として空間的にまとまった範囲が研究対象とされるようになった点であり，こうして荘園制を浮き彫りしてきた文字史料の分析との接合か可能となってきたことである。考古学と歴史学（＝いわゆる文献史学）との間には，それぞれの自立性と相互の協力をめぐって緊張関係があり，今後も多くの議論が交わされることになろうが，今のところでは対象が文字＝言語であるところから主観的契機を押し出す傾向にある歴史学に対して，対象が物であることを強調している考古学が，中世初期史研究にある意味での客観性の重石を与えている印象が強い。

これに対して文字史料の検討も，その相貌を一変させている。もちろんここでも，情報工学の急速な進展の影響は決定的であり，コンピューターを使った中世史料のデータベース構築も進んでいて，中世初期農村史にも具体的な成果があることは本書のいくつかの箇所で指摘した。それと並んで，文字史料読解の姿勢も一新されている。原本の法的性格を尊重して「文書形式学」Diplomatik を柱に史料類型の定義を積み上げていく傾向の強かった伝統的な方法に代わって，それぞれの記録が伝来過程のすべての場で実際に果たした機能に注目して，これまで課されてきた硬い枠組みから自由に分析し叙述しようとする意欲が強まってきた。私はこうした発想からの文字史料研究を「史料学」と区別して「史料論」と呼びたいと考えているが，最近の西欧中世初期農村史が活況を呈した大きな要因が，まさに伝統的にも現在でもその根本史料となっている所領明細帳をめぐる史料論の展開であった。伝統的な編纂と研究においては，それは大修道院という巨大領主が特別な機会に所領管理機関の総力を挙げて作成した，一定の書式に則って大規模かつ系統的に土地と領民と負担とを登録した記録であり，裁判に証拠書類として提出できるだけの法的性格を備えていて，いったん作成されれば追加や削除などの改変を受け難いとされていたのである。私はこうした古典的な所領明細帳像を，"Les grands polyptyques carolingiens"（→「壮大なカロリング期所領明細帳」）と表現したが，本書の主題である西欧中世初期農村史革新の史料論的土台となったのは，まさにこうした伝統的観念からの離脱であった。その一つの大きな基礎は，ヨーロッパ学界の全体にわたって中世の文字使用についての関心が高まり，ことに口頭伝

達と文字使用とを背反的にでなく相互補完的に捉える態度が前面に出てくる中で，中世初期について文字使用の密度が従来考えられてきたよりはずっと高いとの認識が共有されるようになったことである。そこから，土地の管理と経営における記録の使用も現在への伝来状況が思わせるよりもずっと濃密で，所領明細帳を頂点とする台帳系の記録類も管理と経営の複数の水準で頻繁に行われていたと考えられることになり，小規模な台帳が個別所領，所領群拠点，そして中央管理拠点のいずれにおいても折に触れて作成されていたと見る傾向が強くなる。当然それは，こうした台帳系記録が所領現実の様々な変動に応じて，追加や削除などの改変を受けていたとの見方に連なっていき，またそうした記録の所領管理での実務性に重点が置かれるようになって法的性格の見直しが求められ，ことに裁判での証拠書類としての機能を一般的に想定することには，大きな疑問が投げかけられるようになったのである。従って伝来した形での大規模な所領明細帳も何らかの機会を捉えたある時点での集成によるものと考えられ，領主による所領政策などそうした集成の契機までも含めた考察の対象とされてくる。こうした考察の結果として，われわれの眼前にするカロリング期の所領明細帳のほとんどが複層性を帯びて表れることになり，複数の層位を年代的あるいは構造的に比較することによって，この史料類型が中世初期農村の動態的研究に相応しいことが確認され，そうした仕方での分析も多数発表されることになってきた。以前には所領明細帳が一定時点での農村の大規模な横断像を提供してくれると，もっぱらその静態的性格に重点を置いて捉えられてきただけに，それは根底的とも言える方法的な転換となったのである。

　所領明細帳研究の新しい傾向として指摘しうる点はさらに多いが，ここではもう3点だけを付け加えておきたい。その一つは，作成者の意図によって記載範囲が大きく異なる点に注意が向けられたことである。文字史料の主観的性格を強調することは現在の歴史学における際立った特徴であろうが，所領明細帳研究も例外ではなかった。異なった明細帳の間で，さらには一つの明細帳の異なった部分の間で，登録されている土地や領民や負担の間に多種多様な相違のあることは一見して明らかであるが，その根拠が記録作成の目標の相違として作成状況を勘案しつつ説明されることとなる。そこにもまた無限といっていいほどの相違を見出しうるが，所領明細

帳研究をドイツで推進した主力となったヘーゲルマンのグループでは，これを所有ないし保有の権利を確保するという権利保障と，一定の土地と領民とからの収入を安定させるという収入確保との，二つの軸にまとめて論じている。第2は，所領明細帳の伝来である。これは法的性格を初めとして多様な側面と深く関わっている問題であるが，この四半世紀にも例えばプリュム明細帳のカエサリウス写本のように念入りな個別的検討がされた場合はあったが，系統的な調査がなお行われてこなかった。それがごく最近になって，中世初期の文字使用が浮彫される中で台帳系記録の作成が頻繁であったことが意識されるとともに，作成と踵を接して生じてくる使用と保管の過程での改変にも注意が向けられることとなり，こうして同時代史料の綿密な調査を通じて伝来の初期的な段階の解明が進められることになってきた。従来は伝来の考察をカロリング期所領明細帳の解明に役立てる途は，中世盛期以降の写本の検討を通じてであると考えられていたものが，伝来過程が中世初期自体に始まっているという当然の事態に注目されてきたと言ってよいであろう。最後に，「所領明細帳」Urbar, polyptyque の定義の問題に触れておかねばなるまい。以上のように個別の史料ごとに，そしてそれぞれを構成する部分ごとにさえ多様な形態と内容が見られ，しかも原本として作成時のまとまりをそのまま確保して伝来している台帳が見られない限り，これらの記録の厳密な定義が不可能なことは当然であろう。現在行なわれているのは，カロリング期に作成された多様な対象列挙的記録を台帳系記録と呼ぶならば，その中で最も詳細な描写として，土地と領民のみではなく所領からの主たる収入を構成することになる領民による負担をも記載した記録を，所領明細帳と呼ぶという仕方である。従って所領明細帳の類型論とか，台帳系記録のうちでの所領明細帳の位置づけであるとか，多様な議論が行われていても，カロリング期所領明細帳の定義を厳密に定めようとする志向は見られないし，大方の合意したその一覧表があるわけではなく，漠然とおよそ20から30くらいの伝存する記録がそのように呼ばれているのであって，本書でもその辺りの数字をおよその目安を示すためにあげているにすぎない。

なお所領明細帳以外の文字史料ももちろん活用されており，ことに第3部では土地取引文書による研究に1節をあてている。これらについては私自身の勉強が不足でもあり，本書で史料論を詳述することはできなかった

が，土地取引文書をめぐって伝統的な形式による分類が，個々の記録が現実に果たした機能に即した検討によって大きく相対化されていることを指摘しているように，伝統的な硬直的枠組みからの離脱がやはり進んでいると考えてよいであろう。

　農村の物的基礎の研究は，農村史のうちでも考古学的手法が最も活用される部面であり，もともとそれが専門ではない著者にとっては文献の調査と理解が困難な分野であった。本書第1部で，古代から中世への大所領の構造的断絶を扱った箇所以外ではそうした研究の言及がきわめて少ないのは，著者の勉強不足のためでもあった。しかし第2部以降では曲がりなりにもかなりの点数を参照して，かつて見られた中世初期農村の極端な低開発という観念が完全に過去のものとなっていることを確認できた。かつてはまったく人手のついていないという支配的な『森林』«silva» と，人間がそこに狭く押し込められているという『耕地』«ager» との，二分論的な空間が中世初期について想定されがちであったものが，現在では中世初期独特な仕方で空間の有機的で広域的な利用が存在していたと考えられるようになっているのである。かつてブロックが中世盛期に「大開墾時代」l'âge de grands défrichements (11) を位置づけたことが象徴するように，長いこと中世初期には目立った開墾が行われなかったとされていた。しかしすでに1965年のフルヒュルストによる古典荘園制の形成に関する問題提起が強調していたように，本書で対象としている新たな研究動向は7世紀以降の広範な開墾の進行を確認している。ことに中世初期に栽培が普及した主要穀物としてはライ麦と燕麦とがあり，これらと小麦・大麦を組み合わせた三年輪作が，すでに構造的な重要性を示していたと考えられている。それとともに収穫率（収穫量と播種量との比率）も，かつてデュビィによって提示された2前後という極端に低い数字は完全に否定され，少なくとも3から4くらいはあったと考えられるようになっている。
　けれどもこの25年間を通じてさらに重要と思われるのは，こうした中世

---

(11)　M. Bloch, *Les caractères originaux de l'histoire rurale française*, (1931), Paris 1952², pp. 5-17.（河野健二／飯沼二郎訳『フランス農村史の基本性格』創文社　1959年，22－35頁。）

盛期から近代にまで続いていくような穀物中心の農村開発を念頭に置いて，その先駆的な現象を紀元千年以前にも見出していこうという視角が薄められて，むしろ穀物栽培以外での多様な土地利用とそれらを組み合わせた定住領域（所領あるいは村落）のきわめて多彩な構造とを，中世初期特有の事態として規定していこうという態度が強まってきていることであった。一方では農民の労働が耕地以上に集約的に投入される庭畑地が注目され，蔬菜や果樹の食料に占める地位の高さが強調される。これに近いのがブドウ畑であり，現在よりもずっと北の方まで広がっていたワイン生産の大きな役割が，ことにその適地については誇張と思えることがあるほどに強調された。他方ではかつては人を寄せ付けないというイメージで語られていた森林が，いろいろな形で人間生活の場となっている事情が描写される。道路を含めた交通路の追跡が進んで多くの森林が未踏の地ではないことが実証されるとともに，地域住民が森林の奥まで入り込んで大小の樹木に手を加えて様々な木材を生産していたばかりでなく，小規模な耕作や木材燃料を利用した冶金などの手工業が広がっていたことも明らかにされた。ここでは，大規模な穀作と牧畜とによって低開発から脱して工業化に対応していく農村という高度成長期的な観点から脱して，それぞれの時期に在地住民による環境と状況に適応した資源活用の努力が続けられているという，新しい考え方(12)への転換が中世初期についても働いているように見える。そのことをよく示すのが近年盛んに行われている水車の研究であり，古代末期から知られていたこの施設が西欧農村に普及するのは，奴隷的な労働力の使用が不可能となった中世盛期からであるという，かつては通説となっていたブロックの見方(13)が排されて，単にこれを大規模な製粉施設と捉えるのではなくて，小規模なものまで含めて多様な水車が在地水利組織の漸次的な整備と結びついて，中世初期から普及していったとの見方が強

(12) 中世末期から現代に至るまで，大規模な穀作と牧畜への特化を追求する主流の農業方式に対して，経営内での多様な作物の組み合わせによる「もう一つの農業」の流れが存在したと説く，サースクの論調がきわめて興味深い。J. Thirsk, *Alternative agriculture. A history from the Black Death to the present day*, Oxford 1997.

(13) M. Bloch, Avènement et conquête du moulin à eau, (1935), in Id., *Mélanges historiques*, 2 vol., Paris 1963, II, pp. 800-821.

くなっているのである。もちろんこうした動向の社会的担い手については，他の多くの問題と同様に見方の相違は大きい。比較的規制を受けることの少ない森林での主役は自由農民であったとの見解と，むしろ国王大権による独占的な狩場の設定と修道院などの大領主への譲与を重く見て，森林を領主的勢力が最も強く発揮される場とする傾向とが対立しており，水車の建設者をあくまでも領主層としてきた通説に対して，ヨーロッパ南西部については最近では自有地農民たちの共同体がかかるものとして押し出されている。しかしともかく，中世初期を経験的な改良を積み重ねた成果として独自な形での農村開発が進行した時期と考える点では，いまやヨーロッパ学界に合意があるとしてよいであろう。

　このような中世初期における農業を軸に置いた農村開発の浮彫に続けて，1990年以降に目立ってきたのが，従来の定住史を継受しつつ視野を景観全体にまで広げていこうとした考古学者たちの努力によって，早くからの村落形成が語られるようになってきたことである。もちろんここで考えられているのは，20〜30戸も含む集村の周囲に整備された開放耕地が配置されているというような，教科書で説明されている形での中世村落の成立ではない。まとめて表現しようとすると，どうしても建物のより有機的な配列であるとか空間利用の規則化というような，漠然とした傾向の指摘ということになってしまうが，それでもともかく定住の集中と耕地の分散・混在が進行していて，明らかに中世盛期に明確になるような村落の母胎が形成されていたというのである。こうした所見が，中世盛期の発達した村落のイメージに囚われて「村落の誕生」を紀元千年以降に位置づける傾向の強かった歴史家に対して，物的史料のより強い「客観性」を信ずる考古学者たちによって打ち出された点は，先述した考古学と歴史学との関係の省察に一石を投ずると思われる。

　農村史の主要なテーマをなしてきた社会経済組織の問題に移ると，ここ四半世紀の研究史の最大の成果は，伝統的な領主制説と共同体説との真っ向からの対立を忌避して，領主制が土地の所有と経営に重点を置いた荘園制という形で実存しながらも，全面的な普及に至るには程遠かったという事態を，多くの地域について具体的に明らかにするとともに，荘園制展開の度合いが場所ごとに異なる要因をめぐって，なるたけ西欧全体に妥当す

る形で議論を進める枠組みが成立しつつあることである。19世紀の古典学説以来の長くて複合的な研究史にここで詳しく立ち入ることはできないが，中世の社会経済を主として領主層による主導によって展開した過程と見るか，むしろ農民の共同体が発展の主たる勢力を提供していた舞台と見るか，こうした基本的な対抗関係の想定が中世初期についても底流として存在しており，一方では荘園制の全面的な展開が主張されるのに対して，他方では自由農民が社会の主力を成していたと強調する向きもあって，不毛な議論に導きやすかった。そうした中で押し出されてきた新しい動向の出発点となったのが，フルヒュルストが1965年のスポレート研究集会で行った報告であったが，そこでは古典荘園制展開の出発点がメロヴィング期の小所領に置かれていた点で，伝統的な議論の枠組みに対して第3の途が明白に打ち出されていたのである。こうしてそれ自体領主的側面と農民的側面を同居させていたはずの土地所有・経営単位を浮彫にすることによって，大領主か自由農民かという二律背反的な枠組みを乗り越えることを可能にしたからである。しかもフルヒュルスト仮説は，しばしば想定されていた中世荘園制と古代大所領との連続を否定することによって，荘園制の展開過程を中世初期の農村成長の一環として位置づけ，動態的な把握の展望を開いたばかりではない。メロヴィング期の奴隷制的色彩の濃い小所領が，農村開発の進行とともにカロリング期の大所領に拡大されるばかりでなく，領主直領地とそれにも勝る規模の農民保有地とからなる二分制的構成と，農民家族による自立的経営の基地となった後者からの賦役労働によって前者が耕作されるという労働組織とが，一続きの耕地の存在という地理的条件と王権による先導という政治的・社会的条件の確保されたフランク王国の中心地帯で，古典荘園制を生み出していったという筋道を描いていた。このような動向の一齣であると認識されていたからこそ，フルヒュルスト仮説においては古典荘園制が年代的にも地理的にも限定された存在であることが強調されたのである。

　こうした問題提起が直ちに中世史家たちからの広い反響を巻き起こしたわけではなく，荘園制研究が圧倒的な勢いで展開し始めるのは1970年代末からであった。しかもそれは，史料的には長らく放置されていた所領明細帳研究が急激に拡充されたことを基礎としており，そのためもあって当面は大所領中心の仕事となっていった。そこではフランク王国中核地帯であ

るセーヌ=ライン間を出発点としながらも，古典荘園制を頂点とする荘園制の展開がフランク王権の勢力拡大と並行して，ライン河以東にも，さらにイタリア北部=中部にも拡大されていったことが明らかになるとともに，荘園制には土地と場所に応じて千差万別の規模と構造があるとして形態的多様性が強調された。そして拡大されたフランク王国にはそれを発達させていない地域も多く，ましてや例えばブルターニュのように，古典荘園制はおろかおよそ荘園制と呼びうるような構造がほとんど見られない場所もあることが確認されていたのである。しかし同時にそうした多様性を前提とした理論的考察も進められ，中世初期農村動態の基礎に単婚家族による農民経済の確立と普及を据え，これらを領主の観点から当時としては最も有効に組織したのが賦役労働を伴った二分制所領であると論じられることによって，小経営形成という下からの広範な働き手の動向を上から王権と教会を先頭として領主層が荘園制に組織していき，最も好都合な場所で古典荘園制が生まれたという筋道で，西欧中世初期農村動態における領主制の言わば理想型として古典荘園制が位置づけられたのである。実際に荘園制研究の現場で作業していた研究者の大半がそのような明確な意識を持っていたわけではないであろうが，すでに1983年にはトゥベールによって古典荘園制を「荘園制の最適化」とする表現が打ち出され，その「動的理解」が要請されていた。古典荘園制の役割を相対化しようとする議論のうちに，その普及度合いの制約のみをもって論拠とする態度が今日に至るまでわが国でも多いだけに，ここで再び注意を払っておきたい。

　もちろんここに提出されていたのは理論的な見通しであり，これをフルヒュルストは後に「荘園制の展開モデル」(本書ではつずめて「荘園制モデル」)と呼んだが，1980年以降多くの研究が，その様々な側面で生じた具体的な現象を明らかにしつつ，いわばその肉付けをしていったのである。以下ではそれを三つの大きな問題領域にまとめてみよう。

　第1は空間組織としての荘園制であり，それが社会経済生活のうちで果たしえた大きな役割を，いわば視覚的に描写しようとの意図が込められている。まず注目されたのは領主拠点周辺での一円的な支配圏であり，ことに大修道院本院の周辺には場合によっては数百平方キロにも及ぶ広さで修道院が排他的に支配する領域が存在したことが強調されたのを初め，より小規模ではあってもそうした多くの事例が検出された。これはもちろん，

その領域全体に領主の土地所有が排他的に及んでおり，荘園制的な土地経営が行われていたことを意味するのではない。むしろ修道院拠点での荘園制は，拠点そのものに備わっている労働力の形態や本院・分院への直接的な物資納入の関係で，古典的形態をとらない場合が多かったことが実証されている。またこうした広大な範囲に，いくつもの自有地や小所領などが実質的には存在していたことも事実であろう。しかしともかく，修道院の場合であれば守護聖人名をつけて呼ばれることによってその延長部分だと観念されていたこの領域が，社会経済的にも領主の活動が最も濃密に繰り広げられていた空間であったことも間違いない。そしてこうした拠点領域の浮彫は，領域的支配をもっぱら紀元千年以降にバン領主制によって初めて形成される形態と考え，それと対比して中世初期領主支配の未発達な状態を強調しようとする見解への反撥を原動力としているのである。他方では，拠点から大きく離れた場所に所在していた遠隔地所領についても多くの仕事が出されてきた。これについて最近特に注目されたのは，特に教会領主の場合地理的配置がしばしば王権による政治的観点からの土地譲与によって決定されていたことに加えて，遠隔地所領が領主の組織する流通網とそれを通じて展開される商業活動との観点から設定され維持されることが多いという点とであった。

　このような拠点周辺領域と遠隔地所領を両端に置いて，空間的に見た荘園制は領主による土地所有・経営と支配とが濃密な領域と，その周辺に遠近様々に配置されたいくつもの多様な構造の所領とが，広域的な流通網によって有機的に結び合わされている星雲状の組織とされる。それは領主屋敷に重心をかけて配置される直領地と，領主との支配・従属関係の濃淡によって領主屋敷からの位置を遠近様々に違えている多様な農民保有地と，基礎的にはこれら二者から構成されている個別所領についても言えるだけではない。異なった構造と機能の複数の所領が管理拠点が置かれた所領の中心機能に従って，散在的にではあるがある程度のまとまりを保ちながら配置されている所領群についても同じように当てはまる表現である。そして複数のこうした所領群を広域的にまとめ上げている，特定の大領主に属する巨大土地所有の空間組織全体も，また一つの星雲に譬えられる。こうした比喩によって，例えば太陽系のごとき秩序だった構造を提示して見せようとするのではなくて，ともかく荘園制の多様なベクトルの運動が中世

初期のきわめて多くの場所で，周辺の社会経済に対して決定的な影響力を及ぼす存在であることが表現されているのである。

　荘園制モデル肉付けの第2の大きなテーマは労働力の形態であり，中世初期に支配的であったのが奴隷制であったか，農奴制であったかという端的な問いかけを初めとして，この時期の働き手の法的自由と経済的自立性を軸とした社会的状況が仔細に検討された。古典古代研究では，ローマ期の奴隷制が3世紀にはすでに衰退していたとされているために，中世初期にも構造的に存在していたことが確実である奴隷制は，ゲルマン民族大移動の過程で形成されたと考えられるようになっており，これも最近の農村史研究が伝統的な見方を排した一つの例である。そしてこの奴隷制が中世初期社会において支配的役割を果たしたとする見解も強力に主張されたが，そこには二つの異なった型があった。一つはボナッシーやボワを代表とする南欧世界の研究者たちの見解であり，そこで存在した階級関係は典型的な形態での奴隷によって構成されていたと主張する。しかしこれらの歴史家たちは同時に中世初期には自有地農民が社会の根幹を形作っていたと考えており，彼らのいう奴隷制システムは相対的に少数の労働力を捉えるのみであったとするのであって，その点では所領内外に相当な数で奴隷が実存したが，それらは労働力の主力を形作るものではなかったという，「荘園制モデル」による論者と変わらない。奴隷制が支配的だったとするもう一つの有力な見解はハンマーのバイエルンについての研究によって打ち出されたが，これとは異なって，この地域で支配的な社会組織であった荘園制では，領民の過半数がそのライフサイクル全体を通じて領主によるきわめて苛酷な支配に委ねられており，奴隷と見なす他はないというのであって，明らかに奴隷を中世初期労働力の主力とみなしているのである。

　このように奴隷制を中世初期労働力の主要な形態と見る考え方は，全体として主流とはなっていない。確かに«mancipia»という中世初期史料に頻出する語を，隷属性がきわめて強くて大半は奴隷としてよい領民を指すと解釈してきた従来からの理解をめぐって，ごく最近これがむしろ管理対象としての領民一般を指すという強い批判が提起されているなど，流動的な中世初期農村の労働力をめぐって安定した通説が存在するのとは程遠い。しかしその動態的な把握の志向の中で，非自由人とされるほど隷属性が強くまた生存を主人からの給養に依存するほど自立性から遠い働き手のもと

で，一方では家族を構成して別個の世帯での生活を享受し，他方では当初は小規模ながらも次第に拡大する保有地を獲得して，そこでの家族労働の燃焼によって自立的な農業経営を拡充しようとする根強い動向が広く注目されてきた。そしてまさに農村の最深部における奴隷的非自由人のこうした上昇こそが，社会全体としては次第に奴隷制を縮小し農奴制を拡大していく基礎過程であるとする考え方が，「荘園制モデル」に親近感を覚える歴史家たちを広く捉えているのである。この現象は史料での言及が断片的であり，史料文言によって首尾一貫した過程として描写することが難しいこともあって，上述の奴隷制論者のいずれもがこれを根拠の薄い楽観論と決めつけている。しかしこの見方はずっと以前から根強く主張され，働き手による農民経営の拡充という経済的基礎過程が自由と非自由との二律背反という古代以来の法的区分を実質的に無効にしていくとするこの議論が，最近の中世初期農村史の盛況のうちで広く受け入れられていると言ってよいのである。

奴隷的非自由人の上昇による奴隷制の後退の一齣をなしている農民保有地の形成は，ことに標準的保有地であるマンスあるいはフーフェの問題として19世紀以来様々な角度から論じられてきているが，ここ四半世紀にもやはり議論の対象となった。その中ではマンスあるいはフーフェと呼ばれる単位を，荘園制より広い範囲で捉えられている公的制度（一部の研究者にとってはローマ期から存続してきたという国家）の末端と考える向きも強かったが，これを「荘園制モデル」の肉付けという観点から解明しようとする動向ももちろんあった。その場合には人名学的検討などを有力な手段としながら，荘園制のもとでの農民家族の確立に注目していくつもの角度からの接近が試みられている。こうした立場からすれば，中世初期における奴隷制の支配的地位を主張する論者たちがマンスないしフーフェの問題に無関心であり，ことに奴隷的非自由人の上昇に伴って制度化されたと考えられる『非自由人マンス』«mansus servilis» の構造的重要性を無視していることが批判される。しかしこれと並んで場所によってはそれよりもずっと多数で存在している『自由人マンス』«mansus ingenuilis» については，荘園制のもとに編入されてきたかつての自由農民への保有地を制度化したとの共通の理解があるものの，目立った検討は進められていない。また標準的保有地といっても，マンスの規模には場所ごとに，また同じ場所

でも個別的にかなりの差異が見られるが，そうした問題も現在のところでは「荘園制モデル」の立場からは論じられることがそれほどない。これは奴隷的非自由人の上昇とともに荘園制のもとでの領民形成の一翼をなしたと考えられている自由農民の没落が，個別的な荘園形成という観点から史料的分析の対象にあまりなっていないという事情によっており，「荘園制モデル」肉付けの今後の重要な課題と考えるべきであろう。

　このように確立した農民保有地の負担のうちの重要な部分が賦役労働であって，これも荘園制での労働力という問題領域で最近比較的よく研究された。上述のように奴隷的非自由人の上昇という過程を前提とすれば，賦役労働のうちで最も過重な形態であることの多い不定量賦役は言うに及ばず，それときわめて密接に結びついていることが所領明細帳の文言から明らかになる週賦役も，歴史的に考えれば奴隷労働の系譜を引いていることは明白である。しかし賦役労働の形態は多様であり，明細帳に記載されている回数が最も多い年賦役や領主直領地の特定部分が請負耕作される定地賦役は，荘園制に編入された自由農民による負担の系譜にあり，ことに後者は領主制的な従属に引き込まれた従来の独立農民が最初に負担する形態だとされている。個々の所領や農民が実際に給付している賦役労働は，大部分がこれら諸形態の多様な組み合わせであり，その負担としての軽重に関わりなく必ず不定量的側面と定量的側面とを兼ね備えている。これは荘園制が特にその古典的形態にまで進化した際に，最も明白に表れてくる，農民家族が直領地での領主直接経営と保有地での農民経営とのいずれにも本質的な要素となっているという，中世初期荘園制の歴史上きわめて珍しい矛盾した構造を反映しているのである。

　流通と都市は中世初期農村史研究の新しい領域であり，これを「荘園制モデル」の肉付けの第3の主要なテーマとして取り上げたい。そもそも都市史が中世初期社会経済史の一分野として確立したのは20世紀も後半に入ってからであったが，ここ四半世紀における農村史研究の前進によって，流通を介して農村成長が都市を作り出し維持していたと考えられるようになってきたのである。荘園制研究が活況を呈してくれば，所領明細帳を初めとする史料に頻出する運搬賦役と，主としてそれを用いて領主が作り上げる運搬組織が注目を集めるのは自然であり，それが個々の所領や所領群に限られない広がりを持ち，かついくつもの拠点を設けて有機的に運営され

る流通網をなしていたことが，ことにそうした記載に富む所領明細帳のあるいくつかの修道院領について強調された。さらに荘園制を現物経済の舞台として生産と内部物流のみで捉えようとしていた伝統が崩れてくるとともに，運搬される財貨のかなりの部分が商品であり，流通網の拠点にしばしば市場が機能していることも浮彫されてきた。折から古銭学の発達に助けられて中世初期貨幣史が展開して，この時期の商品＝貨幣流通が以前考えられていたよりはずっと濃密であったとされ，また最近では古銭学と密着しながらそれ自体独立の分野として発達している市場史も，市場が中世初期農村に不可欠な存在であったとされるようになっていた。そうした学界状況の中で，商業と深く関与した流通組織として内部に市場を備えた荘園制という見方が確立したと言えよう。

　ただしここには，なお議論を詰めなければならない大きな問題が残されているように思われる。第1は荘園制の含む商業的性格の度合いであって，ことに教会領主をめぐってそれをきわめて高く評価する向きもあったが，現在では中世初期社会経済の独自な性格を探求する一環として，それ自体市場目的の組織ではない荘園制がそれでも必然的に商業的性格を帯びざるをえない構造的な論理が追究されている。第2は農民経営の商品・貨幣流通との関連であり，当初から運搬賦役途上で農民が自己の生産物を販売する可能性が指摘されてはきたが，なお十分に実証されたとは言い難い。農民による負担のうちで貨幣貢租はきわめて頻繁であり，荘園制内部の農民経営にとって貨幣使用が必然的な構成要素であったと考える点では大方の合意があるが，その実態を農民生活の強い季節性を考慮に入れて解明していくことが必要と思われる。

　第2は，都市と荘園制との関係である。中世初期を都市不在の時代とする見解は捨てられ，また農村の動態が都市を維持していく基礎的な要因であると認められるようになっているとはいえ，ここにはなお相当に開きのある二つの考え方があるようだ。一つは都市をあくまでも集落として捉えて農村との区別に強調点を置く立場であり，ここでは人口などの具体的な指標をとって特定の定住地を都市と規定しようとするため，どうしても古代以来連続して存在している都市が優先されてそれと農村との結びつきが探求される。もともと史料の少ない中世初期でこの問題を具体的に示す素材はきわめて少ないから，こうした仕方を取る限りは都市・農村関係の評

価はどうしても低くなり，荘園制と都市との関連もむしろ否定的に見られがちである。これに対してもう一つは，都市をむしろ地域に分散しうる機能と見る立場であり，従来なら農村として一括されていた場所に都市の指標を発見しようとする努力が重ねられる。その結果として，広く農村に拡散していても何らかの中心的性格を示す場所に都市的性格を認めようとすることになり，こうしてことに大規模に組織された荘園制の拠点が積極的に都市とされていくのである。このような，いわば荘園制自体が内部に都市を含むという考え方こそが，現在では中世初期の都市・農村関係を最も積極的に捉えていこうとする立場であるが，こうした見方は都市市場と農村市場と間に本質的な区別を認めず，荘園制が接合しあるいは包含していた市場がそのいずれでもありえたという理解に連なっている。

　なお流通と都市という問題において，手工業が基礎的な重要性を持っていたことは言うまでもなく，またその研究がここ四半世紀にも，ことに考古学の展開に助けられて大きく前進したことは確かである。その結果として，以前のように都市や，あるいはせいぜい城砦や修道院に手工業が濃密に存在しえたというばかりでなく，広く農村一般にそれが普及していたと認められるようになっている。そしてその中には，単に農家副業や領主屋敷の仕事場での婦女子による賦役労働としての繊維加工のような，伝統的にもしばしば言及されていた部門ばかりでなく，最近考古学的に注目されている窯業やガラス工業のように「産業的な」と形容されるものさえ含まれているのである。ただしこうして手工業が中世初期にもすでに重要な地位を占めていたことは共通に認められてはいるが，それが農村史の一つのテーマとなっている度合いはなお低く，荘園制モデルの具体化のうちにどのように取り込んでいくかは，なお今後の課題であるように思われる。

　ところで中世初期農村史の研究が「荘園制モデル」を軸として進められるべきだとの考え方には強く対立する見解が存在しており，1970年代の末にはこれも「自有地モデル」として体系化されるに至っていた。もともと南欧世界には発達した荘園制は普及していなかったというのがヨーロッパ学界での共通の理解であったが，イタリアの北部と中部で古典荘園制が演じた役割が強調されるようになってきたために，「荘園制モデル」に反対する学説の史料的根拠は，まずもってフランス南部とスペイン北部（まとめ

てヨーロッパ南西部と表現される）からとられることになった。これを最初に体系化したのは1978年のボナッシーによる報告であったが，ロワール＝ライン間こそ封建制が典型的に発達した地帯だとする伝統的な学説に対抗して，南欧世界における封建制の重要性を主張する研究集会の基調報告だったことからも分るように，何よりも封建制の成立を主たる論点としていた。そしてその主眼は，ヨーロッパ南西部では紀元千年前後にバン領主制の急速な形成を通じて封建制が急激に成立したという点にあり，そもそも中世初期社会経済史は副次的な論点だったのである。ともあれ中世初期での封建制の不在は領主制・荘園制のきわめて微弱な状況と理解されており，前述のように確かにそこで奴隷制が存在したことを強調するが，奴隷の数そのものはきわめて少数であるとされ，古代以来公権力の庇護下に生活してきた独立で自由な農民（中世史的に言えば自有地農民）が社会の根幹を構成していたという。もともと中世初期南欧で荘園制が微弱であったとする見解は，この時期の経済成長に対する悲観説と結びついていたが，ボナッシーの場合には研究の進展とともに中世初期からの農村成長を認める立場を明白にする。そして自有地農民の共同体は自ら教会堂を建てて社会生活の拠点とし，また水車建設などの共同行為を通じてその経済生活を展開して，成長の担い手となりえたと主張するのである。個々の自有地農民のうちには没落するものも多かったが，その隊列は耕作者に土地所有を確保するこの地帯特有の制度によって補充されたし，何よりもここでは奴隷制の解体が奴隷自身の逃亡を主たる形態として実現したため，それによって自由となった働き手も自有地農民の源泉となったと考える。

　このような自有地農民を主力とする中世初期社会経済の構想は，他の何人もの研究者によってニュアンスの差を伴いながらもヨーロッパ南西部について展開されたが，これを尖鋭に理論化してきわめて論争的に「荘園制モデル」に対置することによって，まさに「自有地モデル」として押し出したのがボワの1989年の書物であった。これはブルゴーニュ南部の村落ルールナンを対象として10世紀についても豊富なクリュニィ修道院の文書史料を用いた個別研究として，11世紀にこの地で生じたという「封建革命」を描き出すことを主旨としていたが，それに先行する中世初期社会経済について，従来の通説とみなす荘園制を根幹とする構想を口をきわめて論難し，それに代わって公的制度を維持し続ける自有地農民を主力とする社会

構造を描き出したのであった。そのような構造からなぜそれほど急激にバン領主層の成長による変革を実現できたのかはけっして納得的には説明されていないと思うが，ともあれここで中世初期については二つのモデルの全面的な対決という構図が生じたのである。

なお「荘園制モデル」に対立する構想としては，こうして断絶論を中心に置く「自有地モデル」とはまったく対照的な連続論として，ローマ的国家が中世初期にまで機能し続けたと説くマニュー゠ノルティエとデュリアがいた。いずれもきわめて精力的に「荘園制モデル」の基礎となっている著名史料の分析をも発表しており，一般に領主の支配する私的領域と考えられているいわゆる荘園は，実際には国家による公租公課の徴収単位であり，領主と呼ばれてきた層も実は公租公課の徴収者であると主張してきた。本書におけるこの学説の取り扱いは，ことにそこで提唱している対話的研究での考慮は，不十分であることを認めなければならない。これはマニュー゠ノルティエやデュリアの荘園制についての説明が私にはあまりよく理解できないためであり，しかもこの学説との対話となれば，史料に基づいた歴史学的な解釈よりも公私の概念を中心とした理論的・哲学的な議論となりそうで，私にはそこに踏み込む自信がまったくないからである。ただしそれを認めた上で，この「ローマ国家存続論」においてもカロリング期までの社会の根幹を成すのが自由農民と考えられていることを指摘しておこう。

1990年前後にはこうして，一方では「荘園制モデル」による研究潮流が最高潮に差し掛かり，そこに「自有地モデル」の論戦的な提示があって，両者の間に不毛な対立の徴候が見て取れた。私はその中で対話的研究を提唱したのであったが，二つのモデルの対決をそれぞれの主たる舞台である地帯の間での地理的棲み分けに解消してしまうのではなく，それぞれの地帯において相手方のモデルが中軸に置いている諸要素を仔細に探求して，すなわち「荘園制モデル」論者はヨーロッパ北西部で自有地をめぐる諸局面を追究し，「自有地モデル」論者はヨーロッパ南西部で領主制・荘園制の萌芽となる動向を検出して，相互理解を深めると同時に総合的な叙述を目指すべきだという内容であった。そもそもいずれのモデルも動態的性格において構想されており，対話の可能性は十分に存在していると考えたので

あった。そして私の提唱がヨーロッパ学界で広く知られたはずはないけれども，1990年代後半からのヨーロッパ学界の全体的傾向が，不毛な対立を避けたより総合的な把握に向かっていることは確実だと思われる。

そうした印象を与える一つの条件は，所領明細帳を中心的な史料とした荘園制研究のブームとさえ言われた活況が，サン゠ジェルマン゠デ゠プレ修道院所領明細帳の新版が刊行されプリュム修道院所領明細帳作成千百年記念事業が行われた1993年をもって，ほぼ終息したことである。それ以降も所領明細帳の史料論的研究は続けられており，ことに作成とともに始まる伝来初期の検討など新しい開拓も見られはするが，むしろ目立つのはそれまでに行われたこの史料類型の詳細な研究と刊行の成果とが，多様な分野でどしどしと活用されるようになったことである。それに代わるように，西欧中世初期農村史で盛んに用いられるようになった史料類型が土地取引文書である。寄進文書やプレカリア文書などはもちろん19世紀以来よく研究されてきたが，最近でのこれらの読解の特徴は，伝統的な形式的分類にこだわることなくそれらが社会的に果たしえた機能を中心に観察していく態度であり，それを通じてする多種多様な土地取引によって生み出されてくる個人や集団や階層の間の社会的依存関係の解明であった。ここで明らかにされた寄進やプレカリア譲与を通じての教会組織と周辺貴族との関係が教会領と世俗領との研究と密接に関連しているように，最近の土地取引文書の研究が農村史にもたらすものは小さくないと思える。

事実上対話的研究が進展している条件のもう一つは，最近の10年間に総合的叙述の試みが現れつつあることだと思われる。確かにそれらのうちにも，「荘園制モデル」か「自有地モデル」のいずれかがあまりに強く働いているために，一方的なまとめの印象を与えるものもある。しかし研究史を十分に参照して動態的観点を打ち出そうとしている仕事では，二つのモデルの片方に一方的に肩入れせずに叙述が進められている印象を受ける。地域を枠とした総合の例をとるならば，荘園制の普及がセーヌ゠ライン間と比べればずっと低いことが明らかなイタリアの諸地方を対象としたトゥベール学派の仕事が，「荘園制モデル」をまさに荘園制の未発達という現象の説明に使おうとしている試みなどがそれである。伝統的に荘園制が発達した場所と考えられていたライン中流地域を対象としたイネスの書物は，むしろ社会経済での荘園制による規定性を否定する方向でまとめられており，

そこで用いられる領主制・荘園制の概念はこれを直ちに農村史に適用することを躊躇させるが，ともあれこの仕事では在地における自有地農民の優越が押し出されているわけではなく，王領・教会領・貴族領の広い存在を前提とした考察が繰り広げられている。

また本書が対象とした研究動向の第一線に立ってきた研究者たちによる全西欧的な総合も，短編ながらいくつか現れてきている。それらでは古典荘園制を一端に据えながら，そうした構成はとらないが荘園制と規定できる諸形態の説明があり，さらに土地経営の弱さから荘園制と呼ぶのは躊躇せざるをえないような領主支配の諸形態も描かれ，さらにはいくつもの地域で優勢であった自有地農民が浮彫されるというように，叙述の順序や重点の置き所の微妙な差異から，それぞれ領主制・荘園制から出発するのか，自有地農民を基軸として据えているのかの相違は看取できるものの，現実にはそれほど違わないイメージが西欧中世初期農村の全体については与えられているのである。「荘園制モデル」を打ち出してきた歴史家たちが，具体的な描写となれば自有地農民も含めて古典荘園制以外の諸形態に十分に注意を払っているのに対して，従来は荘園制の影響を否定することに主眼を置いてきた「自有地モデル」論者のうちでも，ごく最近にはその指導者であるボナッシーがピレネー山岳地帯での「家領主制」の重要性を摘出するなど，新しい動きが出てきているのが印象的である。

本書で描いてきた西欧中世初期農村史のここ四半世紀における変革は，こうして現在では総合的叙述に進みつつある。しかしそれは，完結した体系的な把握が目前に現れてきていることを意味しない。歴史が無限の個別的史実から構成されていて，歴史学の重要な構成部分であるその一つずつの追究も，また無限に続けられていく。この点から見ると，小所領が今後さらに追究されなければならない戦略的な対象となっている。変革のきっかけとなったフルヒュルスト仮説が出発点に置いたこの領主的であり農民的である存在が，ここまで来てもなお解明されるべき枢要点になっているとの印象を受ける。ただし小所領についての文字史料は，現在までに分っているところではきわめて貧しい。確かに考古学的にはさらにこれを追究できる可能性があるとされているし，また本書では十分に取り扱うことのできなかったごく最近の10－11世紀農村史研究や，さらにずっと以前から

行われている中世盛期・後期の小貴族や騎士の研究からも，遡及的に中世初期農村史研究の素材を集めてくることも可能であろう。しかし中世初期そのものに注目する限りでは，現在最も豊かな可能性を秘めているのはいわば社会政治史的な考察ではなかろうか。本書で取り上げ得た範囲で言うならば，例えば境界を巡る住民集会での中心となる層の検討のごとくである。そしてこのように見てくるとき，著者自身の限界を自覚しつつ本書を終わらねばなるまい。

　本書で取られている視角は，農村史においても伝統的な社会経済史であり，農民経営から出発してその領主経済への編入のあり方を観察しつつ領主・農民関係に進み，さらにそれらの広域的連係を流通を視野に入れつつ考察して社会全体に至ろうとするものである。しかしながら，社会統合の考察はこうした視角のみではもちろん不十分であり，ことに中世初期のような経済的要素の自立が弱い時期についてはますますそうであろう。本書で第1部から第3部に至るまで，荘園制の国制史が開拓されねばならないと指摘してきたのにも，この点への考慮が強く働いていたのである。これからの研究がどのようにこの辺りを解決していくのか，現在の歴史学があらゆる枠組みを相対化しつつあり，中世初期史も例外ではないだけに模索の連続となるのであろうが，できる限り見守ってゆきたいと思っている。

あとがき

　1978年に同じ木鐸社から『西欧中世経済形成過程の諸問題』を出版してしばらくたった頃から，私はやがてその続篇を出したいと願うようになっていた。というのも，この書物で浮彫した中世初期社会経済史の新たな動向が，ヨーロッパ学界でますます盛んになって興味深い作品が次々と出されていたばかりではない。拙著が期待していたよりもずっと好評で，気をよくしていたからでもあった。

　確かに指導的な立場の方からの，間接的な表現ながら冷たい批評も頂いた。西洋中世経済史の自他共に許す第一人者からは学会の懇親会の席で，「いやいつもお仕事を送って下さってありがとう。よく勉強させて頂いていますよ。何と言ってもベルギー学界の忠実な紹介者だ」とのお言葉で，そのときは喜んでよいのか悲しんでよいのか分からなかった。この先生がしかるべき学会誌に約束されていたという書評がついに現われなかったところから，お人好しの私も，やはりこの書物をあまり評価されなかったのだろうと考える他はなくなった。もうお一人はフランス中世史から出発して論壇に健筆を振るっておられたが，「立派な書物を送って頂いてありがとう。とても充実した内容で，これがなぜフランス語で書かれなかったか不思議です」との便りを頂いて，ともかく日本学界での仕事としては評価は低いのだと考えざるをえなかった。

　しかしこれ以外には，もちろん個々の論点を巡ったいろいろな批判はあったとしても，拙著の意図と出来具合については，いくつもの雑誌に出た書評も含めて好評を頂いたのであった。しかも西洋中世史専攻以外の多くの方々も読んで下さっていて，大きく変わりつつあるという中世初期社会経済史の動向がよく分かるという評言が多かっただけではない。ことに嬉しかったのは，日本中世史の研究者たちがこの書物に注意を払ってくれたことで，後々まであれこれの機会にそのことを直接言って下さる方々が多かったのである。

　ここで思い出すのが，今は亡き河音能平さんである。河音さんは拙著刊行と同時にこれに注目され，春に書物が出ると夏休みの始まる頃には京都で主催されている中世史の研究会で書評の会を開いてくれた。そして参加

者一同と丁寧に論評してくれた上で，結論として，「西洋中世史について待ちかねていた本が出たとの思いだ」とまで言ってくれたのであった。当時われわれの間には，マルクス主義理論の活用を巡って大きな相違があった。封建制の成立に先行する形態として，小経営生産様式を基礎と考える「京都学派」に属する河音さんに対して，私は奴隷制から農奴制への移行を重視していた（この立場は本書でも変わっていない）。そのことを確かめようとした私に河音さんが，「私はこの書物に対して違和感がまったくないから，そのことについてはおいおい議論していけばよい」と答えられたのをよく覚えている。これ以来，性格も生活の趣向もまったく違う私たちの間には勉強の上での協力関係が生まれ，私は何度も京都の研究会に出かけていった。天神信仰についての世界史的構想での書物を出された後に，私とほぼ同年なのに早くも一昨年亡くなってしまった河音さんの思い出に，その友情に感謝しつつ本書を捧げたい。

　こうして前著の続編を出したいとは思っていたが，事はなかなか進まなかった。ともかくヨーロッパ学界で発表される関係業績が多くて，それを前著が扱った都市史まで含めて追っていては，私の目指す農村史の史料研究の時間さえなくなってしまいそうだった。なんとか農村史の他に貨幣史と流通史については1篇ずつ研究動向論文を発表はしたが，一書にまとめるのが遅くなればたちまちヨーロッパ学界での新しい仕事が山積する。こうなれば都市史は諦めて，農村史中心の書物にしなければなるまいとは思っていたが，2001年に年のせいか心身の不調に陥って，自分に残っている力を既刊の仕事をまとめた著作の刊行に集中する決心をしたときにも，ヨーロッパ学界での研究動向を扱う書物の優先度は低かったのである。

　それが考えを変えて本書をここに上梓するに至ったのは，今年春にベルギーを訪ねての経験による。1996年のケンブリッジ滞在以後短期の旅行は何度かあったものの，多少は暮らしてみる感覚でヨーロッパへ出かけたのは久しぶりのことであった。娘の家のあるマドリッドに主として滞在し，ある程度学習も進んできたスペイン語の「実習」も試みながら楽しく暮らしていたが，その間に本書の文献目録でも最も引用点数の多い友人ジャン＝ピエール・ドヴロワの誘いを受けたのである。ベルギーにはフランキ財団という人文社会科学研究支援の中心になっている著名な機関があるが，その事業のうちに「ベルギー国内フランキ講座」Chaire Francqui au titre belge

と呼ばれるものがある。一つの分野を定め，それが最も活発に行われていると評価される二つの学部を選んで，それぞれが相手の学部から希望する教授を指名して6回ずつ講義をしてもらうという内容であるが，2005年度は中世史をテーマにヘント大学とブリュッセル大学の間でということになり，前者からは中世後期都市史が専門のマルク・ボーネが，後者からは中世初期農村史が専門のドヴロワが選ばれたのだという。そしてドヴロワの開幕講義は3月15日にあって，当日の講演題目は"De Georges Duby à Adriaan Verhulst : minimalisme, révolution, dynamisme de l'économie médiévale"に決めたから，3年前に亡くなったフルヒュルストの追憶の機会でもあり，是非とも出席してもらいたいというのであった。この講演題目の後半は「中世経済」の前に並ぶ三つの語を，主観性と客観性のどちらに重点を置いて理解するかをめぐっていかにも訳し難く，ここでは仮に「中世経済の最小評価，革命，動態的把握」とでもしておこうか。しかしともかく「ジョルジュ・デュビィからアドリアン・フルヒュルストまで」という前半からして，これが本書と同じように中世初期社会経済史に重点を置き，最近におけるその研究動向の大きな変化を的にしていることは確実であり，私は喜んでベルギーへ出かけて行ったのである。

　当日はヘント大学でこうした会合が行われるのが習わしとなっている，ドミニコ会が14世紀に建てたレイエ河畔の美しい建物にしつらえられた会議場で，ベルギーの多くの友人たちと再会した。ドヴロワの連続講義の組織者は中世後期農村史が専門であるエリック・トゥーンで，私よりやや年長に当たっていたフルヒュルストの世代が退いた後のベルギー中世史学界では，ドヴロワといいボーネといいトゥーンといい次の世代が中心となっていることを実感させられた。そのトゥーンの序論に当たる講演は当然オランダ語で行われたので私の理解はいまひとつであったが，中世史でのブリュッセル大学とヘント大学との絶えざる協力関係を強調しながら，その日の講演のテーマこそがそれが十分に発揮された分野であったとして，当然ドヴロワとフルヒュルストの業績に触れていったのであったが，驚いたことにそこで私の名前を一つの項目に立てて，3人の仕事を一体のものとして説明してくれたのである。ついでドヴロワの講演は，前半がオランダ語で後半がフランス語だったが，やはり私の仕事を何度にもわたって引きながら，中世初期社会経済史の革新を語っていたのであった。

こうしてベルギー中世経済史の仲間たちとの雰囲気を久しぶりに味わうとともに，大いに面目を施した私は，本書を取りまとめるのも悪いことではないと再び思うようになってきた。思うに私がそのことにあまり積極的になれなかった一つの理由は，結局はそれが自分の勉強の記録として私自身を満足させるものであっても，学界での存在価値はそれほどないのではないかとの思いであった。しかし久しぶりにヨーロッパ学界の現場に身を置いてみて，ここ四半世紀での西欧中世農村史の研究動向は現在大きなアクチュアリティを持っており，これを日本学界のためにまとめてみるのもただ自己満足のためではないと確信するに至ったのである。

　そうなれば出版はやはり木鐸社に頼みたい。前著は能島豊さんのお勧めで発足間もない同社から出して頂いたのだったが，坂口節子さんとのお二人での誠実な仕事振りを見て，「徒手空拳に近い状況で独特な本作りに努めておられる」（前著序から）のに感動していたからである。しかし最近では木鐸社からは社会経済史の本は出ておらず，なお出版社として健在なのかも知らない状況であった。日本へ帰って番号を調べて電話してみたところ，すぐに坂口さんが出てこられたときにはとても嬉しかった。そして能島さんと相談の上で，本書の出版を快く引き受けて頂けたのである。聞けば政治学の関係では今では押しも押されぬ存在だとか，お二人に感謝しつつ今後の発展と平安を願ってやまない。また本書の文献目録と索引の作成には，久留米大学博士課程で私と勉強してくれた藤本太美子さんのご援助を得た。藤本さんは現在カン大学でサン゠テティエンヌ修道院12世紀カルチュレールの分析と刊行をテーマに，学位論文を準備中である。私の若かった頃と比べて日本学界での西欧中世史研究がどれほどの進歩を遂げたのか，その仕事振りで納得させてくれている藤本さんに，輝かしい将来を祈りつつ感謝の意を表したい。また文献目録の英独仏語部分を点検してくれたチューリッヒ大学のユーディット・フレーリッヒさんと，イタリア語部分を点検してくれた大分大学の城戸照子さんにも，お礼を申し上げる。

　　　2006年11月　　　福間にて

　　　　　　　　　　　　　　　　　　　　　　　　　　森本芳樹

固有名詞索引

本書日本語表記部分に出る固有名詞の索引である．ただし研究者名のみは，日本語表記がされないままに本文の割注に引用された名前（例：71頁1行目のDurliat→デュリア）も，項目として取り入れてある．（　）内の数字は，注番号を示す．

地名

〈あ行〉

アーイヘム　→シント=ピーテル領
アイルランド　Ireland　257
アウストラシア　Austrasia　250, 279
アキタニア　Aquitania　96
アシュハイム　Aschheim　156
アドリア海　Adriatico　278, 324-325
アナップ　Annapes　161, 199 [→史料名]
アフリカ　Africa
　北―　257
アブルッツォ　Abruzzo　237, 272, 324-326
アメリカ　America　86, 154, 238, 258, 276
アラゴン　Aragón
　高―　222
アルデンヌ　Ardenne　158, 195, 250
アルトワ　Artois　309
アルプス　Alps　316, 318, 321
　―地方　198
　―東部　321
　―以北　207-208, 232, 237, 302-303, 320, 334, 348
アレッツォ　Arezzo　237, 324-325
イール=ド=フランス　Ile-de-France　241, 247-249
イギリス　Britain　154-155, 235, 238-239, 244, 247, 271, 276, 298(29), 308(31), 314, 340-341, 347
イタリア　Italia　88-90, 92, 98-100, 153-154, 160, 163, 166, 181, 185, 188, 190-191, 190(34), 203-205, 207-209, 218-219, 231-232, 234-236, 238, 240, 243-244, 251, 266-267, 267(17), 271, 273-275, 277-278, 280-282, 284, 285(24), 286-287, 302-303, 309-310, 315-316, 322, 324-325, 332, 336, 340, 347-348, 366
　―北部　100, 280, 296, 300, 357, 363
　南―／―南部　99, 272, 278, 301
　―中南部　284
　北部・中部―　79, 97, 190(34)
　中部―／―中部　99, 148, 194, 237, 248, 284, 272, 278, 289, 297, 301, 303, 326, 357, 363
イベリア（半島）　Iberia　275, 321, 336
イングランド　England　154, 154(3), 155(4), 160, 244, 271, 330, 340, 340(44)
ヴェストファーレン　Westfalen　230
ヴェルダン　Verdun　279
ヴェルデン（修道院）　Werden　76, 125, 159, 195, 314 [→史料名]
　―領　227, 313-314
　　―ドルトムント　Dortmund　314
　　―フリーメルスハイム所領群　Friemersheim　76, 314
ヴォーシエンヌ　→モンティエランデル領
ヴュルツブルク　Würzburg　307
ウルヘル（司教座教会）　Urgel　330
エノー（地方）　Hainaut　277-278
エヒテルナッハ（修道院）　Echternach　279, 302
　―領　71
オーヴェルニュ　Auvergne　96, 168, 186, 204, 222, 228, 266
オーストリア　Österreich　128, 347-348
オシュレ　Oscheret　249

オータン地方　Autunois　317
オックスフォード　Oxford　113, 237, 331
オランダ　Nederland　154, 156, 158, 239, 244, 248, 250, 348
　―南部　228, 248
オロンヌ　Olonne　299

〈か行〉

カサウリア（修道院）　Casauria　303, 325-326
　―領　326
カスティリア　Castilla　96, 341　→レオン＝カスティリア
カタロニア　Catalonia　93, 96, 159, 221, 303-304, 330-332
　―＝ピレネー　330
ガリア　Gallia　203, 241, 253, 282
　―北部　71, 159
ガリシア　Galicia　92
カルパントラ　Carpentras　113
カントヴィク　Quentovic　89
カンブレ　Cambrai　115
クールセイ　→サン＝マルタン領
クールレティエン　Churrätien　238, 318, 321
クサンテン　Xanten　69, 71, 80, 166, 235
グランフーユ（修道院）　Glanfeuil　171-172, 269
クリュニィ（修道院）　Cluny　364
クレーフェ　Kleve　213
ゲッチンゲン　Göttingen　166, 178, 198(40), 199, 235-236, 248
ケンブリッジ　Cambridge　237, 329, 370
ケンペン　Kempen　156
コルヴァイ（修道院）　Corvey　76, 125, 177, 199
ゴルズ（修道院）　Gorze　301
コローニョ　Cologno　330
コンデ＝シュル＝マルヌ　→サン＝レミ領

〈さ行〉

サール　→モーゼル＝サール（地域）
ザクセン　Sachsen　76, 124, 308

ザルツブルク（教会）　Salzburg
　―領　291-292
サン＝ヴィクトル（修道院）　Saint-Victor　270-271　［→マルセーユ教会；史料名］
　―領　95, 292
サン＝ヴィンチェンツォ＝アル＝ヴォルトルノ（修道院）　San Vincenzo al Volturno　272, 277-278
　―領　194
ザンクト＝エメラム（修道院）　Sankt Emmeram　283, 302
ザンクト＝ガレン（修道院）　Sankt Gallen　191
　―領　227, 302, 315
ザンクト＝ゴア　→プリュム（修道院）
サン＝コム　→サン＝レミ（修道院）
サン＝サルヴァトーレ（修道院）（→サンタ＝ジュリア）　San Salvatore　293
　―領　300
サン＝ジェルマン＝デ＝プレ（修道院）　Saint-Germain-des-Prés　78, 88-89, 175, 195, 277　［→史料名］
　―領　87, 116, 131, 196, 290, 293
サンス　Sens　167, 186, 266
サンタ＝ジュリア（修道院）　Santa Giulia　189, 293　［→サン＝サルヴァトーレ；史料名］
　―領　280
　　―ミリアリナ　Miliarina　267, 281
サン＝タマン（修道院）　Saint-Amand　172　［→史料名］
サン＝タンブロジオ（修道院）　Sant'Ambrogio　300, 304, 330
　―領リモンタ　Limonta　300
サン＝ディジエ　Saint-Dizier　299
サン＝ティモテ　→サン＝レミ（修道院）
サン＝ティエンヌ（修道院）　Saint-Etienne　372
サン＝テュベール（修道院）　Saint-Hubert　195
　―領　195
サン＝ドニ（修道院）　Saint-Denis　176, 295, 309

索引 375

　　一領　280, 294-295, 309
サン=トロン（修道院）Saint-Trond
　　一領　248, 251
サン=ピエール=ル=ヴィフ（修道院）Saint-Pierre-le-Vif　266　［→史料名］
サン=ブノワ=シュル=ロワール（修道院）Saint-Benoît-sur-Loire　177
　　一領ペレシィ＝レ＝フォルジュ　Perrecy-les-Forges　316
サン=ベルタン（修道院）Saint-Bertin　86, 124, 150, 265, 274, 301　［→史料名］
　　一領　83, 86, 332
サン=マルタン（修道院）Saint-Martin　134-135, 277　［→史料名］
　　一領　277-278, 297, 313
　　　　一クールセイ　Courçay　252, 317
サン=モール=デ=フォッセ（修道院）Saint-Maur-des-Fossés　172, 214, 269, 274　［→史料名］
　　一領フロリアクス　Floriacus　269
サン=レミ（修道院）Saint-Remi　112, 195　［→史料名］
　　一（分院）サン=コム　Saint-Côme　112
　　一（分院）サン=ティモテ　Saint-Timothée　112
　　一領　135-136
　　　　一コンデ=シュル=マルヌ　Condé-sur-Marne　112-113, 119
シャラント　Charente　96
シャルボニエール　Charbonnières　250
シャンパーニュ　Champagne　256, 299
シュタフェルゼー（教会）Staffelsee　179　［→史料名］
シュパイアー　Speyer　169
ジュメ　→ロップ領
ジリィ　→ロップ領
シント=バーフ（修道院）Sint-Baaf　139, 227, 268, 279　［→史料名］
　　一領　139
シント=ピーテル（修道院）Sint-Pieter　267, 268, 268(19), 274, 291　［→史料名］
　　一領　267(18), 316
　　　　一アーイヘム　Aaigem　280

スタヴロ=マルメディ（修道院）Stavelot-Malmédy　250
スペイン　España　92, 95-96, 154, 222, 257, 319, 336, 349, 349(8)
　　一北部　11, 92-94, 96-97, 99, 102, 153, 166, 221, 257, 303, 308(31), 315, 319, 321, 329-330, 332, 334-335, 349, 363
　　一北東部　222
スヘルデ　→ライン=スヘルデ（河口地帯）
スポレート　Spoleto　70, 79, 82, 106 130, 151, 154, 157, 160, 162, 277, 294-296, 298, 300, 356
セーヌ（河）Seine　77
セーヌ=ライン間（地域）Entre-Seine-et-Rhin　81, 92, 227, 356, 366
セーヌ=ロワール間（地域）Entre-Seine-et-Loire　92
ゼーラント　Zeeland　279
セプティマニア　Septimania　222
ソーヌ（河）Saône　97
ソーム（河）Somme　90
ソマン　Somain　280
ソ連　URSS　86

〈た行〉

チロル　Tyrol　238, 282, 321-322
ディジョン　Dijon　249
ディセンティス（修道院）Disentis　318
ディーンハイム　Dienheim　330
中近東　Middle and Near East　257
チューリンゲン　Thüringen　158, 276
デンマーク　Denmark　241(6), 244, 251(11)
ドイツ　Deutschland　6, 8(3), 9, 11, 70(4), 71, 73-74, 76(11), 83-84, 87(31), 90(34), 94, 112, 128, 137-138, 154, 156, 158-159, 166, 189, 196-197, 200, 214, 217, 230-231, 238-239, 244, 255-256, 261, 286(26), 303, 315, 319, 322, 335, 336, 339, 341(45), 347-348, 347(5)
　東一　8(3), 88
　西一　8(3)
　　一南部　149
　　一南西部　200
　　一北西部　314

トゥール Tours 134, 178, 178(24), 272, 277, 313, 316
　－地方 252
トクサンドリア（地方） Toxandria 248
トスカナ Toscana 310, 325
ドルトムント →ヴェルデン領
ドレスタット Dorestad 89

〈な行〉

ナヴァラ Navarra 319-321
ナルボンヌ地方 Narbonne 94
ニーダーザクセン Niedersachsen 177
ネウストリア Neustria 279
　－西部 97
ネーデルラント Nederland 279
　－南部／南－ 8(3), 325
　－北部 163
ノラ（教会） Nola 271

〈は行〉

バーミンガム Birmingham 341
パヴィア Pavia 300
バイエルン Bayern 126, 129, 140, 159, 197-198, 204, 276, 283-284, 301, 305-306, 359
　－東部 302, 305
ハイタブ Haitabu 246
パッサウ（司教座教会） Passau 302
パリ Paris 12, 89, 113, 116-117, 123, 168, 171, 171(18), 181, 214, 293, 295, 300
　－地方 89, 197, 241, 249, 255
ハンプシャー Hampshire 341
パンプローナ（司教座教会） Pamplona 320
ハンメルブルク →フルダ領
ピアチェンツァ Piacenza 163, 234, 299
　－地方 191, 218
ビエスメレ →ロッブ領
ピカルディー Picardie 240-241, 249, 252
ビトブルク=ルクセンブルク（地方） Bitburg-Luxemburg 193
ピレネー Pyrénées 320-321, 334-335
　－山岳地帯 318, 334, 367
　→カタロニア

ファルファ（修道院） Farfa 194, 272, 277, 326
　－領 248
プーユ →プーリア
プーリア Puglia 237, 324
フェリュウェ Veluwe 156, 158
ブダペスト Budapest 73(7)
フライジング（修道院） Freising 301
フララン Flaran 155(4), 157, 160, 166, 225, 257-258
フランス France 6, 8(3), 11, 73-74, 78, 85, 92, 94, 128-129, 153-154, 157, 220-223, 220(54), 234-242, 242(7), 244-248, 251(11), 254-256, 259(14), 275, 286(26), 303, 309, 319, 322, 333, 339-340, 346-349, 347(5), 349(8), 353(11), 369
　東部－／－東部 152, 332
　北－ 8(3), 70, 189, 216, 249, 332
　南－／－南部 83, 92, 93, 93(38), 94, 96-97, 99, 102, 137, 153, 159, 166, 168(11), 221, 269, 303, 315, 329-330, 332, 334-336, 363
　－西部 123, 131, 235, 310, 317, 330
　－中部 310
　－中部＝西部 317
　－北部 161, 213, 241, 246-247, 349(9)
　－北西部 145
フランデレン=フランドル Vlaanderen / Flandres 197, 228, 237, 250
フリースラント Friesland 139, 276
フリーメルスハイム →ヴェルデン領
ブリュッセル Bruxelles / Brussel 130
プリュム（修道院） Prüm 111, 118, 192, 195, 197, 214-215, 277, 295, 298　［→史料名］
　－（分院）ザンクト=ゴア Sankt Goar 295
　－（分院）ミュンスターアイフェル Münstereifel 295
　－領 78, 80, 186, 192, 196, 212, 215, 256(13), 279, 291, 294, 295, 297, 332, 261
　－メーリンク Mehring 256, 261, 294, 297
ブルゴーニュ Bourgogne 89, 92, 156, 177, 197, 256

索引　377

―南部　222, 271, 346, 364
フルダ（修道院）Fulda　173, 199, 205-207, 276, 306, 327, 330　[→史料名]
　―領　159, 206, 217, 227, 307, 328
　　―ハンメルブルク　Hammelburg　307, 316
ブルターニュ　Bretagne　228, 306(30), 314, 317, 322-324, 330, 332-333, 357
　―東部　330
　―南部　323
ブレシア　Brescia　189, 209, 287, 293
ブレンナー峠　Brenner　321
プロヴァンス　Provence　93
フロリアクス　→サン=モール=デ=フォッセ領
ヘッペンハイム　→ロルシュ領
ベルギー　Belgique / België　5, 6, 8(3), 9, 11, 70(4), 74, 78, 87(31), 103(60), 154, 186(30), 224(57), 234, 237, 267(18), 345, 347-348, 369-372
　―南部　81, 126, 141, 149
　―北部　248
ベルンハウゼン　Bernhausen　248
ベリィ（地方）Berry　245
ペレシィ=レ=フォルジュ　→サン=ブノワ=シュル=ロワール領
ヘント　Gent　12, 69, 73-77, 81-82, 117, 122, 126-127, 135, 139, 166, 227, 235, 250, 252, 267-268, 273, 280, 291, 316
ポー（河）Po　232, 237
　―平原　218
ボーヴェ　→ルーアン=ボーヴェ（司教区）
ボビオ（修道院）Bobbio　189, 191　[→史料名]
ポワトゥー（地方）Poitou　239, 276

〈ま行〉

マコン　Mâcon
　―司教座教会　271　[→史料名]
　―領　271(20)
　―地方　346
マッキング　Mucking　244
マドリッド　Madrid　370
マルセーユ（司教座教会）Marseille　93, 158, 271, 274, 291　[→サン=ヴィクトル；史料名]
　―領　270
マルムーティエ（修道院）Marmoutier　190　[→史料名]
ミラノ　Milano　300, 304, 330
　―大司教区　300
　―地方　283, 313
ミュンスターアイフェル　→プリュム（修道院）
ミュンヘン　München　156
ミリアリナ　→サンタ=ジュリア領
ムーズ（河）Meuse　215
　―地域　195, 215
　→ライン=ムーズ（河口地帯）
　→ロワール=ムーズ間（地域）
メーヌ　Maine　317
メーリンク　→プリュム領
メッス　Metz　279
　―地域　238
モーゼル（河）Mosel　160, 256, 294
　→ライン=モーゼル（地帯）
モーゼル=サール（地域）Mosel-Saar　216
モーリャック　Mauriac　168
モンティエランデル（修道院）Montier-en-Der　159, 170, 263, 274, 278, 299, 301　[→史料名]
　―領　203, 277, 332
　　―ヴォーシエンヌ　Vauciennes　174, 190
モンテ=カッシーノ（修道院）Monte Cassino　194, 272, 277

〈ら行〉

ライン（河）Rhein　70, 92, 156, 160, 166, 198, 279, 295, 318, 332, 357
　―地帯　304
　―中部・中流地域　185, 276, 306, 327-330, 366
　―下流地域　213
　→セーヌ=ライン間（地域）
　→ロワール=ライン間（地域）
ライン=スヘルデ（河口地帯）Rijn-Schelde

139
ライン=ムーズ（河口地帯） Rijn-Maas 131, 332
ライン=モーゼル（地帯） Rhein-Mosel 256
ラインラント Rheinland 71, 89
ラエティア Raetia 203
ラグラス（修道院） Lagrasse 94
ラティウム（地方） Latium 97, 148, 280
ラングドック Languedoc 258
ランス Reims 74, 113, 119, 121, 126, 135, 168, 171, 256, 279
　−教会 71
　−地方 72
リエージュ（司教区） Liège
　−教会 80
リモンタ →サン=タンブロジオ領
ルクセンブルク Luxemburg 131
　→ビトブルク=ルクセンブルク（地方）
ルーアン=ボーヴェ（司教区） Rouen-Beauvais 203
ルール Ruhr
ルールナン Lournand 364
ルシヨン Roussillon 257
ルッカ（教会） Lucca 302, 305, 310
　−司教領 302
　−地方 310
ルドン（修道院） Redon 323, 330 ［→史料名］
ルペルツベルク（修道院） Rupertsberg
　−領 313
レイエ（河） Leie 371
レイラ（修道院） Leira 320

レオン=カスティリア León-Castilla 222
ローヌ（河） Rhône 92
ローマ Roma 92-95, 221, 278
ロシア Russia 4, 255
ロタリンギア Lotharingia 288, 302
ロッブ（修道院） Lobbes 115, 215, 250 ［→史料名］
　−領 114
　　−ジュメ所領群 Jumet 120
　　−ジリィ Gilly 120
　　−ビエスメレ Biesmerée 120
ロマニア Romania 208
ロルシュ（修道院） Lorsch 176, 189, 307, 327, 330 ［→史料名］
　　−領ヘッペンハイム Heppenheim 307
ロレーヌ地方 Lorraine 108
ロワール（河） Loire 70, 77, 90, 92-93, 96-97, 167, 171, 241, 248, 269, 304, 317
　−地方 272(21)
　→セーヌ=ロワール間（地域）
ロワール=ムーズ間（地域） Entre-Loire-et-Meuse 293
ロワール=ライン間（地域） Entre-Loire-et-Rhin 75, 88, 92, 95-96, 100, 102, 106, 148, 166, 257, 280-281, 294, 321, 364
ロンバルディア Lombardia 100, 325

〈わ行〉

ワイセンブルク（修道院） Weißenburg 169, 173, 176 ［→史料名］
　−領 174, 203

同時代人名（集団・個人）

アギロフィング朝 Agilofinger 140, 306
アダム（サン=レミ修道士） Adam 113-114, 117, 119
アダラルドゥス（サン=ベルタン修道院長） Adalardus 265
アルヌルフ1世（フランドル伯） Arnulf I 269
アングロ=サクソン人 Anglo-Saxons 203,
216, 341
アンセルミ家 Anselmi 304
イスラム Islam 93, 304, 319
ヴァイキング Vikings 139, 269, 279
エインハルドゥス（シント=ピーテル修道院長） Einhardus 268
オットー朝 Ottonen 321
カエサリウス（元プリュム修道院長） Cae-

sarius　　186, 210, 261-262　［→史料名］
カール大帝　Karl der Große　76-77, 84, 98, 133, 140, 234, 306-307, 345　［→史料名］
カロリング朝　Karolinger　78, 133, 140, 321, 329
　―王国・国家　11, 79, 103, 127, 138, 142, 160, 306, 308, 328, 332
　―王権　108, 140, 151, 176, 179, 219, 271, 278-279, 291, 303-304, 306, 311, 316
　―家　279
グレゴリウス，トゥールの　Gregorius Turonensis　252
クロヴィス　Clovis　168, 186
ゲルマン人　Germanen　72, 202, 247, 282, 286, 359
シャルル禿頭王　Charles le Chauve　77, 97, 124, 269
シュテリンガ　Stellinga　308
テロ（司教）　Telo　318
ドミニコ会　Dominicains　371
ノルマン人　Normands　171
ハウド（モンティエランデル修道院長）Haud　264
バスク人　Basques　319
ビザンツ　Bysanz　281, 324
ヒスパニ　Hispani　304
ピピン　Pipin　270
　――族　Pipiniden　250
ヒンクマルス（サン＝レミ修道院長）Hincmarus　76, 112-113, 119, 121, 136
フォルクイヌス（サン＝ベルタン年代記作者）Folcuinus　150, 265
フベルトゥス（ロップ修道院俗人院長）Hu-bertus　114
フランク族　Francs　76, 98, 126, 154(3), 160, 166, 198, 235, 276, 278, 294-295, 323, 347
　―世界　277, 348
　―王国・国家　3, 11, 73, 75, 116, 124, 137-138, 151, 154-156, 198, 227-228, 233, 249, 294, 296, 298(29), 304-305, 309, 311, 302, 320, 324-326, 332, 340, 345, 349, 356-357
　―王権　76, 100, 138, 330
　東―　197, 199, 206, 218, 315, 344
　西―　97, 124, 173, 218
　―有力貴族　71
フランドル伯　Comtes de Flandre　268
フロドアルドゥス　Frodoardus　74, 121, 124, 135, 136　［→史料名］
ベネディクト会　Bénédictins　150
マウルス（聖人）　Maurus　171
メロヴィング朝　Mérovingiens　329
　―王国　250
　―王権　278
ヨハネス（カンブレ司教）Johannes　115
ランゴバルド族　Longobardi　280-281, 287, 302, 324
　―王国　98
　―王権　278
ローマ人　Romans　71, 134, 202, 245
　―世界　255, 306, 342, 348(6)
　―国家　9, 342, 365
　―帝国　133, 135, 178, 244, 247, 282, 319, 331, 345
ロタリウス二世　Lotharius II　114-115
ワダルダ（マルセーユ司教）Wadalda　270　［→史料名］

研究者名（ヨーロッパ／日本）

〈あ行〉

アーサー　Arthur, P.　244, 247
アガシュ　Agache, R.　71-72
アベ　Abbé, J.-L.　245
アルヌー　Arnoux, M.　260
アルベルトーニ　Albertoni, G.　238, 282, 321-322
アンドレオッリ　Andreolli, B.　98, 154, 160, 162-164, 181, 188, 202, 205, 210-211, 218, 231, 235, 282, 303, 310-311
イグネ　Higounet, Ch.　71-72, 196
イネス　Innes, M.　276, 304, 306-307, 327-329, 366

イルジーグラー　Irsigler, F.　　160, 197, 211, 214, 216, 256, 261, 279, 294, 297
ヴィオランテ　Violante, C.　236
ヴィスプリングホフ　Wisplinghoff, E.　76, 104, 118, 148
ウィッカム　Wickham, Ch.　155, 163-164, 199, 202, 204, 223, 235, 237-238, 277-278, 308, 330-332, 336
ヴィルヴェルシュ　Willwersch, M.　188
ウーズーリアス　Ouzoulias, P.　198
ウェーバー　Weber, M.　337
ヴェラ　Vera, D.　282, 286-287
ヴェルスリープ　Verslype, L.　253
ヴォプフナー　Wopfner, H.　185
ヴォルフラム　Wolfram, H.　140
エーヴィッヒ　Ewig, E.　132
エクスレー　Oexle, O. G.　231
エルヴェシウス　Helvétius, A.-M.　198, 277-278
エルムスホイザー　Elmshäuser, K　175, 179, 210, 255-257
オーベルマイヤー　Obermeier, M.　274, 292-293, 313
オッケ　Hocquet, J.-C.　211
オット　Ott, H.　148

〈か行〉

カイザー　Kaiser, R.　238, 318-319, 321-322
カスタネッティ　Castagnetti, A.　267
カステン　Kasten, B.　177, 200, 302
ガスノー　Gasnault, P.　134
ガダニャン　Guadagnin, R.　156, 158, 197
カヤーシン　Kajashin, J.　255
カルパンチエ　Carpentier, E.　239, 276, 280
ガレッティ　Galetti, P.　163-164, 191, 208-209, 218, 231, 234, 299
ガンスホーフ　Ganshof, F.-L.　75, 106, 121, 123, 145, 267(18), 269, 280
キュルサント　Cursente, B.　334, 334(38)
クーヘンブッフ　Kuchenbuch, L.　80-82, 81(20), 85-86, 88, 111, 117-118, 127, 145, 147, 156, 167, 185, 188, 196, 202, 207, 216, 219, 228, 230-231, 236, 260-262, 274, 294, 298, 343-344
クニッヘル　Knichel, M.　192, 197, 279
クラヴァデッチャー　Clavadetscher, O.　139
グリーサー　Grieser, H.　282
クリスチー　Christie, N.　247
グリングムート=ダルマー　Gringmuth-Dallmer, E.　158
グルーンマン=ファン　ワーテルリンヘ　Groenmann-van Waateringe, W.　156, 158, 161, 163
クレメンス　Clemens, L.　211
ゲアリィ　Geary, P. J.　307-308
ゲーツ　Goetz, H.-W.　82, 145, 159, 189, 191, 195-196, 227, 238, 260, 282, 315-316, 336, 339
ケチュケ　Kötzschke, R.　76
ゲラール　Guérard, B.　77, 111-113, 116-117, 171, 172, 174
ケリアン　Querrien, A.　245
ゲロー　Guerreau, A.　223
コヴァレフスキー　Kovalevsky, M. M.　4
コーカナス　Caucanas, S.　257
ゴーティエ　Gauthier, N.　202, 204, 223
ゴーティエ=ダルシェ　Gautier-Dalcher, J.　96
ゴーラン　Gaulin, J.-L.　162
ゴールドバーク　Goldberg, E. J.　308
コールマン　Coleman, E. R.　107
コサック　Kossack, G.　230
コスト　Kosto, A. J.　308(31)
コスミンスキー　Kosminsky, E. A.　4
ゴッケル　Gockel, M.　175-176
ゴファール　Goffart, W.　71, 74, 116, 121-122, 134-135
コメット　Comet, G.　254-255, 258
コンスタン　Constant, A.　248

〈さ行〉

サースク　Thirsk, J.　354(12)
サルラック　Salrach, J.-M.　154, 159, 222
ザッセ　Sasse, B.　158
ザドラ=リオ　Zadora-Rio, E.　158, 223, 240-241, 252
サムソン　Samson, R.　203-204

索引

サンチェス アルボルノス Sánchez Albornoz, C. 349, 349(8)
シェドヴィル Chédeville, A. 235, 323
ジェニコ Genicot, L. 6, 103, 150(145), 186(30), 224(57)
シェルナー Scherner, K. O. 313
シゴー Sigaut, F. 255, 259
シャプロ Chapelot, J. 103, 240, 247
シャレーユ Chareille, P. 275, 290
シャンピオン Champion, E. 257
シュケール Chouquer, G. 245-246, 249, 252
シュターブ Staab, F. 176, 189, 256, 258, 261-262
シュタム Stamm, V. 313
シュテルマー Störmer, W. 159, 197-198, 204-205, 230
シュトイアー Steuer, H. 158
シュルツェ Schulze, H. K. 214
シュレジンガー Schlesinger, W. 82, 84
シュワーツ Schwarz, G. M. 86, 108
シュワーブ Schwab, I. 75, 81, 106-107, 110-111, 118, 120, 143, 177, 185, 192, 261
ショーヴァン Chauvin, B. 104, 148
スカル Scull, Ch. 240
ススタ Susta, J. 143-144
スチュアード Stuard, S. M. 285
ストクレ Stoclet, A.-J. 176
スペルマン Spelman 113
セッティア Settia, A. A. 296
ゼルネル Zerner[-Chardavoine], M. 95, 108, 158
セロヴァスキー Serowaiskij, Ja. 255
ソーズ Sauze, E. 95
ゾレール [Devroey-]Zoller, Ch. 215
ゾンレヒナー Sonnlechner, Ch. 255, 291-292, 316

〈た行〉

ダイヤー Dyer, Ch. 160(9)
ダンハイマー Danheimer, H. 156, 158-159
チャンドラー Chandler, C. J. 303
ツォッツ Zotz, Th. 196, 198(40), 199-200, 203, 208, 219
ツクトゥチ Zug Tucci 160, 162
デイヴィス Davies, W. 228, 314
ティツ=ディウエイド Tits-Dieuaide, M. J. 73-74, 73(7), 84
ディーポルダー Diepolder, G. 156, 158-159, 200
ディールケンス Dierkens, A. 214
テウス Theuws, F. 154, 156, 158, 228, 248, 252
デクレルク Declercq, G. 267-269, 267(18), 268(19), 274, 280, 291, 316
デスピイ Despy, G. 104, 148, 214-215, 299
デッケル Dekker, C. 279
デッテ Dette, Ch. 75, 123, 161, 168-169, 173-174, 176, 182, 184, 187, 189, 197, 203, 205, 209, 230, 275, 296
デプス Debus, K. H. 279
デペイロ Depeyrot, G. 329
デポルト Desportes, P. 107, 113-114, 117, 119, 121, 123, 132, 149
デルヴィル Derville, A. 160-161, 199, 213, 255, 280, 309
デュアメル=アマド Duhamel-Amado, C. 226
デュビイ Duby, G. 8(3), 95, 144, 161-162, 221, 254, 276, 346, 353, 371
デュフール Dufourcq, J. 96
デュボスケル Duvosquel, J.-M. 214
デュポン Dupont, Ch. 102
デュラン Durand, A. 256, 258
デュリア Durliat, J. 71, 74, 79, 83, 103-104, 116, 120, 127, 137-138, 177-178, 183, 202, 206, 209, 223-224, 365
トゥーン Thoen, E. 197, 371
トゥベール Toubert, P. 79, 85, 87-89, 91-92, 97-101, 97(48), 122, 127, 137, 148, 152-153, 155, 161-162, 167, 181, 184-185, 190, 192, 194-195, 197, 205, 212, 215, 218, 218(52), 219, 225, 234-235, 243, 243(8), 293, 324, 340, 340(44), 342, 357, 366
ドゥロワ Devroey, J.-P. 74-75, 77-79, 81, 88-89, 101, 106-107, 111-117, 119-124, 126,

129, 132-133, 135, 141-142, 147-149, 160, 162, 175, 183, 185, 189, 189(33), 211, 215, 219, 229, 234, 236-237, 239, 256, 269, 274, 277, 280, 285, 288, 292, 294-295, 298, 300, 320, 331-332, 343, 343(48), 370-371
トネール　Tonnerre, N.-Y.　228, 323
ト　フィゲラ　To Figuera, L.　203, 223
ドプシュ　Dopsch, A.　108, 129
ドプルー　Depreux, Ph.　302, 305
ドボール　Debord, A.　96
ドモロン　Demolon, P.　251(11)
デュブルーク　Dubreucq, A.　256
ドラトゥーシュ　Delatouche, R.　103-104, 130, 146
ドリュモー　Delumeau, J.-P.　237, 325
ドルボー　Dolbeau, F.　107, 113-114, 117, 119, 121, 123, 132, 149
ドロステ　Droste, C.-D.　75, 106, 124, 148, 159, 169-170, 174, 179, 184-185, 187, 189(33), 203, 207, 217, 229, 264

〈な行〉

ニーダーシュテッター　Niederstätter, A.　191, 203
ニールメイヤー　Niermeyer, J. F.　217(20)
ニコライ=パンター　Nikolay-Panter, M.　214
ニッツ　Nitz, H.-J.　159, 197, 199, 230
ネスゲス　Nösges, N.　192
ノイ　Neu, P.　192-193
ノエル　Noël, R.　158, 198, 250
ノルデン　Nolden, R.　192
ノワイエ　Noyé, Gh.　235, 253
ノワゼ　Noizet, H.　277-278, 297

〈は行〉

ハーゼルグローブ　Haselgrove, C.　240
ハイドリッヒ　Heidrich, I.　270-271, 271(20)
バイアー　Beyer, H.　185
バイヤール　Bayard, D.　240-241, 252
ハインツェルマン　Heinzelmann, M.　280
パスクアリ　Pasquali, G.　188, 191, 205, 208-209, 218, 266-267, 273, 280-282, 285-287, 285(24), 316

パストル　Pastor, R.　154, 222
パネロ　Panero, F.　203-204, 232
パロディ　Parodi, A.　156, 158
バルザレッティ　Balzaretti, R.　251, 300, 304
ハルサル　Halsall, G.　238
バルセロ　Barceló, M.　257
バルテルミー　Barthélemy, D.　203
バルビエ　Barbier, J.　277-278, 304
バンジュ　Bange, F.　103
ハンマー　Hammer, C. I.　276, 283-285, 288, 291, 301, 313, 359
ピーニ　Pini, A.-I.　160
ピショ　Pichot, D.　310, 317
ビュール　Bur, M.　174, 186, 190, 299
ビュレール=ティエリィ　Bührer-Thierry, G.　302, 305
ヒルデブラント　Hildebrandt, H.　160, 188, 255
ビレン　Billen, C.　102
ピレンヌ　Pirenne, H.　8(3), 130, 345-346
ファリップ　Phalip, B.　167-168, 186, 207, 266
ファン　ヴェインハールデン=バッケル　van Wijngaarden-Bakker, L.-H.　156, 158, 161
ファン　レイ　Van Rey, M.　80, 132
ブーガール　Bougard, F.　235, 253
ブーラン　Bourin, M.　223, 226, 275, 289-290
ブールナゼル　Bournazel, E.　79, 82, 85, 87, 102
フェイス　Faith, R.　340, 340(44)
フェルハイン　Verhein, K.　139
フェレール　Feller, L.　237, 272, 284, 289-290, 301-303, 305, 325-326
フォーエーカー　Fouracre, P.　311
フォシエ　Fossier, R.　78-79, 97(48), 103-104, 125-126, 129-130, 134, 141-142, 145-146, 148, 230, 235, 240-242, 243(8), 249, 291
フォルラート　Vollrath, H.　82, 138, 145, 313-315, 322
プゼ　Pesez, J.-M.　240, 247
フマガッリ　Fumagalli, V.　98, 154, 162, 164,

189, 207, 231
ブライバー　Bleiber, W.　　88, 90
ブラウン　Brown, W.　　305
プラテル　Platelle, H.　　172
フランコヴィック　Francovich, R.　　243-244, 315
ブランテルク　Brunterc'h, J.-P.　　291
フリードマン　Freedman, P.　　155, 159
ブリュアン　Bruand, O.　　235, 274, 293, 300, 310, 316-317
ブリュネル　Brunel, G.　　260
プルー　Prou, M.　　186
ブルジョワ　Bourgeois, L.　　241, 249
フルニエ　Fournier, G.　　96, 103
フルヒュルスト　Verhulst, A.　　5, 6, 69-72, 69(1), 70(3), 78-83, 85, 92, 98, 100-101, 106, 122-123, 127, 129, 131, 134, 139, 147, 151-153, 166, 204, 208-210, 218, 218(52), 223, 225, 227-228, 230, 234-235, 237, 240, 249-250, 252, 254, 280-281, 291, 296, 299, 316, 320, 322, 328, 330-333, 341-342, 349(9), 353, 356-357, 367, 371
ブルンナー　Brunner, K.　　258
フレーリッヒ　Fröhlich, J.　　372
ブロック　Bloch, M.　　83, 88(32), 257, 353-354
ヘアボルン　Herborn, W.　　193
ベイステルフェルト　Bijsterveld, A.-J.　　279
ヘイディンハ　Heidinga, H.-A.　　154, 156, 158, 228
ペイトルマン　Peytremann, E.　　241-242, 242(7), 243(7), 245-247, 249
ヘイムロウ　Hamerow, H.　　239, 244-246, 249, 252, 296, 299(29), 315, 341-342
ペイルスク　Peiresc　　113
ヘーゲルマン　Hägermann, D.　　73-74, 78, 84, 108, 112, 114, 145, 150, 161, 168, 171-172, 175, 177-179, 180-182, 184-185, 187, 189(33), 190, 193, 197, 207-208, 210-211, 214-215, 269, 275, 289, 291, 297, 351
ペーテルス　Peters, R.　　309
ベーリングス　Berings, G.　　156
ベスメルヌイ　Bessmerny, J.　　86-87

ヘドヴィック　Hedwig, A.　　172, 175, 180, 184, 188, 255-257
ペトリ　Petry, K.　　193, 211-212, 297
ペラン　Périn, P.　　72, 235, 241, 242(7), 243(7), 247, 251-252
ペラン　Perrin, Ch.-Ed.　　80, 108-110, 118, 128, 133, 142-143, 147, 149, 183
ベルガマスキー　Bergamaschi, M.-B.　　293, 300
ベルト　Berthe, M.　　334
ボーネ　Boone, M.　　371
ポール　Pohl, W.　　348(7)
ホッジェス　Hodges, R.　　243, 315
ボナッシー　Bonnassie, P.　　83-85, 92-96, 102, 129(103), 130, 137, 159, 202-204, 221-224, 226, 229, 234, 319, 334-337, 359, 364, 367
ボナン　Bonin, Th.　　241, 247-248
ホフマン　Hoffmann, H.　　203
ポリィ　Poly, J.-P.　　79, 82, 85, 87, 92-93, 95, 102, 108, 129(103), 168(11)
ボワ　Bois, G.　　158-159, 163, 201, 204, 216, 220, 222-224, 228-229, 234, 322, 359, 364
ポワッソン　Poisson, J.-M.　　248, 280

〈ま行〉

マイユー　Mailloux, A.　　303, 305
マッコーミック　McCormick, M.　　237(4), 239
マテウス　Matheus, M.　　211
マニュー=ノルティエ　Magnou-Nortier, E.　　71, 83, 94, 96, 103, 137-138, 187(32), 202, 209, 223-224, 235, 266, 275, 291, 316-317, 365
マラッツィ　Marrazzi, F.　　277-278, 280, 297
マルグ　Margue, M.　　193
マルクス　Marx, K.　　81, 82(20), 370
マルタン　Martin, J.-M.　　237, 324
ミリアリオ　Migliario, E.　　248
ミュッセ　Musset, L.　　80, 132
ムナン　Menant, F.　　237
メッツ　Metz, W.　　138-140
メツラー　Metzler, J.　　71
メナジェ　Ménager, L.-R.　　125, 140-141, 180
モアランド　Moreland, J.　　343

モレル　Morelle, L.　301
モンタナーリ　Montanari, M.　98, 154, 163-164, 191, 205, 207-210, 231

〈や行〉

ヤンセン　Janssen, W.　71, 166
ユベール　Hubert, E.　248
ヨハネク　Johannek, P.　149

〈ら行〉

ライブニッツ　Leibniz, G. W.　185
ラヴィチュカ　Hlawitschka, E.　262
ラガッツイ　Lagazzi, L.　163, 196
ラトゥーシュ　Latouche, R.　129(102)
ラペッティ　Rapetti, A. M.　283, 313
ラレア　Larrea, J.-J.　154, 159, 222, 319-322
ランゲ　Lange, E.　158
ランプレヒト　Lamprecht, K.　110, 149
リシャール　Richard, L.　265, 277
リヒター　Richter, G.　148
リュツォウ　Lützow, B.　77, 107, 112
リンガー　Linger, S.　280
ルーシュ　Rouche, M.　71-72, 77, 84-85, 87, 92, 96, 99, 124, 187(32), 266
ルヴォー　Leveau, Ph.　256, 258
ル　ジャン　Le Jan, R.　304-305
ルッツァート　Luazzatto, G.　205
ルナール　Renard, E.　263-265, 274, 288, 291
ルベック　Lebecq, S.　277-278, 294
ルマリニエ　Lemarignier, J.-F.　121, 150
レイノー　Raynaud, C.　156, 158
レイノルズ　Reynolds, S.　314, 337, 337(42)
レーゼナー　Rösener, W.　76-77, 81, 92, 124-125, 166-167, 174, 189-191, 196-197, 199-200, 202-203, 208, 211, 229-231, 236, 248, 276, 328-329
レーヌ　Lesne, E.　109, 128, 143, 147
レスペート　Raespaet, G.　258
レニエ　Reigniez, P.　258
ローゼンワイン　Rosenwein, B. H.　238, 276, 301
ローランソン＝ロザス　Lauranson-Rosaz, Ch.　204, 222, 228

ロールマン　Lohrmann, D.　158-159, 166, 188
ロジェ　Roger, A. M.　156, 158
ロット　Lot, F.　170, 174
ロトマン　Rotman, Y.　281
ロラン　Lorren, C.　235, 241, 251-252
ロランス　Lorans, E.　280
ロレンツ　Lorenz, S.　250
ロンニョン　Longnon, A.　174
ロンバウト　Rombaut, H.　198

〈わ行〉

ワイディンガー　Weidinger, U.　159, 166, 172, 197, 199, 205-207, 217, 227
ワリシェ　Warichez, J.　114, 117
ワンデルウィツ　Wanderwitz, H.　126, 129, 140

安藤良雄　209
飯沼二郎　353(11)
石川操　217(51)
河音能平　369-370
樺山紘一　85(27)
河野健二　353(11)
城戸照子　190(34), 372
五島茂　346(1)
小松芳喬　346(1)
近藤晃　209
斉藤綱平　8(3),
佐藤彰一　8(3), 84, 137, 171(18), 178(24), 203, 238, 272(21), 273, 313
高橋幸八郎　209, 346(1)
高村象平　346(1)
田北廣道　8(3), 256(13)
丹下栄　195, 212, 238, 280, 294, 343(48)
二宮宏之　85(27)
野崎直治　76
平嶋照子　93, 195(38)
福井憲彦　85(27)
藤井美男　8(3)
藤田裕邦　213
藤本太美子　254(12), 349(10)
増田四郎　346(1)

松田智雄　　346(1)
森貴子　　254(12), 349(10)
森本芳樹　　8(2)(3), 69(1), 70(3)(4), 72, 78-79, 78(15), 79(16), 80(19), 82, 83(24), 86, 87(31), 88(32), 90(34), 95, 95(43), 100, 101(55)(56), 103(59)(60), 107, 111, 117-118, 120-121, 123-124, 124(93), 127, 143(127), 147, 147(138), 150, 150(144), 154, 155(3), 157, 157(1), 161, 170, 170(15), 179(25)-(26), 181-182, 184, 186, 186(30), 189, 189(33), 192, 195(38), 198(40), 199(42), 201(43), 202, 208-209, 209(45), 211-212, 213(47), 214(49), 215-216, 220(53), 223, 225-226, 227(59), 229, 229(62), 238, 254(12), 255-256, 256(13), 260-264, 263(15), 267(18), 271(20), 286(26), 287-288, 291-292, 294, 297-298, 309(32), 322, 335, 337(42), 338-339, 340(44), 346(2), 347(4), 349(10)

宮松浩憲　　8(3), 238, 291
山田雅彦　　8(3)

大学・研究機関・学派名

アナール学派　Ecole des Annales　85(27)
ウィーン大学　Universität Wien　348(7)
大分大学　Ohita University　372
カン大学　Université de Caen　372
九州大学　Kyushu University　7
　－経済学部経済史講座　Chair of Economic History, Faculty of Economics　7
京都学派　Kyoto School　370
熊本商科大学　Kumamoto-Shoka University　213
久留米大学　Kurume University　372
クレルモン=フェラン市立図書館　Bibliothèque municipale de Clermont-Ferrand　168
クレルモン=フェラン大学図書館　Bibliothèque universitaire de Clermont-Ferrand　168
在パリ・ドイツ歴史研究所　Institut historique allemand à Paris; Deutsches Historischen Institut Paris　244
在ローマ・フランス学院　Ecole française de Rome　300
市場史研究会　Society for Studies in Market History　213
西欧中世都市・農村関係研究会　Study-Group for Town-Contryside Relations in the Western Middle Ages　7
チューリッヒ大学　Universität Zürich　372
トゥベール学派　Ecole de Toubert　324
トゥールーズ大学　Université de Toulouse　334(38)
トリアー市立文書・図書館　Stadtarchiv und Stadtbibliothek Trier　192
ビトブルク地方歴史研究会　Geschichitlicher Arbeitskreis Bitburger Land　193
国立図書館（フランス）　Bibliothèque nationale　116, 168, 171, 178(24)
フランキ財団　Fondation Francqui　370
ブリュッセル大学　Université de Bruxelles　371
プリュム地方歴史協会　Geschichtsverein Prümer Land　192
ヘーゲルマン学派　Hägermanner Schule　174, 181, 183, 189(33), 263
ベルギー国内フランキ講座　Chaire Francqui au titre belge　370
ベルリン大学　Universität Berlin　339
　－比較ヨーロッパ中世史研究所　Institut für vergleichende Geschichte　339
ヘント大学　Universiteit Gent　13, 69(1), 371
　－中世社会経済史研究室　Seminarie voor Economische en Sociale Geschledenis van Middeleeuwen　6, 69(1)
ボローニャ中世農業史学派　Scuola bolonese per la storia agraria medioevale　11, 154, 162, 231, 340
マックス=プランク歴史研究所　Max-Planck-Institut für Geschichte　198(40)
メロヴィング期考古学協会（フランス）　Association française de l'archéologie mérovingienne　241, 241(6), 251

リル大学　Université de Lille　187(32)
ヨーク大学　University of York　348(7)
ヨーロッパ科学財団　European Science Foundation　348(6)

史料名

所領明細帳・台帳系史料

アウグスブルク（司教座教会）所領明細帳　Augsburger Urbar　179
アナップ（王領）目録　Inventaire d'Annapes　161, 199
イルミノン所領明細帳　Polyptyque d'Irminon　→サン=ジェルマン=デ=プレ修道院所領明細帳
ヴェルデン修道院所領明細帳　Werdener Urbar　117, 189, 314
エデリヌス本　→ワイセンブルク修道院所領明細帳
クールレティエン王領明細帳　Churrätisches Reichsurbar　318
カエサリウス写本　→プリュム修道院所領明細帳
サン=ヴィクトル修道院所領明細帳　→マルセーユ教会所領明細帳
サン=ジェルマン=デ=プレ修道院所領明細帳　Polyptyque de Saint-Germain-des-Prés　13, 75, 83, 86, 89, 104, 107, 116-117, 120, 123-124, 138, 174-175, 184, 255-257, 275, 290, 366
サンタ=ジュリア修道院所領明細帳　Polittico di Santa Giulia　209, 212, 266-267, 287
サン=タマン修道院所領明細帳　Polyptyque de Saint-Amand　161, 171-172, 180, 184, 188
サン=ピエール=ル=ヴィフ修道院所領明細帳　Polyptyque de Saint-Pierre-le-Vif　167-168, 186, 207, 266, 273
サン=ベルタン修道院所領明細帳　Polyptyque de Saint-Bertin　75, 78, 86, 104, 106, 108, 117, 121-124, 127, 132, 146-147, 150, 161, 200-201, 201(43), 229, 265-266, 273, 288, 292
サン=マルタン修道院会計記録　Documents comptables de Saint-Martin de Tours　134-135, 178, 178(24), 272, 313
サン=モール=デ=フォッセ修道院所領明細帳　Polyptyque de Saint-Maur-des-Fossés　161, 171-172, 171(18), 177, 181, 184, 187-188, 190, 197, 207, 269
　一敷地台帳　Notitia de areis　171-172
サン=レミ修道院所領明細帳　Polyptyque de Saint-Remi　74, 77, 106-107, 111-114, 117-119, 121-124, 126, 132-133, 135, 142, 149, 168, 182, 189, 189(33)
シュタフェルゼー教会所領明細帳　Staffelseer Urbar　179
シント=バーフ修道院財産目録　Inventaris van Sint-Baaf　139-140
シント=ピーテル修道院所領明細帳　Polyptiek van Sint-Pieter　273, 280
プリュム修道院所領明細帳　Prümer Urbar　3(1), 6, 13, 76, 106-107, 110-111, 117-118, 117(81), 120, 123, 143, 147, 150, 182, 185, 188-189, 189(33), 192-193, 208, 211-212, 229, 256, 260-264, 344, 346(3), 352, 366
　ーカエサリウス写本　Copie de Césaire　117, 117(81), 150, 150(144), 185-186, 192-193, 261-262, 352
フルダ修道院所領目録　Fuldaer Güterverzeichnis　173
ボビオ修道院所領明細帳　Polittico di Bobbio　122
マコン司教座教会所領目録　Mâconer Güterverzeichnis　270, 273
マルセーユ教会所領明細帳　Polyptyques de Marseille　269-270
　ーサン=ヴィクトル修道院所領明細帳　Polyptyque de Saint-Victor（=ワダルダ明細帳）　93, 93(38), 95, 108, 158, 270, 289, 291
マルムーティエ修道院所領明細帳　Polyptyque de Marmoutier　190

索引　387

明細帳範例　*Brevium Exempla*　179, 190, 280
モンティエランデル修道院所領明細帳
　Polyptyque de Montier-en-Der　75, 106, 117, 124, 147, 147(138), 169, 170(15), 174, 179-180, 179(26), 184-185, 187, 190, 207, 217, 229, 229(62), 263, 263(15), 264-265, 273, 288
ロップ修道院所領明細帳　Polyptyque de Lobbes　106, 114-115, 117, 119, 123, 132, 142, 149, 182
ワイゼンブルク修道院所領明細帳　Weißenburger Urbar　75, 117, 123, 161, 168, 173, 182, 184, 187, 189, 209
　－エデリヌス本　*Liber Edilini*　169, 173, 189

その他

カサウリア修道院カルチュレール　Cartulario di Casauria　305
グランフーユの聖書　Bible de Glanfeuil　171, 187
グリモ遺言状　Grimoer Testament　216, 217(51)
ゲルマン部族法典　*Leges Germanorum*　84
御料地令（カール大帝の）　*Capitulare de villis*　275, 296
ザルツブルク教会領台帳　*Notitia Arnonis*　291
サン＝ヴィンチェンツォ修道院カルチュレール　Cartulario de San Vincenzo al Volturno　272
ザンクト＝ガレン修道院寄進帳　Sankt Galler Traditionsbuch　191, 255, 305
サン・テティエンヌ修道院カルチュレール　Cartulaire de Saint-Etienne　372
サン＝ワンドリーユ修道院長事績伝　*Gesta abbatum Fontanellensium*　268
シント＝ピーテル修道院古寄進帳　*Liber traditionum antiquus*　267
聖レミギウスの遺言状　Testament de saint Remi　71
ドゥームステイブック　Domesday Book　155
ブーローニュ伯系図　Généalogie des comtes de Boulogne　186(30)
フライジング修道院文書集　Freisinger Urkundenbuch　305
フリゼ記念祷設定簿　Obituaire de Frizet　186(30)
ブルグンド部族法典　*Lex Burgundorum*　256
フルダ修道院文書集（エベルハルドゥス文書集）　*Codex Eberhardi fuldensis*　173
ブレッサノーネ司教座教会寄進帳　*Libri traditionum* di Bressanone　321
ランス教会史（フロドアルドゥス）　*Historia ecclesiae remensis Frodoardi*　75, 78, 121, 124
ルドン修道院カルチュレール　Cartulaire de Redon　323
ロルシュ修道院文書集　*Codex Laureshamensis*　176, 306-307

著者略歴

森本芳樹（もりもと　よしき）
1934年　東京に生まれる
1956年　東京大学経済学部卒業
1961年　東京大学大学院博士課程修了
1968年－1997年　九州大学経済学部助教授，教授
1997年－2004年　久留米大学比較文化研究所教授
現　在　九州大学名誉教授

Towards a New Image of Rural History in the Early Middle Ages:
A Quarter of Century of European Historiography

西欧中世初期農村史の革新

2007年3月20日　第一版第一刷印刷発行 ©		
著　者	森　本　芳　樹	
発行者	坂　口　節　子	
発行所	有限会社　木鐸社	

〒112-0002　東京都文京区小石川5-11-15-302
電話（03）3814-4195　振替 00100-5-126746番
Fax（03）3814-4196　http://www.bokutakusha.com/

（乱丁・落丁本はお取替致します）

ISBN 978-4-8332-2388-1 C3022

西欧中世経済形成過程の諸問題

森本芳樹著 (九州大学名誉教授)
A5判・372頁・3500円（1983年3刷）ISBN4-8332-0057-0
序　Ⅰ貴族と農民（1封建的農民層の起源　2貴族身分の成立）Ⅱ商品・貨幣流通と都市（3西欧中世初期の商品・貨幣流通　4ベルギー諸地方の中世都市の形成過程）Ⅲ農村構造（5農村共同体　6領主制の展開過程）　結論　引用文献目録（約500篇収録）
　戦後のヨーロッパ学界における中世史研究の成果を主要なテーマ毎に整理し，西欧中世経済史の問題関心の所在を明らかにする。

フランス近代社会 1814～1852

小田中直樹著 (東北大学経済学部)
A5判・480頁・6000円（1995年）ISBN4-8332-2214-0
　本書は，フランス「近代社会」の社会構造を，「秩序原理」と「統治」政策という相互に関連する二側面に注目して，王政復古から第二帝政成立に至るまでの展開を跡づける。そこでは，主に支配層の社会構造観に基づいて選択された秩序原理が，具体的に展開される政策に「体化」され，被支配層による同意を得て始めて「現実化」するという分析視角からフランス史像の再構成を行う。

歴史社会学の構想と戦略

Theda Skocpol (ed.), Vision and Method in Historical Sociology, 1984
T.スコチポル編著　小田中直樹訳
A5判・450頁・4500円（2006年）ISBN4-8332-9014-6 C3022
　70年代以降，歴史社会学ルネサンスの立役者となったスコチポルを中心に歴史社会学構築のために貢献した9人の学者の業績を，若い世代の研究者が取り上げて検討する。最後にスコチポルによる「歴史社会学における研究計画の新生と戦略の回帰」をもって締め括るチャレンジングな書。

歴史学の〈危機〉

Gerard Noiriel, Sur la "crise" de l'histoire, 1996
G.ノワリエル著　小田中直樹訳
A5判・330頁・3500円（1997年）ISBN4-8332-2250-7
　実証主義歴史学にあっては歴史的真理は実在し，「言語論的転回」論者は歴史はすべて言説・テクストからなり，私達は自ら望むがままに理解する権利を持つとする。この客観主義と主観主義の間に立って，歴史家は如何なる立場を選択すべきかを論じる。かくてマルク・ブロックやハバーマスの営為を批判的に再検討する。